Baulärm und Sozialadäquanz

Schriften zum Deutschen und Internationalen Bau-,
Umwelt- und Energierecht

Herausgegeben von Axel Wirth

Band 15

PL ACADEMIC RESEARCH

Stephanie Englert-Dougherty

Baulärm und Sozialadäquanz

PL ACADEMIC RESEARCH

Bibliografische Information der Deutschen Nationalbibliothek
Die Deutsche Nationalbibliothek verzeichnet diese Publikation in der Deutschen Nationalbibliografie; detaillierte bibliografische Daten sind im Internet über http://dnb.d-nb.de abrufbar.

Zugl.: Darmstadt, Techn. Univ., Diss., 2016

D 17
ISSN 2197-0556
ISBN 978-3-631-67342-3 (Print)
E-ISBN 978-3-653-06590-9 (E-Book)
DOI 10.3726/978-3-653-06590-9

PL Academic Research ist ein Imprint der Peter Lang GmbH.

Peter Lang – Frankfurt am Main · Bern · Bruxelles · New York · Oxford · Warszawa · Wien

Diese Publikation wurde begutachtet.

www.peterlang.com

Meinen Eltern
Sybille und Prof. Dr. jur. Klaus Englert
in großer Dankbarkeit,
meinen Kindern *Matilda* und *Kilian*
sowie meinem Mann *Scott Dougherty*
in Liebe gewidmet!

Inhaltsübersicht

Inhaltsverzeichnis

Abkürzungsverzeichnis

aA	anderer Ansicht
aaO	am angegebenen Ort
ABl.	Amtsblatt
Abs.	Absatz
Abw.	abweichend
aE	am Ende
AEG	Allgemeines Eisenbahngesetz
aF	alte Fassung
AG	Amtsgericht
AG	Auftraggeber
allgM	allgemeine Meinung
ALR	Allgemeines Landrecht für die Preußischen Staaten von 1794
Alt.	Alternative
Amtl. Begr.	Amtliche Begründung
AN	Auftragnehmer
Anh.	Anhang
Anm.	Anmerkung
AnwZert MietR	Anwaltszertifikat online Miet- und Wohnungseigentumsrecht
Appel.Ger.BS	Appelationsgericht
ArbSchG	Arbeitsschutzgesetz
ArbStättV	Verordnung über Arbeitsstätten
ATV	Allgemeine Technische Vertragsbedingungen
Aufl.	Auflage
AVwV	Allgemeine Verwaltungsvorschrift
AVV	Allgemeine Verwaltungsvorschrift
Az.	Aktenzeichen
BA	Bundesarchiv
BABl.	Bundesausschreibungsblatt
Bad.-Württ.	Baden-Württemberg
BAFU	Bundesamt für Umwelt
BAnz.	Bundesanzeiger
BauGB	Baugesetzbuch
BauNVO	Verordnung über die bauliche Nutzung der Grundstücke
BauR	Baurecht; Zeitschrift für das gesamte öffentliche und zivile Baurecht
Baurechtl. Schriften	Baurechtliche Schriften
Bay., bay.	Bayern, bayerisch

BayBO	Bayerische Bauordnung
BayImSchG	Bayerisches Immissionsschutzgesetz
BayOblG	Bayerisches Oberstes Landesgericht
BayRS	Bayerische Rechtssammlung
BB	Betriebs-Berater (Zeitschrift)
BBodSchG	Gesetz zum Schutz vor schädlichen Bodenveränderungen und zur Sanierung von Altlasten
Bd. (Bde.)	Band, Bände
Bearb., bearb.	Bearbeiter, bearbeitet
BeckRS	Beck-Rechtsprechung
BeckOK	Beck Online Kommentar
Begr.	Begründung
Bekl.	Beklagter
Beschl.	Beschluss
Bespr.	Besprechung
Bestr.	Bestreiten
BGB	Bürgerliches Gesetzbuch
BG BAU	Berufsgenossenschaft Bau
BGBl.	Bundesgesetzblatt
BGE	Entscheidungen des Schweizerischen Bundesgerichts
BGH	Bundesgerichtshof
BGH LM	Lindenmaier-Möhring: Nachschlagewerk des Bundesgerichtshof
BGHSt.	Entscheidungen des Bundesgerichtshofs in Strafsachen
BGHZ	Entscheidungen des Bundesgerichtshofs in Zivilsachen
BGI	BG-Informationen
BGR	BG-Regeln
BGV	BG-Verordnungen
BIA	Berufsgenossenschaftliches Institut für Arbeitsschutz
BImSchG	Gesetz zum Schutz vor schädlichen Umwelteinwirkungen durch Luftverunreinigungen, Geräusche, Erschütterungen und ähnliche Vorgänge (Bundes-Immissionsschutzgesetz)
BImSchV	Bundes-Immissionsschutzverordnung
BO	Berufsordnung
BRD	Bundesrepublik Deutschland
BR-Drucks.	Bundesrat-Drucksachen
BRTV	Bundesrahmentarifvertrag

BT	Bundestag
BT-Drucks., BT-Drs.	Bundestag-Drucksache
Buchst.	Buchstabe
Bundesgesetzbl.	Bundesgesetzblatt
BVerfG	Bundesverfassungsgericht
BVerfGE	Bundesverfassungsgerichtsentscheidungen
BVerwG	Bundesverwaltungsgericht
BVerwGE	Bundesverwaltungsgerichtsentscheidungen
BWI-Bau	Institut der Bauwirtschaft
BWL	Betriebswirtschaftslehre
Bzw.	beziehungsweise
ca.	circa
CDU/CSU	Christlich-Demokratische Union/ Christlich-Soziale Union
d.h.	das heißt
DB	Der Betrieb (Zeitschrift)
dB [A], dB (A)	Dezibel
Ders.	Derselbe
Diff.	Differenzierend
DIN	Deutsches Institut für Normung
DIN EN ISO	International erarbeitete Standards
DIN IEC	Internationale Normen
DM	Deutsche Mark
DNotZ	Die Deutsche Notarzeitschrift
DÖV	Die öffentliche Verwaltung (Zeitschrift)
DVBl.	Deutsches Verwaltungsblatt
DVP	Deutsche Verwaltungspraxis (Schriftensammlung)
DWW	Deutsche Wohnungswirtschaft (Zeitschrift)
e.V.	eingetragener Verein
ebd.	ebenda
EG, EGV	Vertrag zur Gründung der Europäischen Gemeinschaften idF der Bek. des Vertrages von Amsterdam v. 2.10.1997
Einf.	Einführung
einhM	einhellige Meinung
Einl.	Einleitung
Entspr.	entsprechend
ErbbauVO	Erbbaurechtsverordnung
etc.	et cetera
EWG	Europäische Wirtschaftsgemeinschaft
f., ff.	folgend(e)
Fa.	Firma
FDP	Freie Demokratische Partei

FluglärmG	Fluglärmgesetz
FN	Fußnote
Fn.	Fußnote
Frankfurt a.M.	Frankfurt am Main
FS	Festschrift
GaststG	Gaststättengesetz
GE	Das Grundeigentum (Zeitschrift)
gem.	gemäß
GewA	Gewerbe-Archiv (Zeitschrift)
GewArch.	Gewerbe-Archiv (Zeitschrift)
GG	Grundgesetz
Ggf.	gegebenenfalls
GmbH	Gesellschaft mit beschränkter Haftung
GMBl.	Gemeinsames Ministerialblatt
GV NRW	Gesetz- und Verordnungsblatt für das Land Nordrhein-Westfalen
GVBl.	Gesetz- und Verordnungsblatt
GVG	Gerichtsverfassungsgesetz
GVOBl.	Gesetz- und Verordnungsblatt
H	Stunde
HBO	Hessische Bauordnung
HessVGH	Hessischer Verwaltungsgerichtshof
hL	herrschende Lehre
hM	herrschende Meinung
HmbLärmSchG	Hamburgisches Lärmschutzgesetz
Hrsg(g)., hrsg(g).	Herausgeber, herausgebend
IBR	Immobilien- und Baurecht (Zeitschrift)
IBRRS	Immobilien- und Baurecht Rechtsprechung
idF	in der Fassung
idR	in der Regel
idS	in der Sache
IMR	Immobilien- und Mietrecht (Zeitschrift)
Insb.	Insbesondere
InsO	Insolvenzordnung
iSd	im Sinne des
ISO	International Organization for Standardization
iÜ	im Übrigen
iVm.	In Verbindung mit
iwS	im weiteren Sinne
JA	Juristische Arbeitsblätter (Zeitschrift)
Jg.	Jahrgang
JR	Juristische Rundschau (Zeitschrift)
Jura	Juristische Ausbildung (Zeitschrift)
JurionRS	Jurion Rechtsprechung

jurisPK	juris Praxiskommentar
JuS	Juristische Schulung (Zeitschrift)
JZ	Juristenzeitung (Zeitschrift)
Kap.	Kapitel
Kfz.	Kraftfahrzeug
KG	Kammergericht
KGaA	Kommanditgesellschaft auf Aktien
KJG	Kinder- und Jugendhilfegesetz
Kl.	Klasse
KrWG	Gesetz zur Förderung der Kreislaufwirtschaft und Sicherung der umweltverträglichen Bewirtschaftung von Abfällen
kW	Kilowatt
LärmVibrationsArbSchV	Verordnung zum Schutz der Beschäftigten vor Gefährdungen durch Lärm und Vibrationen
LärmVO	Verordnung zur Bekämpfung des Lärms
LAI	Bund/Länder-Arbeitsgemeinschaft für Immissionsschutz
LBauO	Landesbauordnung
LG	Landgericht
LGBl.	Landesgesetzblatt
LImSchG	Landesimmissionsschutzgesetz
lit.	litera
LKRZ	Zeitschrift für Landes- und Kommunalrecht
LkW	Lastkraftwagen
LLärmVO	Landeslärmverordnung
Ls.	Leitsatz
LStVG	Landesstraf- und Verordnungsgesetz
M	Meter
m.w.N.	mit weiteren Nachweisen
MBO	Musterbauordnung
MDR	Monatsschrift für Deutsches Recht (Zeitschrift)
MietPraxAk	Mietrecht in der Praxis + Arbeitskommentar
Mio.	Million
Mm	Milimeter
MM	Mietermagazin
MüKo	Münchner Kommentar
nF	neue Fassung
NG	Neue Gesellschaft
NJOZ	Neue Juristische Online-Zeitschrift
NJW	Neue Juristische Wochenschrift (Zeitschrift)
NJW-MietR	NJW-Entscheidungsdienst Miet- und Wohnungsrecht (Zeitschrift)

NJW-RR	NJW-Rechtsprechungs-Report, Zivilrecht (Zeitschrift)
NLärmSchG	Niedersächsisches Gesetz über Verordnungen der Gemeinden zum Schutz vor Lärm
NuR	Natur und Recht (Zeitschrift)
NVwZ	Neue Zeitschrift für Verwaltungsrecht
NVwZ-RR	Rechtsprechungs-Report Verwaltungsrecht (Zeitschrift)
NZBau	Neue Zeitschrift für Baurecht und Vergaberecht
NZM	Neue Zeitschrift für Mietrecht
o.	oben, ohne
o.a.	oben angegeben
o.Ä.	oder Ähnliches
ÖAL	Österreichische Arbeitsring für Lärmbekämpfung
OLG	Oberlandesgericht
OLGR	OLG-Report (Zeitschrift)
ÖNORM	Österreichische Standardnorm
openJur	Freie juristische Datenbank
o.S.	ohne Seite
OVerwG	Oberverwaltungsgericht
OVG	Oberverwaltungsgericht
OVGE	Entscheidungen der Oberverwaltungsgerichte
OWiG	Gesetz über Ordnungswidrigkeiten
Preuß.	Preußisch
Rd.	Randnummer
Rn.	Randnummer
RRa	Reiserecht aktuell
Rz.	Randziffer
S.	Seite
s.	siehe
s.o.	siehe oben
s.u.	siehe unten
SGB	Sozialgesetzbuch
SiGeKo	Sicherheits- und Gesundheitsschutzkoordinator
Sog.	Sogenannt
Sp.	Spiegelstrich
SPD	Sozialdemokratische Partei Deutschlands
St.	ständig
st. Rspr.	ständige Rechtsprechung
StaedteT	Städtetag (Zeitschrift)
StGB	Strafgesetzbuch
stopp	Strafprozessordnung
Str.	strittig

StVZO	Straßenverkehrs-Zulassungs-Ordnung
TA-Lärm	Sechste Allgemeine Verwaltungsvorschrift zum Bundes-Immissionsschutzgesetz (Technische Anleitung zum Schutz gegen Lärm – TA-Lärm)
TRLV	Technischen Regeln zur Lärm- und Vibrations-Arbeitsschutzverordnung
TÜV	Technischer Überwachungsverein
u.	und; unten; unter
u.a.	unter anderem
u.A.	und Andere
u.Ä.	und Ähnliche(s)
UA	Untersuchungsausschuss
UmweltmedForschPrax	Umweltmedizin in Forschung und Praxis (Zeitschrift)
UNESCO	United Nations Educational, Scientific and Cultural Organization
UPR	Umwelt- und Planungsrecht (Zeitschrift)
Urspr.	Ursprünglich
USG	Umweltschutzgesetz (Schweiz)
Usw.	und so weiter
uU	unter Umständen
UVV	Unfallverhütungsvorschrift
VBlBW	Verwaltungsblätter für Baden-Württemberg
Verf.	Verfasser
VerfGH	Verfassungsgerichtshof
VersR	Versicherungsrecht (Zeitschrift)
VerwA	Verwaltungsarchiv (Zeitschrift)
VerwBl.	Verwaltungsblatt
VG	Verwaltungsgericht
VGH	Verwaltungsgerichtshof
VKBl.	Verkehrsblatt
VOB Teil A/B/C	Vergabe- und Verdingungsordnung für Bauleistungen VOL Teil A/B
Voraufl.	Vorauflage
VwGO	Verwaltungsgerichtsordnung
VWL	Volkswirtschaftslehre
VwVfG	Verwaltungsverfahrensgesetz
WBL-EGV	Wiener Baulärm-Emissionsgrenzwertverordnung
WEG	Gesetz über das Wohnungseigentum und das Dauerwohnrecht (Wohnungseigentumsgesetz)
WM	Wertpapiermitteilungen, Zeitschrift für Wirtschaft und Bankrecht (Zeitschrift)
WRP	Wettbewerb in Recht und Praxis

WuM	Wohnungswirtschaft und Mietrecht (Informationsdienst des Deutschen Mieterbundes; Zeitschrift)
Württ.	Württembergisch
z. B.	zum Beispiel
ZfBR	Zeitschrift für deutsches und internationales Baurecht
ZfIR	Zeitschrift für Immobilienrecht (Zeitschrift)
Ziff.	Ziffer
ZMR	Zeitschrift für Miet- und Raumrecht
ZPO	Zivilprozessordnung
ZS	Zivilsenat
ZStW	Zeitschrift für die Gesamte Strafrechtswissenschaft
zT	zum Teil

„Es gibt vielerlei Lärme.
Aber es gibt nur eine Stille.“

Kurt Tucholsky[1]

1. Ziel der Untersuchung

Bauarbeiten jeder Art sind im Regelfall mit einer Geräuschentwicklung durch den Einsatz von Maschinen, Geräten, Fahrzeugen und Werkzeugen verbunden, die als „Baulärm“ dann bezeichnet wird, wenn sich am Bau unbeteiligte[2] Dritte[3] dadurch belästigt fühlen oder sogar in ihrer Gesundheit bedroht sehen. Dieser „Baulärm“ führt seit vielen Jahrzehnten in der Bundesrepublik Deutschland immer wieder zu Streit zwischen Bauherrn und Baunachbarn[4], aber auch Vermietern und Mietern[5] sowie Vermietern und Bauherrn[6] aufgrund von „lärmbedingten Mietminderungen“, der nicht selten mehrerer Gerichtsinstanzen bis zur Klärung bedarf. Die Schwierigkeiten bei der Suche nach einer rechtskonformen Lösung dieser Streitigkeiten liegen dabei auf der Hand: Einmal ist es die Feststellung der Lärmereignisse selbst, die *ex tunc* aufgrund der raschen Vergänglichkeit des den Baulärm verursachenden Schalls praktisch nicht mehr möglich ist. Zum anderen unterliegt das bauhandwerkliche Geschehen im Zuge des Baufortschritts einem permanenten Wandel vor Ort und damit auch die Emmissionsstellen und -arten. Damit aber ist eine in die Zukunft gerichtete „Lärmprognose“ hinsichtlich eines beabsichtigten Bauvorhabens – bezogen auf bestimmte Immissionsorte – praktisch nicht möglich. Und schließlich muss in jedem Urteil, gleich ob auf dem Zivil-, Verwaltungs- oder Strafrechtsweg, eine Befassung mit unbestimmten Rechtsbegriffen erfolgen: Die *„wesentliche Beeinträchtigung“* gem. § 906 Abs. 2, Satz 1 BGB, die *„schädlichen Umwelteinwirkungen“* gem. §§ 3

---

1 *„Zwei Lärme“*, in: Die Weltbühne, Ausgabe vom 28.Juli 1925, S. 129.

2 Für die am Bau Beschäftigten stellt diese Geräuschentwicklung sog. „Arbeitslärm“ dar, der unter arbeitsschutzrechtlichen, insb. berufsgenossenschaftlichen Vorgaben einer gesonderten Betrachtung bedarf. Vgl. dazu nur *Pangert/Streit,* Lärm- und Vibrations-Arbeitschutzverordnung, Erläuterungen für die Praxis, S. 5 ff.

3 Z.B. als Nachbarn auf Grund einer Mieter-, Pächter- oder Eigentümerstellung, aber auch als Erbbau- oder Nießbrauchsberechtigte.

4 S. schon, 50 Jahre zurückliegend: *Kerst,* Welche Rechte bestehen bei Störungen und Belästigungen durch Baumaßnahmen? In: NJW 1964, 181; umfassend: *Sarnighausen,* Zur Schutzwürdigkeit im Baunachbarrecht, in: NVwZ 1996, 110.

5 Insoweit bleibt der sog. interne Lärm-Mietmangel, d.h. z.B. ein mangelhafter Trittschallschutz in der vorliegenden Arbeit unberücksichtigt. Siehe dazu etwa: BGH, Urteil vom 07.07.2010 – Az: VIII ZR 85/09 = BauR 2010, 1756 ff.

6 S. dazu ausführlich: *Schmidt,* Der Rückgriff des Vermieters gegen den bauenden Nachbarn wegen berechtigter Mietzinsminderung des Mieters, in: NJW 1991, 153 ff.

Abs. 1; 22 Abs. 1 BImSchG sowie die „*Belästigung*" im Sinne des § 117 OWiG. Die Ausfüllung dieser Begriffe setzt tatrichterliche Wertungen[7] voraus. Diesen werden letztlich die Empfindungen von „Zeugen durch Hören" sowie „Lärmprognosen" bzw. „Lärm-Messungen" und auch Baulärm-Dezibel-Werte, die kaum nachvollziehbar sind[8], zugrunde gelegt.

Damit aber ist bei Baulärm-Streitigkeiten aller Art ersichtlich eine gerichtliche Beliebigkeit gegeben[9]. Verbunden damit sind die Nichtvorhersehbarkeit des Prozessausgangs, meist hohe Streitkosten sowie die Erschwerung bis hin zur Unmöglichmachung von Baumaßnahmen.

Mitschang fasst diese Situation in Deutschland prägnant zusammen wie folgt:

> *„Die Bevölkerung ist in Deutschland ebenso wie in den meisten anderen Industrieländern der Welt in vielfältiger Hinsicht der Lärmbelastung ausgesetzt. Ein allgemeines Gesetz zum Schutz vor Lärm gibt es in Deutschland nicht. Lärmschutzfragen müssen anhand einer Vielzahl gesetzlicher Regelungen angegangen und gelöst werden. Die rechtliche Lage ist unübersichtlich und gleichzeitig auch komplex. So existieren Emissions- und Immissionsgrenz-, richt- und Orientierungswerte getrennt für verschiedene Lärmquellen oder -arten mit spezifischen Berechnungs- und Bewertungs-verfahren in Gesetzen, Verordnungen und Verwaltungsvorschriften sowie in einer Vielzahl von privaten Normen und Richtlinien. Für die durch Lärmbelastungen Betroffenen ist die rechtliche Situation schwer durchschaubar und oftmals Entscheidungen auch nicht nachvollziehbar, ist doch für sie nicht die getrennte, sondern die summative Betrachtung von Lärmbelastungen entscheidend."*[10]

Mit der vorliegenden Arbeit wird deshalb die Möglichkeit untersucht, ob in gesetzeskonformer, aber auch praxisnaher Weise das sog. Baulärm-Problem rechtlich so gelöst werden könnte, dass eine Vielzahl von Gerichtsverfahren verhindert, Rechtsfrieden geschaffen und letztlich auch die Bautätigkeit gefördert werden könnte[11]. Denn die aktuelle Handhabung des „Baulärm-Rechts" durch einen Teil der Zivil- und Verwaltungsgerichte, vereinzelt auch der Strafgerichte, fordert Rechtstreitigkeiten

---

7 Womit jegliche Objektivität fehlt. S. dazu: *Pfeifer*, Lärmabwehr auch ohne objektive Kriterien, in: DWW 1990, 264.

8 S. dazu auch: *Hansmann*, Rechtsprobleme bei der Bewertung von Lärm, in: Natur und Recht: Zeitschrift für das gesamte Recht zum Schutze der natürlichen Lebensgrundlagen und der Umwelt, 19 (1997), S. 53 ff.

9 S. dazu nur die Auszüge aus verschiedenen Urteilen zu Baulärm-Rechtsstreitigkeiten unten Kap.11.

10 *Mitschang*, Die Berücksichtigung von Belangen des Lärmschutzes bei der städtebaulichen Entwicklung, in: ZfBR 2009, 538; s. zu dieser Problematik auch: *Michler*, Lärmsummationen, in: VBlBW 2004, 361; dazu schon: *Rummel*, Ersatzansprüche bei summierten Immissionen, 1969.

11 *Müller / Zabel / Jansen*, Baulärm im Zivil- und Öffentlichem Recht, in: ZfIR 2011, 862.

geradezu heraus: Es werden Mietminderungs[12]- und Entschädigungsansprüche von angeblich oder tatsächlich „Baulärm-Geplagten“ ebenso zuerkannt oder abgewiesen wie Lärmminderungs- bzw. Lärmverhinderungsmaßnahmen – bis zur Stilllegung von Baustellen – angeordnet oder verneint werden. Dies führt zwangsläufig häufig zur Verteuerung und Verzögerung öffentlicher und privater Baumaßnahmen und löst zusätzlich eine hohe Gerichtsbelastung aus, die anhand kaum noch überschaubarer Prozesszahlen im Zusammenhang mit Lärm von Baustellen belegbar ist[13]. *Lehmann-Richter*[14] beschreibt das damit bestehende Problem wie folgt:

> *„Die Beeinträchtigung des Gebrauchs vermieteter Räume durch Baulärm oder andere Emissionen aus der Nachbarschaft ist ein mietrechtliches – und stets aktuelles – Alltagsphänomen. .... Kommt es zu einer Auseinandersetzung über die Minderung, sehen sich die beteiligten Rechtsanwälte und Richter meist mit einem komplexen Sachverhalt konfrontiert, dessen Aufarbeitung häufig erhebliche Mühe bereitet“.*

Diese Einschätzung teilt – mit noch wesentlich deutlicheren Worten – *Martens*[15]:

> *„Wenn somit trotz jahrzehntelangen Bemühens in Lehre und Rechtsprechung noch so weitreichende Unklarheiten über die Grundfragen des öffentlichen Nachbarrechts konstatiert werden müssen, so läßt dies eigentlich nur einen Schluß zu: Es muß ein bislang verborgen gebliebener Fehler im System existieren, der bereits die Fragestellungen beeinflußt und die Untersuchungen auf einem falschen Gleis ablaufen läßt“.*

Dieser, mit zahlreichen Nachweisen aus der Literatur für das gesamte (Bau-)Nachbarrecht untermauerte, Satz aus der Feder eines langjährigen Richters hat gleichermaßen Bedeutung für das „Baulärm-Recht“, das aus einem Konklomerat aus Vorgaben, die sich in dem Rechts-Dreieck Zivilrecht – Öffentliches Bau-Nachbarrecht – Straf- /OWi-Recht befinden, besteht. Und damit ersichtlich der Bau(rechts) praxis nicht nur erhebliche Entscheidungs-Probleme bereitet – wie auch die Auswertung zahlreicher Urteile aufzeigen wird[16] – , sondern generell Zweifel an einer Justiziabilität von Baulärm-Sachverhalten aufkommen lässt.

Einen Weg zur Vermeidung letztlich nur durch „Gefühl“, aber nicht durch belegbare und nachvollziehbare Fakten zu lösender zahlloser Baulärm-Konflikte könnte der Einbezug des Gedankens einer Sozialadäquanz des Bauens ebnen. Kann eine solche bejaht werden, dann könnte sich aus einer darauf gestützten Abwägung

---

12 S. insoweit zunächst nur die Beispiele bei *Börstinghaus*, Mietminderungstabelle, 3. Aufl. 2013, unter den Stichworten „Bau“, „Bauarbeiten“, „Baustelle“ oder „Baulärm“.

13 Vgl. dazu nur die Zusammenstellung ausgewählter Baulärm-Urteile unten Kapitel 11.

14 Minderungsausschluss bei Baulärm und anderen Emissionen aus der Nachbarschaft, in: NZM 2012, 849.

15 *Martens*, Der verwaltungsrechtliche Nachbarschutz – eine unendliche Geschichte?,in: NJW 1985, 2302.

16 Dazu unten Kapitel 11.

aller wechselseitigen Interessen von Bauherren sowie Baulärm-Betroffenen eine gesetzliche Regelung ergeben, die dazu beitragen müsste, Streit im Zusammenhang mit der Geräuschentwicklung bei der Abwicklung von Bauarbeiten weitgehend vermeiden zu helfen.

Eine solche Lösungsmöglichkeit wäre jedenfalls nicht rechtsfremd. Denn der Gesetzgeber hat – nach langen Diskussionen und zahlreichen Gerichtsurteilen – eine andere Lärm-Art unmissverständlich privilegiert: Kinderlärm! Dies geschah im Jahre 2011 durch die Einfügung eines Abs. 1 Buchstabe a) in § 22 des für die Lärmbeurteilung mit maßgeblichen Bundes-Immissionsschutzgesetzes[17]. Dabei spielte der Begriff einer Sozialadäquanz, der auch im Sprachgebrauch des Bundesverfassungsgerichts[18] im Zusammenhang mit „Lärm" Verwendung gefunden hat, im Gesetzgebungsverfahren eine maßgebende Rolle[19].

Mit der Regelung

> *„Geräuscheinwirkungen, die von Kindertageseinrichtungen, Kinderspielplätzen und ähnlichen Einrichtungen wie beispielsweise Ballspielplätzen durch Kinder hervorgerufen werden, sind im Regelfall keine schädliche Umwelteinwirkung. Bei der Beurteilung der Geräuscheinwirkungen dürfen Immissionsgrenz- und – richtwerte nicht herangezogen werden"*

stellte der Gesetzgeber für den Regelfall klar, dass Kinderlärm nicht dem Immissionsschutzrecht unterfällt und konsequenterweise deshalb auch weder Immissionsgrenzwerte noch Immissions-richtwerte eine Rolle spielen können. Einige Bundesländer haben in ihren Ländergesetzen sogar ausdrücklich festgehalten, dass Kinderlärm „sozialadäquat" ist. So etwa das Land Berlin in § 6 Abs. 1 LImSchG-Berlin[20]:

> *„Störende Geräusche, die von Kindern ausgehen, sind als Ausdruck selbstverständlicher kindlicher Entfaltung und zur Erhaltung kindgerechter Entwicklungsmöglichkeiten grundsätzlich sozialadäquat und damit zumutbar."*

---

17 In der Fassung der Bekanntmachung vom 17.Mai 2013 (BGBl. I S. 1274, das zuletzt durch Artikel 1 des Gesetzes vom 20.November 2014 (BGBl. I S. 1740) geändert worden ist.

18 Beschluss vom 17.November 2009 – 1 BvR 2717/08 („Hausmusik-Fall"); s. dazu auch *Müller-Neuhof / Peters,* Bußgeld wegen Hausmusik war unzulässig, in: Der Tagesspiegel vom 11.12.2009, S. 9.

19 Dazu ausführlich unten 13.1.2.2.1.

20 Vom 5. Dezember 2005 (GVBl. S. 735), berichtigt am 13. Januar 2006 (GVBl. S. 42), geändert durch Gesetz vom 3. Februar 2010 (GVBl. S. 38). S. auch: LImSchG (vom 20.12.2000 – GVBl. 2000, 578) von Rheinland-Pfalz, § 3 Grundpflichten, Abs. 2: *„Kinderlärm stellt grundsätzlich keine schädliche Umwelteinwirkung dar und ist als sozialadäquat in der Regel zumutbar".*

Welche Altersstufe der Begriff „Kinder“ umfasst hat zuletzt der BGH[21] unter Berufung auf die Gesetzesbegründung klargestellt:

> *„Für den Begriff der Kinder, deren Lärm als Ausdruck eines besonderen Toleranzgebots der Gesellschaft durch die Vorschrift privilegiert werden soll, hat der Gesetzgeber die Definition in § 7 Abs. 1 SGB VIII heranziehen wollen, wonach Kind ist, wer noch nicht 14 Jahre alt ist, und Jugendlicher, wer 14, aber noch nicht 18 Jahre alt ist (BT-Drucks. 17/4836, S. 4, 6)“.*

Nachdem kein Zweifel bestehen kann, dass die Errichtung und Unterhaltung von Bauwerken und Infrastruktureinrichtungen aller Art seit Menschengedenken zur *conditio sine qua non* jeglichen zivilisierten menschlichen Daseins zählt und damit unverzichtbar ist, könnte eine Art von Parallelität zur Kinderlärm-Problematik bestehen. Kann dies bejaht werden, dann bietet sich eine vergleichbare Regelung für die Geräuschentwicklung im Zusammenhang mit bauhandwerklichen Leistungen an. Zumal das Landesbaurecht der Bundesländer den Bau von Spielplätzen ebenso vorschreibt wie die Bereitstellung ausreichend vieler Kinderhort- und Kindergartenplätze[22].

Dazu bedarf es einer umfassenden Untersuchung der Baulärm-Problematik. In diesem Zusammenhang müssen physikalische, psychologische, medizinische, psychoakustische, mithin objektive und subjektive Parameter einer Baulärm-Wirkung ebenso untersucht werden wie die bestehende Rechtslage unter Berücksichtigung der darauf gründenden Rechtsprechung und Lehre Ausgangspunkt aller Überlegungen sein muss. Mehr noch: Auch volkswirtschaftliche Betrachtungen spielen für die Gesamtabwägung eine bedeutende Rolle.

Das Ziel der vorliegenden Arbeit lässt sich damit wie folgt beschreiben:

Erarbeitung einer gesetzlichen Regelung mit dem Inhalt, dass der mit Bauarbeiten zwangsläufig verbundene Baulärm im Regelfall privilegiert und damit nicht dem Regime der Lärm-Gesetzgebung unterfallend ist – sofern die Untersuchung und Darstellung der gegenwärtigen Handhabung der Baulärm-Problematik durch Gerichte, Wissenschaft und Baupraxis eine Notwendigkeit zum Erlass eines derartigen Gesetzes aufzeigt.

Dies könnte mit Hilfe des Nachweises, dass Bauarbeiten und die damit verbundene Geräuschentwicklung unter dem Gesichtspunkt der Sozialadäquanz von der Gesellschaft als vorrangig gegenüber den Einzelinteressen von Baulärm-Betroffenen angesehen werden, möglich sein. Denn, so der BGH[23], der *„verständige Durchschnittsmensch“* habe, anders als der normale Durchschnittsmensch, auch gesetzliche Wertungen und Allgemeininteressen zu berücksichtigen. Damit hat der BGH zur Frage der Wesentlichkeit von Lärm zwei wichtige Parameter zur Entscheidungsfindung

21 Urteil vom 29.04.2015 – Az: VIII 197/44 – *juris.*

22 Ausführlich dazu: *Rojahn*, Kinderlärm zwischen Immissionsschutz und Sozialadäquanz, in: ZfBR 2010, 752.

23 BGHZ 120, 239 (255) = NJW 1993, 925 (929); s. auch schon: OLG Nürnberg NJW-RR 1988, 979.

vorgegeben: Die situationsbezogene Abwägung und die verständige Wertung unter Berücksichtigung der konkreten Gegebenheiten. Das OLG Köln[24] hat in der vieldiskutierten Entscheidung *„Behinderten-Laute"* dies auf folgenden Nenner gebracht: Bei der Beurteilung von Lärm seien Gedanken der *„Sozialadäquanz"* und *„Akzeptanz"* von Immissionen sowie die allgemeine Einschätzung der Bevölkerung von wesentlicher Bedeutung. Der verständige Bürger und Nachbar dürfe sich, im Unterschied zum *„normalen Nachbarn"*, nicht von *„falschem Wertigkeitsdenken"* leiten lassen. Im Gegenteil: Der vernünftige Mensch müsse von *„Mitmenschlichkeit"* und *„Toleranz"* geprägt sein[25]. Inwieweit diese Argumente auch im Rahmen einer Untersuchung zur Frage des „Erlaubtseins" von lauten, nicht – zumindest nicht durch wirtschaftlich zumutbare Maßnahmen – verhinderbaren Geräuschen im Zusammenhang mit notwendigen Bauarbeiten zur Findung und Begründung eines nachvollziehbaren Ergebnisses herangezogen werden können, gehört ebenso zu den Herausforderungen der vorliegenden Arbeit. Denn die einleitend aufgeführten „Lärmquellen", nämlich Kinder bzw. Behinderte, können nicht unmittelbar mit den Geräuschen im Zusammenhang mit Bauarbeiten verglichen werden: Dort handelt es sich um hilfsbedürftige und schützenswerte Gruppen von Menschen, hier „nur" um die Errichtung von Bauwerken aller Art bzw. die Durchführung von Sanierungs-, Renovierungs- oder Abbruch- / Rückbauarbeiten. Allerdings ist dabei zu berücksichtigen, dass doch ein gewichtiger Zusammenhang besteht: Auch Kinder und Behinderte sind auf Wohnungen, Kinder- und Pflegeheime, Schulen, Jugendhäuser[26] und Vieles mehr zur Lebensführung angewiesen.

---

24 NJW 1998, 763 (764) – Behindertenwohngruppe.

25 OLG Köln NJW 1998, 763 (764) = NZM 1988, 122 – Behindertenwohngruppe. S. dazu auch ausführlich: *Vieweg / Röthel*, Der verständige Durchschnittsmensch im privaten Nachbarrecht, in: NJW 1999, 969 (970).

26 Dazu stellt der VGH München, Urteil vom 31.03.2006 – Az: 22 B 05.1683 = NVwZ-RR 2007, 462 unter ausdrücklicher Betonung der Sozialadäquanz für „Jugend-Lärm" fest: *„Darüber hinaus ist zu berücksichtigen, dass besondere Umstände der sozialen Adäquanz der Lärmimmissionen vorliegen, die nach Art und Gewicht wesentlichen Einfluss auf die Beurteilung haben können. Insbesondere beim Jugendhaus ist insofern zu berücksichtigen, dass die Bekl. hier eine öffentliche Aufgabe wahrnimmt, deren Erfüllung im besonderen öffentlichen Interesse liegt; die Funktionsfähigkeit des Jugendhauses darf nicht beeinträchtigt werden (.....). Hier können bei der Nachbarschaft subjektives Verständnis und Akzeptanz erwartet werden".*

2. Baulärm und Bauwirklichkeit

„Wo gehobelt wird, da fallen Späne!" – diese Volksweisheit[27] kennzeichnet bildhaft die Problematik nahezu aller Bauarbeiten: Jeder *actio* folgt eine *reactio* und wo der Hammer auf den Nagel trifft und diesen so durch den Balken des Dachstuhls eines Rohbaus treibt[28], ist – wenn auch jeweils nur sehr kurzzeitig – ein lautes Geräusch mit jedem Schlag nicht vermeidbar. Diese Geräuscherzeugung ist bei einer Vielzahl von Bautätigkeiten, angefangen beim Abbruch alter Häuser[29] über Bagger-[30] oder Bohrarbeiten[31] bis hin zu Schleif-, Trenn- oder Sägearbeiten, die bei einer Vielzahl von Bauleistungen ausgeführt werden müssen, mit wirtschaftlichen Mitteln nicht vermeidbar[32], allenfalls durch das gänzliche Unterlassen derartiger Bau- und Handwerksleistungen[33]. Diese Geräuschentwicklung ist – von arbeitsschutzrechtlichen[34] und berufsgenossenschaftlichen Regeln[35] zum Gesundheitsschutz von vor Ort tätigen Mitarbeitern der ausführenden Firmen abgesehen – solange ohne weiteres

---

27 www.duden.de/Rechtschreibung/Span (Aufruf 12.04.2015).

28 Bauleistung gem. ATV DIN 18334 (Zimmer- und Holzbauarbeiten) der VOB/C.

29 Vgl. dazu die ATV DIN 18459 (Abbruch- und Rückbauarbeiten) der VOB/C.

30 Vgl. dazu die ATV DIN 18300 (Erdarbeiten) der VOB/C.

31 Vgl. dazu die ATV DIN 18301 (Bohrarbeiten) der VOB/C. Diese enthält in Abschnitt 4.2.3 die Vorgabe, dass das Aufstellen, Vorhalten und Beseitigen von Lärmschutzeinrichtungen als *Besondere Leistung* zu vergüten ist, wenn es sich nicht schon um eine Vertragsleistung handelt.

32 So konstatiert *Bodanowitz*, Rechtliche Grundlagen des Baulärmschutzes, NJW 1997, 2351, l. Sp, einleitend: *„Mit der Durchführung von Bauvorhaben gehen naturgemäß Geräusche einher, die je nach Einstellung zu den Vorhaben ganz unterschiedlich wahrgenommen werden"*.

33 S. dazu die plakative Überschrift bei *Dziallas / Kullick*, Bauen ohne Lärm?, in: NZBau 2011, 544.

34 Vgl. dazu nur die *Lärm- und Vibrations-Arbeitsschutzverordnung* vom 6. März 2007 (BGBl. I S. 261), die zuletzt durch Artikel 3 der Verordnung vom 19. Juli 2010 (BGBl. I S. 960) geändert worden ist; näher dazu: *Pangert / Streit*, Lärm- und Vibrations-Arbeitsschutzverordnung. Erläuterungen für die Praxis, 2010; s. zur Arbeitslärmproblematik auch: *Bernhardt/Jeiter*, Unfallverhütungsvorschrift „Lärm"; *Ising*, Gesundheitsschutz, Lärmwirkungen: Gehör, Gesundheit, Leistung, BA für Arbeitsschutz und Arbeitsmedizin, 2004; ausführlich: *Schaffner*, Der Lärm und seine Bekämpfung im Arbeitsrecht, Diss. 1961.

35 Vgl. dazu u.a. *Berufsgenossenschaftliche Grundsätze für arbeitsmedizinische Vorsorgeuntersuchungen, Grundsatz G 20 „Lärm"*. Gentner Verlag, Stuttgart 1989; LSA 01–305: Lärmschutz-Arbeitsblatt *„Geräuschminderung im Betrieb – Lärmminderungsprogramm nach § 6 Unfallverhütungsvorschrift Lärm"*. (BGI 675), Carl Heymanns Verlag Köln, Ausgabe Juni 1995; *BG-Regel „Einsatz von Gehörschützern" (BGR 194)* – Ausgabe April 1998 mit aktualisierter Positivliste Oktober 2003, Heymann Verlag Köln; vgl. auch: *Maue*, Besondere Gehörgefährdung durch Impulslärm? In:

Interesse, als niemand außer den Baubeteiligten[36] selbst davon betroffen wird. Völlig anders – und zudem differenziert zu betrachten – ist die Situation jedoch dann, wenn – an den Bauarbeiten – Unbeteiligte wie etwa Nachbarn, Mieter, Pächter oder Büro-, Praxis- bzw. Geschäftsinhaber sowie deren Kunden, Mandanten oder Patienten mit diesen Bau-Geräuschen konfrontiert werden. Dann nämlich entscheidet die jeweils individuelle Einstellung zu den Bauarbeiten, allem voran die Empfindsamkeit, aber auch das Verständnis des betroffenen Personenkreises über Duldung oder Abwehr der von Bauarbeiten ausgehenden Geräusch-Immissionen. Ob dann im Falle der Nicht-Akzeptanz von Baugeräuschen der damit verbundenen Bestrebung, die Bauarbeiten zu unterbinden oder jedenfalls durch zeitliche Korridore und schallschutztechnische Maßnahmen einzuschränken, die zuständige Baubehörde und letztlich die Gerichte zum Erfolg verhelfen, hängt von vielen Faktoren ab. Dazu stellen einleitend zu einem Aufsatz mit dem bezeichnenden Titel *„Immissionsschutzrechtliche Bewertung der Zumutbarkeit von Baulärm“*[37] die Autoren *Thiele / Strohbusch* im Zusammenhang mit der Besprechung eines Urteils des BVerwG, das sich insb. mit der Bedeutung der AVV Baulärm – Geräuschimmissionen – auseinandersetzt, fest:

> *„Die Entscheidung des BVerwG vom 10.7.2012*[38] *... gibt Anlass, die immissionsschutzrechtlichen Probleme, die vor allem bei innerstädtischen Bauvorhaben auftauchen, näher zu betrachten. Da bundesweit auf Grund der bestehenden Wohnungsknappheit und zur Vermeidung weiteren Flächenverbrauchs eine Nachverdichtung des innerstädtischen Bereichs durch Schaffung neuen Wohnraums geplant ist, werden Konflikte zwischen Bauherren mit ihrem Recht auf Bauen und Anwohnern mit ihren Ruheschutzinteressen häufiger auftreten“*[39].

2.1 Prognose-Problem

Im Rechtsstreit besteht damit die Notwendigkeit einer Abwägung, ob, wann, wie und wie lange sowie unter welchen Voraussetzungen gebaut werden darf und deshalb die damit verbundene Lärmbelastung hinzunehmen bzw. zwar hinzunehmen, aber dadurch ein Entschädigungs- bzw. Mietminderungsanspruch begründet ist. Eine rechtliche Prognose, zu welchem Ergebnis eine derartige Abwägung führen wird, ist jedoch praktisch bei der bestehenden Rechtslage unter Berücksichtigung obergerichtlicher Verwaltungs- und Zivilrechtsprechung nicht möglich. Denn bei der

Neufassung der Unfallverhütungsvorschrift „Lärm“ – Einheitliche Umsetzung in der Praxis. BIA-Report 1/92, S. 43 ff.

36 Bauherren, Planer, Bauüberwacher, Sicherheits- und Gesundheitsschutzkoordinatoren (SiGeKo), Bauleiter, Bauarbeiter, Handwerker, Transportunternehmer und Lieferanten sowie Baukontrolleure.

37 NVwZ 2014, 1333.

38 Az: 7 A 11/11 = NVwZ 2012, 1393.

39 NVwZ 2014, 1333, Vor Einleitung.

Durchführung von Bauarbeiten aller Art praktizieren angerufene Gerichte oftmals eine Wertung aufgrund *„eigener Sachkunde"*, meist unter Verwertung subjektiver Betroffenheitsschilderungen[40], also ohne jegliche objektivier- und damit nachvollziehbare Vorgaben. Damit wird das Bauen im Hinblick auf die damit zwangsläufig verbundene Geräuschentwicklung mit einer kaum kalkulierbaren Risikobelastung für Bauherrn, Architekten und Bauunternehmer, aber auch für eigentlich völlig unbeteiligte Vermieter von benachbarten Wohnungen verbunden, die von der Verteuerung (z.B. durch Lärmschutzmaßnahmen, Entschädigungszahlungen) bis zur Unmöglich-machung einer Bauwerkserrichtung, aber auch Mietminderung[41] gem. § 536 BGB führen kann und deshalb unter volkswirtschaftlichen, aber auch gesellschaftlichen Gesichtspunkten zu hinterfragen ist: Wenn etwa eine Kommune im Zusammenhang mit der Geräuschentwicklung bei der Renovierung und dem Ausbau einer Schule, die mitten in einer Altstadt steht, einen „Mietausfallschaden" in Höhe von 4.125 €, (den ein Vermieter, dessen Mieter entsprechende Minderungen vorgenommen hatten, geltend machte), ersetzen muss[42], dann stellt sich durchaus die Frage nach der generellen Rechtskonformität und der konkreten Rechtswirklichkeit in Bezug auf die dazu herangezogene Anspruchsgrundlage. Denn das OLG Schleswig hätte konsequenterweise, bei entsprechend höherer Mieterzahl, nicht nur den relativ geringen Betrag, den das LG Itzehoe[43] in der Vorinstanz ausgeurteilt hatte, bestätigt, sondern auch eine 100-fach höhere Summe. Dann aber wäre möglicherweise das Schulbauprojekt aufgrund der zur Verfügung stehenden Haushaltsmittel nicht

---

40 So etwa hat das OLG Celle, Urteil vom 05.11.1999 – 4 U 130/99 – *juris*, wie folgt einen Entschädigungsanspruch eines Baunachbarn in Höhe von 20.000 € begründet: *„Zwar liegen weitere verwertbare Lärmmessungen nicht vor, auf Grund der Schilderung des Klägers und eigener Sachkunde ist der Senat jedoch davon überzeugt, dass es im Verlauf der gesamten Bauphase zu wesentlichen Beeinträchtigungen durch Baulärm gekommen ist, die einen Entschädigungsanspruch rechtfertigen. .....Maßstab der Wesentlichkeit ist letztlich das Empfinden eines verständigen Durchschnittsbenutzers des betroffenen Grundstücks in seiner durch Natur, Gestaltung und Zweckbestimmung geprägten konkreten Beschaffenheit".*

41 S. umfassend: *Blank*, Der Ausschluss der Minderung bei Gebrauchsstörungen durch Bauarbeiten in der Nachbarschaft, in: WuM 2012, 175 ff.

42 OLG Schleswig, Beschluss vom 30.03.2011 – 5 U 122/10 = IMR 2011, 493. Ohne weitere Begründung zustimmend: *Blank*, in *Blank/Börstinghaus*, Miete, BGB § 536, Rn.26.

43 Urteil vom 11.10.2010 – Az: 3 O 509/09 – *juris*. Die dort angeführten Gründe zeigen eine sehr willkürliche Einschätzung: *„Das Gericht übersieht nicht, dass sowohl der Klägerin als auch den Zeugen eine Darstellung, welche Einschränkungen genau an welchen Tagen und in welchem Umfang vorlagen, nicht gelungen ist. Die erfolgten Darstellungen genügen aber zusammen mit dem unstreitigen Umstand, dass in der unmittelbaren Nachbarschaft des von den Mietern bewohnten Hauses über ein Jahr eine Baustelle größeren Umfangs war und dem Umstand, dass eine Vorstellung von den damit verbundenen Emissionen schon die allgemeine Lebenserfahrung erlaubt, um damit eine Mietminderung für begründet zu erachten...".*

mehr realisierbar gewesen. Auch wenn es sich bei dieser „Hochrechnung" nur um ein theoretisches Beispiel handelt: Es zeigt auf, dass ein Ungleichgewicht aufscheint zwischen den Belangen der temporär und subjektiv lärmgeplagten Anwohner bzw. Mieter und den Interessen der Allgemeinheit an zeitgemäßen Bildungsstätten. Gleiches gilt in den zahlreichen Fällen, in denen Mietminderungen durch Anwohner, die in Nachbarschaft zu Baustellen wohnen, geltend gemacht werden, obwohl die auszuführenden Bauarbeiten alleine der Errichtung von Wohnanlagen dienen, wie dies insbesondere in Ballungsgebieten wie Berlin[44], Hamburg[45], München[46] oder Frankfurt am Main[47] der Fall ist[48]. Es besteht damit erkennbar ein latenter und häufig virulent werdender Konflikt, der aus volkswirtschaftlichen Überlegungen heraus[49] einer pragmatischen und aus rechtlichen Gründen einer nachlesbaren und verständlichen Lösung auf der Basis der geltenden Rechtsordnung zugeführt werden muss.

2.2 Grundwissen: Bauarbeiten sind mit Geräuschentwicklung verbunden

Ausgangspunkt aller dazu erforderlichen Überlegungen ist dabei, dass, wie einleitend bereits festgehalten, bestimmte – nicht: alle[50] – Bauaktivitäten regelmäßig und unvermeidbar mit einer Lärmentwicklung[51] verbunden sind. Die dadurch verursachten Emissionen[52], die nach einer Transmission als Immissionen[53] auf das Gehör von Menschen treffen und dann als „Baulärm"[54] bezeichnet werden, führen mit dem steigenden Umweltbewusstsein und der immer mehr zunehmenden Sensibilität, aber

44 Vgl. etwa LG Berlin, Urteil vom 26.09.2013 – 67 S 251/13 = GE 2013, 1515.

45 Vgl. etwa LG Hamburg, Urteil vom 05.07.2001 – 333 S 13/01 = WuM 2001, 444.

46 Vgl. etwa AG München, Urteil vom 16.05.2007 – 453 C 37 357/06 = NZM 2008, 320.

47 Vgl. etwa LG Frankfurt am Main, Urteil vom 06.03.2007 – 2–17 S 113/06 = WuM 2007, 316; AG Frankfurt am Main, Urteil vom 02.11.2011 – 33 C 2424/11 = NJW-RR 2012, 591.

48 Vgl. dazu auch die Urteilszusammenstellung unten in Kap. 11.

49 Bauen stellt einen der bedeutendsten volkswirtschaftlichen Bereiche dar (vgl. dazu nur *Oepen*, in: BWI-Bau (Hrsg.), Ökonomie des Baumarktes, 2013, S.VI: *„Die Bauwirtschaft spielt sowohl auf Seiten der gesamtwirtschaftlichen Nachfrage als auch auf Seiten des gesamtwirtschaftlichen Angebots eine eminent wichtige Rolle in der deutschen Volkswirtschaft: Nachfrageseitig tragen die Bauinvestitionen pro Jahr rd. 10 % zum Bruttoinlandsprodukt bei und angebotsseitig ist derzeit jedes neunte Unternehmen in Deutschland ein Bauunternehmen*").

50 Z.B. Maler- oder Tapezierarbeiten, soweit dazu keine Schleifmaschinen eingesetzt werden müssen.

51 S. für Abbrucharbeiten OVG Sachsen-Anhalt, Beschluss vom 13.06.2006 – 2 M 211/06 = BauR 2006, 1945 (Ls.) = IBR 2006, 704.

52 Vgl. zur Legaldefinition § 3 Abs. 3 BImSchG.

53 Vgl. zur Legaldefinition § 3 Abs. 2 BImSchG.

54 Zur Begrifflichkeit ausführlich unten Kap. 6.2.

oft auch Verständnislosigkeit für (sowie finanziellen Begehr-lichkeit[55] im Hinblick auf) Bauarbeiten zu zahlreichen juristischen Auseinandersetzungen, angefangen mit Anträgen auf Erlass vorläufiger Anordnungen[56] in Verwaltungsgerichtsverfahren bis hin zu jahrelangen zivilrechtlichen Klageverfahren über mehrere Instanzen[57]. Auch das Ordnungswidrigkeiten- und Strafrecht wird – wenn auch (noch) selten – von dieser Baulärmproblematik berührt[58].

2.3 Behörden- und Gerichtsbefassung mit Baulärm

Und so werden immer häufiger nicht nur Bau- und Polizeibehörden, sondern insbesondere auch Verwaltungs-[59], Zivil-[60] und Strafgerichte[61] mit Rechtsstreitigkeiten

---

55 Vgl. dazu die Entscheidung des VG Berlin, Beschluss vom 13.12.2006 – 10 A 454.06 = LexisNexis LNR 2006, 33019, dem der Fall zu Grunde lag, dass ein Anlieger den Bau eines U-Bahn-Tunnels trotz des Angebots von Ersatzwohnraum in einem 5-Sterne-Hotel für einen „Lärm-Zeitraum" verhindern wollte, jedoch auch „Bereitschaft signalisierte" gegen Zahlung von 1 Million Euro seine gerichtlichen Schritte zu revidieren. Dazu führte das VG treffend aus: *„...das Angebot des Antragstellers, gegen Zahlung von 1 Mio. Euro das vorliegende sowie ein beim Landgericht Berlin anhängig gemachtes einstweiliges Verfügungsverfahren zurückzunehmen, deutet in diesem Zusammenhang eher darauf hin, dass es ihm in erster Linie nicht um Lärmschutz geht".*

56 Vgl. VGH Baden-Württemberg, Beschluss vom 05.02.2015 – 10 S 2471/14 = IBR 2015, 224.

57 Vgl. nur OLG Schleswig, Beschluss vom 30.03.2011 – 5 U 122/10 = IBR 2011, 493 (vorhergehend: LG Itzehoe, Urteil vom 11.10.2010 – O 509/09); OLG Celle, Urteil vom 05.11.1999 – 4 U 130/99 -, *juris* (vorhergehend LG Stade, o. Datum – 3 O 330/97); s. dazu auch Anm. *Schwenker*, IBR 2000, 278.

58 Vgl. vorab die § 325a StGB bzw. § 117 OWiG; s. auch: *Brendle,* Lärm als körperliche Einwirkung – Gewaltbegriff und Einheit der Rechtsordnung, in: NJW 1983, 727.

59 Vgl. exemplarisch VGH Baden-Württemberg, Beschluss vom 05.02.2015 – 10 S 2471/14 (vorgehend VG Stuttgart, Urteil vom 28.11.2014 – 1 K 4763/14) = IBR 2015, 224: *„Es besteht ein sicherungsfähiger Anspruch des Nachbarn auf Anordnung geeigneter Maßnahmen zur Begrenzung des von einer Baustelle verursachten Lärms".*

60 Vgl. für Mietminderungsansprüche im Zusammenhang mit einem Schulhausbau bzw. einer Bahnbaustelle exemplarisch einerseits OLG Schleswig, Beschluss vom 30.03.2011 – 5 U 122/10 = IMR 2011, 493 und andererseits LG Berlin, Urteil vom 10.02.2012 – 63 S 206/11 (*„Es ist auch für einen Laien nachzuvollziehen, dass Bauarbeiten möglichst zügig und zu Zeiten erfolgen, in denen eher wenig Verkehr auf den von den Bauarbeiten betroffenen Verkehrswegen herrscht. Bei dieser erkennbaren Sachlage drängt es sich geradezu auf, dass Arbeiten mit entsprechenden Ausnahmegenehmigungen eben auch an Sonntagen und auch nachts erfolgen. Es wäre vielmehr ungewöhnlich gewesen, wenn unter den vorgenannten Umständen keine Arbeiten an Sonntagen und nachts stattgefunden hätten"*).

61 Vgl. dazu die Beispiele bei *Korbion/Scherer*, Gesetzliches Bauhaftungsrecht, S. 202, u.a. Urteil des AG Hannover vom 26.6.1962 – Az: 46 Es 3/61: Verurteilung eines Bauleiters wegen fahrlässiger Körperverletzung, verursacht durch Baulärm.

befasst, die ihren Ausgangs-punkt in der Geräuschentwicklung im Zusammenhang mit der Ausführung von Bauleistungen aller Art haben. Deshalb erlässt die Gerichtsbarkeit in zunehmendem Maße immer mehr Urteile und Beschlüsse, um über die Folgen von „Lärmbelästigungen" im Zuge von Bauarbeiten zu entscheiden[62].

2.4 Hauptstreitgebiete: Entschädigungen – Mietminderungen – Baueinstellungen

Dabei geht es sehr häufig um Entschädigungen von Baunachbarn, Miet- oder Pachtminderungsansprüche von Anliegern, insb. Wohnungsmietern, gegenüber deren Vermietern bzw. Verpächtern und nicht zuletzt auch bauvertragliche Probleme insb. im Zusammenhang mit Baueinstellungen[63] bzw. Lärmschutzmaßnahmen. Je nach dem Ergebnis, zu dem ein Gericht dabei gelangt, verlängert sich dann oft die Anspruchskette:

Muss z. B. ein Vermieter oder Verpächter aufgrund einer Baulärm-Miet- bzw. Pachtminderung eine Einbuße hinnehmen, wendet er sich in vielen Fällen – etwa unter dem Gesichtspunkt des nachbarlichen Gemeinschaftsverhältnisses bzw. gem. § 906 Abs. 2 BGB – an die Bauherrschaft[64]. Ein einziges Lärm-Ereignis, hervorgerufen durch Bauarbeiten, kann so mindestens zwei Gerichtsverfahren auslösen, meist sogar drei, verbunden oft mit Streitverkündungen bzw. in Verwaltungsverfahren Beiladungen. Denn im Regelfall versucht der in Anspruch genommene Bauherr dann den *Schwarzen Peter* der Baulärm-Betroffenheit an den lärmerzeugenden Bauunternehmer, aber auch den bauleitenden Architekten, weiter zu geben[65]. Unabhängig davon werden immer häufiger Bau- und Umweltbehörden, die Verwaltungsgerichtsbarkeit und ebenso Polizei- und Ordnungsbehörden bzw. die Staatsanwaltschaft mit der Lärmproblematik im Zusammenhang mit der Abwicklung von Baumaßnahmen konfrontiert.

Damit ergibt sich eine Vielfalt von Lärm-Sachverhalten sowie eine Komplexität von Rechtsstreitigkeiten, die durch Streitverkündungen (z. B. Vermieter gegenüber Mieter bei Mietminderung im Prozess gegen den Bauherrn auf Ersatz von

---

62 S. dazu auch die Urteilszusammenstellung unten Kapitel 11.

63 Vgl. dazu das Paradebeispiel VGH Baden-Württemberg, Beschluss vom 05.02.2015 – Az: 10 S 2471/14 = IBR 2015, 224 mit ausführlicher Besprechung durch *Gebhardt / Lang*, Verhältnismäßigkeit von Baustopps nach AVV Baulärm – zugleich Besprechung VGH Mannheim, Beschluss v. 05.02.2015 (-10 S 2471/14-), in: BauR 2015, 1426: *„Schnell wird der Ruf nach der Stilllegung von Baustellen laut."* (S. 1426 lSp).

64 Näher dazu für einen ersten Überblick: *Elshorst*, Ersatzansprüche benachbarter Grundstücksbesitzer gegen Bauherren bei Beeinträchtigungen durch Baumaßnahmen, in: NJW 2001, 3222 ff.; s. auch: *Schelinski*, Ausgleichsansprüche des Vermieters gegen den störenden Bauherren nach § 906 BGB, in: NZM 2005, 211.

65 Zu den verschiedenen Gerichtsverfahren und Lärm-Themen s. unten Kapitel 11.

Minderungen[66] oder beispielsweise Bauherr gegenüber Bauunternehmer und Architekten bei Inanspruchnahme durch Vermieter oder Anwohner) oder Beiladungen in Verwaltungsverfahren[67] entstehen können.

2.5 Problembereich: „Tatrichterliche Wertung" – fehlende Objektivierbarkeit

Doch nicht nur diese Vielfach-Befassung staatlicher Einrichtungen mit Bau-Lärmereignissen wirft Fragen rechtlicher und volkswirtschaftlicher Art auf. Vielmehr gibt die offenbar freie Wertungs-möglichkeit, die im Zusammenhang mit der Baulärm-Beurteilung von den Gerichten für sich unter dem Fachbegriff *„tatrichterliche Wertung"*[68] in Anspruch genommen wird – und damit teilweise von einer Beliebig-, wenn nicht sogar Willkürlichkeit[69] gesprochen werden muss – zu denken: Wenn so, auf überwiegend subjektiven Erwägungen beruhend, Bauvorhaben verzögert, verteuert oder sogar verhindert werden können, obwohl Bauwerke aller Art nicht wegdenkbar für ein kultiviertes menschliches Leben sind, dann ist die Suche nach einem Korrektiv erforderlich. Es gilt also, den Spagat zwischen der nachvollziehbaren Notwendigkeit, Bauarbeiten ausführen zu wollen, aber auch zu müssen

---

66 S. dazu: OLG Brandenburg, Urteil vom 30.07.2009 – Az: 5 U 96/08 = BauR 2009, 1637, wonach der Eigentümer eines Grundstücks keine Entschädigung für eine Mietminderung durchsetzen kann, die auf der anderen Seite begründet vom Mieter einer Wohnung ihm gegenüber geltend gemacht worden war, wenn der Baulärm das ortsübliche Maß nicht überschritten hatte und deshalb vom Eigentümer gem. § 906 Abs. 2, S. 2 BGB zu dulden war.

67 Vgl. dazu VGH Baden-Württemberg IBR 2015, 225.

68 Vgl. z.B. BGH vom 21.02.2012 – Az: VIII ZR 22/11 – *openJur* 2012/53 866.

69 So hat das AG Charlottenburg mit Urteil vom 30.08.2007 – 223 C 320/06 = IMR 2007, 318 pauschal und ohne nähere Untersuchungen oder Vortrag entschieden, dass (automatisch) aufgrund der von Großbaustellen ausgehenden Emissionen ohne jeglichen detaillierten Vortrag zu Art, Dauer und Umfang der lärmverursachenden Bauarbeiten eine Mietminderung in Höhe von 10 % gerechtfertigt sei (*„Streitig ist zwischen den Parteien, ob auch die von der Beklagten gemietete Wohnung, die sich nicht in unmittelbarer Nachbarschaft der Großbaustelle befindet, von diesen Emissionen betroffen war. Hiervon ist das Gericht überzeugt, denn Abriss-, Abfuhr- und Aushubarbeiten sind derart lärmintensiv, dass mehr als nur die unmittelbaren Nachbarn hiervon betroffen sind. ..... Aufgrund der stets von Großbaustellen dieses Umfangs ausgehenden Emissionen kann ohne weiteren Vortrag zu Art, Dauer und Umfang der einzelnen Arbeiten oder einer entsprechenden Beweisaufnahme von einer Beeinträchtigung des Wohngebrauchs ausgegangen werden, die eine Minderung von 10 % des Mietzinses rechtfertigen"*). Vgl. auch die Entscheidungen OLG Celle, Urteil vom 05.November 1999 – 4 U 130/99 -, *juris*; OLG Schleswig, Beschluss vom 30.03.2011 – 5 U 122/10 = IMR 2011, 493; VGH Baden-Württemberg Beschluss vom 05.02.2015 – 10 S 2471/14 = IBR 2015, 224 mit ähnlichen Begründungen für fehlende Nachweise.

(seien dies Infrastruktur-, Neubau-, Ausbau-, Sanierungs- oder auch Abbruch- und Rückbauarbeiten), und dem Ruhe- und Gesundheitsschutzbedürfnis von dadurch (immer nur subjektiv) Lärmbetroffenen durch Anwendung des Rechts zu vollziehen. Dies aber ist mit Blick auf die widersprüchliche „Gefühls-Rechtsprechung“[70], die sich überwiegend auf eine *Allgemeine Verwaltungsvorschrift* (*AVV Baulärm – Geräuschimmissionen* von 1970) und im Übrigen auf unbestimmte Rechtsbegriffe, insb. aus der Immissionsschutz-Gesetzgebung[71], stützt, schwierig, wenn nicht unmöglich. Denn solange und soweit ein letztlich subjektiver Nachvollzug von ebenso subjektiven Lärmempfindungen das Maß aller Entscheidungen im Zusammenhang mit dem Baulärm darstellt, kann eine gerechte und damit richtige Lösung der Problematik nicht gefunden werden. Dies auch deshalb, weil jeder Versuch, den ständig veränderten und auch nicht durchgehend, sondern im Regelfall nur temporär vorhandenen Lärm, der von einer Baustelle ausgeht, objektiv zu erfassen, an der physikalischen Erkenntnis scheitert, dass dieser „Bau-Schall“ sehr flüchtig, oft konkret nicht wiederholbar, mithin praktisch verlässlich messtechnisch nicht zu erfassen ist[72]. Dies gilt verstärkt dann, wenn nicht nur ein singuläres Schallereignis von einer Baustelle ausgeht, sondern eine Lärm-Summation bzw. – kumulation vorliegt, etwa durch zeitlich gleichlaufenden Verkehrs-, Flug- oder Industrielärm, aber auch andere Baustellen in der Umgebung[73]. Dann liegt ein praktisch nicht lösbarer gordischer Knoten vor.

---

70 Vgl. nur die Urteile gem. vorstehender FN.

71 Vgl. dazu § 3 Abs. 1 BImSchG, der die Begriffe *„Gefahren“*, *„erhebliche Nachteile“* und *„erhebliche Belästigungen“* im Zusammenhang mit schädlichen Umwelteinwirkungen oder § 906 Abs. 2 Satz 1 BGB, der *„eine wesentliche Beeinträchtigung“* durch eine *„ortsübliche Benutzung“* anführt.

72 *Meurers*, Lärm, mögliche und notwendige Wertung des Nichtmeßbaren und Grenzen des Zumutbaren, Urbar 1995, S. 12: *„Eine wirklich objektive Wertung einer Lärm-Belastung ist deshalb nicht möglich“.* So auch *Dolde*, Rechtliche Aspekte einer Gesamtlärmbetrachtung, S. 2, l. Sp., der auf die technische, aber auch rechtliche Problematik einer Lärmbeurteilung hinweist; auch der VGH Baden-Württemberg IBR 2015, 224 (Ziffer 3.1) verweist auf das Problem, dass im Zusammenhang mit der Abwicklung von Bauvorhaben ständig veränderte Lärm-Situationen eintreten, die letztlich nicht konkret für jedes einzelne Lärm-Ereignis feststellbar sind: *„Aufgrund der ständig wechselnden Gegebenheiten auf der Baustelle und des für Außenstehende nicht vorhersehbaren Bauablaufs sind lärmintensive Arbeiten oftmals bereits beendet, bevor die Behörde anlassbezogene Maßnahmen ergreifen kann“.*

73 Näher zu den Begriffen *Ortscheid/Wende*, Lärmwirkungen und Lärmsummation, Tagungsband LärmKongress 2000; s. auch *Koch*, Die rechtliche Beurteilung der Lärmsummation nach BImSchG und TA Lärm 1998, S. 215.

2.6 Problem: Lärmsummationen – Lärmkumulationen

Das Problem der summierten bzw. kumulierten Immissionen ist bis heute nicht geregelt und mit Hilfe der Rechtsordnung auch *„schwerlich zu bewältigen“*, wie *A. Lorenz*[74] unter Hinweis auf *H. Westermann*[75] und weitere Autoren hervorhebt. Gleiches gilt für Lärmkumulationen: Immer dann, wenn nicht nur eine eindeutige und alleinige Lärmquelle vorliegt, ergeben sich nicht nur messtechnische, sondern insbesondere „empfindungsgestörte“ Belästigungs- bzw. Betroffenheitszustände, die einer Verifizierung nicht zugänglich sind. Treffen – wie in innerstädtischen Gebieten der Regelfall – verschiedene Lärm-Arten zusammen (Verkehrslärm, Eisenbahnlärm, Straßenbahnlärm, Kinderlärm, Lärm von anderen Baustellen etc. mit Baulärm), so ist jede Einzelzuweisung obsolet. *Dolde*[76] führt dazu dezidiert aus:

> *„Wenn es gelingt, ein gemeinsames Verfahren für die Geräuschbeurteilung zu finden, das auch hinreichend einfach und praktikabel ist und wenn es weiter gelingt, einheitliche Kennwerte für alle Geräuscharten zu entwickeln, stellt sich die Frage, ob und unter welchen Voraussetzungen die einzelnen Kennwerte „addiert“ werden können. Rechtlich ist dies nur insoweit möglich und geboten, als das Zusammenwirken mehrerer Lärmarten zusätzliche Wirkungen beim Rezipienten erzeugt“.*

Dolde verweist insoweit darauf, dass nach seiner Kenntnis hierzu *„noch erheblicher Forschungsbedarf“* besteht[77]. *Paetow*, lange Jahre Vorsitzender Richter am Bundesverwaltungsgericht, brachte diese „Lärm-Problematik“, von der insbesondere auch der Bau betroffen ist, so auf den Punkt:

> *„Das Thema „Lärmschutz” ist nicht nur in lärmfachlicher, sondern auch in rechtlicher Hinsicht vielgestaltig, zersplittert und damit unübersichtlich. Einen einheitlichen Rechtsrahmen, der wenigstens die wesentlichen Regelungen für die in Betracht kommenden Konfliktfälle in gemeinsam geltenden Vorschriften zusammenfasst, gibt es nicht. Je nach Lärmquelle und dem Gegenstand einer Planung oder einer Anlagenzulassung gelten unterschiedliche, nicht immer miteinander koordinierte Bestimmungen oder – wenn solche fehlen – unterschiedliche Anforderungen der Rechtsprechung.“*[78]

---

74 In: *Ermann*, BGB, § 906 Rn.21, m.w.N.
75 In: Festschrift *Larenz*, 1973, S. 1003 (1009 ff.).
76 Rechtliche Aspekte einer Gesamtlärmbetrachtung, Ziffer III, 4.
77 Wie vor.
78 Lärmschutz in der aktuellen höchstrichterlichen Rechtsprechung, in: NVwZ 2010, 1184.

Die Auswertung der zahlreich veröffentlichten „Baulärm-Urteile"[79], die eine wesentliche Grundlage für die vorliegende Untersuchung bildet, zeigt damit ein diffuses, widersprüchliches und tatsächlich kaum nachvollziehbares Entscheidungsbild der deutschen Rechtsprechung. Gleiches gilt für die Lehre, soweit bei dieser überhaupt der „Baulärm" Gegenstand der Befassung ist[80].

2.7 Lösungsweg: Sozialadäquanz?

Es muss deshalb ein Weg gefunden werden, dieses erkennbare Baulärm-Dilemma aufzulösen. Dazu stützen sich bislang nur einige Gerichte[81] auf die im Rahmen der Strafrechtslehre längst anerkannte Sozialadäquanz, durch die ein Handeln, das *prima facie* als *contra legem* zu qualifizieren wäre, unter einer bestimmten gesellschaftlichen Betrachtungsweise dennoch von Betroffenen zu dulden ist. Die große Mehrzahl der Richterinnen und Richter aber entscheidet „nach Gefühl", sehr subjektiver „Wertung" oder kaum nachvollziehbarer „Abwägung". Eine intensive Befassung – auch mit der Schwierigkeit, überhaupt „Baulärm" in das Gesellschaftssystem einzuordnen – , ist nur in wenigen der bekannt gewordenen Entscheidungen erkennbar[82].

2.8 Keine Berücksichtigung von Reisemängeln durch Baulärm

Nicht in die vorliegende Untersuchung einbezogen werden kann die Problematik von Reisemängel-Ansprüchen, die im Zusammenhang mit Bauarbeiten und damit verbundenem Baulärm bei Urlaubs- oder Geschäftsreisen steht[83]. Denn Baustellenlärm während des Urlaubs oder einer Geschäftsreise in einem frei buchbaren Hotel oder einer sonstigen Unterkunft stellt sich als dem Reisezweck diametral gegenüberstehender Mangel dar: Wer ein – temporär nutzbares – Urlaubsdomizil

---

79 Vgl. z. B. Hessischer VGH, Beschluss vom 11.10.2013 – Az: 9 B 1989/13 – *juris* zur Herausrechnung von Verkehrslärm, da *„die AVV Baulärm keine Lärmsummation von Baumaschinenlärm und Verkehrslärm vorsieht"*; s. auch: BGH, Urteil vom 14.10.1994 – Az: V ZR 76/93 – *juris*.

80 So findet sich im Kommentar von *Erman – A. Lorenz* unter der eigentlich einschlägigen Norm § 906 BGB keinerlei Befassung mit Baulärm; lediglich im Rahmen der Kommentierung des § 536 BGB (Mietminderung) wird in Rn.10 näher auf diese Art des Mietmangels eingegangen; s. auch die Auswertung der baurechtlichen Literatur unten 13.1.2.2.1.

81 Dazu näher sogleich unten Kap. 3 und Beispiele in Kap.11.

82 Vgl. dazu die Auszüge aus Gerichtsurteilen unten Kap. 11, insb. BVerwG, Urteile vom 10.07.2012, Az: 7 A 11.11; 7 A 12.11; 7 A 24.11 = IBR 2013, 238; 2013, 1081; 2013, 1226.

83 Ausführlich zu Reisemängel-Ansprüchen durch Baulärm am Urlaubsort: MüKo-BGB – *Tonner*, Band 4, § 651 c BGB, Rn. 68 ff. m.w.N.

oder auch eine geschäftliche Kurz-Zeit-Bleibe bucht, kann ohne entsprechenden Hinweis, (andernfalls sehenden Auges den Reise- oder Hotelvertrag abschließend), davon ausgehen, dass die Lokalität jedenfalls „baulärmfrei" ist. Denn Bauarbeiten finden im Regelfall nicht *ad hoc*, von heute auf morgen, sondern mit einem gewissen Vorlauf statt. Es ist damit jedem Vermieter oder Hotelier zuzumuten, dem Gast die Belästigung durch Baulärm zu ersparen[84], indem unmissverständlich auf die Lärmbelastung durch eine Nachbar- oder sogar Eigenbaustelle bei der Buchung hingewiesen wird. Dann hat es der Besteller selbst in der Hand, ob er sich dem Baulärm aussetzen will.

84 *Rodegra*, Viel Lärm um nichts?! – Geräuschimmissionen am Urlaubsort als Reisemangel, in: NJW 2014, 661 (662 l.Sp.) m.w.N. Aus der unübersehbaren Zahl von „Reisemängel-Baulärm-Urteilen" s. nur: AG Köln, Urteil vom 12.04.2010 – Az: 142 C 90/09, BeckRS 2010, 17320; LG Frankfurt a.M., BeckRS 2012, 21685.

3. Die Sozialadäquanz als Rechtskorrektiv

Der Begriff einer „Sozialadäquanz“ in Bezug auf das Erdulden-Müssen von Baulärm spielt in jüngster Vergangenheit eine immer größere, wenngleich unterschiedlich beurteilte Rolle bei der Entscheidung über Baulärm-Sachverhalte, wie das OLG Schleswig[85] exemplarisch ausgeführt hat:

> *„Entgegen der Auffassung der Beklagten ist bislang rechtlich nicht anerkannt, dass Baulärm, der durch den Neubau/Erweiterungsbau von Schulen verursacht ist, stets sozialadäquat ist und deshalb zu keiner Mietminderung berechtigt“.*

Einen völlig anderen Standpunkt vertritt insoweit jedoch z. B. das AG München[86] im Hinblick auf den Lärm im Zusammenhang mit (Um-) Bauarbeiten:

> *„Die Beklagtenpartei handelte nämlich im Rahmen der Sozialordnung des zwischenmenschlich üblichen Verkehrs und der städtischen Üblichkeiten. Modernisierungsmaßnahmen sind dem Vermieter grundsätzlich möglich. Das bedeutet, dass erhebliche Lärmentwicklungen, die, soweit sie nicht schikanös sind, zu dulden sind. Die Rechtsordnung nimmt dabei in Kauf, dass diese eigentlich zu missbilligende Erhöhung eines Risikos des Eintritts einer Gesundheitsverletzung in geringem Maße aufgrund des Erfordernisses sozialer gegenseitiger Rücksichtsnahme zu ertragen ist. ... weil sich hier der Beklagte .... sozial adäquat ordnungsgemäß und in Übereinstimmung mit der Rechtsordnung verhalten hat...“.*

Diese beiden konträren Rechtsansichten deutscher Gerichte – die, *pars pro toto*, mit einer Vielzahl weiterer „Lärm-Entscheidungen“ fortgesetzt werden können[87] – geben Anlass dazu, eine generelle Neubetrachtung hinsichtlich der rechtlichen Beurteilung von Baulärm vorzunehmen: Könnte mit einer (verständlichen und damit von den beteiligten Kreisen nachvollziehbaren) Normierung dahingehend, dass „Baulärm“ unter bestimmten Voraussetzungen im Regelfall als *„sozialadäquat“* entschädigungslos von Jedermann zu dulden ist, eine Vielzahl von Streitigkeiten von vorneherein *ad acta* gelegt werden? Wäre damit nicht nur eine beachtliche Entlastung von Gerichten[88], sondern auch eine volkswirtschaftlich positive Verhinderung von Baustillständen oder – verzögerungen sowie eine Kosteneinsparung bei

---

85 Beschluss vom 30.03.2011 – 5 U 122/10 = IMR 2011, 493.

86 Urteil vom 12.07.2006 – 172 C 41295/04 = IMR 2007, 280.

87 Dazu unten in der Zusammenstellung und Auswertung von Lärm-Urteilen, Kap.11.

88 Teilweise umfassen „Lärm-Urteile“ der Gerichte lehrbuchartige vielseitige Ausführungen, die auf einen erheblichen Zeitbedarf zur Abfassung der entsprechenden Entscheidungen hindeuten, vgl. nur HessVGH, Beschluss vom 31.05.2011 – *openJur* 2012, 27366, der 6 eng beschriebene Seiten aufweist, und VGH Baden-Württemberg, Beschluss vom 05.02.2015 – 10 S 2471/14 = IBR 2015, 224, der sogar 12 (!) füllt.

der Bauausführung zu erreichen? Nicht zuletzt: Könnte mit einer von unsicheren[89] Mess-, aber auch Grenz- oder Richtwerten losgelösten und von jeglicher Subjektivität befreiten Gesetzeslösung, wie dies hinsichtlich des Kinderlärms bereits der Fall ist[90], auch eine Entlastung der verantwortlichen Bau- und Umweltbehörden einhergehen? Und schließlich: Würden Begehrlichkeiten von (subjektiv) „Lärmbetroffenen" nicht bereits im Ansatz ausgeschlossen?

3.1 § 22 Abs. 1a BImSchG: Ein Ansatz zur Lösung?

Antworten auf diese Ausgangsfragen könnten mit Blick auf eine, im Zusammenhang mit lästigem bzw. unzumutbarem Lärm bereits gesetzlich normierte und im Grunde auf dem Gedanken der Toleranz und Sozialadäquanz[91] aufbauenden Regelung zu finden sein. Der Gesetzgeber hat nämlich – wie einleitend bereits kurz aufgezeigt[92] – auf einem anderen und sehr bedeutenden gesellschaftlichen Gebiet eine derartige verständlich formulierte Entscheidung in einem, nach langer rechtspolitischer Diskussion[93] und

---

89 Näher zur (Un-)Richtigkeit und (Nicht-)Nachvollziehbarkeit von „Lärm-Messungen" unten Kap.12.

90 Insoweit ist im Streitfall lediglich die objektive Feststellung erforderlich, ob es sich um „*Kinder*", mithin das 15.Lebensjahr noch nicht vollendet habend, handelt (vgl. BT-Drs. 17/4836 vom 22.02.2011).

91 Vgl. OVG Koblenz, Urteil vom 16.05.2012 – 8 A 10042/12.OVG – *dejure.org* (Justiz Rheinland-Pfalz).

92 S. oben Kap.1.

93 Bundesratsinitiative der Länder Rheinland-Pfalz, Brandenburg, Bremen und des Saarlandes; im Textarchiv http://www.bundesrat.de/SharedDocs/texte/11/20110614-kinderlaerm.html (Aufruf: 28.08.2014) findet sich ein kurzer Abriss der Entwicklungsgeschichte dieses Gesetzes. Dabei wird hervorgehoben: *„Der Bundesrat vertrat hierbei die Ansicht, dass Kinderlärm keinen Anlass für gerichtliche Auseinandersetzungen geben sollte. Im Recht sei deshalb klar zum Ausdruck zu bringen, dass Kinderlärm sozialadäquat ist"*. Vgl. zu der Entstehungsgeschichte auch: Beschluss des Deutschen Bundestages vom 02.Juli 2009 zum Antrag der Fraktionen der CDU/CSU und SPD „Die Zulässigkeit von Kindertageseinrichtungen in reinen Wohngebieten verbessern" (BT Drs. 16/13624 vom 01.Juli 2009) und Beschluss des Bundesrates: „Entschließung des Bundesrates Kinderlärm: kein Grund zur Klage – gesetzliche Klarstellungen zum Umgang mit Geräuschemissionen von Kinder- und Jugendeinrichtungen", BR- Drs 831/09 vom 05. März 2010.

vorgängig deutlichen Worten durch die Rechtsprechung[94] im Jahr 2011 eingeführten, § 22 Abs. 1a BImSchG[95] getroffen:

Er privilegiert Kinderlärm[96]!

Dazu dient die einleitend[97] bereits aufgeführte gesetzliche Formulierung, wonach entsprechende Geräuscheinwirkungen *„keine schädliche Umwelteinwirkung"* darstellen.

Damit können typische Kinder-Geräusche[98] von davon betroffenen Anliegern grundsätzlich nicht (mehr) untersagt werden. Sie sind trotz oft sehr störender Lautstärke und Einwirkung als sozialadäquat zu (er-) dulden[99]. Dies gilt mit Blick auf die Rechtseinheit auch im Rahmen des Zivilrechts[100]. Hat damit der Gesetzgeber einen Weg vorgegeben, die hohen Hürden des BImSchG durch eine Güterabwägung (Kindesinteresse geht Lärmschutzanspruch vor) zu überwinden, dann könnte möglicherweise auch Baulärm unter dem Blickwinkel einer Sozialadäquanz von Bauarbeiten ebenso unter bestimmten Voraussetzungen zu privilegieren, mithin eine Verpflichtung zur Duldung ohne Ausgleichsansprüche zu normieren sein.

---

94 Vgl. nur OLG Düsseldorf, Urteil vom 11.10.1995 – 9 U 51/95 -, *juris*, unter Ziffer II: *„Die Beklagten haben vielmehr spielbedingten Kinderlärm hinzunehmen".* S. auch OLG Düsseldorf, Urteil vom 29.01.1997 – 9 U 218/96 -, juris; AG Oberhausen, Urteil vom 10.04.2001 – 32 C 608/00-, *juris*; OVerwG Münster, Urteil vom 08.07.1986 – 11 A 1288/85-, *juris*; LG München I, Urteil vom 27.11.1985 – 20 S 8842/85-,*juris*; AG Köln, Urteil vom 13.01.1993 – 220 C 275/92-,*juris*; AG Frankfurt am Main, Urteil vom 13.03.2009 – 33 C 2368/08–50-,*juris*; anders noch: AG Neuss, WuM 88, 264 (Mietminderung von 10 % bei Kinderlärm); s. auch M 8 SN 12.5578 = BeckRS 2013.50862 sowie OVerwG Thüringen, Urteil vom 13.04.2011 – 1 EO 560/10 und 1 EO 691/10-, *juris*: Von Kindertagesstätten gehen keine unzumutbaren Lärmbelästigungen aus!

95 Zehntes Gesetz zur Änderung des Bundes-Immissionsschutzgesetzes (BGBl. I S. 1474), in Kraft seit 28.07.2011.

96 Wozu auch von Spielgeräten ausgehende Geräusche zählen: BVerwG, Urteil vom 05.06.2013 – Az.: 7 B 1/13 = IMR 2014, 176 mit Anmerkung *Klüver*. S. dazu eingehend: *Scheidler*, Privilegierung von Kinderlärm, in: Immissionsschutz 2014, 22 ff.; *ders.*, Anlagen zur Kinderbetreuung in reinen Wohngebieten gemäß dem neuen § 3 II Nr. 2 BauNVO.

97 Oben Kap.1.

98 So etwa kindliche Laute wie Sprechen, Singen, Lachen, Weinen, Rufen, Schreien und Kreischen. Aber auch Geräuscheinwirkungen durch körperliche Aktivitäten wie Spielen, Laufen, Springen und Tanzen zählen dazu, selbst wenn die eigentliche Geräuschquelle in kindgerechten Spielzeugen, Spielbällen und Spielgeräten sowie Musikinstrumenten liegt. Umfasst werden zudem Geräuscheinwirkungen durch Sprechen oder Rufen von Kinderbetreuungspersonen, da diese Laute unmittelbar durch die Kinder und ihr Verhalten veranlasst werden (vgl. BT-Drs. 17/4836, S. 6). Vgl. auch: *Jarass*, BImSchG, § 22, Rn. 43 ff.

99 S. auch: LImSchG (vom 20.12.2000 – GVBl. 2000, 578) von Rheinland-Pfalz, § 3 Abs. 2; ebenso LImSchG-Bln (vom 5.Dezember 2005 – GVBl. S. 735 i.d.F. vom 3.Februar 2010 – GVBl. S. 38) § 6 Abs. 1.

100 BGH NJW-RR 2012, 1292; Palandt-*Bassenge*, § 906, Rn. 35 b.

Könnte dann im Ergebnis eine generelle Sozialadäquanz des Bauens und damit auch des damit verbundenen Baulärms bejaht werden, dann wäre es im Interesse einer Klarstellung von Vorteil, wenn entsprechend der unmissverständlichen Normierung in § 22 Abs. 1 a) BImSchG für Kinderlärm auch der Baulärm eine längst notwendige und schon in der Formulierung des § 66 Abs. 2 BImSchG[101] angelegte Neuregelung erfahren würde.

3.2 Sonstige Ansatzmöglichkeiten: Bauen als *conditio sine qua non* für Kultur?

Die UNESCO[102] hat eine allumfassende Definition des Begriffes Kultur veröffentlicht:

> *„Die Kultur kann in ihrem weitesten Sinne als die Gesamtheit der einzigartigen geistigen, materiellen, intellektuellen und emotionalen Aspekte angesehen werden, die eine Gesellschaft oder eine soziale Gruppe kennzeichnen. Dies schließt nicht nur Kunst und Literatur ein, sondern auch Lebensformen, die Grundrechte des Menschen, Wertsysteme, Traditionen und Glaubensrichtungen."*

Zur Ausfüllung dieses weit gefassten Kulturbegriffs zählt vorrangig die Möglichkeit, durch das Entstehen-, Erweitern-, Erneuern- und Ersetzenlassen von Bauleistungen aller Art der geistigen, materiellen, intellektuellen und emotionalen menschlichen Daseins-Ebene im wahrsten Sinne des Wortes den Boden bzw. die Grundlage zu bereiten: Zeitgemäße, dem modernen Umweltstandard in Bezug auf Energie und Immissionen entsprechende Wohnungen sind für ein zivilisiertes Leben ebenso unerlässlich wie Kindergärten, Kinderhorte, Schulen aller Art, Universitäten, Krankenhäuser, Pflege- und Seniorenheime, aber auch Straßen, Wege, Kanäle, Wasser- und Gasleitungen. Sie zählen unabdingbar – wie auch Gewerbe- und Industriebauten – zum Fundament jeglicher Kultur, die allumfassend das Leben der Menschen, die dafür aufgeschlossen sind, bestimmt.

---

101 *„Bis zum Inkrafttreten entsprechender Rechtsverordnungen oder allgemeinen Verwaltungsvorschriften nach diesem Gesetz ist die Allgemeine Verwaltungsvorschrift zum Schutz gegen Baulärm – Geräuschimmissionen – vom 19.August 1970 (Beilage zum BAnz. Nr. 160 vom 1.September 1970) maßgeblich".* Zur Bedeutung und dem Verständnis des Gesetzgebers hinsichtlich der AVV Baulärm für die Beurteilung von Bau-Immissionen – trotz ihres Alters – s. insb. die Entscheidung BVerwG vom 10.07.2012 –7 A 24/11JurionRS 2012/23185; s. auch BVerwG Urteile vom 10.07.2012 – 7 A 11/11 JurionRS 2012, 22299 und 7 A 12/11 JurionRS 2012/22273.

102 Weltkonferenz über Kulturpolitik. Schlussbericht der von der UNESCO vom 26. Juli bis 6. August 1982 in Mexiko-Stadt veranstalteten internationalen Konferenz, herausgegeben von der Deutschen UNESCO-Kommission. München: K. G. Saur 1983. (UNESCO-Konferenzberichte, Nr. 5), S. 121.

Es könnte deshalb auch unter diesem Aspekt angebracht sein, einer vermehrt unter dem Deckmantel des Immissionsschutzes auftretenden „Baufeindlichkeit“[103] von „Baulärm-Betroffenen“ entgegen zu treten, um diesem Kulturanspruch der UNESCO gerecht werden zu können.

3.3 Ansatz: §§ 536 Abs. 1a i.V.m. 555 b) Nr. 1 BGB? (Energetische Modernisierung)

Das Gesetz gibt für das Mietrecht einen begrenzten Duldungszeitraum vor, während dem unter bestimmten Voraussetzungen keine Mietmängel geltend gemacht werden dürfen:

> *„§ 536 Abs. 1a BGB: Für die Dauer von drei Monaten bleibt eine Minderung der Tauglichkeit außer Betracht, soweit diese auf Grund einer Maßnahme eintritt, die einer energetischen Modernisierung nach § 555b Nummer 1 dient.“*

Da der mit Modernisierungsarbeiten (z.B. Einbau einer neuen Heizung; Ersatz von Fenstern) zusammenhängende Baulärm, etwa durch Bohr- oder Stemmarbeiten, oftmals als Mietmangel gewertet wird[104] – mit der Folge einer Mietminderung –, hat der Gesetzgeber im Zusammenhang mit der Energieeinsparungsvorgabe aus Gründen des Umweltschutzes zur Erleichterung von derartigen Maßnahmen eine neue Vorschrift in das BGB eingefügt[105], die einen Minderungsausschluss für drei Monate vorgibt. Dies bedeutet, dass ein Mieter bei derartigen Bauarbeiten Baulärm in jedem Fall für drei Monate ab Baubeginn (er-)dulden muss, ohne die Miete mindern zu können.

Auch insoweit ist es damit dem Gesetzgeber nicht fremd, entgegen den Vorgaben des Umweltrechts, insb. des BImSchG, wonach eine „erhebliche Belästigung“ gem. § 3 Abs. 1 nicht zulässig ist, eine Lärmverursachung zu tolerieren – im Sinne des Umweltschutzes und damit wiederum letztlich als Ausdruck der allgemeinen Überzeugung, gefasst in ein demokratisch legitimiertes Gesetz.

---

103 S. dazu schon die Ausführungen von *Korbion / Scherer*, Bauliches Nachbarrecht, J 46, S. 199 oder das Urteil des AG Regensburg vom 16.04.1991 – Az: 4 C 275/91 – *juris*, wonach selbst bei Abwesenheit des Mieters im Falle nur durch Zeugen „bewiesener“ Baulärmentwicklung Minderungsansprüche bejaht werden.

104 S. dazu: *Sternel*, Erleichterung bei energetischen Modernisierungen, in: NZM 2010, 721.

105 Mit Wirkung vom 1. 5. 2013 durch Gesetz vom 11. 3. 2013 (BGBl. I S. 434).

4. Ausgangsüberlegungen: Lärm und dessen Regelung

Seit 45 Jahren – also nahezu ein halbes Jahrhundert – regelt im Wesentlichen (nur) eine *„Allgemeine Verwaltungsvorschrift“* die Vorgaben zur technischen Beurteilung und Handhabung von Baulärm. Sie ist überwiegend *sedes materiae.* Dies wird durch die ausdrückliche Vorgabe einer Nichtanwendbarkeit der *TA Lärm 1998* für *„Baustellen“* in Ziffer *1* Buchstabe *f* dieser Sechsten Allgemeinen Verwaltungsvorschrift zum Bundes-Immissionsschutzgesetz[106] verdeutlicht[107]. Diese *AVV Baulärm,* wie sie in der Kurzform genannt wird[108], ist damit überwiegend maßgebend für einen Lebensbereich, der für die Gesellschaft, mithin ein funktionierendes Staatswesen, ebenso wie für jeden Einzelnen insgesamt von größter Bedeutung ist: Das Bauen als Grundlage jeglicher Lebensführung und menschlicher Entwicklung, aber auch volkswirtschaftlicher Pfeiler[109]! Die Lang-Bezeichnung dieser Vorschrift lautet *„Allgemeine Verwaltungsvorschrift zum Schutz gegen Baulärm – Geräuschimmissionen“* – und trotz ihres Alters und der in den vergangenen viereinhalb Jahrzehnten stattgefundenen technischen Entwicklung bildet diese untergesetzliche Regelung nach wie vor die mit entscheidende Rechtsgrundlage für die Beurteilung von Baustellen durch die Baubehörden bzw. zahlreiche Entscheidungen von Zivil- und Verwaltungsgerichten, wenn es um die Zulässigkeit bzw. Zumutbarkeit von „Baulärm“ geht. Dies hat u.a. das BVerwG in mehreren U-Bahn-Bau-Entscheidungen im Jahr 2012 umfassend herausgearbeitet und dabei verdeutlicht, dass der Gesetzgeber keine Notwendigkeit zu einer Befassung mit dieser „Übergangsregelung“, wie § 66 Abs. 2 BImSchG zu entnehmen ist (Fortgeltung bis zum Erlass neuer Regelungen auf der Grundlage des BImSchG), gesehen hatte:

> *„Auch der Gesetzgeber ist offensichtlich davon ausgegangen, dass die AVV Baulärm trotz des seit ihrem Erlass eingetretenen Zeitablaufs nicht als überholt anzusehen ist. Der Umstand, dass er anlässlich der letzten Änderung des § 66 BImSchG durch das Gesetz zur Umsetzung der EG-Richtlinie über die Bewertung und Bekämpfung von Umgebungslärm*

---

106 Vom 26.August 1998 (GMBl Nr. 26 / 1998 S. 503).

107 Näher dazu auch: *Feldhaus,* Bundesimmissionsschutzrecht, Kommentar, § 3, Rn.1 ff., 2. Aufl., 172. Lieferung , 2013; s. auch: *Feldhaus,* Überlegungen zu einer Novellierung der TA Lärm, in: *Koch,* Schutz vor Lärm. Forum Umweltrecht. Schriftenreihe der Forschungsstelle Umweltrecht der Universität Hamburg, Band 1, 1990, S. 153 ff.

108 *Feldhaus/Tegeder,* TA Lärm, Kommentar, S. 52, Fn 15.

109 Zur Bedeutung des Bauens ist u.a. auf das Jahresbauvolumen in Deutschland mit rund 315 Milliarden Euro sowie darauf zu verweisen, dass rund 55 % dieser Investitionen in den Wohnungsbau, überwiegend in die Bestandsverbesserung, fließen (vgl. *Bundesinstitut für Bau-, Stadt- und Raumforschung,* Bericht zur Lage und Perspektive der Bauwirtschaft 2014, S. 3).

vom 24.Juni 2005 (BGBl. I S. 1794 ...) in § 66 Abs. 2 BImSchG bis zum Inkrafttreten von entsprechenden Rechtsverordnungen oder allgemeinen Verwaltungsvorschriften nach dem Bundes-Immissionsschutzgesetz die Fortgeltung der AVV Baulärm vom 19.August 1970 angeordnet hat, zeigt, dass es nach der Vorstellung des Gesetzgebers für Baustellenlärm bei der Anwendbarkeit der im Vergleich zur TA Lärm zwar wesentlich älteren, aber sachnäheren AVV Baulärm bleiben sollte"[110].

Ob dieses Festhalten des Gesetzgebers und der Gerichte an den Festlegungen der *AVV Baulärm* unter dem Aspekt einer zu bejahenden generellen Sozialadäquanz des Bauens weiterhin nachvollziehbar sein kann, hängt letztlich von der Beurteilung des Baulärms durch die Gesellschaft *in toto* ab.

4.1 Lärm: Definitionen

Der Begriff „Lärm" hat viele, im Ergebnis jedoch gleichbedeutende Erklärungen in Wissenschaft und Lehre gefunden. Daraus ergibt sich in der Zusammenschau, dass „Lärm" nur zum Teil über Dezibel-Werte verifiziert werden kann. Denn überwiegend maßgebend für die Einordnung als *„Lärm"* ist die individuell-psychologisch geprägte Wertung durch den „Beschallten": So kann sich der Bauarbeiter, der den Presslufthammer bedient[111], bei dem knatternd-dröhnenden Geräusch beim Aufbrechen eines Fundaments durchaus wohl fühlen – vergleichbar etwa einem Motorradfahrer, für den die Auspuffgeräusche seiner *Harley Davidson* Musik in seinen Ohren sind – , während der über 100 m entfernt in seinem Büro arbeitende Anwalt trotz geschlossener Fenster sich mehr als belästigt fühlt. Entsprechend definiert man „Lärm" z. B. als *„jede Art von Schall, durch die Menschen gestört, belästigt oder gar gesundheitlich geschädigt werden*"[112]. Weitere Definitionen finden sich bei z. B. im Strafrecht wie folgt: *„Unter Lärm versteht man Geräusche, also hörbare, durch Schallwellen verbreitete Einwirkungen, die objektiv geeignet sind, einen normal empfindlichen Menschen zu belästigen*"[113]. Ähnlich und präzisierend erläutert *Heger*:

„Unter Lärm sind Geräusche, d.h. hörbare, durch Schallwellen verbreitete Einwirkungen, zu verstehen, die geeignet sind, einen normal lärmempfindlichen Menschen zu belästigen. Ausreichend ist nur der zur Schädigung der Gesundheit anderer geeignete Lärm. Er kommt nicht erst in Frage bei einem Dauerschallpegel von 80 Dezibel (dB [A]) oder mehr, auf den sich die Krankheit der Lärmschwerhörigkeit zurückführen lässt, sondern uU schon bei Einzeleinwirkungen mit einem Einzel- oder Gesamtschallpegel von 100 Dezibel (dB [A]) oder mehr, weil dadurch andere physiologische Störungen verursacht werden

110 BVerwG Urteil vom 10.07.2012 –7 A 24/11 JurionRS 2012/23185, Rz. 28.
111 Auch bei Verwendung eines Gehörschutzes nach den Regeln der BGBau dringt noch ein lautes Geräusch ins Ohr des Ausführenden.
112 *Kalivoda / Steiner*, Taschenbuch der Angewandten Psychoakustik, S. 208 „Lärm".
113 *Alt*, in: Münchener Kommentar zum StGB, 2. Aufl. 2014, § 325a, Rn. 8.

(BT-Dr 8/3633 S 28 zu § 325 I Nr 2 aF); auch die Eignung der Geräusche zur Herbeiführung dauerhaften Schlafentzugs reicht"[114].

Die *DIN 1320:2009–12 (Akustik – Begriffe)* enthält folgende Definition: *„Lärm ist Schall im Frequenzbereich des menschlichen Hörens, der die Stille oder eine gewollte Schallaufnahme stört, oder zu Belästigungen oder Gesundheitsstörungen führt"*.

In Österreich definiert die *ÖNORM S 5004 (Messung von Schallimmissionen) Lärm* kurz und bündig: *„Lärm ist unerwünschter, störender oder belästigender Schall"*.

Die psychologische Lärmforschung definiert Lärm als komplexen Wahrnehmungs- und Bewertungsvorgang, in welchem die Lautstärke nur einen von vielen Parametern darstellt[115]. *Guski* verfeinert die Definition noch: *„Es erscheint ratsam, die Definition von Lärm als unerwünschten Schall zu ergänzen durch einen Hinweis auf unbewußte Wirkungen. In diesem Text wird Lärm verstanden als Schall, der für Betroffene unerwünscht ist oder geeignet, sie psychisch, physisch, sozial oder ökonomisch*[116] *zu beeinträchtigen*"[117].

Letztlich handelt es sich bei allen Definitionen von „Lärm" nur um den Versuch, etwas Unbeschreibliches zu umschreiben. Denn was „unerwünscht", „störend" oder „belästigend" ist, kann weder gemessen noch objektiviert werden. „Lärm" ist damit im doppelten Sinne des Wortes „nicht fassbar" und deshalb schon einer Passform in Gestalt einer Definition nicht zugänglich. Dies drückt *Kalivoda* im Ergebnis so aus: *„Lärm ist kein physikalisches Phänomen, sondern erst psychische Prozesse können ein Geräusch zu Lärm werden lassen*"[118]. Psyche aber ist einer Messung nicht zugänglich, allenfalls einem (subjektiven) Einfühlen oder Empfinden mit dem Ziel eines Verständnisses.

4.2 Lärm hat viele Erscheinungsformen

Mit dem Begriff „Lärm" verbindet man nach den vorstehenden Definitionen grundsätzlich etwas Negatives[119], Unerwünschtes, nicht in das übliche Lebens-Ruhebild

---

114 *Heger*, in: *Lackner / Kühl*, Strafgesetzbuch, Kommentar, 28. Aufl. 2014, § 325a, Rn. 5.

115 Näher dazu: *Kalivoda*, Akustische Grundlagen, in: *Kalivoda / Steiner*, Taschenbuch der Angewandten Psychoakustik, S. 103, Ziffer 4.1.3 mwN.

116 S. dazu auch: *Heinz*, Ökonomische Bewertung der Wirkung von Lärm, Köln 1995.

117 Lärm: Wirkungen unerwünschter Geräusche, S. 9.

118 *Kalivoda*, wie Fn.115.

119 S. einführend nur die populär-wissenschaftliche Ausführung von *Stallmann*, Verdammter Lärm.
In Deutschland ist Lärm Streitthema Nummer Eins. In: Focus Nr. 31/13 vom 29.Juli 2013, S. 78 ff.; *Marks*, Es ist zu laut! Ein Sachbuch über Lärm und Stille, 2003; *Fleischer*, Lärm – der tägliche Terror. Verstehen – Bewerten – Bekämpfen, 1990; *Meins / Pahlitzsch*, Möglichkeiten der Lärmbekämpfung an Kreissäge-maschinen für die Holzbearbeitung, in: Lärmbekämpfung 1965, 41 ff.; s. auch die reißerische Aufmachung von *Wiese* mit der Überschrift: *„Wenn es laut und dreckig wird. Ab wann darf die Miete gemindert werden? Streit um Lärm von der Baustelle"*, in: Donaukurier vom 09.04.2014, S. 16. Im Gegensatz dazu: *Röll*, Die Sehnsucht nach Stille, in: Focus

Passendes, das es abzuwehren oder jedenfalls einzuschränken gilt. Diese grundsätzlich negative Einstellung wird zudem, wie zahlreichen Urteilen[120] zu entnehmen ist, noch durch weitere negative Schlagworte – wie etwa „*Baustaub*“ bzw. „*Bauschmutz*“ und „*Erschütterungen*“ im Zusammenhang mit Bauarbeiten unterlegt. Da derartige Beeinträchtigungen von jedem Menschen nachempfunden werden können, dient deren Anführung in Entscheidungen ersichtlich oft auch der „Stimmungsmache“ im Hinblick auf den objektiv nicht vermeidbaren Lärm. So etwa den Lärm im Zusammenhang mit dem Betrieb von Flughäfen bzw. dem Einsatz von Flugzeugen (Fluglärm[121]) oder dem Straßen- bzw. Schienenverkehr (Verkehrslärm[122]). Oder aber auch Lärm, der von Industrie- bzw. Gewerbe-[123], Sport-[124], Gaststätten-[125] oder Freizeitanlagen[126] ausgeht. In gleicher Weise negativ besetzt sind laute Geräusche jeder

---

50/2014, S. 94: „*Der erschöpfte Gegenwartsmensch lechzt nach Ruhe. Dabei wissen Forscher: Menschen sind Geräusch-Wesen und ertragen echte Stille nur schlecht.*“

120 Vgl. z.B. OLG Karlsruhe Urteil vom 19.10.2000 – Az: 19 U 24/00 = IBR 2001, 195; OLG München, Urteil vom 18.09.2008 – Az: 23 U 2648/08 = MDR 2009, 136 = NZM 2008, 821 mit Einbezug von „Staub“; für Erschütterungen s. BVerwG, Urteil vom 10.7.2012 – Az: 7 A 11/11 = NVwZ 2012, 1393.

121 FlugLärmG (Gesetz zum Schutz gegen Fluglärm vom 30.03.1971 in der Fassung der Bekanntmachung vom 31.Oktober 2007, BGBl. I S. 2250). S. auch: *Neth*, Grenzüberschreitender Fluglärmschutz, Diss. Tübingen 2010. Zur Entschädigung wegen Fluglärm: BGHZ 122, 76 ff.

122 16.BImSchV (Verkehrslärmschutzverordnung vom 12.Juni 1990 – BGBl. I S. 1036, geändert durch Artikel 1 der Verordnung vom 18.12.2014 – BGBl. I S. 2269).

123 TA Lärm (Technische Anleitung zum Schutz gegen Lärm – 6. Allgemeine Verwaltungsvorschrift zum Bundes-Immissionsschutzgesetz vom 26.August 1998 – GMBl Nr. 26/ 1998 S. 503).

124 18.BImSchV (Sportanlagenlärmschutzverordnung vom 18.Juli 1991 – BGBl. I S. 1588 Ber. S. 1790); ausführlich dazu: *Stüer / Middelbeck*, Sportlärm bei Planung und Vorhabenzulassung, http://www.aba-Dachverband.org/fileadmin/user_upload_2008/recht/Betrieb_von_Sportanlagen.pdf. (Aufruf: 13.04.2015). S. auch: *Hagen*, Harmonisierung des Lärmschutzes gegenüber Sport und Spiel, FS *Röhricht*, S. 1175 ff.; *Herr*, Sportanlagen in Wohnnachbarschaft, S. 12 ff.; *Halfmann*, Nachbarrechtliche Konflikte bei Planung, Bau und Betrieb von Sportanlagen, S. 3 ff.; *Matz*, Geräuschimmissionen durch Tennisanlagen, S. 7 ff.; *Jellentrup*, Individualrechtsschutz gegen Beeinträchtigungen durch kommunale Sportanlagen, S. 1 ff.; s. dazu auch: *Pikart/Gelzer/Papier*, Umwelteinwirkungen durch Sportanlagen, Rechtsgutachten, Werner-Verlag, 1984; aus der Vielzahl von Sportlärm-Urteilen s. nur: OVG Münster, Urteil vom 24.09.1987 – Az: 21 A 1743/86 = NVwZ-RR 1988, 13; s. auch: *Dury*, Zur Anwendbarkeit der Sportanlagen-Lärmschutzverordnung im zivilrechtlichen Nachbarstreit, in: NJW 1994, 302.

125 Insoweit erfolgt die Beurteilung nach §§ 3; 22 BImSchG iVm dem jeweiligen LImSchG sowie der TA Lärm; näher dazu u.a.: *Jarass*, Gaststättenlärm und Sperrzeit, in: NJW 1981, 721.

126 S. dazu LAI Freizeit-Richtlinie, Anhang B zur Musterverwaltungsvorschrift zur Ermittlung, Beurteilung und Verminderung von Geräuschimmissionen, abgedruckt:

Art – wie etwa im Zusammenhang mit der Nutzung von Lautsprechern, Musikinstrumenten oder auch Rasenmähern – die von Nachbarn erzeugt und als störend empfunden werden (Nachbarlärm[127]). Auch das Landesrecht der Bundesländer[128] regelt in Landes-Immissionsschutzgesetzen u.a. Lärmbegrenzungen. Und schließlich werden auch Geräusche, die im Zusammenhang mit der Errichtung, Sanierung oder dem Rückbau von Bauwerken aller Art – vom Feldweg bis zur Autobahn, von der Gleisanlage bis zur Wasserstraße, vom Garagenanbau bis zum Hochhaus oder von der Baugrube bis zur komplexen Tiefengründung – entstehen, oftmals von Anliegern, Mietern, Pächtern, Mitbewohnern oder auch nur Passanten als störend, mithin als negativ, empfunden Diese Geräusche, die im Zusammenhang mit der Ausführung von Bauarbeiten aller Art unvermeidbar entstehen, werden ohne Differenzierung hinsichtlich ihrer Lautstärke, Lästig- oder Schädlichkeit mit dem Begriff „Baulärm" belegt[129]. Dies zeigte schon die Überschrift des im Jahr 1965 erlassenen *„Gesetz zum Schutz gegen Baulärm"* – bereits wieder aufgehoben im Zusammenhang mit dem Erlass des Bundes-Immissionsschutzgesetzes im Jahre 1974 – und belegt auch die

---

NVwZ 1997, 469; s. auch *Berkemann*, Sport und Freizeitaktivitäten in der gerichtlichen Auseinandersetzung, in: NuR 1998, 565; *Koch/Maaß*, Die rechtlichen Grundlagen zur Bewältigung von Freizeitlärmkonflikten, in: NuR 2000, 69.

127 Hierzu, insb. zum Einsatz von Gartengeräten aller Art wie Mäher, Hecksler, Trimmer, Heckenscheren, Laubbläser, s. die 32.BImSchV (Geräte- und Maschinenlärmschutzverordnung vom 29. August 2002 (BGBl. I S. 3478) geändert durch Artikel 9 des Gesetzes vom 8.August 2011 (BGBl. I S. 2178); s. auch §§ 906; 1004 BGB sowie *Barthelmess*, Theorie und Praxis des Miet- und Wohnungseigentumsrechts, S. 23 ff.

128 *Bayern:* ImmissionsschutzG *(BayImSchG)* v. 8. 10. 1974 (GVBl. 499; BayRS 2129–1–1–UG), letztes ÄndG v. 8. 4. 2013 (GVBl. 174, 179); *Berlin:* Landes-ImmissionsschutzG *(LImSchG Bln)* v. 5. 12. 2005 (GVBl.735;2006,42;BRV2190–7), ÄndG v. 3. 2. 2010 (GVBl. 38); *Brandenburg:* LandesimmissionsschutzG *(LImSchG)* idF v. 22. 7. 1999 (GVBl. I 386; BS 54), letztes ÄndG v. 15. 7. 2010 (GVBl. I Nr. 28); *Bremen:* ImmissionsschutzG v. 26. 6. 2001 (GBl. 220; 2129–a–1), letztes ÄndG v. 16. 11. 2010 (GBl. 567); *Hamburg:* HmbLärmschutzG *(HmbLärmSchG)*v.30.11.2010 (GVBl.621;BL2129–3); *Niedersachsen:* Nieder-sächsisches LärmschutzG *(NLärmSchG)* v. 10. 12. 2012 (GVBl. 562); *Nordrhein-Westfalen:* Landes-ImmissionsschutzG *(LIm-SchG)* v. 18. 3. 1975 (GVNRW 232; SGVNRW 7129), letztes ÄndG v. 5. 7. 2011 (GVNRW 358); *Rheinland-Pfalz:* Landes-ImmissionsschutzG *(LImSchG)* v. 20. 12. 2000 (GVBl. 578; BS 2129–4), letztes ÄndG v. 9. 3. 2011 (GVBl. 75); *Schleswig-Holstein:* Landes-ImmissionsschutzG *(LImSchG)* v. 6. 1. 2009 (GVOBl. 2; GS Schl-H II 2129–8), ÄndG v. 13. 10. 2011 (GVOBl. 280).

129 So definiert das *Hessische Ministerium für Umwelt, Energie, Landwirtschaft und Verbraucherschutz* Baulärm dahingehend, dass es sich um *„durch gewerbliche Bauarbeiten (Arbeiten zur Errichtung, Änderung, Unterhaltung baulicher Anlagen sowie deren Abbruch) verursachten Lärm"* handelt (http://www.hessen.de/irJ/HMULV_Internet?rid – Aufruf 01.07.2011).

Bezeichnung der immer noch überwiegend für eine Lärm-Beurteilung maßgeblichen *AVV Baulärm – Geräuschimmissionen*[130].

Allen diesen Lärm-Variationen ist gemeinsam, dass sie – bei entsprechender Intensität – zu *„wesentlichen Beeinträchtigungen"* iSd § 906 Abs. 2 BGB bzw. zu *„schädlichen Umwelteinwirkungen"* in Form von *„Gefahren"*, *„erheblichen Nachteilen"* bzw. *„erheblichen Belästigungen"* für die *„Allgemeinheit"* oder die *„Nachbarschaft"* iSd §§ 3 Abs. 1; 22 Abs. 1 BImSchG führen können und damit rechtliche Konsequenzen aufgrund des geschriebenen Rechts herausfordern.

4.3 Kläger, Richter, Rechtssicherheit

Bei diesen „Lärm-Arten" ist stets eine Dual-Situation gegeben: Es bedarf eines Lärm-Verursachers, mithin eines Verantwortlichen für die Erzeugung einer Emission. Und es muss einen Lärm-Betroffenen geben, der die von einer (oder mehreren) Emissionsquelle(n) ausgehenden Immission(en) als negativ, also störend, belästigend, vielleicht sogar unerträglich oder gesundheitsschädigend, empfindet. Denn nur dann kann es überhaupt einen „Kläger" geben, der grundsätzlich die Voraussetzung für einen „Richter" ist, wie dies schon der Satz vorgibt: *„Wo kein Kläger, da kein Richter"* (*nullo actore nullus iudex*)! Oder anders ausgedrückt: Lärmstreit und damit verbunden die Notwendigkeit einer Streitlösung entsteht immer nur dann und dort, wo es „Betroffene" gibt, die mit Hilfe der Behörden oder Gerichtsbarkeit eine Klärung von „Erlaubtsein", „Nichtdürfen" oder „So-Nichtdürfen" unter Einbezug auch von „Entschädigungs- bzw. Mietminderungsfragen" herbeiführen wollen. Gibt es insoweit Bedarf, dann stellt sich die Frage nach den Entscheidungsgrundlagen, die den „Entscheidern" – im Regelfall: Richter – für die immer gleiche Grundproblematik zur Verfügung stehen:

Wie kann das „subjektive Laut-Empfinden" so verifiziert werden, dass es bei der Umsetzung in „Laut-Sein-Dürfen", „Nicht-Laut-Sein-Dürfen" und „So-Nicht-Laut-Sein-Dürfen" für eine zu befolgende Entscheidung die rechtstaatlichen Grundsätze, denen Entscheidungen unabdingbar entsprechen müssen, ausfüllt. Insoweit ist der Satz von *Stern*[131] voranzustellen:

> *„Rechtsstaatlichkeit bedeutet, daß die Ausübung staatlicher Macht nur auf der Grundlage der Verfassung und von formell und materiell verfassungsmäßig erlassenen Gesetzen mit dem Ziel der Gewährleistung von Menschenwürde, Freiheit, Gerechtigkeit und Rechtssicherheit zulässig ist".*

Im Zusammenhang mit „Lärm", also weder sicht-, noch greif-, noch (auf das jeweils einzelne Lärm-Ereignis bezogen) nachträglich *in concreto* wiederholbarer Momentereignisse, die primär das Gehör wahrnimmt, steht insbesondere der rechtsstaatliche

---

130 Zu deren Bedeutung s. insb. BVerwG Urteile vom 10.07.2012, Az: 7 A 11.11; 7 A 12.11; 7 A 24.11 = IBR 2013, 238; 2013, 1081; 2013, 1226.

131 *Das Staatsrecht der Bundesrepublik Deutschland – Band I*, § 20 III.

Grundsatz der notwendigen Rechts-sicherheit im Fokus der Überlegungen. Eine solche ist dann nicht gewährleistet, wenn der Rechtsbetroffene keine Möglichkeit hat, sich rechtskonform zu verhalten, weil es keine objektive Messlatte für richtiges Verhalten geben kann: Solange man baut, ist man im Regelfall (temporär) laut! Dies liegt in der Natur der Sache und wird weder von der Rechtsprechung, noch von Wissenschaft und Lehre angezweifelt. Insoweit stellt sich die Frage, wie sich eine solche „Rechtssicherheit", also nicht nur „Wahrscheinlichkeit"[132], durch Gerichte im Rahmen eines *„tatrichterlichen Ermessens"* im Hinblick auf eine Verursachung und Auswirkung von Lärm gewinnen lässt. Dies stellt auch *Kutscheidt* fest: *„Die Rechtsordnung schützt grundsätzlich vor erheblich belästigendem Lärm, ohne die Erheblichkeitsschwelle näher zu bestimmen. Es ist ein Gebot der Rechtssicherheit, möglichst einheitliche Maßstäbe zu deren Konkretisierung zu entwickeln*[133]. Dabei ist ebenso zu berücksichtigen, dass die prinzipielle Frage nach der Notwendigkeit des Bauens *unisono* bejaht wird. Denn ein Nomadenleben steht im europäischen Kulturkreis nicht zur Diskussion. Das damit bestehende Dilemma offenbart sich sogleich: Wenn die Gleichung *„Notwendigkeit von Bautätigkeiten + Unvermeidbarkeit von Baulärm = Duldung"* lautet, dann ist dies der aus den §§ 3 Abs. 1; 22 Abs. 1 BImSchG und 906 Abs. 2 BGB zu folgernden anderen Gleichung *„Lärmentwicklung + schädliche Umwelteinwirkung = Unterlassung oder Entschädigung"* entgegen zu setzen. Für die Bewertung der einzelnen Parameter dieser Gleichungen ist eine Befassung mit den wesentlichen Grundlagen der Gleichungen unumgänglich. Dabei ist die Vorgabe des Umweltbundesamtes[134], formuliert als Vorspann zu einer *„Lärm-Statistik"*, ein hilfreicher Wegweiser durch ein Labyrinth aus technischen, medizinischen, psychologischen, emotionalen und letztlich auch volkswirtschaftlichen Problemen:

> *„Lärm ist ein subjektives Phänomen. Bekanntlich lässt sich Lärm nicht so ohne weiteres messen, da das Lärmerleben Ausdruck einer individuellen kognitiven Verarbeitung von Geräuschbelastungen ist. Ob ein Geräusch zu Lärm wird, hängt von einer Vielzahl von Faktoren ab, zu denen, neben den akustischen, wie u.a. der Schalldruck des Geräusches, auch psychologische zählen. Eine, lediglich auf der Kenntnis des Schalldrucks basierende Prognose, ob das Geräusch vom Individuum als Lärm erlebt wird, ist deshalb nur sehr eingeschränkt leistbar. Eine Bewertung unserer Umwelt hinsichtlich ihrer „Lärmigkeit" ließe*

132 Vgl. dazu VGH Baden-Württemberg, IBR 2015, 224 unter Ziffer 3.2 mit einer rein spekulativen Begründung für eine mögliche Baueinstellung: *„Letztlich kann aber offen bleiben, ob die Antragstellerin eine durch den Lärm verursachte konkrete Gesundheitsgefahr glaubhaft gemacht hat. Denn Schutz vor schädlichen Umwelteinwirkungen, hier durch Geräusche, ist nach § 22 Abs. 1 BImSchG iVm § 3 Abs. 1 BImSchG nicht erst dann zu gewähren, wenn eine konkrete Gesundheitsgefahr eintritt, sondern schon dann, wenn erhebliche Belästigungen auftreten. Zumindest letzteres ist aller Voraussicht nach hier der Fall".*

133 *Kutscheidt*, Rechtsprobleme bei der Bewertung von Geräuschimmissionen, in: NVwZ 1989, 193.

134 *Umweltbundesamt*, Online-Lärmstatistik, Information vom 14.4.2011, S. 2.

sich auf der Basis der akustischen Einflussgrößen allein also nicht leisten. Befragungen sind deshalb die Methode der Wahl, wenn es darum geht, Lärmbelästigung zu erheben. Befragungen der Bevölkerung erlauben den Rückschluss auf dominante Lärmquellen und den Umfang der von ihnen Belästigten. Sie zeigen Handlungsbedarf auf und können auch bei der Formulierung umweltpolitischer Prioritäten Bedeutung erlangen."

Diese Statistik, die einen Erhebungszeitraum von 2002 – 2011 abdeckt, weist aus, dass nach dem Straßenverkehrs-, Flug- und Bahnbetriebs- sowie dem Nachbarlärm erst an fünfter Stelle der Baulärm mit rund 16 % Bevölkerungsanteil genannt wird, durch den sich die Befragten z.B. „stark" (10 %) oder „äußerst" belästigt (6 %) fühlen[135].

4.4 Differenzierung: Permanente bzw. temporäre Belastung

Die jeweils konkrete Situationsbetrachtung bedingt eine Differenzierung: Geräusche, die auf voraussichtlich lange, wenn nicht „ewige" Zeit und immer wiederkehrend zu erwarten sind – wie etwa im Zusammenhang mit Straßen, Flugplätzen oder Industrie- bzw. Sportanlagen – erfordern wegen dieser Zeitkomponente grundsätzlich eine andere Betrachtungsweise als solche, deren Schlusspunkt absehbar ist – auch wenn dies vielleicht erst nach mehreren Jahren Bauzeit der Fall sein sollte. Denn maßgebend ist die „Endlichkeit" bzw. „Absehbarkeit" der Lärmbeeinträchtigung – was etwa beim Verkehrslärm, der unablässig von einer vorbeiführenden Straße auf Anliegerwohnungen einwirkt, nicht der Fall ist. Es geht insoweit also um die Frage nach einer permanenten oder nur temporären Lärm-Belastung, wobei Letztere hinsichtlich der jeweiligen Zeitintervalle einer zusätzlichen Differenzierung bedarf: Wann kann – noch – von einer (nur) vorübergehenden Lärm-Beeinträchtigung gesprochen werden? Der VGH Baden-Württemberg[136] etwa zieht eine „Zeitgrenze" bei einem Jahr, wenn er ausführt, dass *„bei einem Bauzeitraum von mehr als einem Jahr nicht von einer nur vorübergehenden Belästigung gesprochen werden kann"*. Mit einer derartigen, allein nach dem Kalender bestimmten Beurteilung einer Lärmbeeinträchtigung, wird man dem Baugeschehen jedoch nicht gerecht. Denn bei realistischer Betrachtung von (Neubau-) Bauvorhaben durchlaufen diese im Regelfall fünf Phasen[137] der Verwirklichung, die sich auch in den ATV der VOB/C widerspiegeln[138]:

135 *Umweltbundesamt*, Online-Lärmstatistik vom 14.4.2011, S. 11.

136 IBR 2015, 224.

137 Das AG Hamburg befasste sich als ersichtlich einziges Gerichte bislang mit der Frage der Bauphasen, die nachvollziehbar eine völlig unterschiedliche Lärmbeeinträchtigung für die Bauumgebung mit sich bringen: Mieter-Journal 2006, S. 84; s. dazu auch die Urteils-Auswertung unten Kap. 11.

138 *Englert/Katzenbach/Motzke*, Beck'scher VOB-Kommentar, Teil C, 3. Aufl. 2014, DIN 18299, Rn.11.

(1) Vorbereitung des Baugeländes, etwa durch Roden, Bodenaustausch- bzw. – verbesserungsarbeiten oder der Abbruch vorhandenen Altbestands[139].
(2) Baugrubensicherungs[140]- und Aushubarbeiten mit Herstellung der Baugrube(n)[141].
(3) Rohbauarbeiten[142].
(4) Ausbauarbeiten[143].
(5) Herstellung der Außenanlagen / Garten / Pflanzung[144] / Wege / Plätze[145].

Jede dieser 5 Phasen[146] verursacht unterschiedliche Lärm-Emissionen und unterliegt auch verschiedenen Zeitläufen. So sind sog. Baufreimachungsarbeiten, je nach Grundstücks-beschaffenheit und – größe, zwar oft wegen der dazu notwendigen Abbruch-, Bagger- und Planier-arbeiten lärmintensiv, aber selbst bei größeren Rückbaukomplexen dank der modernen Abbruch-geräte in relativ kurzer Zeit erledigt. Denn das Kreislaufwirtschaftsgesetz[147] und die strenge Umweltschutz-Gesetzgebung[148] einerseits sowie die Fortentwicklung der Technologie andererseits haben dazu geführt, dass die legendäre Abrissbirne ausgedient hat. Zudem geht es heute nicht mehr nur darum, ein altes Bauwerk abzureißen. Vielmehr hat sich aus dem

139 Dazu dienen in erster Linie Erdarbeiten gem. ATV DIN 18300 der VOB/C.

140 Dazu zählen insb. Spund-, Bohrpfahl- und Schlitzwandarbeiten zur Stützung der Baugrubenwände. Näher dazu: *Katzenbach / Leppla (Hrsg),* Handbuch des Spezialtiefbaus, Geräte und Verfahren, mit ausführlicher Beschreibung dieser Sicherungsverfahren. Zur Lärmentwicklung bei Tiefbauarbeiten s. auch: *Fuchs, B.*, Die Zulässigkeit der Inanspruchnahme von Nachbargrundstücken bei der Ausführung von Tiefbauarbeiten. Baurechtl. Schriften Band 59, S. 3 ff.

141 Dazu dienen Bohr-, Verbau-, Ramm-, Rüttel- und Pressarbeiten nach den ATV DIN 18301, 18303 und 18304 ebenso wie Wasserhaltungsarbeiten gem. ATV DIN 18305.

142 Dazu dienen insb. Betonarbeiten gem. ATV DIN 18331, Mauerarbeiten gem. ATV DIN 18330 und Zimmer- und Holzbauarbeiten gem. ATV DIN 18334.

143 Dazu zählt eine Vielzahl von Arbeiten, angefangen z.B. bei Putz- und Stuckarbeiten gem. ATV DIN 18350, Estricharbeiten gem. ATV DIN 18353, Fliesen- und Plattenarbeiten gem. ATV DIN 18352 über Parkettarbeiten nach ATV DIN 18356 bis hin zu Trockenbauarbeiten nach ATV DIN 18340, Maler- und Lackierarbeiten gem. ATV DIN 18363 oder die gesamten Heizungs-, Lüftungs-, Elektro- und Sanitärleistungen gem. ATV DIN 18380, 18381 und 18382.

144 Dazu zählt ATV DIN 18320 Landschaftsbauarbeiten.

145 Dazu zählen u.a. Plasterarbeiten gem. ATV DIN 18318.

146 S. dazu auch BVerwG NVwZ 2012, 1393 (sowie unten 11.2.1.2).

147 Gesetz zur Förderung der Kreislaufwirtschaft und Sicherung der umweltgerechten Bewirtschaftung von Abfällen (KrWG) vom 24.Februar 2012 (BGBl. I S. 212), in d. Fassung v. 22.Mai 2013 (BGBl. I S. 1324) .

148 Vgl. nur das BBodSchG Gesetz zum Schutz vor gefährlichen Bodenveränderungen und zur Sanierung von Altlasten vom 17.März 1998 (BGBl. I S. 502), in d. Fassung vom 24.Februar 2012 (BGBl. I S. 212).

„Abbruch“ ein „Rückbau“[149] entwickelt, dem das reine Zerstören vorhandener Baustrukturen mit Abtransport des unsortierten Materials auf entsprechende Deponien fremd ist. Baufeldfreimachung ist damit zu einer technologisch anspruchsvollen Rückbauaufgabe geworden, die mit stark lärmgedämmten Spezialgeräten[150] und ebensolchen Lastwägen, die geräuscharm sind[151], erfüllt werden kann. Zudem wird in der einschlägigen ATV DIN 18459 der VOB Teil C in Abschnitt 4.2.6 ausdrücklich hinsichtlich der bei Abbruch- und Rückbauarbeiten niemals ausschließbaren Lärmentwicklung geregelt, dass u.a. als *„Besondere Leistungen“* zu vergüten sind: *„Besondere Maßnahmen zur Minderung von Lärmemissionen, z.B. Errichten von Lärmschutzwänden“*[152]. Die mit dieser Formulierung zum Ausdruck gebrachte Unmöglichkeit, Abbrucharbeiten ohne Lärmentwicklung vorzunehmen, wurde z.B. durch das OVG Sachsen-Anhalt[153] zum Anlass genommen klarzustellen, dass derartige Arbeiten als Ausnahme den Nachbarn selbst dann zugemutet werden können, wenn die damit verbundenen Störungen das üblicherweise hinzunehmende Ausmaß kurzfristig übersteigen. Auch wird der bei Abbrucharbeiten zwangsläufig entstehende Baulärm als ortsüblich betrachtet, wenn er unter größtmöglichem, wirtschaftlich zumutbarem Einsatz von Lärmdämmungsmaßnahmen erfolgt[154].

Auch Baugrubensicherungs- und Aushubarbeiten einschließlich der Wasserhaltung[155] stellen mit Blick auf die mittlerweile verwendeten speziell lärmgedämmten Bohr-, Schlitzwand-, Mixed-in-place- sowie Greifergeräte[156] selbst bei größeren Bauprojekten grundsätzlich keine sehr lärmintensiven Bauarbeiten mehr dar[157]. Der VGH München hingegen vertritt, gestützt auf eine „schalltechnische Untersuchung“

---

149 Deshalb spricht die ATV DIN 18459 der VOB/C auch von *„Abbruch- und Rückbauarbeiten“*.

150 Dazu zählen Hydraulikhämmer, Pulverisierer, Sortiergreifer, Schrottscheren (eigene Kenntnis der Verf. durch die langjährige anwaltschaftliche Betreuung eines Rückbau- und Recyclingunternehmens).

151 Ausgewiesen durch den sog. „Blauen Engel“ an der Windschutzscheibe bzw. das Lärmschutzzeichen „Grünes G“ für *„Geräuscharmes Kraftfahrzeug“* (vgl. dazu www.blauer-engel.de, dort RAL ZU-53 für lärmarme Baumaschinen sowie § 49 Abs. 3 StVZO für das „G“ bei Lkw der Geräuschklasse 1).

152 Vgl. dazu *Kuffer/Langenecker/Haidacher*, DIN 18459, Rn. 95, in: *Englert/Katzenbach/Motzke*, Beck'scher VOB-Kommentar, Teil C, 3. Aufl. 2014.

153 Beschluss vom 13.06.2006 – 2 M 211/06 = BauR 2006, 1945 (Ls.) = IBR 2006, 704.

154 BGH LM Nr. 14 = BB 1969, 333; MüKoBGB-*Säcker*, § 906 Rn.127; s. auch LG Stuttgart, Urteil vom 22.06.2010 – Az: 24 O 119/10 = IBR 2010, 630: Keine Sicherheitsleistung vor Beginn von Abbrucharbeiten.

155 Vgl. ATV DIN 18305 VOB/C (Wasserhaltungsarbeiten).

156 S. dazu z.B. die sog. Datenblätter für die verschiedenen Baumaschinen, die von den Herstellerfirmen, wie z.B. Fa. BAUER Maschinen GmbH oder Fa. Zeppelin GmbH im Internet zur Verfügung gestellt werden und die jeweiligen Emissionswerte ausweisen.

157 S. auch OVG Rheinland-Pfalz, Beschluss vom 08.12.2009 – 8 B 11243/09 = BauR 2010, 747 lSp., wonach *„bei einer zwei Jahre alten Baumaschine zu vermuten* [ist],

die Auffassung, dass die Phase der Schlitzwand- und Primärpfahlherstellung die lauteste Bauphase sei[158]. Insoweit ist jedoch heute den jeweiligen Datenblättern, die für jede Baumaschine und jedes verwendete Gerät entsprechend der Europäischen Maschinenrichtlinie[159] vorliegen müssen, die Geräuschentwicklung zu entnehmen. Sobald und solange eine Baumaschine oder ein Baugerät über das EG-Konformitätszeichen (und verstärkend über das Zeichen *„Der blaue Engel"*[160]) verfügt[161], kommen entsprechend der 32.BImSchV (Geräte- und Maschinenlärmschutzverordnung) die sehr strengen zeitlichen Einschränkungen mit Ruhezeiten bis 9 Uhr, von 13–15 Uhr und ab 17 Uhr nicht zum Tragen, § 7 Abs. 1 Nr. 2 der 32.BImSchV.

---

dass sie über eine entsprechend fortschrittliche Ausstattung zur Schallminimierung verfügt".

158 VGH München, Urteil vom 17.02.2011 – Az: 22 A 09.40060 = BeckRS 2011, 30702.

159 Die Richtlinie 2006/42/ EG des Europäischen Parlaments und des Rates vom 17.Mai 2006 über Maschinen und zur Änderung der Richtlinie 95/16/EG (Neufassung) mit Anhang I, Ziffer 1: Grundlegende Sicherheits- und Gesundheitsschutzanforderungen für Konstruktion und Bau von Maschinen, enthält im Anhang I, Ziffer 1.5.8, folgende Vorgabe zum Lärmschutz: *„Die Maschine muss so konstruiert und gebaut sein, dass Risiken durch Luftschallemission insbesondere an der Quelle soweit gemindert werden, wie es nach dem Stand des technischen Fortschritts und mit den zur Lärmminderung verfügbaren Mitteln möglich ist"* (vgl. Amtsblatt der Europäischen Union vom 09.06.2006 – L 157/24 (L 157/35). Die Umsetzung erfolgte durch die Novellierung der 32.BImSchV (Geräte- und Maschinenlärmschutzverordnung vom 29. August 2002 (BGBl. I S. 3478), geändert durch Artikel 9 des Gesetzes vom 8.August 2011 (BGBl. I S. 2178). I. Danach gelten strenge Voraussetzungen und zeitliche Begrenzungen für den Einsatz von Baumaschinen, § 7, in reinen, allgemeinen und besonderen Wohngebieten, Kleinsiedlungsgebieten, Sondergebieten, die der Erholung dienen, Kur- und Klinikgebieten und Gebieten für die Fremdenbeherbergung sowie auf dem Gelände von Krankenhäusern und Pflegeanstalten.

160 Über die Bedeutung dieses besonderen Umwelt-Zeichens informiert *https://www.blauer-engel.de/sites/default/files/pages/downloads/der-blaue-engel-umweltzeichen-mit-markenwirkung/ vergabegrundsaetze-2010.pdf* (Aufruf: 20.07.2015) wie folgt: *„Das 1978 begründete Umweltzeichen „Der Blaue Engel" ist ein Zeichen des Bundesministeriums für Umwelt, Naturschutz und Reaktorsicherheit. Zweck des Umweltzeichens ist es, Verbraucherinnen und Verbraucher, öffentliche Hand und gewerbliche Wirtschaft durch verlässliche Produktinformationen in die Lage zu versetzen, durch eine gezielte Nachfrage nach umweltfreundlichen Produkten ökologische Produktinnovationen zu fördern und damit Umweltbelastungen zu reduzieren. Das Umweltzeichen fördert sowohl die Anliegen des Umwelt und Gesundheits- als auch des Verbraucherschutzes. Ausgezeichnet werden Produkte und Dienstleistungen, die in einer ganzheitlichen Betrachtung besonders umweltfreundlich sind und zugleich hohe Ansprüche an Arbeits- und Gesundheitsschutz sowie an die Gebrauchstauglichkeit erfüllen".* S. dazu auch: *Klindt*, Die Umweltzeichen „Blauer Engel" und „Europäische Blume" zwischen produktbezogenem Umweltschutz und Wettbewerbsrecht, in: BB 1998, 545 ff.

161 Vgl. dazu die EG-Maschinenrichtlinie 2006/42/EG, wie vor.

In der anschließenden 3.Bauphase ergeben sich lärmintensivere Baumaßnahmen insbesondere im Zusammenhang mit der Aufbereitung der Schalung. Denn dazu ist im Regelfall der Einsatz einer Kreissäge für den Zuschnitt der Holz-Schalbretter und -elemente unverzichtbar, um eine plangenaue Anpassung der Stützkonstruktionen im Bereich der Bodenplatte und der aufgehenden Wände vornehmen zu können. Dass das Eintreiben der Nägel in die Schalungen zur Befestigung durch zahlreiche Hammerschläge ebenso „laut" ist, wie oft eine Verstärkung durch die Echo-Wirkung der bereits aufstehenden Rohbauwände hervorgerufen wird, gehört ebenso zum Baualltag. Daneben ergibt sich im Zuge der Rohbauarbeiten die Notwendigkeit des Einsatzes von Betonpumpen und Mischerfahrzeugen für die Betonierarbeiten, von Kränen und Schneidewerkzeugen wie z.B. handgeführten Flexgeräten für den Bewehrungszuschnitt und die Aufbereitung von Grundleitungen für die Kanalisation. Im Regelfall handelt es sich dabei um Bauarbeiten, die dank der modernen Fahrzeug-, Geräte- und Maschinentechnik im sog. „*silent*-Bereich" stattfinden, mithin keine permanente Lärmbelastung mit sich bringen. Gleiches gilt für das Aufmauern der Wände und das Schalen der Decken. Sofern Zimmerei-Arbeiten etwa für die Herstellung eines Daches auszuführen sind, ergeben sich zwangsläufig deutlich hörbare Hammerschlaggeräusche. Die Erstellung eines Rohbaus ist damit insgesamt – im Vergleich zur früheren Arbeitsweise – zwar „ruhiger" geworden, aber dennoch unvermeidbar mit zeitweise sehr lauten Geräuschen verbunden. Dies gilt nicht mehr für den sich anschließenden Ausbau in der Phase 4: Ab dem Zeitpunkt, wenn die Bau-Öffnungen durch Fenster, Türen oder Lüftungsklappen geschlossen sind, dringt im Regelfall nur noch geringer Baulärm nach außen. Eine Baulärm-Beeinträchtigung im Rahmen von Ausbauarbeiten ist damit auf Ausnahmefälle beschränkt, von Liefer- und sonstigem Baustellenverkehr abgesehen.

Schließlich bringt die Endphase 5, die im Regelfall der Außenanlagenherstellung mit Pflasterung, Asphaltierung, Gartenanlage etc. dient, zwar nochmals lärmintensivere Bauarbeiten wie Planier-, Verdichtungs-, Walz- oder Steinschneidearbeiten mit sich. Allerdings zeigt auch hier die Erfahrung, dass es sich insoweit im Regelfall um zeitlich überschaubare Beeinträchtigungen handelt, die oftmals in die Pflanzzeit, d.h. die Herbst- oder frühe Frühjahrszeit fallen. In dieser Zeit ist zumindest die Öffnung von Fenstern oder die Nutzung von Außenflächen für längere Zeiten nicht üblich. Zudem hängt von der Fertigstellung auch des Außenbereichs im Regelfall die geplante Nutzung des gesamten Bauwerks ab, so dass insoweit der Bauherr das größte Interesse an einer schnellen Umsetzung haben muss. Damit belasten Außenanlagen-Arbeiten meist nur kurze Zeit.

Im Ergebnis ist festzuhalten, dass durch die moderne Technologie Baulärm zwar nicht verhindert, aber doch in der Baurealität stark reduziert und zudem in den verschiedenen Bauphasen völlig unterschiedlich wahrnehmbar wird. Damit kann die „Überzeugung" des OLG Celle, „*dass es im Verlauf der gesamten Bauphase zu wesentlichen Beeinträchtigungen durch Baulärm gekommen ist*", die „*eine Entschädigung rechtfertigen*“[162] als lebens- bzw. baupraxisfremd, wenn nicht willkürlich qualifiziert werden. Zudem zeigt die vorstehende Darlegung zu Bauphasen auf, dass es nicht auf die Gesamt-Bauzeit ankommen kann, wenn Baulärm beurteilt werden soll. Vielmehr wäre zumindest konkret zu prüfen, zu welchem Zeitpunkt und mit welcher Zeitdauer im Bauablauf die (behauptete) „unzumutbare Baulärm-Immission“ eingewirkt haben soll.

Es ist aber nicht nur die alles in einen Topf werfende „Zeit-Betrachtung“, die eine Praxisferne von Gerichtsentscheidungen aufzeigt. Vielmehr findet sich in den einschlägigen Gerichtsurteilen nur selten eine Auseinandersetzung mit der Frage nach der – wenn überhaupt – tatsächlichen „Lärm-Zeit“. Wann aber liegt eine tatsächliche Lärm-Belastung vor?

4.5 Unterschiedliche Lärm-Beurteilung und Lärm-Frei-Zeiten?

Die Antwort auf diese Frage hängt von vielen, insbesondere auch subjektiven, Faktoren ab. Diese – wie etwa die individuelle Lärm-Empfindlichkeit oder auch Lärm-Betroffenheit[163] – sind so unterschiedlich wie das Gesamtproblem „Lärm“ diffizil und wohl auch deshalb niemals einer von Jedermann anerkannten oder gar allein richtigen Regelung zuführbar ist. Dies zeigen bereits die verschiedenen „Lärm-Regelungen“, die in der Bundesrepublik Deutschland die unterschiedlichen „Lärm-Arten“ regeln sollen, deutlich auf: Obwohl, wie schon *Meurers* – einer der früher führenden „Lärm-Wissenschaftler“ beim Umweltbundesamt in Berlin – im Jahr 1995 konstatierte, *„die Belästigung in Abhängigkeit von der Signal-Struktur quantifiziert*“ werden muss, *„ist und bleibt es Unsinn, in Bezug auf denselben Menschen verschiedene Erhebungsverfahren für Gewerbelärm, Fluglärm, Verkehrslärm, Sportlärm, Schießlärm, Wohnlärm, usw. aufzustellen bzw. weiter zu vertreten!!*“[164] Mit dieser sehr deutlichen, durch zwei Ausrufezeichen hervorgehobenen, Aussage hebt *Meurers* dem Gesetz- und Verordnungsgeber ebenso im Zusammenhang mit der gesamten Lärm-Problematik den Spiegel vor wie den Gerichten: Bedarf es wirklich völlig unterschiedlicher Vorgaben und Richtwerte in zahlreichen Gesetzen – wie etwa dem Bundes-Immissions-schutzgesetz mit seinen vielen Verordnungen, dem § 906 BGB oder auch § 325a StGB bzw. § 117 OWiG (neben zahlreichen verwaltungsrechtlichen

162 OLG Celle, Urteil vom 05.November 1999 – 4 U 130/99 – *juris* = OLG-Report Celle 2000, 83 = OLGR 2000, 83 = IBR 2000, 278.

163 *Meurers* (Lärm, mögliche und notwendige Wertung des Nichtmeßbaren und Grenzen des Zumutbaren, S. 11) weist zutreffend darauf hin, dass *„das <Daten-End-Gerät Mensch> in Physis und Psyche viel zu komplex*“ ist, als dass hinsichtlich der Wirkung von Lärm als *„erhebliche Belästigung*“ eine *„abschließend verbindliche Aussage*“ gewonnen werden könnte.

164 *Meurers*, wie vor, S. 12.

Regelungen, etwa in § 15 BauNVO)[165] – um Lärm als „erlaubt", „nicht erlaubt" oder „unter Auflagen erlaubt" einstufen und daraus schlussfolgernd auch noch Entschädigungs- bzw. Mietminderungsansprüche berechnen oder Bußgelder bzw. Geldstrafen ausurteilen und Auflagen vorgeben zu können? Ist nicht letztlich das maßgebliche Organ des Menschen, das Gehör (durch im Regelfall zwei Ohren), mit dem Geräusche wahrgenommen und die jeweils völlig singuläre subjektive Wertung als z. B. angenehm, wohltuend, (zu) laut, störend oder schmerzend ausgelöst wird, gleichermaßen bei jeder Art von „Beschallung" betroffen? Kann es danach etwa für Verkehrs- und Sport-, aber auch Flug- oder Baulärm unterschiedliche Beurteilungspegel, aber auch Messmethoden geben[166]? Aber auch anders gewendet: Muss nicht eine Differenzierung nach unverzichtbaren Tätigkeiten – wie es das Bauen für die Menschheit schlechthin darstellt – und nicht unbedingt notwendigen, aber ebenso mit Lärm verbundenen Lebensäußerungen wie Sport- und Musikveranstaltungen erfolgen?

Mehr noch: Es findet sich kein nachvollziehbarer Grund, weshalb die sog. Ruhe- bzw. Nachtzeiten völlig unterschiedlich geregelt sind. So etwa gilt im Baubereich die Zeit von 20:00 Uhr – 07.00 Uhr als besondere Schutzzeit[167], während im Rahmen der TA Lärm[168] eine solche von 22:00 Uhr – 06:00 Uhr als Nachtzeit vorgegeben wird. Wieder anders ordnet die sog. Freizeitlärm-Richtlinie (Muster-Verwaltungsvorschrift, die in einigen Bundesländern umgesetzt wurde[169]) die Tageszeiten in „Ruhezeiten", „außerhalb der Ruhezeiten" und „Nachtzeit": Von 08:00 – 20:00 Uhr ist „außerhalb der Ruhezeiten", von 06:00 – 08:00 Uhr ist, ebenso wie von 20:00 – 22:00 Uhr „Ruhezeit", und von 22:00 – 06:00 Uhr herrscht „Nachtzeit".

Wiederum andere „Zeiten" kannte die mittlerweile im Hinblick auf die TA Lärm zurückgezogene *VDI Richtlinie 2058 Blatt 1*[170] – nun in der vorgenannten TA Lärm

165 Vgl. dazu auch: *Dirnberger,* Lärmschutz in der Bauleitplanung, in: Bayerischer Gemeindetag 2007, 6; s. auch: *Berkemann,* Der schwierige § 15 BauNVO: Anleitung zu einer strukturierten Prüfung, in: *Juris* JM 05/ 2014, S. 209 ff. sowie *Bischopink,* Immissionsschutz in der Bauleitplanung, in: BauR 2006, 1070 ff.

166 Vgl. dazu die Entscheidung HessVGH vom 31.05.2011 – *openJur* 2012, 27366.

167 § 66 Abs. 2 BImSchG iVm AVV Baulärm, Ziffer 3.1.2; so auch § 7 der 32.BImSchV (Geräte- und Maschinenlärmschutzverordnung); demgegenüber dauert die Nacht in Österreich nur von 20 Uhr bis 6 Uhr, s. z. B. § 4 Abs. 1 Wiener BaulärmG vom 1.Juni 1973.

168 Ziffer 6.4 der TA Lärm.

169 Vgl. dazu ausführlich: *Landmann/Rohmer,* Umweltschutzrecht, 63. Ergänzungslieferung 2011, Ziffer 4.1 Freizeitlärm-Richtlinie.

170 VDI 2058 Blatt 1:1985- 09 (Ersatz für: VDI 2058 Blatt 1: 1973-06): Zweck der Richtlinie war die Beurteilung der Einwirkung von Lärm auf die Nachbarschaft. Damit sollte eine Gefährdung, erhebliche Benachteiligung oder erhebliche Belästigung durch Arbeitslärm erkannt werden. Abgedruckt bei: *Mampel,* Nachbarschutz im öffentlichen Baurecht, S. 469 ff.

entsprechend übernommen: 16 Stunden „Tagzeit“ (06:00 – 22:00 Uhr), 8 Stunden „Nachtzeit“ (22:00 – 06.00 Uhr)[171].

4.6 Herausforderung für die Wissenschaft

Diese Unstimmigkeiten fordern sicherlich ein Befassen mit der Thematik „Lärm und Recht“ in wissenschaftlicher Hinsicht heraus, soweit dies zur Beurteilung der hier maßgebenden Kategorie „Baulärm“ von Bedeutung sein kann. Dies deshalb, weil jede Bautätigkeit und so auch jegliche damit im Zusammenhang stehende Geräuschentwicklung im Regelfall in letztlich überschaubarer Zeit sowie jeweils nur in einem ganz konkreten, von seiner Lage und Ausbreitung her eindeutig definierbaren Baubereich stattfindet. Damit aber zählt das Bauen zu den Tätigkeiten, die immer nur temporär und örtlich, selbst bei einer Linienbaustelle, sowie eindeutig nach Ausmaß und Größe zu konkretisieren, stattfinden. Und damit ist die Bautätigkeit, selbst bei sog. Langzeitbaustellen[172], hinsichtlich ihres endgültigen Abschlusses stets absehbar[173]. Dass – wie die Erfahrung zeigt – bei nahezu allen Bauwerken nach einer gewissen Zeitspanne Sanierungs- oder Erweiterungsarbeiten durchgeführt werden müssen bzw. deren weitere Nutzung aufgegeben und so einem neuen

171 S. VDI 2058 Blatt 1: 1985-09, *Nr. 3.2 Bezugszeitraum.*

172 Vgl. z. B. VGH Baden-Württemberg, wonach auch eine mehrjährige Bauzeit *„rund um die Uhr“* – wie z. B. im Rahmen der Erstellung des Filder-Tunnels in Stuttgart – nichts an der Beurteilung der Lärmimmissionen als baubedingt unter Anwendung der AVV Baulärm ändert, mithin die Anwendung der TA Lärm 1998 ausgeschlossen bleibt (Urteil vom 8.2.2007 – 5 S 2257/05-, *juris*; ausführlich dazu VGH Baden-Württemberg (Mannheim), Urteil vom 08.02.2007 – Az: 5 S 2257/05 = IMR 2007, 271 (Stuttgart 21: Filder-Tunnel) = NJOZ 2007, 2588.

173 Der VGH München ging bei einer Bauzeit *„von voraussichtlich sechs Jahren“* von einer Langzeitbaustelle aus (Urteil vom 17.02.2011 – Az: 22 A 09.40060 = BeckRS 2011, 30702; Sonderfälle wie der Berliner *Flughafen Schönefeld BER*, das Großbauprojekt *„Stuttgart 21“* oder die Hamburger *Elbphilharmonie*, deren Bauzeit über jede zeitliche Vorstellung hinaus seit 2007 bis voraussichtlich 2016 dauert(e) (vgl. http://www.elbphilharmonie.de/elbphilharmonie-projekt.de), sind wegen einer fehlenden Betroffenheit von Anliegern nicht geeignet, beispielhaft für Langzeitbaustellen herangezogen zu werden. Selbst die 632 Jahre währende Bau- und damit angeblich längste Zeit, die jemals in Deutschland für einen Bau benötigt wurde, nämlich für die Fertigstellung des Kölner Domes von 1248 bis 1880, mitten in der Stadt gelegen, kann im Hinblick auf die zahlreichen jahrzehntelangen Unterbrechungen bei der Bauausführung nicht als „Baulärm-Beispiel“ angeführt werden (vgl. www.koelner-dom.de/geschichte; Aufruf 13.12.2013). Ob – als krasses Gegenbeispiel – die Behauptung, dass in China ein Hochhaus mit 30 Stockwerken in nur 15 Tagen errichtet werden konnte, zutreffend ist, kann hier dahinstehen (vgl. http://www.bild.de/video/clip/internationale-wolkenkratzer/chinesen-bauen-im-rekordtempo-hochhaus-21986368.bild.html) (Aufruf: 19.04.2015).

Bauwerk Platz gemacht werden muss, kann mit Blick auf die meist Jahrzehnte[174], die bis zu diesen Zeitpunkten vergehen, vernachlässigt werden. Bis dahin haben im Regelfall auch die Generationen gewechselt. Beim Bauen handelt es sich deshalb nicht um ein andauerndes Lärm-Ereignis – wie etwa beim Straßen- oder Zugverkehr, bei Flugbewegungen oder auch einer Gaststättennutzung bzw. liturgischem Glockenläuten[175] -, sondern um etwas jeweils Einmaliges im konkreten Zeitraum der Bauleistungserbringung. Diese Sonderstellung des Bauens im Lebenskreislauf der Menschen rechtfertigt auch die Frage nach einer Durchbrechung gewohnter Entscheidungswege der Gerichte. Denn Bauwerke aller Art dienen letztlich der Befriedigung der elementaren Grundbedürfnisse von Menschen: Wohn-, Bildungs- und Erholungsstätten, Büros, Sport-, Freizeit- und Arbeitsplätze sowie eine intakte Infrastruktur stellen in ihrer Gesamtheit die grundlegende Voraussetzung für ein funktionierendes Staatswesen dar. Es liegt damit nahe, das Bauen generell nicht nur zu ermöglichen, sondern auch die Bedingungen dazu so zu gestalten, dass Hemmnisse beseitigt werden können – ohne jedoch die individuellen Gegebenheiten der „Allgemeinheit und der Nachbarn", wie § 3 Abs. 1 BImSchG vorgibt, vollkommen zu vernachlässigen. Dazu zählen nicht nur die Belange der „Baulärm-Betroffenen", sondern auch die in der Praxis immer wieder festzustellende nervliche, zeitliche und finanzielle Belastung von Bau-Auftraggebern, aber auch Bauunternehmern und Bauhandwerkern, die im Zusammenhang mit dem Baulärm entstehen kann.

Dies auch deshalb, weil in nicht wenigen Fällen der Streit von Mietern oder Pächtern mit ihren Vermietern oder Verpächtern wegen einer (oft nur vermeintlichen) Baulärmbelästigung und einer darauf gestützten z. B. Miet- oder Pachtminderung letztlich auf dem Rücken von Bauherren und Bauunternehmern und Handwerkern auszutragen versucht wird. Der Primärgedanke dabei ist, dass Lärm generell störend und manchmal auch gesundheitsgefährdend ist – ohne eine Differenzierung nach Ursache, Vermeidbarkeit und Wirkung vorzunehmen. Damit werden sämtliche Lärm-Arten, trotz unterschiedlicher Regelungen, letztlich bei der subjektiven Wertung buchstäblich über einen Kamm geschert – mit der Folge, dass auch die Baulärm-Problematik das Schicksal einer grundsätzlichen Negativeinschätzung von

---

174 Zu den unterschiedlichen Zeitspannen in technischer und wirtschaftlicher Hinsicht vgl. nur: *Kalusche*, Technische Lebensdauer von Bauteilen und wirtschaftliche Nutzungsdauer eines Gebäudes, S. 3 ff.; s. auch die Ausführungen von *Möller / Kalusche*, Bauen und Ökonomie, Band 1, S. 5 ff.; regelmäßig geht man bei Industrie- und Gewerbebauwerken von etwa 20 – 30 Jahren, bei Wohngebäuden von 50 – 80, in Ausnahmefällen bis zu 150 Jahren aus. Allerdings bestehen in diesen Jahrzehnten immer Notwendigkeiten zur Anpassung der Bausubstanz an die verschiedenen Belastungen durch Klima und Witterung, aber auch gesetzliche Veränderungen, z. B. Energie-Einsparungs-Vorschriften.

175 Vgl. dazu: *Laubinger*, Nachbarschutz gegen kirchliches Glockengeläut, in: VerwA 83 (1992). Siehe auch: VGH München, Beschluss vom 11.01.2005 – Az: 22 ZB 04.3246 = NJW 2005, 1740 und *Haaß*, Rechtsschutz gegen Profangeläut, in: Jura 1993, 302.

Lärm teilt. Gleiches galt bis zur Ergänzung des § 22 BImSchG durch den Abs. 1a) betreffend der Sozialadäquanz von Kinderlärm auch für diesen Lärmbereich[176].

Dabei ist die Sondersituation des Baustellenlärms evident:

Zwar sind viele Bauarbeiten unvermeidbar mit einer unmittelbaren oder mittelbaren Geräuschentwicklung durch den Einsatz von Maschinen und Geräten, Fahrzeugen, Material und Werkzeugen, aber auch die sprachliche Kommunikation (etwa durch gelegentliche laute „Befehlston-Rufe" seitens der Bauausführenden), verbunden[177]. Jedoch profitiert denknotwendig jeder Mensch – also auch der sich durch Baulärm belästigt fühlende – von der Tatsache, dass überhaupt „das Bauen" möglich war und ist. Andernfalls hätte der Einzelne weder ein Dach über dem Kopf, noch funktionierende Infrastrukturen wie Wasser- und Abwasserleitungen, aber auch keine Straßen, Schienen- , Rad- oder Fußwege, um bequem von A nach B zu gelangen. Dazu bedarf es auch einer ständigen Erneuerung, Ergänzung und Entwicklung von Erschließungsanlagen. Die so sich ergebende unendliche Generationen-Kette „Bauen – Nutzen – Sanieren – Erneuern – Erweitern – Beseitigen – Bauen"[178] wird jedoch nicht immer erkannt. Und so ist in der Rechtsprechung[179] und Literatur[180] zum Teil eine Aversion gegen „Baulärm" herauszulesen, die jeglicher

176 *Böhm*, Schutz vor Kinderlärm? In: LKRZ 2007, 409 ff.; zusammenfassend für den Rechtsstand vor Erlass des § 22 Abs. 1a BImSchG: *Stollenwerk*, Kinderlärm im Miet-, Wohnungseigentums- und Nachbarrecht, in: NZM 2004, 289. S. schon: *Tschersich*, Kinderlärm als Immission, 1975.

177 Vgl. nur die Feststellung in der Informationsbroschüre *„Baulärm – Informationen, Rechts- und Verwaltungsvorschriften"*, in der Auflage 2012 herausgegeben von der Senatsverwaltung für Stadtentwicklung und Umwelt der Bundeshauptstadt Berlin, S. 6: *„Auch wenn eine Baustelle ohne Lärm durch Maschinen, Geräte und handwerkliche Verrichtungen kaum vorstellbar ist, gehört es zu den Pflichten des Bauunternehmers, unvermeidbare Belästigungen auf ein Mindestmaß zu begrenzen"*.

178 Diesen „Lebenszyklus" beschreibt u.a. *Kalusche*, Technische Lebensdauer von Bauteilen und wirtschaftliche Nutzungsdauer eines Gebäudes, S. 2; s. dazu auch: *Lehmann*, in: *Jacob / Ring / Wolf* (Hrsg.), Freiberger Handbuch zum Baurecht, § 20 Rn.46 („Lebenszyklus einer Immobilie"), die mit „50 Jahre" angegeben wird.

179 S. nur die Urteile OLG Celle, Urteil vom 05.November 1999 – 4 U 130/99 – , *juris*; VGH Baden-Württemberg, Beschluss vom 05.02.2015 – 10 S 2471/14 = IBR 2015, 224.

180 S. z.B. *Korbion/Scherer*, Bauliches Nachbarrecht, J 46, S. 199, die eine sehr einschränkende Rechtsansicht zur Verursachung von Baulärm wie folgt begründen: *„Die hier vertretene Auffassung mag von einzelnen als „Rückschritt" bezeichnet werden. Sie bedeutet aber nur eine in unserer Zeit leider wenig übliche Berücksichtigung der Interessen der „Mitmenschen" und der Erfordernisse eines geordneten nachbarlichen Zusammenlebens vor der Durchsetzung materieller wirtschaftlicher Interessen und vor der Anerkennung menschlicher Trägheit und Rücksichtslosigkeit."*; noch drastischer: *Klindt*, Die Bekämpfung des Baustellenlärms, S. 32: *„Zusammenfassend ist festzustellen, daß Baustellenlärm eine Störungsquelle ersten Ranges ist. Seine Wirkungen auf Menschen sind mannigfaltig, seine Bekämpfung durch Behörden*

Objektivität entgegensteht. Hinzu kommt, dass in der neueren Lärm-Wissenschaft die Baulärm-Problematik unterschiedlichste Deutungen erfährt. So berichtet *Dolde*[181] im Rahmen des *LärmKongresses 2000* von einer wissenschaftlichen Untersuchung, die das nachstehende Ergebnis hatte:

> *„Die Belästigung durch Lärm ist die am häufigsten wahrgenommene Form der Umweltbelastung. 70 % der Deutschen fühlen sich durch Straßenverkehrslärm, 42 % durch Fluglärm, 21 % durch Schienenlärm, 21 % durch Industrielärm, 22 % durch Lärm der Nachbarn und 7 % durch Sportanlagenlärm belästigt"*.

Die Kategorie „Baulärm" findet sich bei dieser Aufzählung aller wesentlichen Lärm-Bereiche nicht. Im Gegensatz dazu führt die Online-Statistik des Umweltbundesamts der BRD[182] den Baulärm nach einer Umfrage für die Jahre 2002 – 2011 als von 16 % der Befragten als beeinträchtigend und damit (erst) an 5. Stelle aller Lärmbelastungen an. Diese unterschiedliche Beurteilung der Baulärm-Betroffenheit bestärkt – auch mit Blick auf weitere Untersuchungen zur Störung des Wohlbefindens durch Lärm[183] – die Ansicht, dass eine Sonderbehandlung des Baulärms angezeigt ist.

So könnten mit dem Entfall einer „Entschädigung" oder „Mietminderung"[184], aber auch unverhältnismäßiger Lärmschutzanforderungen[185] zwangsläufig auch die meisten der gerichtlichen Streitigkeiten entfallen. Jedwede Wertungs- bzw. Gefühlsjustiz wäre damit im Hinblick auf Baulärm-Sachverhalte im Regelfall ausgeschlossen.

Diese Ausgangsüberlegungen führen zur Prüfung, ob nach Gesetz und Recht eine derartige Privilegierung des Baulärms überhaupt möglich und praktisch auch umsetzbar wäre.

Dazu dienen die nachfolgenden Untersuchungen: Wer kann Betroffener sein, welchen Einfluss hat die jeweilige Bau-Örtlichkeit, wie findet eine Baulärm-Beurteilung praktisch statt, welche gesetzlichen oder untergesetzlichen Regelungen gilt es zu berücksichtigen und welche Schlussfolgerungen müssen hieraus gezogen werden?

---

und Gerichte offenkundig erforderlich". Dabei bezieht sich *Klindt* in der Fußnote 94 auch auf ein ihm vorliegendes Arbeitspapier, wonach Baustellen zu den lästigsten Lärmquellen gehören. Dies ist jedoch nach der Umweltstatistik gerade nicht der Fall! (Vgl. dazu *Umweltbundesamt*, Online-Lärmstatistik vom 14.4.2011, S. 11).

181 Rechtliche Aspekte einer Gesamtlärmbetrachtung, in: Tagungsband *LärmKongress 2000*, o.S.

182 *Umweltbundesamt*, Online-Lärmstatistik vom 14.4.2011, S. 11

183 Vgl. dazu insb. auch die Ausführungen in Kap. 8.1.

184 *Bieber*, Ausschluss der Minderung wegen Kenntnis zukünftigen Baulärms?, in: AnwZert MietR 6/2009, Anm.2.

185 Ein solcher liegt nach BGH, Urteil vom 06.02.1986 – Az: III ZR 96/84 – *juris* bei einem Aufwand von 91.000 DM vor. Zudem stellt der BGH in diesem Urteil fest, dass Lärmschutzeinrichtungen keine wirksame Abhilfe geschaffen hätten. Der BGH hielt deshalb eine Nutzungsentschädigung in Höhe von 10.000 DM, geschätzt gem. § 287 ZPO, für rechtmäßig.

5. Baulärm-Betroffene und Örtlichkeit

Eine Baulärm-Beurteilung muss sich zunächst mit den möglicherweise Betroffenen sowie mit der Bau-Örtlichkeit befassen. Nur so kann der Untersuchungsbereich abgegrenzt und die Besonderheit des Bauens als Unikats-Schaffung bzw. des Rückbaus als einmaliges Abbruch-Ereignis auf jeweils einem ganz bestimmten und nur einmalig vorhandenen Baugrundstück[186] berücksichtigt werden.

5.1 Baulärm-Betroffenheit

Die nachstehende Übersicht zeigt die verschiedenen Adressaten und Möglichkeiten einer Baulärm-Betroffenheit, wobei insoweit eine wesentliche Unterscheidung im Hinblick auf eine (nur) interne Lärmkonfrontation und die externe Lärm-Belastung zu treffen ist: Im ersten Fall spielt die Baulärmproblematik im Hinblick auf die vorgreiflichen Arbeitsschutzregelungen und das Selbstschutzinteresse von Selbständigen, die auf der Baustelle tätig sind, keine Rolle.

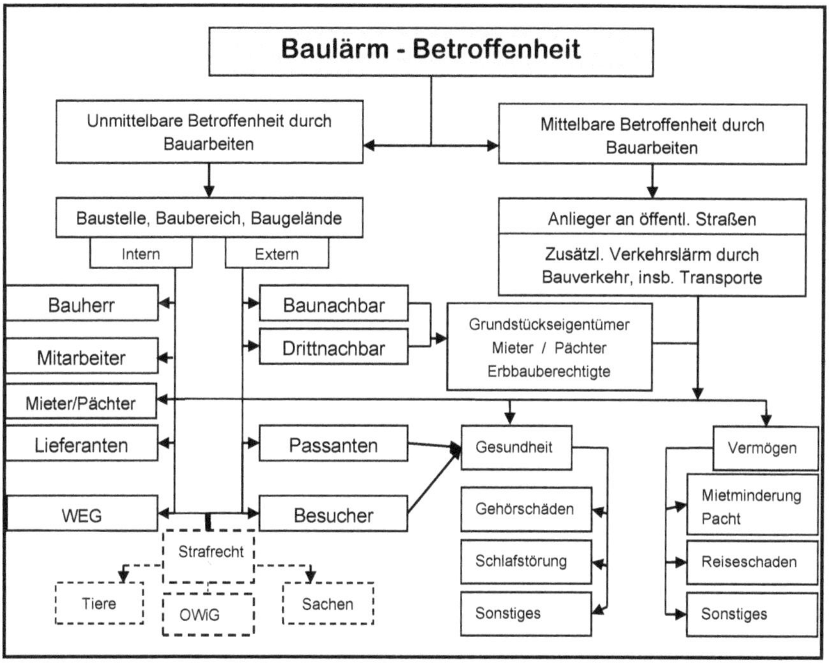

186 Oder mehreren Flur-Nummern, die letztlich ein „Baugrundstück“ ergeben.

Straf- und bußgeldrechtliche Lärm-Sachverhalte sind trotz vorhandener Bestimmungen gem. den § 325a StGB bzw. § 117 OWiG in der Bau- und Rechtspraxis nur sehr selten Gegenstand gerichtlicher Befassung[187]. Deshalb werden sie hier lediglich gestrichelt aufgeführt.

In der Gerichtspraxis sind die Klagen von Vermietern gegen Mieter auf Zahlung von rückständigen, wegen „Baulärms" gem. § 536 BGB „automatisch" geminderter Mieten, am häufigsten[188]. Eine weitere Vielzahl an Streitigkeiten betrifft die Entschädigungsansprüche von Nachbarn, die durch Mietminderungen Vermögenseinbußen erlitten haben bzw. deren Umsätze, etwa bei Restaurants oder Geschäften, zurückgegangen waren. Es folgen die Klagen von „Baulärm-Betroffenen", die sich durch die jeweiligen Baumaßnahmen „unzumutbar" belästigt oder sogar in ihrer Gesundheit bedroht sehen. Ebenfalls mit Baulärm – und zwar im Zusammenhang mit der Geltendmachung von Reisemängeln – müssen sich alljährlich viele Gerichte befassen. Dieser „Baulärm-Bereich" bleibt jedoch, wie oben[189] dargelegt, bei den vorliegenden Untersuchungen außer Betracht.

5.2 Bau-Nachbarschaft, Baulärm-Örtlichkeit und Bau-Zeit

Die Abwicklung von Bauarbeiten „auf freier Flur", mithin weit (genug) entfernt von am Bau unbeteiligten Menschen, bringt grundsätzlich keine immissionsschutzrechtlichen Probleme mit sich. Denn der Gehörschutz der ausführenden und überwachenden Baubeteiligten ist für diese nicht nur nach berufsgenossenschaftlichen Bestimmungen, sondern auch in deren wohlverstandenem Eigeninteresse selbstverständlich bzw. sollte es so sein[190]. Immissions-Probleme durch Bauarbeiten entstehen deshalb praktisch nur beim Bauen *„dicht-an-dicht"*, wie dies in Innenstadt- und hier

---

187 So etwa findet sich in den einschlägigen Straf- und OWi-Kommentaren keinerlei Fundstelle zu einer Verurteilung wegen Baulärms; lediglich *Korbion / Scherer*, Gesetzliches Bauhaftungsrecht, führen auf S. 202 ein „Baulärm-Strafurteil" des AG Hannover vom 26.6.1962 – Az: 46 Es 3/61 an (Körperverletzung durch Baulärm).

188 Vgl. die Auswertung der Gerichtsverfahren unten Kapitel 11.

189 Kap.2 am Ende.

190 Beim Besuch von Baustellen durch die Verf. muss immer wieder festgestellt werden, dass die Ausführenden, z.B. beim Arbeiten mit Presslufthämmern oder im unmittelbaren Nahbereich eines Drehbohrgeräts, diesen Mindestschutz für das Gehör vernachlässigen. Soweit Poliere, Bohrmeister oder Bauleiter dies bei den Arbeitern nicht beanstanden, können sie bei Gehörschäden der Mitarbeiter (mit-) haftbar aufgrund vernachlässigter Fürsorgepflicht sein (vgl. dazu schon: *Beutenmüller,* Der rechtliche Schutz des Gehörs, Karlsruhe 1908, S. 12 ff.; s. auch: *Decker,* Ratgeber für den Tiefbau, S. 45 ff.; *Fellberg*, Kommentar zur Unfallverhütungsvorschrift „Lärm", in: Württ. Bau-BG Mitteilungen 1992, 34; *Haltenorth,* Maßnahmen zur Minderung von Baulärm auf dem Ausbreitungsweg, Fraunhofer-Institut, Stuttgart 2006, S. 4 ff.; *Jansen / Schwarze / Notbohm,* Lärmbedingte Gesundheitsbeeinträchtigungen unter besonderer Berücksichtigung der physiologischen Lärmempfindlichkeit, in: Zeitschrift für Lärmbekämpfung 1996, 31.

insbesondere in Großstadtgebieten der Fall ist. Deshalb verwundert es auch nicht, dass die weitaus größte Anzahl von baulärmbedingten Gerichtsverfahren in den Ballungsräumen wie Berlin, Hamburg, München und Frankfurt anhängig gemacht werden[191]. Dabei spielt die Frage der Bau-Nachbarschaft, der Baulärm-Örtlichkeit und der Bau-Zeit eine wesentliche Rolle bei der jeweiligen Entscheidungsfindung[192].

5.2.1 Bau-Nachbarschaft

Das Immissionsschutzrecht kennt einen erweiterten Begriff des Bau-Nachbarn[193]. Während mit „Nachbar" im üblichen Sprachgebrauch nur der unmittelbar „benachbarte", also „nebenan" befindliche Mensch bezeichnet wird, mithin die gemeinsame Grenze für die wechselseitige Bezeichnung „Nachbar" steht, gilt im Rahmen des BImSchG etwas anderes. Denn weder Geräusche noch Gerüche, Staub oder Erschütterungen kennen Grenzen, von physikalischen oder chemischen Gegebenheiten der Ausbreitungsvolumina abgesehen. Dementsprechend führt § 3 Abs. 1 BImSchG ausdrücklich neben der Allgemeinheit auch die Nachbarschaft als vor schädlichen Umwelteinwirkungen zu schützend an[194]. Diese Bestimmung verweist damit auf den immissions-schutzrechtlichen Begriff der Nachbarschaft, der auch Anwohner umfasst, die keine Eigentümer der von ihnen bewohnten oder genutzten Grundstücke sind. Mithin sind neben Grundstücks-eigentümern und Miteigentümern, § 1011 BGB, sowohl Mieter, Pächter, Erbbauberechtigte (§ 11 ErbbauVO) und Nießbrauchsberechtigte (§ 1065 BGB) als auch Inhaber von Dienstbarkeiten (§ 1090 Abs. 2 iVm § 1027 BGB) und Dauerwohn- und Nutzungsberechtigte (§§ 34 Abs. 2 und 31 Abs. 3 WEG) im Schutzbereich des BImSchG[195].

---

191 Ausführlich dazu: *Paschke*, Lärmbelastung in der Großstadt, in: Grundeigentum 2014, 368; s. auch: *Flatow*, Mängelrechte des Mieters bei Baulärm, in: AnwZert MietR 15/2012 Anm.1. Die Autorin legt die Problematik der „Wertung" mit dem Satz offen: *„Die Wertung, welche Belastung aus Baulärm bei Auslegung des Mietvertrags noch hinzunehmen ist, ist im Einzelfall allerdings unsicher."*

192 Umfassend zum Umwelt-Nachbarrecht: *Bier*, Immissionsschutzrechtlicher Nachbarschutz, in: ZfBR 1992, 15.

193 S. dazu auch: *Ziekow*, Zum Begriff des Nachbarn im baurechtlichen Drittschutz, in: NVwZ 1989, 231.

194 *„(1) Schädliche Umwelteinwirkungen im Sinne dieses Gesetzes sind Immissionen, die nach Art, Ausmaß oder Dauer geeignet sind, Gefahren, erhebliche Nachteile oder erhebliche Belästigungen für die Allgemeinheit oder die Nachbarschaft herbeizuführen."*

195 BVerwG, Beschluss vom 28.11.1995 – Az: 11 VR 38.95 = NVwZ 1996, 389 = NuR 1996, 293; ausführlich zum immissionsschutzrechtlichen Begriff der Nachbarschaft: BVerwG, Urteil vom 22.10.1982 – Az: 7 C 50.78 = NJW 1983, 1507 = DÖV 1983, 287 = UPR 1983, 69 = DVBl 1983, 183. S. auch: *Inhuber* in *Motzke/Bauer/Seewald*, Prozesse in Bausachen, Rn 78, wonach im Verhältnis von Bruchteilseigentümern, die sich jeweils eine Teilfläche des gemeinschaftlichen Grundstücks zur alleinigen Nutzung zugewiesen haben, keine Nachbarsituation entstehen kann.

Entscheidend für die Bejahung einer Bau-Nachbarschaft im Immissionsschutzrecht ist damit alleine die Frage, ob eine „Betroffenheit" vorliegt[196]. Für die hier zu untersuchende Problematik des Baulärms kann dies jedoch nur dann und solange der Fall sein, als „vom Bau etwas zu hören" ist[197]. Insoweit kann das Urteil des AG Regensburg[198] nicht mehr nachvollzogen werden, das einem Mieter selbst bei berufsmäßig bedingter Abwesenheit während des Tages – also in der Zeit der täglichen Bauausführung – eine Mietminderung nur aufgrund der Tatsache, dass gebaut wird, zugesprochen hat. Gleiches gilt für eine Entscheidung des AG Hamburg-Blankenese, wonach einem Mieter ein Minderungsrecht auch für die „Nicht-Lärm-Zeiten" zuzusprechen ist, weil alleine das „Warten auf den nächsten Lärm" beeinträchtigend sei[199].

5.2.2 Baulärm-Örtlichkeit

Eine Baulärmproblematik kann nur dann auftreten, wenn Bau-Emissionen zu Immissionen werden, von denen Nichtbaubeteiligte betroffen sind. Dies setzt eine gewisse räumliche Nähe voraus, wie es bei Bauarbeiten im gleichen Haus zwangsläufig, bei benachbarten[200] Grundstücken jedoch mit zunehmendem Abstand bis zur Verneinung gehend ist. Dies liegt alleine an den physikalischen Eigenschaften von Schall, der sich grundsätzlich nach allen Seiten ausbreitet, jedoch über die Strecke der Ausbreitung an Lautstärke bis hin zu Null aufgrund physikalischer Vorgänge verliert. Zudem ist die Tatsache, dass das jeweils als Träger eines Bauwerks dienende Grundstück immobil, mithin nicht veränderbar in seiner Lage ist, bei der Untersuchung zu berücksichtigen: Ein Ausweichen zur Bauwerkserrichtung oder -sanierung bzw. -beseitigung ist damit nicht möglich.

Die oft aufgeworfene Frage, ob der Prophet zum Berg oder der Berg zum Propheten kommt, stellt sich damit bei Bauwerken nicht: Die (möglicherweise) Baulärm-Betroffenen können z. B. in ein Hotel oder zu Freunden (vorübergehend) ausweichen

196 Näher dazu auch: *Ziekow*, Zum Begriff des Nachbarn im baurechtlichen Drittschutz, in: NVwZ 1989, 231.

197 *Brox*, Zur Lösung nachbarlicher Interessenkollissionen, in: JA 1984, 182 zeigt Wege zur Konfliktbereinigung auf, die auch für Baulärm-Streitigkeiten hilfreich sind.

198 Urteil vom 16.04.1991 – Az: 4 C 275/91 – *juris*.

199 AG Hamburg-Blankenese, Urteil vom 26.02.2003 – Az: 517 C 175/02 = ZMR 2003, 746 ff.

200 Von Lärmimmissionen können nicht nur die unmittelbaren Nachbarn (Grenz- und Punktnachbarn) betroffen werden, sondern auch die sog. Drittnachbarn. Dies sind alle Menschen, die – selbst wenn weiter von der Baustelle entfernt und auch durch Straße(n) getrennt davon – von Immissionen wie Geräuschen, Gerüchen, Staub oder Erschütterungen, die von einer Baustelle ausgehen, gestört werden können (Zum weiten Nachbarschaftsbegriff beim Bauen s. zusammenfassend m.w.N. *Englert/Grauvogl/Maurer*, Handbuch des Baugrund- und Tiefbaurechts, 4. Aufl. 2011, Rn. 212 ff; s. auch BGHZ 12, 75 (78) sowie VGH Hessen, Urteil vom 25.02.2005 – Az: 2 UE 2890/04 = GewA 2005, 437.

bzw. durch das Geschlossenhalten von Fenstern und Türen den Lärm buchstäblich (oft weitgehend) aussperren. Auch ist ihnen im Regelfall ein kurzzeitiges Ausweichen in Räume, die nicht direkt der Baustelle zugewandt sind, zumutbar. Das Baugrundstück hingegen ist immobil.

Allerdings ist zur Bau-Örtlichkeit auch festzuhalten, dass sich letztlich die Baulärm-Problematik im Wesentlichen nur in (Groß-)Stadtgebieten mit Altbestand ergibt. Dies zeigt die Auswertung zahlreicher Gerichtsentscheidungen, die im Zusammenhang mit Mietminderungs- und Entschä-digungsverfahren erlassen worden sind[201]: Hamburg, Berlin, München, Frankfurt und Düsseldorf führen hier die Urteils-Liste an. Dass gerade in Ballungsräumen die Emotionalität bis hin zur Aggressivität von Baulärm-Betroffenen besonders hoch ist, erklärt sich aus der unmittelbaren Nähe ebenso wie die Schallreflexionen dicht aneinander gebauter Hochhäuser bzw. mehrstöckiger Gebäude eine subjektive Verstärkung aller durch die Bautätigkeit ausgelösten Immissionen hervorruft. Hinzu kommt die „Unpersönlichkeit" und „Anonymität" der Beteiligten in einer Großstadt. Dies ist in Kleinstädten oder dörflichen Gemeinschaften im Regelfall anders: Hier „kennt man sich". Und zudem entstehen in diesen Kommunen meist nur „normale" Gebäude wie Einfamilienhäuser oder allenfalls etwas größere (Miet- bzw. Eigentums-)Wohneinheiten, die allesamt jeweils in einem sehr überschaubaren Zeitraum von ca. drei bis zehn Monaten im Rohbau fertig gestellt werden.

Mithin beschränkt sich die Baulärm-Problematik im Regelfall auf größere Städte und dort durchzuführende umfangreichere Bauvorhaben wie Hoch- und Miethäuser, Schulen, Verwaltungsgebäude etc.

5.2.3 Bau-Zeit

Ein weiterer Aspekt zur Betrachtung des Baulärms ist die Tages-, aber auch die Jahreszeit, in der lärmhafte Bauarbeiten ausgeführt werden: Während in den Herbst-, Winter- und Frühjahrsmonaten Oktober mit März im Regelfall weder eine Terrassen-, Balkon- oder Gartennutzung erfolgt und auch die Außengastronomie nicht stattfindet, gilt für die sog. „sonnigen Monate" von April mit September das Gegenteil. Entsprechend unterschiedlich werden „Lärmarbeiten" empfunden: Bei geschlossenen Fenstern und Türen, mithin reiner Innen-Nutzung von Nachbargebäuden, stellt sich der Baulärm – auch wegen der heute überwiegend gebräuchlichen Schallschutz-Fenster – im Normalfall nicht als unerträgliches Problem dar. Allerdings macht die AVV Baulärm keine derartigen jahreszeitlichen Unterschiede. Vielmehr wird dort auf eine Schallpegelmessung, die 0,5 m vor dem geöffneten Fenster stattzufinden hat, abgestellt[202]. Insoweit führt die diametrale Interessenslage zu Streit: Die „Sommerzeit" ist sowohl die ideale „Bauzeit" für den Bauherrn als auch

201 S. dazu insb. unten Kap. 11 die Wiedergabe einiger Exzerpte aus Urteilen sowie eine Auswahl weiterer Entscheidungen in den Fußnoten zu Kap.11.

202 Vgl. dazu die gestaffelte Regelung in der AVV Baulärm unter Nr. 3.1.2: *„Als Nachtzeit gilt die Zeit von 20 Uhr bis 7 Uhr".*

„Luft-Genusszeit“ (durch Nutzung von Garten, Balkon und Terrasse bzw. Öffnung der Fenster) für die Baulärm-Betroffenen.

Hinsichtlich der Tageszeiten ist schließlich zwischen den sog. „Ruhezeiten“ (Nacht, Abend, Morgenstunden, Mittagsstunden, aber auch Sonn- und Feiertagsbelastung) und den „Arbeitszeiten“ zu unterscheiden[203].

---

203 S. auch: *Inhuber* in: *Motzke / Bauer / Seewald*, Prozesse in Bausachen, Rn.86.

6. Baulärm-Schnittmengen

Ausgangspunkt für die Untersuchung, in welcher Weise eine Sozialadäquanz für Baulärm-Sachverhalte maßgebend sein kann, ist die Feststellung der vorhandenen Schnittmengen, die für Baulärm gelten. Dazu dient zunächst die nachfolgende Übersicht. Diese zeigt die Komplexheit, aber auch Kompliziertheit des Baulärmproblems durch die zahlreichen Überschneidungen deutlich auf:

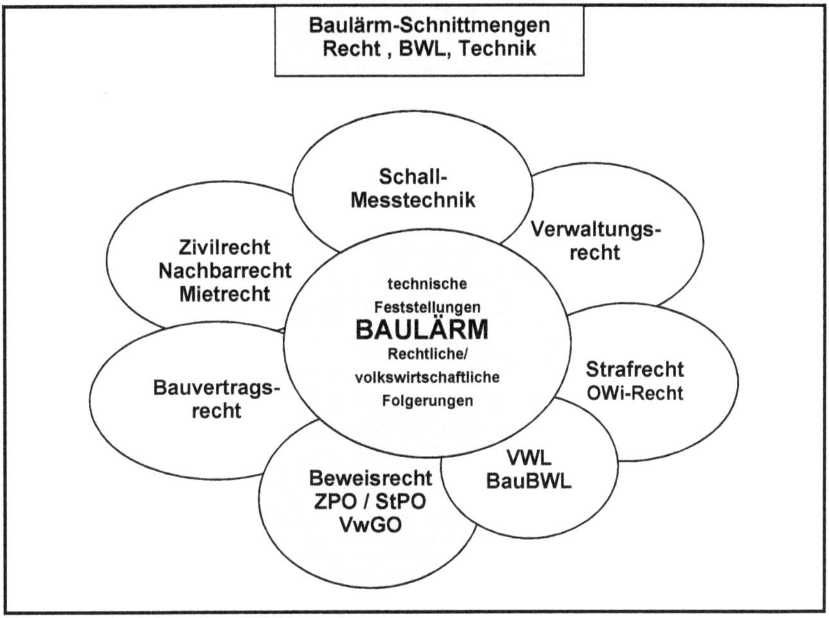

Teile dieser Schnittmengen sind weit verstreut in verschiedenen Regelungen, insb. im EU-Recht, dem BGB, dem BImSchG mit zahlreichen Verordnungen und Verwaltungsvorschriften, den Länder-Immissionschutz- und Bauordnungsvorgaben, dem StGB, dem OWiG, der VOB sowie einer *AVV Baulärm* enthalten, die einerseits voneinander abhängig, andererseits isoliert zu betrachten sind. Dabei hilft der Blick in einschlägige Kommentare, Lehr- bzw. Handbücher oder sonstige einschlägige Veröffentlichungen ebenso nur rudimentär weiter wie der Einstieg in eine konkrete Problemlösung durch die Suche nach Rechtsprechung. Denn im Vordergrund praktisch jeder Entscheidung steht die Feststellung, dass letztlich die Beweiswürdigung im Einzelfall das Ergebnis bestimmt. Damit aber stellen sich „Baulärm-Streitfälle“ als, im Ergebnis, nicht prognostizierbare rechtliche Auseinandersetzungen dar. Ein

Einstieg zur Suche nach einer Lösung kann ein Nachvollzug der Problematik anhand konkreter Beispiele sowie der Versuch, Bau-Geräusche in Worte zu fassen, sein.

6.1 Streitbeispiele

Kaum ein „Bau-Kriegsschauplatz“ weist eine so große Vielzahl an denkbaren Einzelproblemen auf, wie dies im Zusammenhang mit der Geräuschentwicklung im Zuge der Ausführung von Bauleistungen der Fall ist. Diese Behauptung soll exemplarisch mit den nachfolgenden Beispielen aus der Beratungs- bzw. Gerichtspraxis unterstrichen werden.

6.1.1 Der Ausgangsfall: *„Wer baut ist laut!“*

Im Zuge der Errichtung eines innerstädtischen Tunnels zur Entlastung der Verkehrssituation mussten umfangreiche Erd- und Vortriebsarbeiten in einer Stadt im Bundesland Baden-Württemberg ausgeführt werden[204]. Der dazu vorliegende Planfeststellungsbescheid forderte im Zusammenhang damit Lärmschutzmaßnahmen zum Schutze der Anlieger. Es handelte sich dabei u.a. um hohe Schallschutzzäune aus Holz sowie sog. Zeitfenster, in denen keine Arbeiten ausgeführt werden durften. Diese Auflagen fanden sich in den Ausschreibungsunterlagen und entsprechend als Kalkulationsgrundlage für die Angebote der Bieter wieder – mit der Folge einer schon sehr hohen Angebotssumme alleine für die ausgeschriebenen Lärmschutzmaßnahmen.

Kurz nach Baubeginn verlangten zahlreiche Eigentümer, Nießbraucher und Mieter, deren Wohnungen unmittelbar, zum Teil auch nur mittelbar, zur Bautrasse benachbart waren, die Einstellung der Bauarbeiten. Andere wiederum forderten jedenfalls eine weitgehende Vermeidung der Belästigung, die durch den Lärm hervorgerufen würde, den die Baustellenfahrzeuge sowie die zum Einsatz kommenden Baumaschinen und -geräte, aber auch die Bauarbeiter selbst durch Hämmern, Bohren und Sprengarbeiten, erzeugten.

Mit Schreiben ihrer Anwälte, die sowohl an den öffentlichen Auftraggeber als auch die Bauunternehmer, die Baubehörde und die Staatsanwaltschaft adressiert wurden, ließen die Anwohner u.a. – zum Teil unterlegt mit ärztlichen Attesten – Schlaflosigkeit, Gereiztheit, Nervosität, Unkonzentriertheit und allgemeines Unwohlsein vortragen. Verbunden mit dieser Darlegung war der Hinweis, Anträge auf den Erlass einstweiliger Verfügungen mit dem Ziel der Baueinstellung beim zuständigen Gericht einzureichen. Zudem machten die Mieter Minderungsansprüche insgesamt im sechsstelligen Bereich gegenüber ihren Vermietern geltend, die von diesen an den Auftraggeber durchgestellt und von diesem auch unmittelbar ausgeglichen, jedoch intern sofort wieder gegenüber den Auftragnehmern durch

204 Fall aus der Anwaltspraxis der Verfasserin; eine nähere Angabe ist aus standesrechtlichen Gründen nicht möglich.

Aufrechnung mit Abschlagszahlungen in Abzug gebracht wurden. Mehr noch: Die Planfeststellungsbehörde erließ einen Ergänzungsbescheid zum Planfeststellungsbeschluss. Danach musste zur Fortführung der Arbeiten ein rund 500 m langes und 40 m breites sog. Lärmschutz-Dach für die Dauer der Bauarbeiten im Trassenverlauf vor dem Tunnelportal errichtet werden. Der dafür erforderliche Aufwand betrug – die durch die Einhausung hervorgerufene Bauablaufstörung nicht eingerechnet – über 2 Millionen Euro. Auch insoweit entstand Streit zwischen den Bauvertragsparteien hinsichtlich der Kostentragungspflicht: Nebenleistung nach § 2 Abs. 1 VOB/B iVm ATV DIN 18299 Abschnitt 4.1 VOB/C – also Bau-SOLL – oder Besondere Leistung nach Abschnitt 4.2 der gleichen ATV iVm §§ 1 Abs. 4; 2 Abs. 6 bzw. vertragslose, aber notwendige Leistung iSd § 2 Abs. 8 Nr. 2, Satz 2 VOB/B bzw. §§ 677 ff. BGB galt es hier u.a. zu prüfen.

Auf der Suche nach einer dem Recht und Gesetz entsprechenden Antwort auf die vielen Fragen u.a. nach

- der Möglichkeit einer Baueinstellung,
- der Verantwortlichkeit für die Umsetzung des geänderten Planfeststellungsbescheids,
- der Kostentragung für die Mietminderungen sowie das Lärmschutzdach, weiteren Entschädigungen für Anlieger und
- der Zulässigkeit eines behördlichen Einschreitens

ergab sich das Problem einer Multiplität, Komplexität und Unübersichtlichkeit gesetzlicher Vorgaben im Privat-, insb. Bauvertrags-, Straf-, Bußgeld- sowie Polizei- und Verwaltungsrecht, das nur durch einen „schalen Vergleich" im Hinblick auf die „Nichtjustitiabilität" als Umschreibung für die Ungewissheit einer Streitlösung nach Dauer, Kosten und Ergebnis gelöst werden konnte. Am Ende waren weder die Eigentümer, Mieter, Bauunternehmer, Planer und der Bauherr zufrieden. Auch wenn ein „guter Vergleich" allen Seiten nicht gefallen soll – manchmal ist ein Vergleich nichts anderes als eine Kapitulation vor der Rechtsordnung, deren Vorgaben für den Rechtsanwender nicht (mehr) – wie hier *in puncto* Baulärm – nachvollziehbar sind.

6.1.2 „Hör" – Beispiele aus der Baupraxis und Befassung im Bauvertragsrecht

Wenn das singende Kreischen und Pfeifen einer Kreissäge[205] oder Schwingschleifers *„Mark und Bein durchdringt"*, wenn das Dröhnen riesiger Bohrgeräte *„ins Ohr geht"*,

205 Diese Beschreibung von Baulärm findet sich z.B. in Ziffer 6.6 Wirkpegel der AVV Baulärm; s. dazu auch *Fischer*, Geräuschemission von Baustellenkreissägemaschinen, Forschungsbericht 80–105 03 503 UBA-FB 81 – 024 Umweltbundesamt Berlin, November 1981, Vorwort S. 3: *„Baustellenkreissägemaschinen sind trotz neuzeitlicher Fertigteilbauweise auch von keiner Baustelle wegzudenken, zeitweise sind sie pausenlos im Einsatz und belästigen durch ihre extrem hohen Geräuschpegel, die*

wenn das Hämmern des Spenglers das eigene Wort nicht mehr verstehen lässt oder das Stakkato eines Presslufthammers die Luft zerreißt, dann spricht man in der Baupraxis von „Baulärm". Gleiches gilt, wenn mit dem Trennschnitt der Abbruch-Schere Mauerbrocken polternd auf dem Asphalt aufschlagen, wenn die Flexscheibe sich mit ohrenbetäubendem hohem Singen durch ein Stahlrohr, den Eisenbewehrungsstab oder eine Marmorplatte frisst, wenn ein Schlagbohrer im Minutentakt knatternd Löcher in Stahlbetondecken bohrt oder die Laufkatze am Kranausleger mit unangenehmem Quietschen immer wieder zum Stillstand gelangt. Mehr noch: Wenn in unregelmäßigem Abstand Abbruchmaterial aus dem 5.Stockwerk mit Wucht und kratzendem Geräusch durch das Fallrohr fliegt und dann mit einem lauten Krach im Stahlcontainer aufschlägt, wenn Dumper[206] immer wieder mit aufheulendem Motor die steile Baugrubenrampe zu überwinden versuchen, wenn ein Lader bzw. eine Planierraupe im Vor- und Rückwärtsfahren mit knirschender Schaufel ein großes Planum herstellt, der Wasserstrahl des Hochdruckstrahlers[207] mit kräftigem Zischen auf Fassadenplatten auftrifft oder die befehlshaften Rufe des Poliers zwar nur durch den Rohbau hallen, aber zugleich auch die Umgebung beschallen: Dann liegt einer der vielen Fälle vor, in denen zwar die vor Ort Tätigen – seien es Architekten, Bauleiter, Poliere, Bauarbeiter, Handwerker oder Behördenvertreter – zufrieden mit dem Baufortschritt sein können, parallel dazu jedoch Menschen in der Umgebung sich oftmals mindestens belästigt sehen.

Allen diesen Beispielen ist gemeinsam, dass primär eine – auf das einzelne Geräusch bezogen oft nur kurzzeitige – Störung der im Lärmeinflussbereich befindlichen, am Baugeschehen jedoch nicht beteiligten Menschen vorliegt. Damit aber ergeben sich Kernfragen im Hinblick auf das rechtliche Dürfen von Baumaßnahmen, mit denen eine Geräuschentwicklung verbunden ist. Diese Fragen können nur mit einer Universalbetrachtung aller Rechtsgebiete und Rechtsinteressen beantwortet werden: Darf überhaupt – so – gebaut werden, müssen zeitliche und/oder örtliche Einschränkungen hingenommen werden, sind Auflagen möglich und wer trägt die damit verbundenen Kosten? Ob bei Bejahung eines rechtlichen Dürfens dennoch ein zivilrechtlicher Anspruch auf Entschädigung von Dritten, etwa in Form eines durchgestellten Miet- bzw. Pachtminderungsanspruchs, geltend gemacht werden kann, dessen Berechtigung oft nur in langwierigen und schwierigen Prozessen geklärt werden müsste, ist eine weitere Frage. Dabei kommt es meistens auch auf bauvertragliche Regelungen an. Fehlen solche bzw. sind sie zum Nachteil einer Vertragspartei formuliert, dann kann dies – etwa im Zusammenhang mit der Errichtung von Lärmschutzdächern, – dämmen, – wänden oder Einhausungen von Maschinen – sehr schnell zum betriebswirtschaftlichen Desaster führen: Darf etwa in

durch ihre Tonhaltigkeit besonders unangenehm sein können, die Bevölkerung nicht nur in Industrie- sondern auch in Wohngebieten".

206 Spezielle Lastwagen mit sehr großen Reifen, Allrad-Getriebe und robuster Motorausstattung, die im Erdbau zum Einsatz kommen.

207 Zu Sandstrahlarbeiten s. AG Mainz, Urteil vom 28.11.1996 – 10 C 49/96 n.v.

der Nachbarschaft zu einer Schule[208] oder einem Seniorenheim – vorgegeben durch eine einstweilige Verfügung gem. §§ 935 ff. ZPO oder eine verwaltungsrechtliche einstweilige Anordnung nach § 123 Abs. 1 VwGO – nur für einige Stunden am Tag gebaut werden[209], dann können die damit verbundenen Stillstandskosten – etwa für eine Bohrkolonne mit schwerem Gerät und fünf Arbeitern – schnell für die eine oder andere Bauvertragsseite zum großen Verlust bis hin zum Ruin führen. Insoweit kommt der bauvertraglichen Verantwortungs- und Risikoverteilung in Bezug auf eine meist unvermeidbare Lärmerzeugung eine maßgebende Rolle zu – wenn nicht derartige Regelungen deshalb obsolet sind, weil – auch – der beim Bauen entstehende unvermeidliche Baulärm als sozialadäquat und damit in bestimmten Zeitgrenzen sowie unter Einhaltung technisch möglicher Lärmminderungsmaßnahmen entschädigungslos akzeptiert werden muss.

Doch nicht nur dies macht den tatsächlichen und rechtlichen, aber auch volks- und betriebswirtschaftlichen Umgang mit dem Lärm beim Bauen so schwierig. Vielmehr liegt hier einer der wenigen Rechtsbereiche vor, bei denen die Trinität von Zivil-, Straf- und Öffentlichem Recht evident ist. Mit anderen Worten: Die Antwort auf Fragen im Zusammenhang mit Baulärm kann nur mit einer Komplettbetrachtung dieser drei Rechtsgebiete gegeben werden.

Die Suche nach der Lösung des Baulärm-Problems wird zunächst aber dadurch erschwert, dass sich in den einschlägigen Bauvertragsrechts-Veröffentlichungen eine Hilfe für Gerichte oder auch die Anwaltspraxis bzw. Firmen-Juristen praktisch nicht findet:

So etwa führt *Maaß*[210] das Problem „Baulärm“ zwar an, gibt dazu außer einem Hinweis auf § 906 BGB sowie „*öffentlich-rechtliche Regelwerke für Baulärm*“, u.a. § 22 BImSchG, aber keine weiteren Erläuterungen. Auch in Kommentaren oder Lehrbüchern zum Baurecht spielt der „Baulärm“ allenfalls – wenn überhaupt – eine untergeordnete Rolle: So befasst *Lenz-Voß* sich im „*Handbuch Baunachbarrecht*“[211] lediglich auf rund 4 Seiten mit der Gesamtproblematik und im Beck'schen Großkommentar zur VOB, Teil C[212] findet sich nur ein kurzer Hinweis auf § 66 Abs. 2 BImSchG sowie ein Urteil des BVerwG zum Baulärm[213] im Rahmen der Ausführungen zur ATV DIN 18299[214]. Demgegenüber enthält das „*Handbuch des Fachanwalts*

208 Vgl. dazu das Beispiel bei *Korbion/Scherer*, Bauliches Nachbarrecht, J 46, S. 199.

209 Z.B. OVG Rheinland-Pfalz, Beschluss vom 08.12.2009 – Az: 8 B 11243/09 = BauR 2010, 747; s. auch § 7 Abs. 1 der 32.BImSchV, wonach in bestimmten Bereichen nicht vor 9 Uhr, nicht in der Zeit von 13 – 15 Uhr und nicht mehr nach 17 Uhr Bauarbeiten ausgeführt werden dürfen.

210 Nachbarrechtliche Probleme bei der Baudurchführung, in: BauR 2007,1650 (1657 f.).

211 Hrsgg. von *Boisserée/Fuchs*, 2006.

212 Hrsgg. von *Englert/Katzenbach/Motzke*, 3. Aufl. 2014.

213 Urteil vom 10.07.2012 – Az: 7 A 11.11 = IBR 2013, 1081.

214 Dort Fußnote 26 zu Rn. 19.

Bau- und Architektenrecht"[215] schon im Stichwortverzeichnis keinen Verweis auf „Baulärm" oder „Lärm". Vergebens sucht man auch in dem Werk „*Bauplanung und Bauausführung*"[216] den Einbezug der Baulärmproblematik[217] in die Planung und Ausführung. Auch die Standard- Baurechts-Lehrbücher und -Kommentare wie z.B. von *Ingenstau / Korbion*[218], *Werner / Pastor*[219], *Glöckner / von Berg*[220], *Messerschmidt / Voit*[221] und *Kniffka / Koeble*[222] enthalten keinerlei oder nur rudimentäre Ausführungen zu der Baulärm-Thematik[223]. Dies gilt in ähnlicher Weise auch für die einschlägigen BGB-Kommentare: Im *Palandt*[224], neueste Auflage 2015, findet sich unter „*Verschiedenes*" bei § 906 BGB ein Hinweis auf „*Geräusche*" durch Bauarbeiten. Zitiert wird dazu ein BGH-Urteil aus dem Jahre 1986[225] und ein Aufsatz von 1997[226]. Nicht viel anders ist es bei der Suche nach einer Hilfe durch den *Münchener Kommentar*[227]. Hier findet sich im Band 6, Sachenrecht, unter der Zwischen-Überschrift „*Einzelfallbeurteilung*" für „*Baulärm*", der mit „*Arbeitslärm*" zusammen angeführt wird,

---

215 Hrsgg. von *Kuffer / Wirth*, 4. Aufl. 2013.

216 Hrsgg. von *Langen/Schiffers*, 2005.

217 *Schmidt/von und zu Franckenstein*, Wörterbuch zum Baurecht, S. 90 („Baulärm").

218 VOB Kommentar, Teile A und B, herausgegeben von *Leupertz/von Wietersheim*, 19. Aufl. 2015.

219 Der Bauprozess, 15. Aufl. 2015. In diesem Standard-Werk zum Baurecht werden lediglich einige, Jahrzehnte zurückliegende Aufsätze und Entscheidungen im Rahmen der Behandlung von einstweiligen Verfügungen zitiert (Rn.364, S. 206. Dort führt *Pastor* ohne jede weitere Begründung aus, dass „Baulärm" zu den „unerträglichen Immissionen" zählt).

220 Fachanwaltskommentar Bau- und Architektenrecht, 2011.

221 Privates Baurecht, 2. Aufl. 2012.

222 Kompendium des Baurechts – Privates Baurecht und Bauprozess, 4. Aufl. 2014.

223 Die Überprüfung von vielen Baurechts-Kommentaren, Hand- und Lehrbüchern sowie von Fachzeitschriften zum Baurecht hat nur selten im Stichwortverzeichnis bzw. im Inhalt ein Eingehen auf den unvermeidbaren Lärm im Zusammenhang mit Bauarbeiten erbracht. So kann auch in einem der führenden VOB-Kommentare, dem „*Ingenstau/Korbion*", selbst in der 19.Auflage von 2015 nur über einen „Umweg" die Baulärm-Problematik erschlossen werden – wobei die einzig dazu von *Oppler* angegebene Fundstelle (*Clemm*, Anspruch des Auftragnehmers auf zusätzliche Vergütung bei kostenverursachenden lärmmindernden Baumaßnahmen, in: BauR 1989, 125) aus dem Jahre 1989 stammt, mithin über 26 Jahre zurück liegt. Auch in weiteren Standard-Kommentaren findet sich nichts zum Baulärm, so etwa in: *Heiermann/Riedl/Rusam* (Hrsg.), Handkommentar zur VOB, 11. Aufl. 2008; *Nicklisch/Weik*, VOB Verdingungsordnung für Bauleistungen, 3. Aufl. 2001; *Althaus / Heindl*, Der öffentliche Bauauftrag, 2. Aufl. 2013.

224 Rn. 9.

225 NJW 1986, 1980.

226 *Bodanowitz*, NJW 1997, 2351.

227 MüKo-BGB / *Säcker*, 6. Aufl. 2013, § 906 Rn.68 mit Fußnote 135, in der völlig veraltete Fundstellen aufgeführt werden.

lediglich der Hinweis auf die *„TA Lärm“* – also unzutreffend, weil die TA Lärm für die Baulärm-Beurteilung gerade nicht einschlägig ist[228]!

Diese „Nicht“- oder allenfalls „Teilbefassung“ in der Baurechts-Literatur wird der, mit einem gesteigerten Umweltbewusstsein von Baunachbarn, aber auch der Öffentlichkeit, einhergehenden Bedeutung der Problematik ebenso wenig gerecht wie der Notwendigkeit des Bauens – das aber durch die Baulärm-Problematik und die Handhabung durch die Gerichtsbarkeit oft verzögert, verteuert und manchmal auch verhindert wird.

Etwas anderes kann auch nicht der mietrechtlichen Literatur entnommen werden. Hier ist im Gegenteil eine Dominanz der Rechtsmeinungen „pro Mieter“ zu erkennen, die jedenfalls seit der sog. Bolzplatz-Entscheidung des BGH vom 29.04.2015[229] der Korrektur bedarf. So führen *Deppen / Heilmann*[230] in einem *„Hinweis“* aus:

> *„Die Instanzgerichte schneiden dem Mieter – der Rechtsprechung des BGH zuwider – bei durch Baustellen verursachten Beeinträchtigungen häufig wegen Kenntnis oder grob fahrlässiger Unkenntnis die Gewährleistungsrechte ab...... In der Praxis führt das zu einer Aushöhlung der Gewährleistungsrechte aufgrund von Umweltmängeln und steht in Widerspruch zu § 536 b BGB, der für einen Ausschluss der Gewährleistungsrechte allein auf einen bereits eingetretenen, nicht hingegen einen möglichen zukünftigen Mangel abstellt.“*

Der so permanent bestehende Zwiespalt zwischen „Ruheanspruch“ und „Baunotwendigkeit“ bedarf einer Lösung, die nicht nur in Form von Urteilen der Zivil-, Verwaltungs- sowie Strafgerichte zu finden sein darf.

Der Schlüssel dafür könnte, wie oben schon kurz ausgeführt, in der Bejahung einer Sozialadäquanz nicht nur des Bauens an sich, sondern auch im Hinblick auf den damit einhergehenden unvermeidlichen Baulärm liegen.

Denn dieser Begriff wird im Zusammenhang mit einer „Lärm-Duldung“ zwar in Rechtsprechung[231] und Lehre gebraucht, aber darauf aufbauend keine konkrete Schlussfolgerung zur generellen Baulärm-Duldungspflicht gezogen. So etwa erwähnt *Klindt* zwar die Sozialadäquanz, geht darauf jedoch mit keinem Satz näher ein[232]. Auch *Müller*[233] führt im Zusammenhang mit der Untersuchung einer Zumutbarkeit von Lärmbelästigungen im Rahmen der TA Lärm 1998 die *„soziale Adäquanz“* ins Feld, setzt sich aber ebenso nicht weiter damit auseinander. Literatur und Lehre befinden sich damit mehr oder weniger in einem Vakuum mit einer Befassung hinsichtlich einer Sozialadäquanz in Bezug auf Baulärm. Etwas anderes

---

228 Vgl. dazu Nr. 3.1 TA Lärm.

229 S. unten Kap.11; BGH Urteil vom 29.04.2015 – Az: VIII ZR 197/14 = NJW 2015, 2177 = IBR 2015, 2309. Kritisch dazu: *Lehmann-Richter*, IBR 2015, 2309.

230 Prozesse in Mietsachen, 2008, Rn.44 ff.

231 S. dazu die Beispiele unten im Kapitel 11.

232 Die Bekämpfung des Baustellenlärms. Produkt – und Anlagenbezogener Immissionsschutz, Diss. 1997, S. 22.

233 Die TA-Lärm als Rechtsproblem, Schriften zum Umweltrecht, Band 109, 2000, S. 107.

gilt hier für die Gerichte: Ein Teil der zu Baulärm-Problemen ergangenen Urteile beziehen sich zur Begründung explizit auf eine sozial adäquate Handlungsweise. Hierzu wird auf einige exzerpierte Beispiele im Kapitel 11 verwiesen, in denen die sozial adäquate Handlungsweise ausdrücklich zur Begründung für die Zumutbarkeit von Baulärm aufgeführt wird.

6.2 Baulärm und die Geschichte des „Lärm-Rechts“

Der Begriff „Baulärm“ lässt sich weit in das 20. Jahrhundert zurückverfolgen. Er ist eine Wortschöpfung zur Verdeutlichung eines Problems, das zwar immer schon seit der frühen Menschheitsgeschichte – beginnend mit den ersten „Bauwerken“ – bestand, aber erst im Zuge der Bebauungs-Verdichtung und damit des „Näherkommens“ von Baunachbarn nach und nach zunehmend virulenter wurde. Dabei unterlag die Qualität und Quantität des Baulärms zum jeweiligen Zeitpunkt der Veränderung, die sich aus dem Wandel der Baugerätschaften und -methoden ergab.

So wurde die reine Handarbeit mit Hammer, Schlegel, Meißel, Kelle, Zange, Stampfer und Schaufel zur weitgehend geräte- und maschinenabhängigen – und damit bis zur technischen Entwicklung von Schallschutzmöglichkeiten u.a. laute Motoren bedingenden – Bauleistungs-erbringung. Die dazu eingesetzten Antriebe hatten anfangs weder Schalldämpfer noch verfügten sie über eine lärmmindernde Bauart: Die Bauausführenden waren froh, dass überhaupt Hilfen in Form von Baggern, Lastwagen, Dampfwalzen, Betonmischern, Rammen, Bohrgeräten, Dampf-sägen und vielen Geräten mehr die harte Arbeit am Bau erleichterten und beschleunigten. Der dabei entstehende Lärm wurde – zunächst – als unvermeidlich in Kauf genommen[234]. Zudem war nach den Kriegsjahren und der Notwendigkeit des Wiederaufbaus der Bundesrepublik Deutschland die Befassung mit Lärmproblemen nicht von Interesse. Dieser Zustand änderte sich jedoch mit dem steigendem Wohlstand und den gestiegenen Wohlbefindens-Ansprüchen der Bevölkerung[235]. Es kam vermehrt zu Interessensgegensätzen, die bereits von *Pietzonka*[236] und *Gelzer*[237] dargestellt wurden und *Kallrath* im Jahr 1959 sehr drastisch beschreibt:

> *„Die in den letzten Jahren gewaltig in Fluß geratene Bautätigkeit hat uns mit einem ungeheuren Lärm überschüttet. Niemand zweifelt an der Notwendigkeit der Durchführung dieser dringenden Arbeiten. Jeder ist mit berechtigtem Stolz erfüllt, wenn er sieht, wie unsere im Krieg zerstörten Städte in neuer Pracht entstehen, wie neue, unseren Verkehrsverhältnissen angepaßte Straßenzüge erstellt werden. Diese dem allgemeinen Interesse*

---

234 Die Entwicklung des Nachbarrechts bis zum Beginn des 20. Jahrhunderts zeigt *Wolff*, Das Nachbarrecht nach dem Bürgerlichen Gesetzbuch und den Landesausführungsgesetzen, Diss. Heidelberg, 1909, umfassend auf.

235 S. dazu schon: *Schulte*, Nachbarschutz gegen Immissionen, in: NJW 1954, 495 ff.

236 Der Nachbar im Baurecht, in: NJW 1954, 1181 ff.

237 Die Klage des Nachbarn wegen störender Bauvorhaben im öffentlichen Recht, in: NJW 1958, 325 ff.

dienenden Arbeiten sind mit Geräuschen verbunden, die, wenn sie das vermeidbare Maß nicht übersteigen, in der Regel von der Bevölkerung erduldet werden müssen. .... Es geht also einmal darum, den Baulärm von technischer Seite aus zu mindern. Zum anderen drängt sich die Frage auf, ob die ohnehin durch Lärm schwer belastete Bevölkerung zu besonderen Zeiten nicht einer größeren Rücksichtnahme bedarf. Die Antwort liegt klar auf der Hand. Es ist dem Baugewerbe zuzumuten, wenn insbesondere in der Nachtzeit und in Abendstunden jede ruhestörende Tätigkeit eingestellt wird."[238]

Nicht nur diese Untersuchung führte wenig später zum Erlass einer spezifischen Regelung im Jahr 1965, zwanzig Jahre nach dem Ende des 2. Weltkriegs: Das *„Gesetz zum Schutz gegen Baulärm"*[239] sollte die Emissionen bestimmter Baumaschinen und -geräte festlegen und so für mehr Ruhe am Bau sorgen. So wurden die Betreiber von Baumaschinen im Rahmen gewerblicher Zwecke oder sonstiger wirtschaftlicher Unternehmungen gem. § 1 Abs. 1 BaulärmG verpflichtet, die Entstehung von vermeidbaren Geräuschen zu verhindern und die Ausbreitung unvermeidbarer Geräusche – was schon damals vom Gesetzgeber so gesehen wurde – auf ein Mindestmaß zu beschränken, § 2 BaulärmG, soweit solche Geräusche Gefahren, erhebliche Nachteile oder Belästigungen für die Allgemeinheit bedeuteten. Dazu wurde die Bundesregierung ermächtigt, § 3 Abs. 2 BaulärmG, allgemeine Verwaltungsvorschriften zu Messverfahren, Emissions- und insb. Immissionswerten zu erlassen. Es wurde mithin nur ein Teil der Emissionsquellen – Maschinen und Geräte – gesetzlich erfasst. Nicht geregelt blieben die vielen lärmerzeugenden handwerklichen Bauleistungen wie etwa das Hämmern des Zimmermanns beim Anschlagen des Dachstuhls, das Abwerfen von Gerüstteilen oder auch das Rufen der Poliere. Dieses „Baulärm-Gesetz", das nur eine kurze Zeit des Inkraftseins von 1965 – 1974 hatte und dann im Zuge des Erlasses eines Bundes-Immissionsschutzgesetzes im April 1974 gem. § 72 Nr. 2 BImSchG ersatzlos[240] – unter Aufrechterhaltung allerdings der, aufgrund dieses Gesetzes als Ermächtigungsnorm von der Bundesregierung erlassenen, AVV Baulärm[241] gem. § 66 Abs. 2 BImSchG – aufgehoben wurde, gilt als Pionier-Gesetz des Lärmschutzes in der BRD[242]. Der Begriff „Baulärm" wurde so als *terminus technicus* im Jahre 1965 ein- und durch die AVV Baulärm, die 1970 erlassen worden war, ab 1974 gem. § 66 Abs. 2 BImSchG fortgeführt. Nach und nach erließ die Bundesregierung gem. § 3 Abs. 2 BaulärmG weitere 8 Allgemeine

---

238 Lärm als polizei- und ordnungsrechtliches Problem, Diss. Köln 1959, S. 80.

239 BGBl. I (1965) 1214; näher dazu: *Wiethaupt*, Grundzüge des Gesetzes zum Schutz gegen Baulärm, in: JZ 1966, S. 261 ff.

240 Vgl. *Jarass*, BImSchG, § 72, Rn.1.

241 Näher dazu: *Wiethaupt*, Kritische Gedanken zur Allgemeinen Verwaltungsvorschrift zum Schutz gegen Baulärm vom 19.8.1970, in: ZS für Miet- und Raumrecht1971, S. 235 f.

242 Vgl. dazu auch *Pflugmacher*, Rechtsprobleme bei der Novellierung der TA Lärm, S. 25.

Verwaltungsvorschriften zum Baulärm[243], die jedoch in späteren Jahren wieder aufgehoben worden waren. Vor dieser Zeit spielte die Baulärm-Problematik in rechtlicher Hinsicht praktisch keine Rolle. Zwar war die Lärmbekämpfung als solche schon über viele Jahrhunderte ein Thema auch für die Rechtswissenschaft[244] – mit Schwerpunkt auf dem Schutz vor den Gefahren für die Gesundheit – , jedoch ging es dabei zunächst um gewerblichen Lärm und mit Beginn der Industrialisierung im 19. Jahrhundert um Industrielärm. Interessant ist dabei jedoch, dass die Begründungen für die Notwendigkeit eines Lärmschutzes seit Ende des 19. Jahrhunderts bis heute nahezu gleich geblieben und – modern ausgedrückt – in Gerichtsurteilen nach dem „*copy-and-pace*-Verfahren" wiederholt werden. Dies kann an einem der ersten bekannten „Lärm-Urteile" des Königlich Preußischen Oberverwaltungsgerichts in Gegenüberstellung zu aktuellen Urteilen[245] nachvollzogen werden: Im Jahre 1890 – zehn Jahre vor Inkrafttreten des BGB – urteilte dieses Gericht[246] in einem Fall, dem die Bearbeitung von Pelzen zugrunde lag, wie folgt:

> *„....daß das im Sommer von früh bis abends zur Ausführung gelangende Klopfen von Pelzwerk auf dem Dache des mitten in der Stadt gelegenen Hauses für nervös reizbare Personen in hohem Grade belästigend und bis zur krankhaften Höhe aufregend, also gesundheitsschädlich ist".*

---

243 In chronologischer Reihenfolge schloss sich der *AVV zum Schutz gegen Baulärm – Geräuschimmissionen* – vom 19.8.1970 an: *AVV zum Schutz gegen Baulärm – Emissionsmeßverfahren* – vom 22.12.1970; *AVV zum Schutz gegen Baulärm – Emissionsrichtwerte für Betonmischeinrichtungen und Transportbetonmischer* – vom 6.12.1971; *AVV zum Schutz gegen Baulärm – Emissionsrichtwerte für Radlader* – vom 16.8.1972; *AVV zum Schutz gegen Baulärm – Emissionsrichtwerte für Kompressoren* – vom 24.10.1972; *AVV zum Schutz gegen Baulärm – Emissionsrichtwerte für Betonpumpen* – vom 28.3.1973; *AVV zum Schutz gegen Baulärm – Emissionsrichtwerte für Planierraupen* – vom 4.5.1973; *AVV zum Schutz gegen Baulärm – Emissionsrichtwerte für Kettenlader* – vom 14.5.1973; *AVV zum Schutz gegen Baulärm – Emissionsrichtwerte für Bagger* – vom 17.12.1973; alle diese insgesamt 9 AVV Baulärm wurden zunächst in das neue BImSchG unter § 66 Abs. 2 als „*bis auf Weiteres*" fortgeltend überführt; mittlerweile ist durch die Übernahme der Regelungen aller vorstehenden AVV in entsprechende BImSchV der § 66 BImSchG zu einem Rumpfgesetz geworden, das nur noch in Abs. 2 den Einbezug der *AVV Baulärm – Geräuschimmissionen* – aufrecht erhalten hat.

244 Ausführlich dazu: *Wiethaupt*, Lärmbekämpfung in der Bundesrepublik Deutschland, S. 32 ff.; s. auch: *Landesanstalt für Umweltschutz Baden-Württemberg:* Lärm bekämpfen – Ruhe schützen. Eine Information zum Thema Lärm, 2. Aufl., Stuttgart 2004.

245 Dazu ausführlich die Beispiele unten Kapitel 11.

246 Preußisches OVG, Urteil vom 11.12.1890, in: Preuß. VerwBl. (1891) 12, 353 (354); vgl. dazu auch: *Pflugmacher*, Rechtsprobleme bei der Novellierung der TA Lärm, S. 23.

Das gleiche Gericht[247] befand auch den Lärm von Sägearbeiten einer Schreinerei für nicht zuträglich und verpflichtete deshalb den Schreiner, Doppelfenster einzubauen, um die Nachbarn vor dem *„gesundheitsschädlichen Maschinengeräusch"* zu bewahren. Heutige Entscheidungen haben zum Teil gleichlautende Begründungen[248].

Ausgangspunkt der nunmehr über 120 Jahre zurückliegenden „Lärm-Entscheidungen" war § 16 der Gewerbeordnung vom 1.7.1869. Dieser war bereits zum Schutz der Nachbarschaft und Öffentlichkeit vor erheblichen Nachteilen, Gefahren oder Belästigungen erlassen worden. Allerdings gab es damals – auch mangels technischer Möglichkeiten – keinerlei Instrumente, um Grenz- oder Richtwerte zu fixieren, geschweige denn zu messen. Das „Lärm-Recht" war damit zwangsläufig ein „Glaubens-Recht" bzw. ein nur durch subjektive Wertung seitens des Gerichts einsetzbares Mittel gegen Lärm aller Art[249]. Allerdings beschränkte sich die Anwendung dieses ersten Rechtsbereichs auf einige wenige Fälle, nachdem ein Umwelt- und damit auch Lärmbewusstsein im heutigen Ausmaß aufgrund des nur langsam ansteigenden Eisenbahn- und Straßenverkehrsaufkommens sowie der praktisch bis zur Mitte des 20. Jahrhunderts fehlenden „Massen-Flugzeugeinsätze" für die zivile Luftfahrt nicht vorhanden war. Dies spiegelt sich auch in der nur zögerlichen Fortentwicklung des Lärm-Rechts wieder: Erstmals im Jahre 1958 erließ das Bundesministerium für Verkehr eine Richtlinie zur *„Geräuschmessung bei Kraftfahrzeugen"*[250]. Im gleichen Jahrzehnt wurden auch die ersten Lärmbekämpfungs-Verordnungen in einzelnen Bundesländern[251] – zurückgehend auf eine Musterverordnung des Bundesverkehrsministeriums vom 10.9.1954[252] – und Gemeinden[253] erlassen. Allerdings enthielten diese Regelungen keinerlei Werte zu Emissionen oder Immissionen.

Erstmals findet sich dann ein außergesetzliches Regelwerk im Jahre 1960, das bereits nach verschiedenen Gebieten abgestufte Immissionsrichtwerte enthielt und so zum Vorläufer der *AVV Baulärm – Geräuschimmissionen* – wurde. Es handelte sich um die *„Richtlinie VDI 2058"* des Vereins Deutscher Bauingenieure, kurz: VDI genannt, der damit eine Vorgabe zur *„Beurteilung und Abwehr von Arbeitslärm in der Nachbarschaft"* machte. Diese – mittlerweile zurückgezogene – Richtlinie hatte

---

247 Preußisches OVG, Urteil vom 26.09.1892, in: Preuß. OVGE (1892) 23, 268.

248 Insb. durch Betonung der Gesundheitsgefahren, die mit Lärmeinwirkung verbunden sein können; s. dazu die Urteilsbegründungen unten Kapitel 11.

249 Vgl. dazu u.a. *Gossrau/Stephany/Conrad/Dürre*, Handbuch des Lärmschutzes und der Luftreinhaltung, S. 16; s. auch: *Gossrau*, Lärmprobleme und Legislative, S. 3 ff.

250 Vgl. VKBl. 1958, 447; s. auch *Pflugmacher*, Rechtsprobleme bei der Novellierung der TA Lärm, S. 24.

251 Z.B. in Hessen: Polizeiverordnung über die Bekämpfung des Lärms vom 23.4.1955 (GVBl. 1955, S. 19); Schleswig-Holstein: Verordnung zur Bekämpfung des Lärms vom 5.10.1956 (GVBl. 1956, S. 157); Hamburg: Verordnung zur Bekämpfung gesundheitsgefährdenden Lärms vom 15.11.1955 (GVBl. 1955, S. 33).

252 Abgedruckt bei: *Lassally*, Deutsches Lärmbekämpfungsrecht, S. 146 ff.

253 S. näher dazu: Lassally, wie vor, S. 43 ff. (Gemeinden in Baden-Württemberg), S. 52 ff. (in Bayern) und S. 108 ff. (in Niedersachsen).

folgenden Inhalt und Zweck: Es sollte die Einwirkung von Lärm auf die Nachbarschaft beurteilt werden können, um eine Gefährdung, erhebliche Benachteiligung oder erhebliche Belästigung durch Arbeitslärm zu erkennen. Dazu gab die Richtlinie eine Anleitung vor, um einen Zahlenwert für die Schallbelastung durch ein zu beurteilendes Geräusch am Aufstellungs-ort des Mikrophons bestimmen zu können (Beurteilungspegel), der durch Vergleich mit den aus Erfahrung abgeleiteten Richtwerten eine Beurteilung ermöglichen sollte. Die Richtlinie war insbesondere zur Anwendung im Einwirkungsbereich von gewerblichen Anlagen bestimmt und sollte als Ergänzung gesetzlicher und verwaltungsrechtlicher Bestimmungen dienen[254]. Die *VDI 2058* war zum damaligen Zeitpunkt das Maß aller Dinge im Bereich Lärm-Beurteilung und wurde als solche auch durch den BGH behandelt: Unter der Prämisse, dass ein Geräusch jeweils nach seiner besonderen Lästigkeit im konkreten Einzelfall beurteilt werden müsse, befand das oberste Zivilgericht, dass diese Richtlinie, die auf der Grundlage sachverständiger Erfahrungen entstanden war, als Maßstab für die Entscheidung über die Erheblichkeit einer Belästigung durch Lärm herangezogen werden könne[255].

Der nächste Meilenstein war dann, wie vorstehend angeführt, der Erlass des *„Gesetzes zum Schutz gegen Baulärm“* im Jahre 1965 und schließlich, das BaulärmG in rechtstechnisch kaum nachvollziehbarer Weise ablösend, des Bundes-Immissionsschutzgesetzes im April des Jahres 1974. Weshalb es der Gesetzgeber im Zuge der Beratungen, gerade unter Berücksichtigung der Zielsetzung, ein umfassendes Umweltgesetz zu schaffen, unterlassen hat, die in den rund 10 Jahren vor dem Erlass des BImSchG so virulente Baulärm-Materie nicht näher, sondern nur durch die vorläufige Übernahme von Allgemeinen Verwaltungsvorschriften zu regeln, ist nicht nachvollziehbar. Zumal die TA Lärm die von einer Baustelle ausgehenden Emissionen ausdrücklich nicht betrifft[256]. Erklärbar ist es allenfalls mit der Eile, die sich der Bundestag zum Erlass des BImSchG selbst auferlegt hatte[257], um dem Druck aus der Bevölkerung hinsichtlich des Schutzgutes „Umwelt“ gerecht werden zu können. Dieser wurde ab Mitte der 60er Jahre des 20. Jahrhunderts von verschiedenen Bewegungen gegenüber der damals Großen Koalition aus CDU/CSU und SPD aufgebaut und unter der Kanzlerschaft von *Willi Brandt* und der SPD-Führungsrolle,

---

254 S. dazu auch: *Feldhaus*, Umweltschutz, Luftreinhaltung, Lärmbekämpfung, S. 475 ff.

255 BGH, Urteil vom 29.6.1966 = MDR 1966, 827; s. auch: OVG Münster, Urteil vom 6.7.1967 = OVGE 1968, 214 (216).

256 Näher zur TA Lärm mit dem Ausschluss von Baulärm s. oben Kapitel 4 am Anfang; s. zur urspr. geltenden TA Lärm auch: *Bethge / Meurers,* TA Lärm. 4. Aufl. Köln-München, 1985.

257 So findet man auch bei *Staats,* Die Entstehung des Bundes-Immissionsschutzgesetzes vom 15. März 1974, keine Begründung für diese Sonderbehandlung des Baulärms, der schon damals ausdrücklich auch nicht der TA Lärm 1968 (wie auch heute noch gem. Abschnitt 1 Buchstabe f) der TA Lärm 1998) unterfallen sollte;

zusammen mit der FDP, nach der Wahl 1972 zu einem schnellen „grünen" Erfolg geführt[258]. Dies drückte auch § 1 BImSchG mit der Zweckvorgabe aus:

> *„(1) Zweck dieses Gesetzes ist es, Menschen, Tiere und Pflanzen, den Boden, das Wasser, die Atmosphäre sowie Kultur- und sonstige Sachgüter vor schädlichen Umwelteinwirkungen zu schützen und dem Entstehen schädlicher Umwelteinwirkungen vorzubeugen".*

Weshalb – bei der bis zum Erlass des BImSchG im März 1974 so umfassend diskutierten Materie des „Baulärms" (mit Erlass des ersten Immissionsschutzgesetzes und dazu weiteren neun Allgemeinen Verwaltungsvorschriften) – bis heute, also bereits über 40 Jahre nach der Veröffentlichung des BImSchG, immer noch keine verständliche und nachvollziehbare „Baulärm-Regelung" in dieses Gesetz aufgenommen wurde, setzt ein weiteres Fragezeichen, das nach einer Lösung sucht.

Dazu ist zunächst eine nähere Befassung mit der Begrifflichkeit „Baulärm" erforderlich. Denn nur wenn man – im übertragenen Sinne – die Baustelle kennt, kann man darauf standsicher bauen.

6.2.1 Herkunft und Bedeutung des Wortes „Baulärm"

Das zusammengesetzte Wort besteht aus den Hauptwörtern „Bau" und „Lärm". Während der erste Wortteil „positiv" ist, weil die Errichtung von Bauwerken aller Art grundsätzlich dem menschlichen Bedürfnis nach Schutz vor der Witterung, Sicherheit und Geborgenheit „in den eigenen vier Wänden" sowie – im Hinblick auf Infrastrukturmaßnahmen wie Straßen, (Flug-)Häfen oder Bahnhöfen – dem Geschäfts- und Reiseinteresse entspricht, gilt für den zweiten Teil des Wortes „Baulärm" etwas völlig anderes: „Lärm" ist „negativ" besetzt[259], d.h., dieses Wort fordert zu Aversion, Aggression und Emotion heraus. Allerdings gilt hier die Einschränkung von *Tucholsky*[260]:

> *„Lärm ist das Geräusch der andern!"*. Oder wie es *Marty* ausdrückt: *„Ein Geräusch kann ohrenbetäubend sein und doch wie Musik in den Ohren klingen. Es kann aber auch sehr leise sein, und ist dennoch Lärm. Lärm ist es dann, wenn es stört. Und das ist zwangsläufig subjektiv und situationsabhängig"*[261].

Was aber ist Lärm im Zusammenhang mit dem Bau wirklich?

Zunächst ist dabei die Eingrenzung „Bau" vorzunehmen. Denn – wie noch aufzuzeigen sein wird – das Lärmschutzrecht als Ganzes strahlt mangels exakter Differenzierung auf alle Lebensgebiete aus. Damit aber wird eine Unterscheidung und so auch eine spezifische Detailbetrachtung erschwert, zum Teil bei oft nur

---

258 Näher zur politischen Stimmungslage in dieser Zeit: *Kleinert*, Abstieg der Parteiendemokratie. In: Aus Politik und Zeitgeschichte (APuZ), 35–36/2007 vom 27.8.2007, S. 3 ff.

259 S. dazu die Definitionen oben Kap. 4.1.

260 Zitiert nach: *Marty*, Vorwort zu „Lärm", hrsgg. vom *Cercle Bruit* Schweiz, S. 4, l.Sp.

261 Fußnote wie vor.

rudimentärer Befassung seitens einiger Gerichte mit der überwiegend subjektiv zu lösenden Lärm-Problematik auch unmöglich gemacht. Deshalb ist es von wesentlicher Bedeutung, dass man sich immer wieder vergegenwärtigt, dass es letztlich um die subjektive Einordnung von Geräuschen, von Schall, von Lautstärken und Tonhöhen geht, die ihre Ursache in der Vorbereitung bzw. Ausführung und dem Abschluss von Bauarbeiten haben. Dass dabei in vielen Fällen auch Verkehr und der damit verbundene „Verkehrslärm" berücksichtigt werden muss, ist bei der Eigenheit von Bauwerken, stets und nur an einer bestimmten Stelle, mithin nicht anderswo, hergestellt werden zu können, evident. Denn jede Bauleistung ist und bleibt ein Unikat auf einem bestimmten und nur einmalig vorhandenen Teil der Erde, so dass An- und Abtransportleistungen zwangsläufig zum Bauen zählen: Nicht „der Bau" kommt zum Materialhersteller, sondern dieser zum Bau. Was aber versteht man darunter?

6.2.1.1 Der Wortteil „Bau"

Mit dem nur drei Buchstaben umfassenden Wort „Bau" wird einerseits ein „Gebäude" oder sonst aufgehendes Bauwerk bezeichnet, andererseits aber auch alles, was mit „dem Bau" zu tun hat[262]. Insbesondere – und im vorliegenden Kontext maßgeblich – wird mit „Bau" die gesamte Palette der zur Ausführung von Bauarbeiten jeder Art erforderlichen Tätigkeiten bezeichnet. Dies beginnt bei der Freimachung bzw. Rodung von Bauflächen, der Herrichtung des Baugeländes zur Aufnahme der Baustelleneinrichtung, Lagerplätze und Anlage von – im Regelfall nur – temporären Baustraßen über die eigentliche Einrichtung der Baustelle durch den Antransport und das Aufstellen der Büro- und Sanitärcontainer, des Bauzaunes, der Mischer- und Separieranlagen, des Kranes und der Wasserhaltungsanlage bis hin zu den eigentlichen Bauarbeiten. Am Ende der Baumaßnahme, meist nach Fertigstellung und Abnahme, erfolgt dann die Baustellenräumung als letzter Akt des „Bau's". Das Wort „Bau" beschreibt damit nicht nur die eigentliche „Bauleistungs-Erbringung", sondern umfasst den gesamten Zyklus der Bauabwicklung von der Baustelleneinrichtung über die Erbringung der Bauleistungen[263] bis hin zur endgültigen Räumung und Wiederherstellung des nicht dauerhaft in Anspruch genommenen Baugeländes[264]. „Bau" ist damit auch der „Rückbau", d.h. der gesetzeskonforme Abbruch

---

262 Daher die umgangssprachliche Berufsbezeichnung für Bauarbeiter, die „am Bau" arbeiten.

263 Diese sind im Wesentlichen in den ATV DIN 18299 ff. der VOB/C beschrieben; soweit dies nicht der Fall ist, finden sich die entsprechenden Regelungen in der General- und Auffangnorm der ATV DIN 18299, die für „Bauarbeiten jeder Art" Geltung beansprucht; vgl. dazu Beck'scher VOB-Kommentar, Teil C, DIN 18299, Rn.1 ff.

264 Zu den Begriffen „Baustelle" und „Baugelände" s. *Englert / Grauvogl / Katzenbach*, ATV DIN 18299, in: *Englert/Katzenbach/Motzke* (Hrsg.), Beck'scher VOB-Kommentar, Teil C, Rn. 19 ff.

bzw. Abriss mitsamt der fachgerechten Wiederaufarbeitung bzw. Trennung der Materialien, die im Rahmen dieser Arbeiten etwa durch Brecher, Betonsägen oder Hydraulikzangen anfallen[265]. Der Abtransport und die Wiederverwendung (Recyling) bzw. Deponierung des nach den Vorgaben des Kreislaufwirtschaftsgesetzes[266] getrennten – ehemaligen – Baumaterials schließt dann den „Bau-Kreis". Das Hauptwort „Bau", das sich vom Zeitwort „bauen" ableitet, dessen Wortentstehung im Mittelhochdeutschen liegt und in der Grundbedeutung „entstehen" bzw. „erzeugen" widerspiegelt[267], drückt damit die Gesamtheit des Baugeschehens aus. Diese spiegelt sich in den derzeit 64 ATV DIN 18299 ff. der VOB/C (Ausgabe 2012 mit Ergänzungsband 2015) wieder[268].

6.2.1.2 Der Wortteil „Lärm"

Diametral zur Wortbedeutung „Bau" steht das Wort „Lärm": Mit diesen vier Buchstaben wird etwas Negatives, weil Lautes, Unangenehmes, Erschreckendes oder sogar Verletzendes bedeutend, bezeichnet. Etwas also, dem man sogar *„den Kampf ansagen"* muss, wie zahlreiche Veröffentlichungen schon im Titel vorgeben[269]. Womit der Herleitung und Bedeutung des Wortes entsprochen wird: „Lärm" entwickelte sich im spätmittelhochdeutschen Sprachgebrauch aus dem italienischen Ruf zu den Waffen, dem „Alarm" (*all'arme*) in Kriegszeiten[270]: Alarm musste laut, aufweckend,

---

265 Zur „Abbruch- und Rückbauarbeiten" siehe die ATV DIN 18459 der VOB/C (näher dazu: *Kuffer,A. / Langenecker / Haidacher,* DIN 18459, in: Beck'scher VOB-Kommentar, Teil C, 3. Aufl. 2014).

266 Kreislaufwirtschaftsgesetz vom 24. Februar 2012 (BGBl. I S. 212), das zuletzt durch § 44 Absatz 4 des Gesetzes vom 22. Mai 2013 (BGBl. I S. 1324) geändert worden ist; Kurzbezeichnung: Gesetz zur Förderung der Kreislaufwirtschaft und Sicherung der umweltverträglichen Bewirtschaftung von Abfällen (Kreislauf-wirtschaftsgesetz – KrWG).

267 Vgl. *Kluge,* Etymologisches Wörterbuch der deutschen Sprache, Stichworte *„Bau"* bzw. *„bauen"*, S. 56/57.

268 Vgl. dazu § 1 bzw. § 1 EG der VOB/A mit der Definition von Bauleistungen.

269 Z.B.: *Fleischer,* Lärm – der tägliche Terror. Verstehen – bewerten – bekämpfen, 1994; *Kallrath,* Lärm als polizei- und ordnungsrechtliches Problem. Eine Untersuchung über die öffentlich-rechtliche Lärmbekämpfung unter besonderer Berücksichtigung des verwaltungsgerichtlichen Rechtsschutzes gegenüber behördlicher Untätigkeit, Diss. 1959; dieser Autor stellt fest: *„Die gesetzlichen Grundlagen zur Bekämpfung des Baulärms sind spärlich"* (S. 80); *Klindt,* Die Bekämpfung des Baustellenlärms, Diss. 1997; *Landesanstalt für Umweltschutz Baden-Württemberg,* Lärm bekämpfen – Ruhe schützen, 2004; *Lassally,* Deutsches Lärmbekämpfungsrecht, 1961; *Schaffner,* Der Lärm und seine Bekämpfung im Arbeitsrecht, Diss. 1961; *Johnke,* Wichtige Regeln zur Baulärmbekämpfung, StädteT 1981, 355 ff.

270 Näher dazu: *Kluge,* Etymologisches Wörterbuch der deutschen Sprache, Stichworte „Alarm" (S. 12) und „Lärm" (S. 424).

anstachelnd, also lärmend sein, um die Krieger zu alarmieren, damit sie kampfbereit sein konnten.

Und wo Ungemach droht, besteht Schutzbedürftigkeit. Diese Notwendigkeit, Schutz zu bieten, die sich auch in der Bezeichnung *„Gesetz zum Schutz vor Baulärm“*[271] sowie *„Allgemeine Verwaltungsvorschrift zum Schutz gegen Baulärm – Geräuschimmissionen -“*[272] bestätigt findet, unterstreicht die Abwehrhaltung, die das Wort „Lärm“ hervorruft. Mehr noch: „Lärm“ weckt negative Emotionen bis hin zu Aggressionen, was ebenso durch zahlreiche Veröffentlichungen belegt werden kann[273]. Dieses Aggressionspotential zeigt auch die Definition von *„Lärm“* in der *„TA Lärm“* unter Ziffer 2.11 auf: *„Lärm ist Schall (Geräusch), der Nachbarn oder Dritte stören (gefährden, erheblich benachteiligen oder erheblich belästigen) kann oder stören würde“.*

„Lärm“ beschreibt insgesamt ein Umweltproblem, das – wie auch die Strafvorschrift des § 325a StGB und § 117 OWiG aufzeigen – Menschen nicht nur belästigen, sondern auch gefährden oder sogar in ihrer Gesundheit beeinträchtigen kann[274].

Im Hinblick auf den „Lärm“ im Zusammenhang mit dem „Bau“, also den „Baulärm“, ist diese negative Belegung des Wortes deshalb problematisch, weil keinerlei Unterscheidung zwischen permanentem, periodisch wiederkehrendem oder (nur) temporärem Lärm mit der Verwendung des Wortes „Lärm“ zum Ausdruck gebracht wird. Dies erschwert das Verständnis im Zusammenhang mit dem „Bau“. Denn es gibt, wie *Tucholsky*[275] es auch formuliert hat, *„vielerlei Lärme“*. Genau das aber ist das Problem im mentalen, aber auch rechtlichen Umgang mit dem „Baulärm“: Lärm ist eben nicht gleich Lärm, auch wenn die gleiche Buchstabenfolge gegeben ist! Ob das Vorliegen von „Lärm“ zu bejahen ist, hängt damit von zahlreichen Faktoren ab, die aufgrund der Unsicherheiten bei der Schallmessung einerseits und andererseits der letztlich maßgeblichen subjektiven Beurteilung durch den „Tatrichter“ niemals „sicher“, sondern nur „wertend“ feststellbar sind. Im Einzelnen werden – in Anlehnung an die Vorgaben der (zurückgezogenen) VDI Richtlinie 2058 Blatt 1[276] – von

---

271 Näher zu diesem im Jahre 1965 erlassenen und mit Einführung des BImSchG 1974 gem. § 70 bereits wieder aufgehobenen Gesetz: *Scherer,* Gesetz zum Schutz gegen Baulärm, 1965.

272 Ausführlich dazu unten Ziffer 3.1.2.

273 Vgl. nur: *Becher,* Lärmstörungen im Alltag, in: DWW 1994, 130; *Guski,* Lärm. Wirkungen unerwünschter Geräusche, 1987; *Häberle / Schmid,* Am Lärm stört der Informationsgehalt, in: Umwelt, 1979, 42; *Lernau,* Die Belästigung des Nachbarn durch störende Geräusche, Diss. 1917; *Marks,* Es ist zu laut!, 2003; *Moench,* Lärm als kriminelle Umweltgefährdung, 1980; *Rathke / Petermann,* Baulärm stresst Wale, in: Donaukurier vom 3.4.2010; *Stallmann,* Verdammter Lärm. In Deutschland ist Lärm Streitthema Nummer Eins, in: Focus, 29.7.2013, S. 78 ff.

274 Dazu näher unten Kap.8.

275 Vgl. oben Fußnote 1.

276 Unter Ziffer 1 *„Einführung“* (VDI 2058:1985–09).

Mampel[277] folgende *„Objektive Faktoren für die Lästigkeit von Lärm*" aufgeführt: Lautstärke, Dauer, Häufigkeit, (Tages-)Zeit, Frequenz, Auffälligkeit (Überschreitung der Hintergrund- und Fremdgeräusche, Hervortreten von Einzeltönen, Ton- und Impulshaltigkeit, Informationsgehalt usw.), Ortsüblichkeit, Herkömmlichkeit, soziale Adäquanz und allgemeine Akzeptanz.

Hier wird nachfolgend zu prüfen sein, ob es tatsächlich möglich ist, objektiv, also naturwissenschaftlich nachvollziehbar bzw. in sonstiger Weise überprüfbar diese Parameter zu verifizieren. An *„subjektiv-individuellen Moderatoren*" führt *Mampel*[278] dann auf: Gewöhnung, subjektive Befindlichkeit, physische und psychische Gesundheit, Tätigkeit während einer Geräuscheinwirkung, Einstellung zum Geräuscherzeuger sowie Sinnhaftigkeit bzw. Notwendigkeit des Geräusches. Insoweit erkennt *Mampel* richtigerweise:

> *„Diese subjektiven Faktoren entziehen sich in ihrer Individualität jeglicher Abstrahierung und Standardisierung. Sie können schon wegen dieser Eigenart in kein technisches Regelwerk aufgenommen werden*"[279].

Neben diesen „objektiven" und „subjektiven" Lärm-Beurteilungs-Faktoren (Moderatoren) kommt bei der Beurteilung von Lärm hinzu, dass es eine Vielzahl von Lärmen gibt.

Dies zeigt der Überblick zu den wesentlichen „Lärm-Arten", mit denen Einzelne konfrontiert und Gerichte befasst werden können – und die völlig unterschiedliche „Zeitfenster" aufweisen. Gerade diese aber sind von mit ausschlaggebender Bedeutung für die Beurteilung einer *„erheblichen Belästigung*": Wenn ein Lärm permanent, also immer und immer wiederkehrend auftritt – wie etwa durch eine vorbeiführende Hauptstraße oder Bahnlinie bedingt – , dann stellt dies eine andere Dimension einer Lärmeinwirkung dar, als eine periodische Lärm-Belastung, etwa durch Sportereignisse oder Jahrmärkte, die ebenso immer wieder zu ertragen, aber in größeren Zeitintervallen virulent ist. Schließlich findet sich eine lediglich temporäre, d.h. vorübergehende und vom Zeitlauf her abschätzbare Geräuschentwicklung systemimmanent bei Bauarbeiten. Denn deren Sinn und Zweck ist alleine die Fertigstellung und Abnahme gem. § 12 VOB/B bzw. § 640 BGB mit der dann auch gegebenen (Weiter-)Nutzungsmöglichkeit. Dies zeigt der nachfolgende Überlick:

277 Nachbarschutz im öffentlichen Baurecht, S. 236, Rn. 1159 sowie S. 239, Rn.1173. *Mampel* bezeichnet die für das Empfinden von Lästigkeit eines Lärms maßgeblichen Parameter als *„Moderatoren*".

278 Wie vor, S. 239, Rn.1173.

279 *Mampel*, wie vor, S. 239, Rn. 1174.

6.2.1.3 *Übersicht zu den wesentlichen Lärm-Einwirkungszeiten*

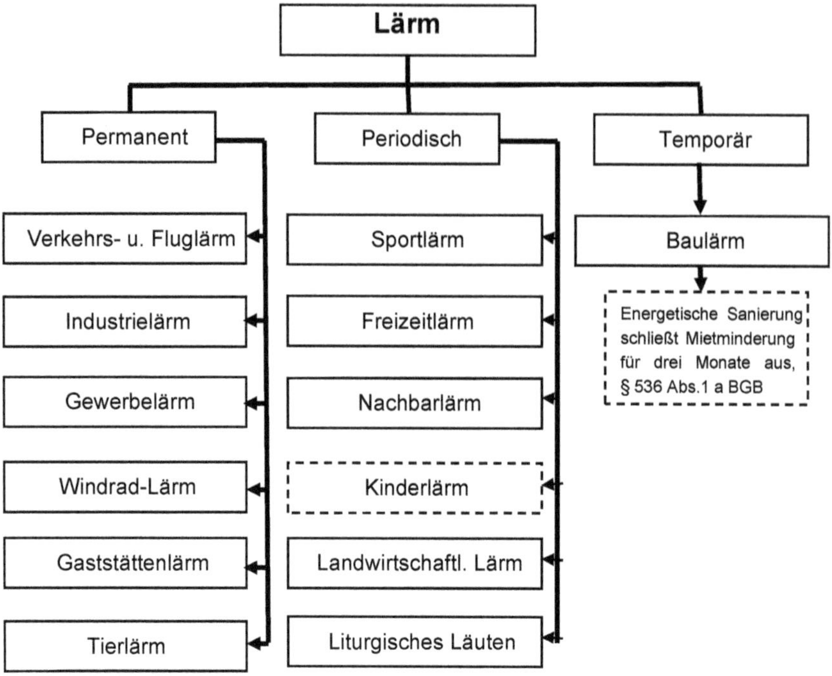

Diese Dreiteilung der Wirk-Dauer bzw. Wiederholungs-Sequenzen zeigt die Sonderstellung des „Baulärms" als einzige Lärm-Art, die nur temporär und damit vorübergehend ist. Zudem wird durch die gestrichelte Anführung des „Kinderlärms" verdeutlicht, dass diese Lärm-Art derzeit die einzige „Geräusch-Umweltbelastung" darstellt, die keinerlei Immissions-Richt- bzw. Grenzwerten unterliegt, wie § 22 Abs. 1 a) BImSchG ausdrücklich vorgibt.

6.2.1.4 *Die Sonderstellung des Baulärms*

Da „Baulärm" die einzige Lärm-Art darstellt, die als solche aus der Natur der Sache heraus immer nur temporär, also – bezogen auf jeweils lange Sicht – nur einmalig auf die Umgebung wirkt[280], könnte eine Sonderbehandlung durch den Gesetzgeber angezeigt sein. Zwar bedeutet „temporär" nicht zugleich auch „kurzzeitig". Aber es kommt damit zum Ausdruck, dass Bauwerke und Bauarbeiten aller Art auf einer

280 Dies sieht auch *Klindt,* Die Bekämpfung des Baustellenlärms, S. 13, so, der für den Baulärm *„gewisse Besonderheiten"* gegenüber anderen Lärmarten konstatiert.

Zeitschiene abgewickelt werden, die sich regelmäßig im sog. Bauzeitenplan widerspiegelt und damit eine Absehbarkeit ermöglicht. Dem gegenüber ist bei allen anderen Lärmarbeiten ein „Ende der Fahnenstange" nicht absehbar: Verkehrs- bzw. Fluglärm, also die Geräuschentwicklung im Zusammenhang mit Straßen, Schienen und Flughäfen, wird dauerhaft und allenfalls von der Tageszeitfrequentierung abhängig erzeugt. Es handelt sich dabei um den „lästigsten" Lärm[281], gefolgt vom Industrie- und Gewerbelärm, der im Bereich der entsprechenden Gebiete permanent und oftmals Tag und Nacht vorherrscht. Gleiches gilt – als neuer „Lärm-Bereich" – für den sog. „Windrad-Lärm"[282]. Auch der Gaststättenlärm zählt – zumindest bei normalen Öffnungszeiten – zur Gruppe der Dauer-Emittenten, auch wenn der „Hauptlärm" (von saisonal bedingtem Biergarten- bzw. Freiluft-Schänkenlärm abgesehen) seinen Grund in der An- und Abfahrt von Gästen mit dem damit verbundenen Zuschlagen von Autotüren und dem Starten der Motoren sowie den meist lauten „Abschiedsgesprächen" hat. Ebenso gilt die Zuordnung zur permanenten Lärmerzeugung für Tierlärm[283], der z. B. von Tierfarmen, Zoologischen Gärten, privaten Hühnerhaltungen, Hunden und in Teichen gehaltenen Fröschen[284] ausgehen kann.

Periodisch, d.h. nicht ständig und dennoch im Periodenablauf dauerhaft störend sind insbesondere der Sport- und Freizeitlärm, der z. B. von Tennis- und Fußballplätzen, Sportarenen und – anlagen, Motorrennstrecken bzw. Grill- und Badeplätzen, Jahrmärkten, Volksfesten[285], Dult- und Stadtveranstaltungen mit Traditionscharakter ausgeht. Zu dieser Kategorie zählt auch der Nachbarlärm, der nicht nur das

281 Nicht aber der Baulärm, wie *Klindt,* Die Bekämpfung des Baustellenlärms, S. 32, dort Fn. 94, durch einen Verweis auf ein „Arbeitspapier" meint.

282 Vgl. dazu nur die Entscheidungen: BVerwG, Urteil vom 29. 8. 2007 – 4 C 2/07 = NVwZ 2008, 76; OVG Nordrhein-Westfalen, Urteil vom 18.11.2002 – Az: 7 A 2127/00 = BauR 2003, 517 = ZfBR 2003, 275; OVG Mecklenburg-Vorpommern, Beschluss vom 08.03.1999 – Az: 3 M 85/98 = IBR 2000, 42 (Anwendbarkeit der TA Lärm); s. auch: VG Neustadt, Urteil vom 17.02.2014 – Az.: 4 L 89/14 – *juris.*

283 S. dazu ausführlich: *Gaisbauer,* Tierlärm in der Wohnnachbarschaft, in: NZM 1999, 982; ders.: Lärm-störungen und Wohnruhe. In: ZMR 1994, 248. Siehe dazu auch unten die Ausführungen zum Landwirtschaftslärm m.w.N. in Kap. 13.1.2.2.6. Im Urteil *„Hundezucht"* (BVerwG Beschluss vom 25.02.2014 – Az.: 4 B 2/14 – *juris*) befasst sich das oberste Verwaltungsgericht auch mit der Frage der *„Herkömmlichkeit, Sozialadäquanz und allgemeinen Akzeptanz der Geräuschquelle".*

284 S. dazu die maßgebliche „Frosch-Teich-Entscheidung" in BGHZ 120, 239 ff.

285 S. zum Volksfestlärm das grundsätzliche Urteil BGHZ 111,63 ff.; dazu auch: *Kiefer,* Musik oder Lärm bei Volksfesten: Normative Regelung eines Interessenausgleichs, in: LKRZ 2008, 410. Der VGH Hessen stellt für die Beurteilung der Erheblichkeit von Beeinträchtigungen durch Volksfest-Lärm auf die sog. Freizeitlärm-Richtlinie als *„Orientierungshilfe"* ab: Urteil vom 25.02.2005 – Az: 2 UE 2890/04 = GewA 2005, 437. Diese vom Länderausschuss Immissionsschutz im Jahre 1995 veröffentlichte Muster-Richtlinie wurde in einigen Bundesländern umgesetzt (näher dazu: *Landmann/Rohmer,* Umweltschutzrecht, 63. Ergänzungslieferung 2011, Ziffer *4.1 Freizeitlärm-Richtlinie*).

Rasenmähen und Heckenschneiden, sondern auch Heimwerkertätigkeiten, Musikbeschallung und Gartenfeste umfasst. Von besonderer – auch rechtlicher – Bedeutung ist der sog. Kinderlärm, der von Kindergärten, Spielplätzen, Schulen oder Nachbargärten ausgeht. Entsprechend bedeutungsvoll – jedoch sehr singulär – sind die sog. Pflegeheim-Fälle. Nicht zuletzt spielt auch der sog. Landwirtschaftslärm in heutiger Zeit deshalb eine Rolle, weil die traditionelle Trennung von landwirtschaftlich orientierter – und damit für die landwirtschaftliche Lärm-Sonderstellung wegen der wetterbedingten Abhängigkeit der Ernte aufgeschlossener – Bevölkerung durch die Verwandlung von Dörfern in „Schlaforte" der Großstädte vielfach nicht mehr besteht. Schließlich stellt die „Lärm-Problematik" der periodisch wiederkehrenden Beschallung durch Kirchenglocken, in der Rechtsprechung als *„liturgisches Läuten"* behandelt[286], ein weiteres Lärm-Problem in dieser Kategorie dar.

Während also in den – nicht abschließend – aufgeführten Lärm-Kategorien „permanent" bzw. „periodisch wiederkehrend" jeweils mehrere Lebensbereiche enthalten sind, die „lärmend", also zumindest störend und dem Ruhebedürfnis des Menschen entgegen stehend sind, findet sich in der Kategorie „temporäre Lärmerzeugung" nur der Baulärm. Diese Sonderstellung wird auch von der grundsätzlich für die Lärm-Beurteilung maßgeblichen „Technischen Anleitung zum Schutz gegen Lärm"[287] (TA Lärm) berücksichtigt und durch die ausdrückliche Vorgabe der Nicht-Geltung der TA Lärm für Bauarbeiten mit folgender Formulierung in Ziffer 1, Buchstabe f) unterstrichen:

> ***„1. Anwendungsbereich***
> *Diese Technische Anleitung dient dem Schutz der Allgemeinheit und der Nachbarschaft vor schädlichen Umwelteinwirkungen durch Geräusche sowie der Vorsorge gegen schädliche Umwelteinwirkungen durch Geräusche.*
> *Sie gilt für Anlagen, die als genehmigungsbedürftige oder nicht genehmigungsbedürftige Anlagen den Anforderungen des Zweiten Teils des Bundes-Immissionsschutzgesetzes (BImSchG) unterliegen, mit Ausnahme folgender Anlagen:*
> *a) Sportanlagen, die der Sportanlagenlärmschutzverordnung (18. BImSchV) unterliegen,*
> *b) sonstige nicht genehmigungsbedürftige Freizeitanlagen sowie Freiluftgaststätten,*
> *c) nicht genehmigungsbedürftige landwirtschaftliche Anlagen,*
> *d) Schießplätze, auf denen mit Waffen ab Kaliber 20 mm geschossen wird,*
> *e) Tagebaue und die zum Betrieb eines Tagebaus erforderlichen Anlagen,*
> *f) Baustellen,*
> *g) Seehafenumschlagsanlagen,*
> *h) Anlagen für soziale Zwecke".*

286 BVerwG, Beschl. V. 02.09.1996 – Az: 4 B 152.96 – *juris* = UPR 1997, 39.

287 Sechste Allgemeine Verwaltungsvorschrift zum Bundes-Immissionsschutzgesetz (Technische Anleitung zum Schutz gegen Lärm – TA Lärm) vom 26. August 1998 (GMBl Nr. 26/1998 S. 503), erlassen nach § 48 des Bundes-Immissionsschutzgesetzes (BImSchG) vom 15. März 1974 (BGBl. I S. 721) in der Fassung der Bekanntmachung vom 14. Mai 1990 (BGBl. I S. 880).

Dies bedeutet: „Lärm“ im Zusammenhang mit Bauarbeiten – durch die eine Örtlichkeit zur in der TA Lärm genannten „Baustelle“ wird – unterliegt aufgrund seiner jeweils an einem bestimmten Ort (Baubereich) im Regelfall nur einmalig (im Verlaufe von Jahren und meist Jahrzehnten) hörbarem Vorhandensein einer Sonderbehandlung durch das Recht. Deshalb ist der Begriff „Lärm“ auch nicht – trotz Gleichheit des Wortes – mit „Lärm“ aus anderen Quellen gleichsetzbar. Dies wird bei der rechtlichen Beurteilung des „Baulärms“ zu berücksichtigen sein.

6.2.1.5 Abgrenzung des Begriffs „Baulärm“ vom „Arbeitslärm“

Mit Baulärm bezeichnet man ganz allgemein die Geräusche, die im Zusammenhang mit der Ausführung von Bauarbeiten aller Art entstehen und andere, als den Urheber des Geräusches, negativ beeinflussen (können). Für den „Lärm-Urheber“ handelt es sich hingegen regelmäßig um „Arbeitslärm“. Zu den Bauarbeiten zählen dabei, wie oben ausgeführt, auch schon die Vorbereitungen zur Freimachung des Baugrundstücks – einschließlich etwaiger Abbruch- bzw. Rückbauarbeiten –, sämtliche Bauleistungen und Bauhilfsgewerke bzw. Hilfsbauwerke[288] und schließlich die endgültige Räumung der Baustelle, wozu auch etwaige Rekultivierungs- oder Wiederherstellungsarbeiten gehören.

In der Literatur findet sich auch der Begriff „Baustellenlärm“[289]. Damit bezeichnet *Klindt „die Summation verschiedenster, mit einer Baustelle zusammenhängender Lärmemissionen“*[290]. Zugleich hebt er die Besonderheit des Baustellenlärms gegenüber anderen Lärmarten hervor.

Allerdings ist diese Begrifflichkeit irreführend: Denn „die Baustelle“ ist nur ein Teil der Örtlichkeit, die von Baumaßnahmen aller Art tangiert werden kann: Es gibt außer der Baugrube, dem Baugrundstück, der Baustelle und dem Baugelände auch noch den – umfassenden – Baubereich. Diese Abgrenzung hat in der VOB Teile B und C ihren Niederschlag gefunden[291].

Richtigerweise muss deshalb „Baulärm“ als vom „Baubereich“ ausgehend betrachtet werden. Da dieser „Baubereich“ zwangsläufig der Überbegriff für eine von Bauarbeiten – und sei es nur durch den unmittelbaren Baustellenverkehr, aber auch die Lärm-, Staub- und Erschütterungsbetroffenheit – zu umschreibende Örtlichkeit ist, umfasst der Begriff „Baulärm“ – und insoweit ist *Klindt*[292] zuzustimmen – nicht nur die einzelne Handlungsweise oder einen isoliert-einheitlichen Vorgang bzw. Einsatz von Baumaschinen bzw. – geräten, sondern „den Lärm“, den „ein Bau“

288 Zu Bauhilfsgewerken (wie z.B. Wasserhaltungsanlagen) bzw. Hilfsbaugewerken (wie z.B. Baustraßen) s. näher: *Englert, K.*, „Baubehelf“, „Bauhilfsgewerk“ und „Hilfsbauwerk“: Abgrenzung und Rechtsprobleme, in: BauR 2004, S. 233.

289 Vgl. *Klindt*, Die Bekämpfung des Baustellenlärms (mit Definition S. 13).

290 Wie vorstehende Fußnote, S. 13, A.

291 Näher dazu: *Englert/Katzenbach/Grauvogl*, ATV DIN 18299, Rn.17 ff., in: Beck'scher VOB-Kommentar, Teil C.

292 *Klindt*, Die Bekämpfung des Baustellenlärms, S. 13.

verursacht – und zwar *in toto*. Als Szenario beschrieben: Heute rollt der Bagger an, morgen arbeitet ein Bohrgerät und übermorgen der Große Rammbär, um Spunddielen einzubringen oder zu ziehen. Irgendwann folgt der Betonmischer, Anlieferverkehr, Hammerschlag der Zimmerleute, Spengler und sonstiger Handwerker, die größere oder kleinere Beiträge zum Gelingen des Gesamtobjekts erbringen müssen – und dabei (nicht vermeidbar) „Lärm“ machen.

„Baulärm“ kann damit umschrieben werden als die Summe aller Geräusche, die im Zusammenhang mit der Ausführung von Bauarbeiten aller Art nicht nur im Bereich der Baustelle oder des Baugeländes, sondern im gesamten Baubereich entstehen, wenn und solange sich am Bau unbeteiligte Dritte dadurch mindestens belästigt fühlen. Dies sind nicht nur die unmittelbaren Liefer- und Herstellgeräusche, sondern mittelbar auch der im Zuge von Bauarbeiten durch z. B. Ampelregelungen aufgestaute Verkehr samt der damit einhergehenden Lärm-Mehrbelastung.

„Bau-Arbeitslärm“ hingegen umfasst jegliche Geräuschentwicklung, die ihre Ursache in der Ausführung von Bauarbeiten aller Art hat und die Bauausführenden selbst betrifft. Dabei spielt es keine Rolle, ob im Falle des Neben- bzw. Miteinander von Bauleistungen der Bau-Arbeitslärm vom unmittelbar Ausführenden (z. B. den Preßlufthammer benützenden Arbeiter) oder einem anderen Bauarbeiter oder Bauhandwerker herrührt: Tätigkeitslärm unterfällt nicht der Baulärm-Kategorie, sondern im Hinblick auf die unmittelbare Nähe zur Emissionsstelle, an der die Lautstärke physikalisch bedingt am Höchsten ist, alleine dem Arbeitsschutzrecht[293].

6.2.2 Verwendung des Begriffs in der Baupraxis

In der Baupraxis wird der Begriff „Baulärm“ verstärkt im Zusammenhang mit Planfeststellungsverfahren verwendet[294]. In Abgrenzung zum „Arbeitslärm“, dem die unmittelbar Baubeteiligten (Architekten, Sicherheitsbeauftragte, Tragwerksplaner, Bodengutachter, Spezialtiefbauer, Maurer, Betonarbeiter, Zimmerer, Spengler etc.) unweigerlich und unmittelbar ausgesetzt sind, ist für die Bejahung von Baulärm schon eine „Belästigung“ ausreichend, wie § 22 Abs. 1 BImSchG vorgibt, während für den Arbeitslärm gem. der Definition von *„Lärm“* in § 2 Abs. 1 LärmVibrationsArbSchV[295] gilt:

293 Dazu näher 7.2.1.

294 Vgl. dazu umfassend: *Michler*, Die Berücksichtigung von Baustellenimmissionen in der Planfeststellung, in: UPR 2012, 335 ff. Dieser weist insb. auf die umstrittene Reichweite der 32.BImSchV hin.

295 Lärm- und Vibrations-Arbeitsschutzverordnung vom 6. März 2007 (BGBl. I S. 261), die zuletzt durch Artikel 3 der Verordnung vom 19. Juli 2010 (BGBl. I S. 960) geändert worden ist; näher dazu: *Pangert/Streit*, Lärm- und Vibrations-Arbeitsschutzverordnung: Erläuterungen für die Praxis, 2010.

„Lärm im Sinne dieser Verordnung ist jeder Schall, der zu einer Beeinträchtigung des Hörvermögens oder zu einer sonstigen mittelbaren oder unmittelbaren Gefährdung von Sicherheit und Gesundheit der Beschäftigten führen kann“.

Lärm ist insoweit nur dann vorhanden, wenn gesundheitliche Gefahren drohen. Eine bloße „Belästigung“ erfüllt deshalb im Rahmen des Arbeitsrechts den Lärmbegriff nicht[296].

6.2.3 Der Begriff im gerichtlichen Sprachgebrauch

Eine Legaldefinition des Begriffes „Baulärm“ findet sich nicht. Er wird jedoch in zahllosen Urteilen ohne weitere Reflexion zur Begrifflichkeit verwendet, um ein Ärgernis zum Ausdruck zu bringen, dem Baunachbarn im Zusammenhang mit der Ausführung von Bauarbeiten ausgesetzt sind – gleich, ob dies tatsächlich auch der Fall ist. Diese Lesart von Entscheidungsgründen ergibt sich schon daraus, dass in sehr vielen Urteilen zu „Bau-Immissions-Fällen“ nahezu selbstverständlich die

296 S. auch: DIN 45645 Teil 2: Ermittlung von Beurteilungspegeln aus Messungen der Geräusch-Immission am Arbeitsplatz (1997); VDI Richtlinie 2058, Blatt 2: Beurteilung von Lärm hinsichtlich Gehörgefährdung (1988); VDI Richtlinie 2058, Blatt 3: Beurteilung von Lärm am Arbeitsplatz unter Berücksichtigung unterschiedlicher Tätigkeiten (1998); EG-Richtlinie (89/391/EWG): Richtlinie des Rates vom 12.Juni 1989 über die Durchführung von Maßnahmen zur Verbesserung der Sicherheit und des Gesundheitsschutzes der Arbeitnehmer bei der Arbeit, ABl.Nr. L 183 vom 29.06.1989; EG-Richtlinie (86/188/EWG): Richtlinie des Rates vom 12. Juni 1986 über den Schutz der Arbeitnehmer gegen Gefährdungen durch Lärm am Arbeitsplatz, ABl. Nr. L 137 vom 24.05.1986, S. 28; Richtlinie 2003/10/EG des Europäischen Parlaments und des Rates vom 6.Februar 2003 über Mindestvorschriften zum Schutz von Sicherheit und Gesundheit der Arbeitnehmer vor der Gefährdung durch physikalische Einwirkungen (Lärm) = 17. Einzelrichtlinie im Sinne des Artikels 16 Abs. 1 der Richtlinie 89/391/EWG; DIN-EN ISO 11690: Richtlinien für die Gestaltung lärmarmer Arbeitsstätten, Teil 1: Allgemeine Grundlagen, Teil 2: Lärmminderungsmaßnahmen (1997); s. auch: *Rebentisch / Lange-Asschenfeldt / Ising*: Gesundheitsgefahren durch Lärm. Kenntnisstand der Wirkungen von Arbeitslärm, Umweltlärm und lauter Musik, 1994. Zahlreiche hilfreiche Informationen sind über die Bundesanstalt für Arbeitsschutz und Arbeitsmedizin, Friedrich-Henkel-Weg 1, 44149 Dortmund zu erhalten. (Bis zum 25.08.2004 hatte auch noch die ArbStättV in § 15 Schutz gegen Lärm Vorgaben zum Beurteilungspegel am Arbeitsplatz in Arbeitsräumen gemacht. Dabei war es gem. § 15 Abs. 1 Nr. 3 zulässig, bis zu 85 dB(A) und unter bestimmten Voraussetzungen sogar noch weitere 5 dB(A) zuzumuten; gem. §§ 42; 44G Abs. 2 Nr. 2 ArbStättV war bei Arbeiten im Freien sogar keinerlei Dezibelangabe vorhanden, vielmehr nur „unzuträglicher Lärm“ untersagt. Dieser musste mit Blick auf § 15 damit jedenfalls über 90 dB(A) liegend sein.

(negative) Trinität „Lärm, Staub, Erschütterungen" angeführt wird, obwohl der Sachverhalt bzw. Tatbestand dazu keine Veranlassung gibt[297].

6.3 Übersicht zu den wesentlichen „Baulärm-Quellen"

Die nachstehende Übersicht verdeutlicht, obwohl nur eine Auswahl, die Vielzahl von Lärm-Quellen, die im Zusammenhang mit der Ausführung von Bauarbeiten aller Art auf Baustellen – oft gleichzeitig auftretend – vorhanden sind. Dabei sind diese Geräusch-Erzeugungs-Ursachen im Regelfall nicht statisch, sondern ständig – entsprechend dem Baufortschritt – in Bewegung.

BAULÄRM - QUELLEN

Mensch	Maschinen Geräte / Fahrzeuge	Methoden	Sonstiges
Rufe, Schreie, Lautsprecher, Radio, Laufgeräusche (Inhouse) Baustellenverkehr Lieferverkehr	(Schwer-)Lastwagen Dumper, Gabelstapler, Bagger, Kräne, Lader, Hubbühnen, Mischer, Preßlufthämmer, Bohrhämmer, Bohrgeräte, Schlitzwandfräsen, - greifer, Mixed-in-place-Geräte	Hämmern, Sägen, Fräsen, Schneiden, Schweißen, Löten, Flexen, Bohren Robotereinsatz Maschineneinsatz Geräteeinsatz	Abwurf von Bau-, Gerüst- bzw. Abbruchmaterial Bewetterungsanlage; Heizung, Beregnungs- bzw. Wasserhaltungsanlage

Beobachtet man Baustellen über einen längeren Zeitraum während der geräuschintensiveren Bau-Phasen[298], dann sind Zeiten der kumulierten und summierten Geräuscheinwirkungen nicht andauernd, sondern – in Abhängigkeit von der jeweiligen baulichen Notwendigkeit – stets nur temporär feststellbar. In den dazwischen liegenden Zeitintervallen herrscht im Regelfall „Ruhe".

297 Vgl. statt vieler nur: OLG Karlsruhe Urteil vom 19.10.2000 – Az: 19 U 24/00 = IBR 2001, 195. S. auch die Urteilsauszüge in Kap. 11.

298 Die Verf. hat in den vergangenen 6 Jahren zahlreiche Bauvorhaben juristisch betreut und dazu auch immer wieder längere Zeiten in unmittelbarer Nähe von Baustellen verbracht, um die persönliche „Lärm-Erfahrung" machen zu können.

7. Grundlagen zur Regelung des Baulärms

Der „Baulärm“ wird in der BRD durch eine Vielzahl von Vorgaben sowohl in gesetzlicher als auch sonstiger Weise geregelt. Dadurch wird die Feststellung rechtlichen Dürfens bzw. Verbotenseins sowie der Folgen hieraus schwierig, wenn nicht zum Teil unmöglich. *Koch*[299] fordert deshalb zu Recht:

> *„Die Unübersichtlichkeit des umfänglichen ...Lärmschutzrechts sollte vermindert werden“.* Mehr noch: *„Die Separierung zahlreicher Lärmquellen im geltenden Recht führt auch dazu, dass nur höchst unzulänglich eine Gesamtlärmbetrachtung aus der Perspektive des Schutzgutes bzw. des Akzeptors stattfindet. Dieser defizitäre Rechtszustand ist gewiss mitursächlich dafür, dass auch die empirische Forschung zu Fragen der Gesamtlärmbetrachtung noch auf einem unbefriedigenden Stand ist. Insofern ist sicher noch eine stärker integrative Betrachtung aus lärmphysikalischer, lärmpsychologischer und lärmmedizinischer Sicht erforderlich“*[300].

Diese Feststellungen eines Richters am Oberverwaltungsgericht und Mitglied der Forschungsstelle Umweltrecht an der Universität Hamburg beschreiben prägnant das Problem: Die Rechtspraxis steht einem Phänomen gegenüber, das in vielfacher Weise virulent und trotzdem juristisch, aber auch tatsächlich-technisch nur teilweise greifbar gemacht werden kann. Dies umso mehr, als das „Baulärm-Recht“ letztlich „Gefühlsrecht“ ist. Denn Lärm ist nicht gleich Lärm! Oder anders ausgedrückt: Die Grenzen zwischen hinzunehmendem bzw. verhinderbarem oder aber zu einer Entschädigung bzw. Mietminderung[301] führenden Baulärm sind fließend und weisen keine klaren Konturen auf. Dies wird durch zahlreiche Formulierungen in „Baulärm-Urteilen“, wie unten noch näher aufzuzeigen ist[302], offenbar.

Die Vielschichtigkeit der Regelungen ergibt sich einmal aus den völlig unterschiedlichen Rechtsgebieten, die sich mit „Geräuschen“ bzw. „Lärm“ befassen: Vorgaben machen sowohl das Öffentliche Recht, insbesondere durch das Bundes-Immissionsschutzgesetz und die Bau-Gesetze sowie Verordnungen und Allgemeine Verwaltungsvorschriften, als auch das Zivilrecht und das Strafrecht. Hinzu kommt eine weitere Hürde auf dem Weg zur rechtlich richtigen und damit auch gerechten

299 Das deutsche Lärmschutzrecht im Überblick, in: UmweltmedForschPrax 2005,112 (124 lSp).

300 *Koch,* wie vor, S. 124, rSp; diese Kritik wird in der Rechtswissenschaft, worauf *Koch* hinweist, immer wieder geäußert (vgl. dazu *Koch,* Die rechtliche Beurteilung der Lärmsummation nach BImSchG und TA Lärm 1998, in *Czaijka* u.a. (Hrsg.), Immissionsschutzrecht in der Bewährung, S. 215; s. auch: *Karkaj,* Die Gesamtlärmbewertung im Immissionsschutzrecht, S. 19 ff.

301 Vgl. dazu insb. *Kinne,* Minderung bei Verkehrs- oder Baulärm, in: Grundeigentum 2013, 593 ff.

302 S. dazu die Auszüge aus zahlreichen Urteilen unten Kap.11.

Entscheidungsfindung: Die von allen befassten Gerichten, aber auch Verwaltungen, zur Beurteilung von „Baulärm-Sachverhalten" mit herangezogene Regelung, nämlich die „AVV Baulärm"[303] ist ihrer Überschrift nach lediglich eine *„Verwaltungsvorschrift"*. Deren Legitimation wieder gründet sich letztlich auf ein *„Gesetz zum Schutz gegen Baulärm"*, dort § 3 Abs. 2, das im September 1965 in Kraft, jedoch bereits zum 1.April 1974 gem. § 72 Nr. 2 des neuen Bundes-Immissionsschutzgesetzes[304] wieder außer Kraft getreten war. Die damit gegebene systemwidrige Regelungs-Kaskade (Verwaltungsvorschrift ohne weiterhin existente Ermächtigungsgrundlage, die jedoch durch die Interims-Regelung *(„....bis zum Inkrafttreten von...")* ersetzt wurde, erschwert zusätzlich das Verständnis der ohnehin komplexen Materie.

Diese wird von einem Konklomerat an Begrifflichkeiten, Zahlen, Richtwerten und Dezibelangaben gebildet, die in der Baupraxis nicht nachvollzogen und in der Rechtsprechung nicht in einer Weise, die dem Gebot der Rechtssicherheit entspricht, umgesetzt werden können.

Dabei zeigt bereits die Vielzahl und Verstreutheit „einschlägiger" Regelungen (auch) zum Baulärm die Kompliziertheit auf.

So finden sich „Lärm-Normierungen":

- Im Recht der Europäischen Union
- Im Verfassungsrecht (Grundgesetz)
- Im Immissionsschutzrecht gem. §§ 3; 22; 66 Abs. 2 BImSchG sowie der AVV Baulärm und der 32.BImSchV
- Im Zivilrecht gem. § 906 BGB
- Im Mietrecht gem. §536 BGB
- Im Bauvertragsrecht gem. VOB, insb. auch Teil C
- Im Arbeitsschutzrecht
- Im öffentlichen Baurecht
- Im Länderrecht
- Im Kommunalrecht
- Im Strafrecht gem. § 325a StGB
- Im Ordnungswidrigkeitenrecht gem. § 117 OWiG

Die damit auch begründeten völlig unterschiedlichen Gerichtswege (Verwaltungsgerichte, Zivilgerichte, Strafgerichte, Arbeitsgerichte) führen zusätzlich zu einer letztlich völlig unterschiedlichen Sichtweise hinsichtlich letztlich ein und desselben Problems: Bei Bauarbeiten entstehen zwangsläufig und mit wirtschaftlichen Mitteln im Regelfall nicht verhinderbare Geräusche. Dies kann anhand der in Kapitel 11 auszugsweise wiedergegebenen Urteilsgründe verschiedener Gerichte nachvollzogen werden.

---

303 Näher dazu 3.2.

304 Vgl. dazu: *Staats,* Die Entstehung des Bundes-Immissionsschutzgesetzes vom 15. März 1974, S. 286.

Diese Situation der zersplitterten Regelungslage in Bezug auf Baulärm soll mit der nachstehenden Übersicht auch plastisch dargestellt werden:

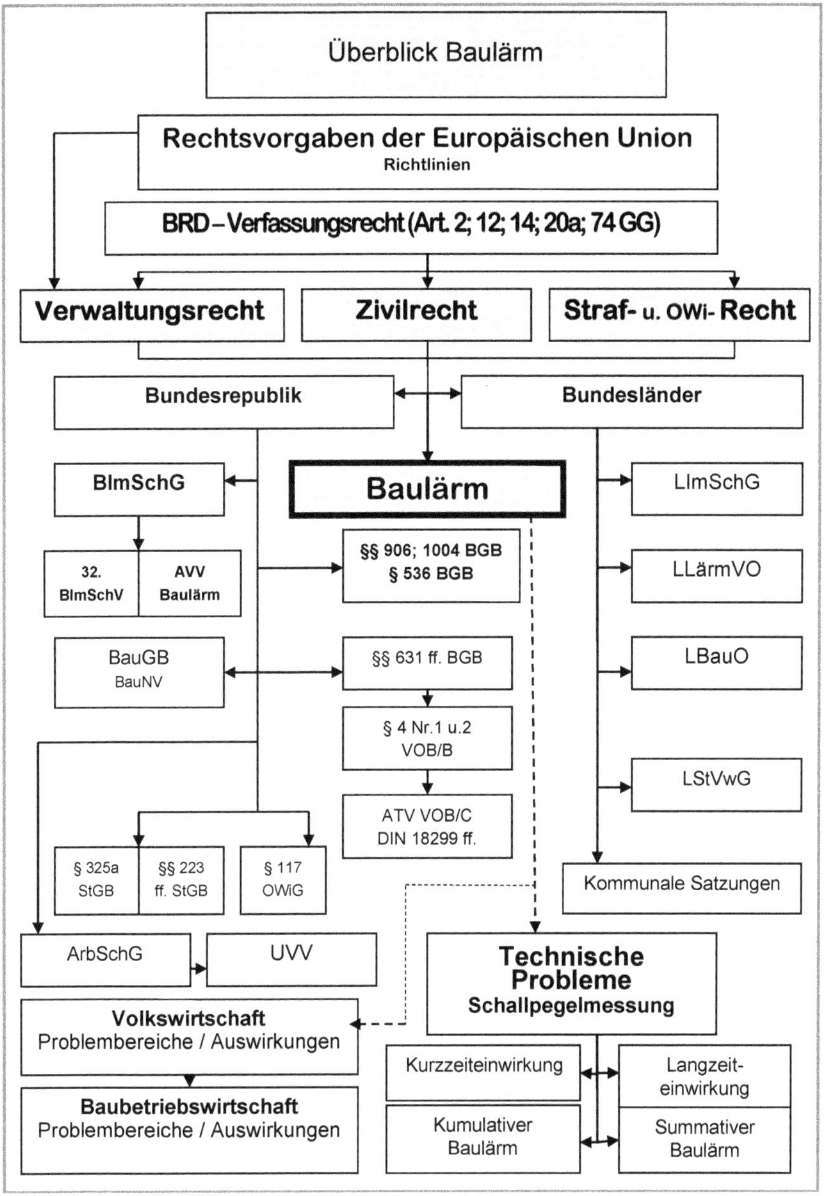

7.1 „Baustelle" als „nicht genehmigungsbedürftige Anlage"

Die derzeit zu beachtenden rechtlichen Regelungen im Zusammenhang mit dem Baulärm ergeben sich insbesondere (auch) aus der gesetzlichen Einordnung von Bauarbeiten bzw. Baustellen. Dabei wird mit „Baustelle" nicht nur die unmittelbar für die Bauausführung benötigte Fläche, wie es der Wortlaut nahelegt, verstanden. Vielmehr ist darunter die Gesamtheit der von einer Baumaßnahme betroffenen Örtlichkeit zu verstehen[305]. Dieser umfassende, von Bauarbeiten unmittelbar und mittelbar betroffene, in der Natur feststell- und eingrenzbare Bereich bildet den Rahmen für eine nicht genehmigungsbedürftige Anlage iSd § 22 Abs. 1 BImSchG und zwar in der Kategorie „Bewegliche Anlage"[306] für alle dort zum Einsatz kommenden (beweglichen) Gerätschaften und Maschinen. Diese sind jeweils einzeln, aber auch zusammen betrachtet *„die Anlage"*. Damit unterfällt jede Baustelle gem. § 2 Abs. 1 Nr. 1 BImSchG *per se* dem BImSchG. Deshalb sind insbesondere Menschen vor *„schädlichen Umwelteinwirkungen"* zu schützen, § 1 Abs. 1 BImSchG. Die Definition dazu gibt § 3 Abs. 1 BImSchG vor:

> *Schädliche Umwelteinwirkungen im Sinne dieses Gesetzes sind Immissionen, die nach Art, Ausmaß oder Dauer geeignet sind, Gefahren, erhebliche Nachteile oder erhebliche Belästigungen für die Allgemeinheit oder die Nachbarschaft herbeizuführen.*

7.2 Gesetzliche und untergesetzliche Regelungen zum Baulärm

Die maßgeblichen Gesetze, Verordnungen und Allgemeinen Verwaltungsvorschriften im Zusammenhang mit der Beurteilung von Baulärm-Sachverhalten[307] sind das Bundes-Immissionsschutzgesetz in Verbindung mit der AVV Baulärm und der 32.BImSchV, das Bürgerliche Gesetzbuch, das Strafgesetzbuch, das Ordnungswidrigkeiten-Gesetz, die Bau-Nutzungsverordnung sowie die Bau-Ordnungen und eigenen Landes-Immissionsschutzgesetze der Bundesländer. Die Regelungskaskade zum Baulärm umfasst auch das Kommunalrecht. Dieses kennt z. B. Lärmschutz-Satzungen, die etwa in Kur-Gebieten zu bestimmten Jahreszeiten jegliche Bautätigkeit untersagen[308]. Gleiches gilt für arbeitsschutzrechtliche Regelungen. Nicht

---

305 *Englert/Katzenbach/Motzke*, VOB/C, ATV DIN 18299, Rn.1 ff.

306 Jarass, BImSchG, § 22, Rd.10 und 11.

307 Hierunter sind sowohl bau-externe (Störung von Nachbarn, Mietern, etc.) als auch bau-interne (Störung von Bauarbeitern, Bauleitern, Architekten, etc.) Sachverhalte zu verstehen.

308 Vgl. nur die *„Baulärmverordnung"* der Stadt Füssen vom 26.07.2011: Danach wird ganzjährig jegliche Bautätigkeit zwischen 13 Uhr und 14 Uhr untersagt und ein Baubeginn erst um 07:30 Uhr ermöglicht. Ebenso darf nur bis 19 Uhr eine Bautätigkeit ausgeübt werden. Darüber hinaus ist zu bestimmten Zeiten zwischen

hingegen ist die TA Lärm[309] anwendbar. Dies wird in der (Gerichts-)Praxis – trotz der eindeutigen Regelung in Ziffer 1 Buchstabe *f*) (keine Anwendung für „*Baustellen*“[310]) – häufig übersehen[311]. Im Einzelnen:

7.2.1 Das Bundes-Immissionsschutzgesetz

Das bedeutendste und doch unverständlichste Gesetz[312] zum Baulärm findet sich in § 66 Abs. 2 BImSchG. Darin spiegelt sich der Begriff „Baulärm“ *expressis verbis*, wenn auch nur durch die Wiedergabe der Überschrift einer fortgeltenden Allgemeinen Verwaltungsvorschrift, wie folgt:

> *„Bis zum Inkrafttreten von entsprechenden Rechtsverordnungen oder allgemeinen Verwaltungsvorschriften nach diesem Gesetz ist die Allgemeine Verwaltungsvorschrift zum Schutz gegen Baulärm – Geräuschimmissionen – vom 19.August 1970 (Beilage zum BAnz. Nr. 160 vom 1.September 1970) maßgebend“*[313].

Ermächtigungsgrundlage für diese Verwaltungsvorschrift, die von der Bundesregierung erlassen wurde, war das „*Gesetz zum Schutz gegen Baulärm*“[314]. Dieses Gesetz, das vom BImSchG[315] im Jahre 1974 abgelöst worden war[316], beinhaltete zwar keine Ermächtigungsnorm zum Erlass von Rechtsverordnungen, postulierte aber das Recht der Bundesregierung zum Erlass von *Allgemeinen Verwaltungsvorschriften*. Davon machte die Regierung in zweifacher Hinsicht Gebrauch: Einmal durch die

---

Mai und September im Bereich touristisch besonders genutzter Stadtteile eine Baulärm-Begrenzung auf 45 dB(A) vorgeschrieben. Eine Vielzahl von Kommunen sind diesem Beispiel gefolgt (näher dazu. *https://www.stadt-fuessen.de/uploads/media/Baulaermverordnung_Uebersicht_20110726.pdf.).*Zur Recht-mäßigkeit einer solchen Regelung siehe nur: VGH Bayern, Beschluss vom 20.07.2009 – Az: 22 CE 09.1601 = *openJur* 2012, 101462.

309 Sechste Allgemeine Verwaltungsvorschrift zum Bundes-Immissionsschutzgesetz (Technische Anleitung zum Schutz gegen Lärm – TA Lärm) vom 26. August 1998 (GMBl Nr. 26/1998 S. 503).

310 Vgl. näher dazu *Jarass*, BImSchG, § 66 Rn.2; § 48 Rn. 25; s. auch: BVerwG NVwZ 2012,1393, Rn.25.

311 Der Grund für diese Ausnahmeregelung liegt in der Standortgebundenheit, teilweisen Nachtarbeits-Notwendigkeit (z.B. bei Gleisbaustellen) und nur vorübergehenden Dauer von Baustellen, vgl. *Feldhaus/Tegeder*, TA Lärm, B, Rn.20, S. 57.

312 Zumal nur unter „*Schlussvorschriften*“ am Ende des BImSchG im *Achten Teil* geregelt.

313 Näher zur *AVV Baulärm* s. unter 7.1.2.

314 Vom 9.September 1965; Bundesgesetzblatt, Jahrgang 1965, Teil I, S. 1214–1216; geändert durch das Einführungsgesetz zum Gesetz über Ordnungswidrigkeiten vom 24. Mai 1968, BGBl I, 503–547.

315 Dieses Gesetz wird auch als „Grundgesetz des Umweltrechts“ bezeichnet: *Storm*, Umweltrecht, S. 83 (Nr. 268).

316 § 70 BImSchG 1974.

gem. § 66 Abs. 2 BImSchG noch heute maßgebliche *Allgemeine Verwaltungsvorschrift zum Schutz gegen Baulärm – Geräuschimmissionen* – und zum anderen durch die von der 32.BImSchVO abgelöste *„Allgemeine Verwaltungsvorschrift zum Schutz gegen Baulärm – Emissionsmeßverfahren – vom 22. Dezember 1970“*[317].

Allerdings entfalteten diese (nur) *„Allgemeinen Verwaltungsvorschriften“* ihrer Rechtsnatur nach keinerlei unmittelbare Rechtswirkungen gegenüber den Betreibern von Baumaschinen[318]. Insoweit ist die Handhabung der (verbliebenen) *AVV Baulärm – Geräuschimmissionen* – als *sedes materiae* der Baulärm-Beurteilung durch die Verwaltung und Gerichte besonders bemerkenswert[319].

7.2.2 Die Allgemeine Verwaltungsvorschrift zum Schutz gegen Baulärm – Geräuschimmissionen – (AVV Baulärm)

Wie vorstehend ausgeführt, hat sich die gem. § 66 Abs. 2 BImSchG bis auf Weiteres fortgeltende *AVV Baulärm*[320] als das Regelwerk in der Gerichts- und Verwaltungspraxis manifestiert, aufgrund dessen letztlich (nahezu) alle Entscheidungen im Zusammenhang mit Lärm am Bau getroffen werden. Deshalb ist nicht nur der Stellenwert dieser Verwaltungsvorschrift zu untersuchen, sondern auch der wesentliche Text der *AVV Baulärm – Geräuschimmissionen* – schon deshalb im Rahmen der Arbeit nachfolgend wieder zu geben, weil diese Verwaltungsvorschrift nur in einer Beilage zum Bundesanzeiger Nr. 160 vom 1. September 1970 – also nahezu 45 Jahre zurückliegend – veröffentlicht wurde[321].

7.2.2.1 Rechtliche Bedeutung der AVV Baulärm

Die Bedeutung der *AVV Baulärm – Geräuschimmissionen* – für die Gerichtspraxis wurde in einer Entscheidung des BVerwG im Jahr 2012 prägnant und umfassend, dennoch aber die Fortentwicklung der Geräte- und Maschinentechnik einerseits

317 Bundesanzeiger Nr. 242 vom 30. Dezember 1970; dadurch wurde die Messgröße und das Verfahren bundeseinheitlich festgelegt, nach dem die Geräuschemissionen von Baumaschinen und – geräten zu ermitteln sind.

318 Vgl. Bundestagsdrucksache IV/2066 vom 1.April 1971 (Zweiter Bericht der Bundesregierung über die Erfahrungen beim Vollzug des Gesetzes zum Schutz gegen Baulärm vom 9.September 1965 (Bundesgesetzblatt I S. 1214) und über den Stand der Technik in der Baulärmbekämpfung U II 7 – 410 – 03 – 1/71); vgl. dazu auch die Entschließung des Bundestages vom 23.Juni 1965, Drucksache IV/3584.

319 S. dazu insb. die Urteils-Gründe in Kap.11.

320 Vom 19. August 1970 (Beilage zum Bundesanzeiger Nr. 160 vom 1. September 1970); Text nachfolgend.

321 Abgedruckt u.a. aber bei *Feldhaus/Tegeder*, TA Lärm, C.III, S. 349–355; ausdruckbar unter http://www.verwaltungsvorschriften-im-internet.de/bsvwvbund_19081970_IGI7501331.htm.

und die Unmöglichkeit der exakten Einhaltung der AVV-Werte andererseits außer Acht lassend, dargelegt[322]:

> *„Ob nachteilige Wirkungen im Sinne des § 74 Abs. 2 Satz 2 VwVfG vorliegen, beurteilt sich bei Baulärm nach § 22 Abs. 1, § 3 Abs. 1 BImSchG in Verbindung mit der gemäß § 66 Abs. 2 BImSchG maßgeblichen Allgemeinen Verwaltungsvorschrift zum Schutz gegen Baulärm – AVV Baulärm – vom 19. August 1970 (Beilage zum Bundesanzeiger Nr. 160 vom 1. September 1970). Auf die TA Lärm kann selbst bei mehrjähriger Dauer einer Baustelle nicht zurückgegriffen werden; Baustellen sind vom Anwendungsbereich der TA Lärm ausdrücklich ausgeschlossen (Nr. 1 Buchst. f) TA Lärm).*
>
> *(1) Die AVV Baulärm konkretisiert für Geräuschimmissionen von Baustellen den unbestimmten Rechtsbegriff der schädlichen Umwelteinwirkungen. Die zur Annahme der normkonkretisierenden Wirkung einer Verwaltungsvorschrift erforderlichen formellen Voraussetzungen (vgl. Urteil vom 28. Oktober 1998 – BverwG 8 C 16.96 – BverwGE 107,338 = Buchholz 401.64 § 4 AbwAG Nr. 6 S. 22 <25 f.>) liegen vor. Ermächtigungsgrundlage für die AVV Baulärm war § 3 Abs. 2 des Gesetzes zum Schutz gegen Baulärm vom 9. September 1965 (BGBl I S. 1214, außer Kraft getreten zum 1. April 1974). Danach erlässt die Bundesregierung zur Durchführung des Absatzes 1 nach Anhörung des technischen Ausschusses (§ 8) mit Zustimmung des Bundesrates allgemeine Verwaltungsvorschriften, insbesondere über 1. Richtwerte für die von Baumaschinen bei bestimmten Betriebsvorgängen ausgehenden Geräusche, deren Überschreiten nach dem Stand der Technik vermeidbar ist (Emissionsrichtwerte), 2. Richtwerte für die von Baustellen ausgehenden Geräuschimmissionen, bei deren Überschreiten Gefahren, erhebliche Nachteile oder erhebliche Belästigungen der Allgemeinheit zu besorgen sind (Immissionsrichtwerte), und 3. das Verfahren für die Messung der Geräuschemissionen und der von Baustellen ausgehenden Geräuschimmissionen. Der anzuhörende technische Ausschuss nach § 8 des Gesetzes zum Schutz gegen Baulärm setzte sich aus Vertretern verschiedener Bundesministerien und Bundesanstalten, der Landesregierungen, der Gewerkschaften, der Technischen Überwachung sowie Vertretern aus Industrie, Wirtschaft und Wissenschaft zusammen.*
>
> *(2) Die AVV Baulärm konkretisiert das vom Normgeber für erforderlich gehaltene Schutzniveau in Nr. 3 differenzierend nach dem Gebietscharakter und nach Tages- und Nachtzeiten durch Festlegung bestimmter Immissionsrichtwerte. In Nr. 6 enthält sie Regelungen zur Ermittlung des Beurteilungspegels im Wege eines Messverfahrens. Dafür, dass die Regelungen zum Schutzniveau durch neue, gesicherte Erkenntnisse der Lärmwirkungsforschung überholt wären, ist nichts ersichtlich. Das gilt sowohl für die Gebietseinteilung der AVV Baulärm als auch für die festgelegten Immissionsrichtwerte".*

Diese umfassende Bedeutungswertung durch das oberste Verwaltungsgericht ist zu hinterfragen. Dies gilt einmal für die Verständlichkeit, zum anderen aber auch den Regelungsinhalt. So hat das VG München in einem Urteil, das im Jahr 2005 erlassen wurde, die *„Anforderungen der AVV Baulärm"* als *„allerdings schwer verständlich"*

322 Urteile vom 10.07.2012, Az: 7 A 11.11; 7 A 12.11; 7 A 24.11 = IBR 2013, 238; 2013, 1081; 2013, 1226.

bezeichnet – was sich beim Studium des Inhalts der AVV Baulärm nachvollziehen lässt und wohl auch erklärt, weshalb viele Gerichte diese Verwaltungsvorschrift bei der Prüfung von Baulärm-Sachverhalten nicht berücksichtigen[323]. Denn festzuhalten ist vorab, dass ein mittlerweile rund ein halbes Jahrhundert altes Regelwerk die Entscheidungsgrundlage für Streitfälle bildet, deren Grund in Bauleistungen liegt, die im 2. Jahrzehnt des 21. Jahrhunderts auf der Basis aktuell geltender Gesetze, aber auch der ebenso aktuellen anerkannten Regeln der Technik und mit Hilfe von in der Regel modernen, den Vorgaben der 32.BImSchV entsprechenden Geräten und Maschinen erbracht werden. Darauf verweist auch *J.F.Baur* im renommierten BGB-Kommentar von *Soergel*[324]:

> *„Für die Beurteilung von Baulärm stehen zwar spezielle Regelwerke zur Verfügung. Allerdings ist deren praktische Bedeutung gering ... Die allein in Betracht zu ziehende „AVV Baulärm – Geräuschimmissionen" ist veraltet und hat daher zu Recht den Ruf nach einer neuen „TA – Baulärm" ausgelöst*[325]*".*

Darauf wird später noch zurück zu kommen sein. Zunächst ist der Inhalt der AVV Baulärm wiederzugeben.

7.2.2.2 Der wesentliche Text-Teil der AVV Baulärm

Nach Artikel 84 Abs. 2 des Grundgesetzes und § 3 Abs. 2 des Gesetzes zum Schutz gegen Baulärm vom 9. September 1965 (Bundesgesetzbl. I S. 1214), geändert durch das Einführungsgesetz zum Gesetz über Ordnungswidrigkeiten vom 24. Mai 1968 (Bundesgesetzbl. I S. 503), erläßt die Bundesregierung mit Zustimmung des Bundesrates die nachstehende allgemeine Verwaltungsvorschrift:

1. Sachlicher Geltungsbereich

Diese Vorschrift gilt für den Betrieb von Baumaschinen auf Baustellen, soweit die Baumaschinen gewerblichen Zwecken dienen oder im Rahmen wirtschaftlicher Unternehmungen Verwendung finden. Sie enthält Bestimmungen über Richtwerte für die von Baumaschinen auf Baustellen hervorgerufenen Geräuschimmissionen, das Meßverfahren und über Maßnahmen, die von den zuständigen Behörden bei Überschreiten der Immissionsrichtwerte angeordnet werden sollen.

2. Begriffe

2.1. Baustelle

Baustelle im Sinne des Gesetzes ist der Bereich, in dem Baumaschinen zur Durchführung von Bauarbeiten Verwendung finden, einschließlich der Plätze,

---

323 S. dazu die Urteils-Exzerpte in Kap. 11.

324 Bürgerliches Gesetzbuch mit Einführungsgesetz und Nebengesetzen: BGB, 13. Aufl. 2000 ff., § 906 Rn.91.

325 Für dieses Argument des Veraltet-Seins bezieht sich *J.F.Baur* auf *Bodanowitz*, Rechtliche Grundlagen des Baulärmschutzes, in: NJW 1997, 2351 (2353).

auf denen Baumaschinen zur Herstellung von Bauteilen und zur Aufbereitung von Baumaterial für bestimmte Bauvorhaben betrieben werden.

2.2. ***Baumaschinen***

Zu den Baumaschinen im Sinne des § 1 Abs. 2 des Gesetzes gehören auch die auf der Baustelle betriebenen Kraftfahrzeuge.

2.3. ***Bauarbeiten***

Bauarbeiten im Sinne des Gesetzes sind Arbeiten zur Errichtung, Änderung oder Unterhaltung von baulichen Anlagen sowie Abbrucharbeiten. Bauarbeiten sind nicht Arbeiten im Rahmen der Aufsuchung, Gewinnung oder Aufbereitung von Bodenschätzen, auch solcher Bodenschätze, die als Baustoffe bei der Herstellung baulicher Anlagen Verwendung finden (Steine, Sand, Kies usw.).

2.4. ***Immission***

Immission im Sinne dieser Vorschrift ist das auf Menschen einwirkende Geräusch, das durch Baumaschinen auf einer Baustelle hervorgerufen wird.

3. ***Immissionsrichtwerte***

3.1. ***Festsetzung der Immissionsrichtwerte***

3.1.1. Als Immissionsrichtwerte werden festgesetzt für

a)Gebiete, in denen nur gewerbliche oder industrielle Anlagen und Wohnungen für Inhaber und Leiter der Betriebe sowie für Aufsichts- und Bereitschaftspersonen untergebracht sind,	*70 dB (A)*
b) Gebiete, in denen vorwiegend gewerbliche Anlagen untergebracht sind,	*tagsüber 65 dB (A)* *nachts 50 dB (A)*
c)Gebiete mit gewerblichen Anlagen und Wohnungen, in denen weder vorwiegend gewerbliche Anlagen noch vorwiegend Wohnungen untergebracht sind,	*tagsüber 60 dB (A)* *nachts 45 dB (A)*
d) Gebiete, in denen vorwiegend Wohnungen untergebracht sind,	*tagsüber 55 dB (A)* *nachts 40 dB (A)*
e) Gebiete, in denen ausschließlich Wohnungen untergebracht sind,	*tagsüber 50 dB (A)* *nachts 35 dB (A)*
f) Kurgebiete, Krankenhäuser und Pflegeanstalten	*tagsüber 45 dB (A)* *nachts 35 dB (A)*

3.1.2. Als Nachtzeit gilt die Zeit von 20 Uhr bis 7 Uhr.

3.1.3. Der Immissionsrichtwert ist überschritten, wenn der nach Nummer 6 ermittelte Beurteilungspegel den Richtwert überschreitet. Der Immisionsrichtwert für die Nachtzeit ist ferner überschritten, wenn ein Meßwert oder mehrere Meßwerte (Nummer 6.5) den Immissionsrichtwert um mehr als 20 dB(A) überschreiten.

3.2. ***Zuordnung der Gebiete***

Für die Zuordnung zu den in Nummer 3.1.1 genannten Gebieten gelten die folgenden Grundsätze:

3.2.1. Sind im Bebauungsplan Baugebiete festgesetzt, die den in Nummer 3.1.1 aufgeführten Gebieten entsprechen (auf die Baunutzungsverordnung vom 26. Juni 1962

– Bundesgesetzbl. I S. 429 – in der Fassung der Verordnung vom 26. November 1968 – Bundesgesetzbl. I S. 1233 – wird hingewiesen), so ist vom Bebauungsplan auszugehen.

3.2.2. Weicht die tatsächliche bauliche Nutzung im Einwirkungsbereich der Anlage erheblich von der im Bebauungsplan festgesetzten baulichen Nutzung ab, so ist von der tatsächlichen baulichen Nutzung des Gebietes auszugehen.

3.2.3. Ist ein Bebauungsplan nicht aufgestellt, so ist die tatsächliche bauliche Nutzung zugrunde zu legen.

4. Maßnahmen zur Minderung des Baulärms

4.1. Grundsatz

Überschreitet der nach Nummer 6 ermittelte Beurteilungspegel des von Baumaschinen hervorgerufenen Geräusches den Immissionsrichtwert um mehr als 5 dB (A), sollen Maßnahmen zur Minderung der Geräusche angeordnet werden. Es kommen insbesondere in Betracht:

a) Maßnahmen bei der Einrichtung der Baustelle,
b) Maßnahmen an den Baumaschinen,
c) die Verwendung geräuscharmer Baumaschinen,
d) die Anwendung geräuscharmer Bauverfahren,
e) die Beschränkung der Betriebszeit lautstarker Baumaschinen.

Von Maßnahmen zur Lärmminderung kann abgesehen werden, soweit durch den Betrieb von Baumaschinen infolge nicht nur gelegentlich einwirkender Fremdgeräusche keine zusätzlichen Gefahren, Nachteile oder Belästigungen eintreten.

4.2.Einzelne Maßnahmen

Für Anordnungen nach Nummer 4.1 gibt die Anlage 5 fachtechnische Hinweise.

4.3.Nach dem Stand der Technik vermeidbare Geräusche

4.3.1.Zur Beurteilung, ob Geräusche von Baumaschinen nach dem Stand der Technik vermeidbar sind, sind im Hinblick auf die Geräuschminderung fortschrittliche Maschinen derselben Bauart und vergleichbarer Leistung, die sich im Betrieb bewährt haben, heranzuziehen.

4.3.2. Sofern für Baumaschinen Emissionsrichtwerte nach § 3 Abs. 2 Nr. 1 des Gesetzes festgesetzt sind, ist der Stand der Technik eingehalten, wenn die Emissionsrichtwerte nicht über schritten werden.

5. Stillegung von Baumaschinen

5.1.Grundsatz

Die Stillegung von Baumaschinen nach § 5 Satz 2 des Gesetzes kommt nur als äußerstes Mittel in Betracht, um die Allgemeinheit vor Gefahren, erheblichen Nachteilen oder erheblichen Belästigungen durch Baulärm zu schützen.

5.2. Überschreitung der Immissionsrichtwerte nach Nummer 4.1

5.2.1.Die Stillegung von Baumaschinen soll angeordnet werden, wenn

1. *weniger einschneidende Maßnahmen nicht ausreichen, um eine Überschreitung der Immissionsrichtwerte zu verhindern und*
2. *die Stillegung im Einzelfall zum Schutz der Allgemeinheit, jedoch unter Berücksichtigung des Bauvorhabens, dringend erforderlich ist.*

5.2.2.Von der Stillegung der Baumaschine kann trotz Überschreitung der Immissionsrichtwerte abgesehen werden, wenn die Bauarbeiten

1. zur Verhütung oder Beseitigung eines Notstandes oder zur Abwehr sonstiger Gefahren für die öffentliche Sicherheit oder Ordnung oder

2. im öffentlichen Interesse dringend erforderlich sind und die Bauarbeiten ohne die Überschreitung der Immissionsrichtwerte nicht oder nicht rechtzeitig durchgeführt werden können.

6. Ermittlung des Beurteilungspegels

6.1. Grundsatz

Der Beurteilungspegel ist für das auf den Immissionsort einwirkende Geräusch, das von Baumaschinen auf Baustellen hervorgerufen wird, zu ermitteln.

6.2. Schallpegelmesser

Es dürfen verwendet werden

a) Präzisionsschallpegelmesser nach DIN 45 633 oder

b) DIN-Lautstärkemesser nach DIN 5045, soweit die Frequenzbewertung „A" eingestellt werden kann, oder

c) andere Meßgeräte, die den von der Physikalisch-Technischen Bundesanstalt festgelegten Anforderungen entsprechen.

Die Meßgeräte sind auf die Freguenzbewertung „A" und „schnelle Anzeige" einzustellen; sie sind vor und nach den Messungen gemäß Bedienungsanleitung zu kalibrieren. In Abständen von etwa zwei Jahren sollen die Meßgeräte durch eine von der zuständigen Landesbehörde bestimmte Prüfstelle auf die Zuverlässigkeit ihrer Anzeige geprüft werden, soweit nicht eine Eichpflicht nach eichrechtlichen Vorschriften besteht.

6.3. Ort der Messung

6.3.1. Wirkt das von der Baustelle ausgehende Geräusch auf ein zum Aufenthalt von Menschen bestimmtes Gebäude ein, so ist der Schallpegel 0,5 m vor dem geöffneten, von dem Geräusch am stärksten betroffenen Fenster zu messen. In anderen Fällen ist der Schallpegel in mindestens 1,20 m Höhe über dem Erdboden und in mindestens 3 m Abstand von reflektierenden Wänden zu messen.

6.3.2. Kann das Geräusch einer Baumaschine am Immissionsort nicht gemessen werden, so ist die Messung, sofern es die Schallausbreitungsyerhältnisse zulassen, an einem anderen Ort in gleichem oder kleinerem Abstand durchzuführen, wobei jedoch ein Abstand von 7 m vom Umriß der Baumaschine nicht unterschritten werden darf. Aus dem Schallpegel am Meßort ist der Schallpegel am Immissionsort nach Anlage 1 zu berechnen.

6.3.3. Sind der Schallpegel der Geräuschemission einer Baumaschine und der Abstand des Immissionsortes bekannt, so kann der Schallpegel am Immissionsort, sofern es die Schallausbreitungsverhältnisse zulassen, nach Anlage 1 berechnet werden.

6.4. Zeit und Dauer der Messung

6.4.1. Für die Messung sind Zeitabschnitte zu wählen, in denen die Baumaschinen unter normalen Arbeitsbedingungen betrieben werden.

6.4.2. Die Dauer einer Messung richtet sich nach der Regelmäßigkeit eines Geräusches; sie wird im allgemeinen kurz sein gegenüber der Betriebsdauer der Baumaschinen.

6.5.Meßwerte

Als Meßwert gilt jeweils der aus der höchsten Anzeige des Schallpegelmessers während einer Beobachtungsdauer von 5 Sekunden (Meßtakt) ermittelte Wert. Meßwerte sind in dB (A) anzugeben. Die Zahlenwerte sind auf ganze Zahlen zu runden.

6.6. Wirkpegel

6.6.1. Aus den Meßwerten ist der mittlere Pegel nach Anlage 2 zu bestimmen.

6.6.2.Ist der Unterschied zwischen dem größten und kleinsten Meßwert kleiner als 10 dB (A), kann der mittlere Pegel abweichend von Nummer 6.6.1 vereinfachend als arithmetischer Mittelwert aus den Meßwerten bestimmt werden.

6.6.3. Wenn in dem Geräusch deutlich hörbare Töne hervortreten (z. B. Singen, Heulen, Pfeifen, Kreischen), ist dem mittleren Pegel nach Nummer 6.6.1 oder Nummer 6.6.2 zur Ermittlung des Wirkpegels ein Lästigkeitszuschlag bis zu 5 dB (A) hinzuzufügen; andernfalls gilt der nach Nummer 6.6.1 oder Nummer 6.6.2 bestimmte mittlere Pegel als Wirkpegel.

6.7. Beurteilungspegel

6.7.1. Zur Ermittlung des Beurteilungspegels ist von dem Wirkpegel unter Berücksichtigung der durchschnittlichen täglichen Betriebsdauer der Baumaschinen die in der letzten Spalte der folgenden Tabelle angegebene Zeitkorrektur abzuziehen.

Durchschnittliche tägliche Betriebsdauer in der Zeit von		*Zeitkorrektur*
7 Uhr bis 20 Uhr	*20 Uhr bis 7 Uhr*	
bis 2½ h	*bis 2 h*	*10 dB (A)*
über 2½ h bis 8 h	*über 2 h bis 6 h*	*5 dB (A)*
über 8 h	*über 6 h*	*0 dB (A)*

6.7.2. Soweit nicht das Gesamtgeräusch der Baumaschinen, sondern das Geräusch einzelner Baumaschinen gemessen wird, sind die einzelnen Beurteilungspegel zu einem Gesamtbeurteilungspegel nach Anlage 3 zusammenzufassen.

Der Beurteilungspegel bzw. der Gesamtbeurteilungspegel ist mit den Immissionsrichtwerten nach Nummer 3.1.1 zu vergleichen.

6.8.Meßprotokoll

Das Meßprotokoll muß alle Meßwerte, Angaben über Art und Zahl der Baumaschinen und ihre durchschnittliche Betriebsdauer, über den Ort der Messung (möglichst Lageplan), die Zeit der Messung und die benutzten Meßgeräte enthalten. Besondere Merkmale des Geräusches sind anzugeben, z. B. gleichbleibender oder pulsierender Verlauf, hervortretende Töne, Fremdgeräusche, Wind- und Witterungsverhältnisse. Ein Vordruck für das Meßprotokoll ist in Anlage 4 angegeben.

In den jeweils angegebenen Anlagen 1 – 5 werden Hinweise und Erläuterungen aufgeführt für die Berechnung des Schallpegels am Immissionsort aus dem Schallpegel am Meßort (Anlage 1), Verfahren zur Bestimmung des mittleren Pegels aus den Meßwerten (Anlage 2), Zusammenfassung einzelner Beurteilungspegel zu einem Gesamtbeurteilungspegel (Anlage 3), Meßprotokoll (Anlage 4) und Maßnahmen zur Minderung des Baulärms (Anlage 5).

7.2.2.3 Rechtliche Einordnung der AVV Baulärm

Nachdem Baumaschinen in Folge der Aufhebung des *Gesetzes zum Schutz gegen Baulärm* vom 9.September 1965[326] dem § 22 BImSchG als *„nichtgenehmigungspflichtige Anlagen"* unterfallen und gem. § 66 Abs. 2 BImSchG die *AVV Baulärm – Geräuschimmissionen* ausdrücklich bis zu einer Neuregelung fort gilt, stellt seit 1.April 1974[327] der § 22 BImSchG die Bezugsnorm der AVV Baulärm dar[328]. Diese Änderung der Bezugsnorm ließ den Rechtscharakter der *AVV Baulärm – Geräuschimmissionen* als Allgemeine Verwaltungsvorschrift unverändert[329]. Daraus ist die Schlussfolgerung gerechtfertigt, dass der Gesetzgeber durch die AVV Baulärm eine Konkretisierung der Pflichten, die sich aus § 22 BImSchG für nichtgenehmigungsbedürftige Anlagen ergeben, vorgenommen hat. Dies kann wegen der Überforderung des Gesetzgebers bei der Normierung von komplexen technischen und naturwissenschaftlichen Sachverhalten angenommen werden[330]. Damit ist die *AVV Baulärm* nicht nur eine Ermessensrichtlinie, sondern sie ist auch als Norminterpretation gerichtlich unbeschränkt überprüfbar. Sie stellt damit sowohl eine norminterpretierende als auch konkretisierende, also normausgestaltende, Verwaltungsvorschrift dar. So kommt ihr nicht nur eine behördeninterne Wirkung, sondern auch eine insb. für Verwaltungsgerichte maßgebliche Außenwirkung zu[331].

Im Ergebnis ist aber die *AVV Baulärm – Geräuschimmissionen* – nach wie vor als allgemeine Verwaltungsvorschrift anzusehen. Ihre Wirkung geht deshalb über die anderer allgemeiner Verwaltungsvorschriften nicht hinaus. Dies aber bedeutet, dass diese Verwaltungsvorschrift dann nicht oder nicht mehr verbindlich ist, wenn sie mit dem materiellen Recht erkennbar nicht (mehr) übereinstimmt oder wenn in den Jahrzehnten nach dem Erlass 1970 neue technische oder tatsächliche Erkenntnisse die Notwendigkeit offenbaren, über den Inhalt der Verwaltungsvorschrift insgesamt

---

326 § 3 Abs. 2 des *Gesetzes zum Schutz gegen Baulärm* vom 09.September 1965 (BGBl I, S. 1214) normierte die Befugnis der Bundesregierung zum Erlass der *AVV Baulärm – Geräuschimmissionen.*

327 Inkrafttreten des BImSchG und Aufhebung des *Gesetzes zum Schutz gegen Baulärm* gem. § 72 BImSchG.

328 S. dazu auch: VG München Urteil vom 07.11.2005 – Az: M 8 K 05.1908 = BeckRS 2005, 38771, Ziff.2.1.

329 *Hansmann* in: *Landmann / Rohmer*, Umweltrecht, Bd. I, § 66 Rn.5 f. m.w.N.; s. auch VG München BeckRS 2005, 38771.

330 BVerwG Urteil vom 19.12.1985 = NVwZ 1986, 208 (213) = BVerwGE 72, 300 (320).

331 Zu dieser Gesamtproblematik näher: *Hansmann* in: *Landmann / Rohmer*, Umweltrecht, Bd. I, § 48 Rn.2 bis 9; s. auch VG München BeckRS 2005, 38771.

nachzudenken[332]. Dabei setzt alleine schon der Text der *AVV Baulärm – Geräuschimmissionen* – insoweit ein Fragezeichen, als dort z. B. in den Ziffern 2.1 oder 5.1 auf die §§ 1, 3 bzw. 5 des ursprünglichen Baulärmschutz-Gesetzes Bezug genommen wird, dieses jedoch obsolet wurde mit dem Erlass des BImSchG im Jahre 1974[333].

7.2.3 Geräte- und Produktsicherheitsgesetz

Dieses Gesetz[334] richtet sich an den Hersteller von Maschinen. Zum Lärmschutz weist es die allgemeine Forderung aus, „*dass Gefahren durch Lärmemission auf das unter Berücksichtigung des technischen Fortschritts und der verfügbaren Mittel zur Lärmminderung, vornehmlich an der Quelle erreichbare niedrigste Niveau gesenkt werden*“. Zudem müssen in der Betriebsanleitung sowie den Verkaufsunterlagen ausführliche Angaben zur Geräuschemission gemacht werden. So erhält der Käufer einer Maschine Informationen über das abgestrahlte Geräusch. Dies ermöglicht durch Vergleich den Erwerb eines Geräts oder Maschine mit der geforderten möglichst geringen Lärmentwicklung.

7.2.4 Geräte- und Maschinenlärmschutzverordnung – 32.BImSchV

Die 32.BImSchV[335] zur Durchführung des BImSchG stellt neben der *AVV Baulärm* die zweite maßgebende gesetzliche Vorgabe zur Konkretisierung von Lärmschutzfragen im Zusammenhang (auch) mit Bauarbeiten dar. Ihr Geltungsbereich wird in § 1 wie folgt beschrieben:

> *„(1) Diese Verordnung gilt für Geräte und Maschinen, die nach Artikel 2 der Richtlinie 2000/14/EG des Europäischen Parlaments und des Rates vom 8. Mai 2000 zur Angleichung der Rechtsvorschriften der Mitgliedstaaten über umweltbelastende Geräuschemissionen von zur Verwendung im Freien vorgesehenen Geräten und Maschinen (ABl. EG Nr. L 162 S. 1, Nr. L 311 S. 50), die durch die Richtlinie 2005/88/EG des Europäischen Parlaments und des Rates vom 14. Dezember 2005 (ABl. EU Nr. L 344 S. 44) geändert worden ist, in den Anwendungsbereich der Richtlinie fallen; sie sind im Anhang dieser Verordnung aufgelistet.*

---

332 Zu dieser Problematik der überholenden Entwicklung der AVV Baulärm s. insb. auch: *Hansmann / Röckinghausen*, in: *Landmann / Rohmer*, Umweltrecht, Bd. I, § 66 Rn.4; *Jarass*, Bundes-Immissionsschutzgesetz, 6. Auflage, § 66 Rn.2.

333 S. § 72 BImSchG.

334 Gesetz über technische Arbeitsmittel und Verbraucherprodukte (Geräte- und Produktsicherheitsgesetz – GPSG) vom 6. Januar 2004, BGBl. I, S. 2; es setzt die EG-Maschinenrichtlinie 98/37/EG und die EG-Produktsicherheitsrichtlinie 2001/95/EG in nationales Recht um.

335 Geräte- und Maschinenlärmschutzverordnung vom 29. August 2002 (BGBl. I S. 3478), die zuletzt durch Artikel 9 des Gesetzes vom 8. November 2011 (BGBl. I S. 2178) geändert worden ist.

(2) Die Lärm- und Vibrations-Arbeitsschutzverordnung und die Maschinenverordnung[336] *bleiben unberührt.*

Im Einzelnen regelt die 32.BImSchV[337] nahezu alle Baugeräte und Baumaschinen, die im Zusammenhang mit der Erbringung von Bauleistungen nach dem Stand der Technik Verwendung finden. Sie sind in der Anlage zur 32.BImSchV wie folgt aufgeführt[338]:

Nachstehende Geräte und Maschinen fallen nach § 1 in den Anwendungsbereich der Verordnung.

Legende:

Nr.	= *Ordnungsnummer des Gerätes oder der Maschine, entsprechend der Auflistung in Anhang I der Richtlinie 2000/14/EG*
Gerät/Maschine	= *Art des Gerätes und der Maschine, ggf. mit Leistungswerten*
Sp. 1	= *Spalte 1, entsprechend dem Anwendungsbereich von Artikel 12 der Richtlinie 2000/14/EG*
Sp. 2	= *Spalte 2, entsprechend dem Anwendungsbereich von Artikel 13 der Richtlinie 2000/14/EG*
X in der Spalte 1 bzw. 2	= *Gerät oder Maschine fällt in den Anwendungsbereich der Spalte 1 bzw. der Spalte 2*

Nr.	*Gerät/Maschine*	*Sp. 1*	*Sp. 2*
01	*Hubarbeitsbühne mit Verbrennungsmotor*		*X*
02	*Freischneider*		*X*
03	*Bauaufzug für den Materialtransport mit*		

336 Neunte Verordnung zum Produktsicherheitsgesetz (Maschinenverordnung) vom 12. Mai 1993 (BGBl. I S. 704), die zuletzt durch Artikel 19 des Gesetzes vom 8. November 2011 (BGBl. I S. 2178) geändert worden ist (9.ProdSV); diese bezieht sich allgemein auf Gefährdungen durch Maschinen, wozu auch die Lärmgefährdung zählt, wie § 3 Abs. 1 der Maschinenverordnung vorgibt: *„Der Hersteller oder sein Bevollmächtigter darf Maschinen nur in den Verkehr bringen oder in Betrieb nehmen, wenn sie bei ordnungsgemäßer Installation und Wartung und bei bestimmungsgemäßer Verwendung oder vorhersehbarer Fehlanwendung die Sicherheit und die Gesundheit von Personen und die Sicherheit von Haustieren und Gütern und, soweit anwendbar, die Umwelt nicht gefährden".*

337 S. dazu auch das Urteil VG München vom 13.05.2013 – Az: M 2 E 13.2114 zur Ausnahmezulassung gem. § 7 Abs. 2 hinsichtlich von nächtlichen Bauarbeiten zur Sanierung einer Straße.

338 BGBl. I 2002, 3481 – 3482.

Nr.	*Gerät/Maschine*	*Sp. 1*	*Sp. 2*
03.1	*Verbrennungsmotor*	*X*	
03.2	*Elektromotor*		*X*
04	*Baustellenbandsägemaschine*		*X*
05	*Baustellenkreissägemaschine*		*X*
06	*Tragbare Motorkettensäge*		*X*
07	*Kombiniertes Hochdruckspül- und Saugfahrzeug*		*X*
08	*Verdichtungsmaschine in der Bauart von*		
08.1	*Vibrationswalzen und nichtvibrierende Walzen, Rüttelplatten und Vibrationsstampfer*	*X*	
08.2	*Explosionsstampfer*		*X*
09	*Kompressor (< 350 kW)*	*X*	
10	*Handgeführter Betonbrecher und Abbau-, Aufbruch- und Spatenhammer*	*X* *X*	
11	*Beton- und Mörtelmischer*		*X*
12	*Bauwinde mit*		
12.1	*Verbrennungsmotor*	*X*	
12.2	*Elektromotor*		*X*
13	*Förder- und Spritzmaschine für Beton und Mörtel*		*X*
14	*Förderband*		*X*
15	*Fahrzeugkühlaggregat*		*X*
16	*Planiermaschine (< 500 kW)*	*X*	
17	*Bohrgerät*		*X*
18	*Muldenfahrzeug (< 500 kW)*	*X*	
19	*Be- und Entladeaggregat von Silo- oder Tankfahrzeugen*		*X*
20	*Hydraulik- und Seilbagger (< 500 kW)*	*X*	
21	*Baggerlader (< 500 kW)*	*X*	
22	*Altglassammelbehälter*		*X*
23	*Grader (< 500 kW)*	*X*	
24	*Grastrimmer/Graskantenschneider*		*X*
25	*Heckenschere*		*X*
26	*Hochdruckspülfahrzeug*		*X*
27	*Hochdruckwasserstrahlmaschine*		*X*
28	*Hydraulikhammer*		*X*
29	*Hydraulikaggregat*	*X*	

Nr.	*Gerät/Maschine*	*Sp. 1*	*Sp. 2*
30	*Fugenschneider*		*X*
31	*Müllverdichter, der Bauart nach ein Lader mit Schaufel (< 500 kw)*	*X*	
32	*Rasenmäher (mit Ausnahme von* *- land- und forstwirtschaftlichen Geräten* *- Mehrzweckgeräten, deren Hauptantrieb eine installierte Leistung vom mehr als 20 kW aufweist)*	*X*	
33	*Rasentrimmer/Rasenkantenschneider*	*X*	
34	*Laubbläser*		*X*
35	*Laubsammler*		*X*
36	*Gegengewichtsstapler mit Verbrennungsmotor*		
36.1	*geländegängiger Gabelstapler (Gegengewichtsstapler auf Rädern, der in erster Linie für naturbelassenes gewachsenes und aufgewühltes Gelände, z. B. auf Baustellen, bestimmt ist)*	*X*	
36.2	*sonstiger Gegengewichtsstapler mit einer Tragfähigkeit von höchstens 10 Tonnen, ausgenommen Gegengewichtsstapler, die speziell für die Containerbeförderung gebaut sind*		*X*
37	*Lader (< 500 kW)*	*X*	
38	*Mobilkran*	*X*	
39	*Rollbarer Müllbehälter*		*X*
40	*Motorhacke (< 3 kW)*	*X*	
41	*Straßenfertiger*		
41.1	*ohne Hochverdichtungsbohle*	*X*	
41.2	*mit Hochverdichtungsbohle*		*X*
42	*Rammausrüstung*		*X*
43	*Rohrleger*		*X*
44	*Pistenraupe*		*X*
45	*Kraftstromerzeuger*		
45.1	*< 400 kW*	*X*	
45.2	*>= 400 kW*		*X*
46	*Kehrmaschine*		*X*
47	*Müllsammelfahrzeug*		*X*
48	*Straßenfräse*		*X*

Nr.	*Gerät/Maschine*	*Sp. 1*	*Sp. 2*
49	*Vertikutierer*		*X*
50	*Schredder/Zerkleinerer*		*X*
51	*Schneefräse (selbstfahrend, ausgenommen Anbaugeräte)*		*X*
52	*Saugfahrzeug*		*X*
53	*Turmdrehkran*	*X*	
54	*Grabenfräse*		*X*
55	*Transportbetonmischer*		*X*
56	*Wasserpumpe (nicht für Unterwasserbetrieb)*		*X*
57	*Schweißstromerzeuger*	*X*	

Von wesentlicher Bedeutung im Rahmen der 32. BImSchV ist insbesondere der Abschnitt 3, der die „*Betriebsregelungen für Geräte und Maschinen*“ enthält:

§ 7 Betrieb in Wohngebieten

(1) In reinen, allgemeinen und besonderen Wohngebieten, Kleinsiedlungsgebieten, Sondergebieten, die der Erholung dienen, Kur- und Klinikgebieten und Gebieten für die Fremdenbeherbergung nach den §§ 2, 3, 4, 4a, 10 und 11 Abs. 2 der Baunutzungsverordnung sowie auf dem Gelände von Krankenhäusern und Pflegeanstalten dürfen im Freien

1. *Geräte und Maschinen nach dem Anhang an Sonn- und Feiertagen ganztägig sowie an Werktagen in der Zeit von 20.00 Uhr bis 07.00 Uhr nicht betrieben werden,*
2. *Geräte und Maschinen nach dem Anhang Nr. 02, 24, 34 und 35 an Werktagen auch in der Zeit von 07.00 Uhr bis 09.00 Uhr, von 13.00 Uhr bis 15.00 Uhr und von 17.00 Uhr bis 20.00 Uhr nicht betrieben werden, es sei denn, dass für die Geräte und Maschinen das gemeinschaftliche Umweltzeichen nach den Artikeln 7 und 9 der Verordnung Nr. 1980/2000 des Europäischen Parlaments und des Rates vom 17. Juli 2000 zur Revision des gemeinschaftlichen Systems zur Vergabe eines Umweltzeichens (ABl. EG Nr. L 237 S. 1) vergeben worden ist und sie mit dem Umweltzeichen nach Artikel 8 der Verordnung Nr. 1980/2000/EG gekennzeichnet sind.*

Satz 1 gilt nicht für Bundesfernstraßen und Schienenwege von Eisenbahnen des Bundes, die durch Gebiete nach Satz 1 führen. Die Länder können für Landesstraßen und nichtbundeseigene Schienenwege, die durch Gebiete nach Satz 1 führen, die Geltung des Satzes 1 einschränken.

(2) Die nach Landesrecht zuständige Behörde kann im Einzelfall Ausnahmen von den Einschränkungen des Absatzes 1 zulassen. Der Zulassung bedarf es nicht, wenn der Betrieb der Geräte und Maschinen im Einzelfall zur Abwendung einer Gefahr bei Unwetter oder Schneefall oder zur Abwendung einer sonstigen Gefahr für Mensch, Umwelt oder Sachgüter erforderlich ist. Der Betreiber hat die zuständige Behörde auf Verlangen über den Betrieb nach Satz 2 zu unterrichten. Von Amts wegen können im

Einzelfall Ausnahmen von den Einschränkungen des Absatzes 1 zugelassen werden, wenn der Betrieb der Geräte und Maschinen zur Abwendung einer Gefahr für die Allgemeinheit oder im sonstigen öffentlichen Interesse erforderlich ist.

(3) Weitergehende landesrechtliche Vorschriften zum Schutz von Wohn- und sonstiger lärmempfindlicher Nutzung und allgemeine Vorschriften des Lärmschutzes, insbesondere zur Sonn- und Feiertagsruhe und zur Nachtruhe, bleiben unberührt.

§ 8 Betrieb in empfindlichen Gebieten

Die Länder können

1. *unter Beachtung des Artikels 17 der Richtlinie 2000/14/EG weitergehende Regelungen für Einschränkungen des Betriebs von Geräten und Maschinen nach dem Anhang in von ihnen als empfindlich eingestuften Gebieten treffen,*
2. *unter Beachtung der allgemeinen Vorschriften des Lärmschutzes Regelungen zu weitergehenden Ausnahmen von Einschränkungen des Betriebs von Geräten und Maschinen nach dem Anhang treffen, soweit*
   a) lärmarme Geräte und Maschinen eingesetzt werden, deren Betrieb nicht erheblich stört oder unter Abwägung öffentlicher und privater Belange sowie unter Berücksichtigung anderweitiger Lösungsmöglichkeiten Vorrang hat, oder
   b) der Betrieb im öffentlichen Interesse erforderlich ist.

7.2.5 § 906 BGB Zuführung unwägbarer Stoffe

Die Grundnorm des BGB[339] zum Immissionsschutz regelt mit einer positiven Formulierung („...*kann nicht verbieten...*“) die Zulässigkeit u.a. von Geräuschen wie folgt:

(1) Der Eigentümer eines Grundstücks kann die Zuführung von Gasen, Dämpfen, Gerüchen, Rauch, Ruß, Wärme, Geräusch, Erschütterungen und ähnliche von einem anderen Grundstück ausgehende Einwirkungen insoweit nicht verbieten, als die Einwirkung die Benutzung seines Grundstücks nicht oder nur unwesentlich beeinträchtigt. Eine unwesentliche Beeinträchtigung liegt in der Regel vor, wenn die in Gesetzen oder Rechtsverordnungen festgelegten Grenz- oder Richtwerte von den nach diesen Vorschriften ermittelten und bewerteten Einwirkungen nicht überschritten werden. Gleiches gilt für Werte in allgemeinen Verwaltungsvorschriften, die nach § 48 des Bundes-Immissionsschutzgesetzes erlassen worden sind und den Stand der Technik wiedergeben.

(2) Das Gleiche gilt insoweit, als eine wesentliche Beeinträchtigung durch eine ortsübliche Benutzung des anderen Grundstücks herbeigeführt wird und nicht durch Maßnahmen verhindert werden kann, die Benutzern dieser Art wirtschaftlich zumutbar sind. Hat der Eigentümer hiernach eine Einwirkung zu dulden, so kann er von dem Benutzer des anderen Grundstücks einen angemessenen Ausgleich in Geld verlangen, wenn die

339 Bürgerliches Gesetzbuch der Bundesrepublik Deutschland in der Fassung der Bekanntmachung vom 02.01.2002 (BGBl. I S. 42, ber. S. 2909, 2003 I S. 738), zuletzt geändert durch Gesetz vom 22.07.2014 (BGBl. I S. 1218) m.W.v. 29.07.2014.

Einwirkung eine ortsübliche Benutzung seines Grundstücks oder dessen Ertrag über das zumutbare Maß hinaus beeinträchtigt.

(3) Die Zuführung durch eine besondere Leitung ist unzulässig.

Diese Bestimmung stellt die Schnittstelle zur AVV Baulärm dar, da diese Allgemeine Verwaltungsvorschrift aufgrund der Anwendungsvorgabe des § 66 Abs. 2 BImSchG ein „Mehr“ gegenüber den in § 48 BImSchG aufgeführten Verwaltungsvorschriften deshalb ist, weil die Bundesregierung hier bereits von ihrem noch vom *„Gesetz zum Schutz gegen Baulärm“* vorgegebenen Recht zum Erlass dieser AVV Baulärm Gebrauch gemacht hatte und diese Vorschrift nach Ansicht des Gesetzgebers[340] auch heute noch den Stand der Technik wieder gibt. Gleiches gilt für die 32.BImSchV[341].

7.2.6 § 325a StGB Verursachen von Lärm, Erschütterungen, etc.

Das Strafrecht[342] droht bei gefährdendem Lärm[343] mit hohen Strafen wie folgt:

(1) Wer beim Betrieb einer Anlage, insbesondere einer Betriebsstätte oder Maschine, unter Verletzung verwaltungsrechtlicher Pflichten Lärm verursacht, der geeignet ist, außerhalb des zur Anlage gehörenden Bereichs die Gesundheit eines anderen zu schädigen, wird mit Freiheitsstrafe bis zu drei Jahren oder mit Geldstrafe bestraft.

(2) Wer beim Betrieb einer Anlage, insbesondere einer Betriebsstätte oder Maschine, unter Verletzung verwaltungsrechtlicher Pflichten, die dem Schutz vor Lärm, Erschütterungen oder nichtionisierenden Strahlen dienen, die Gesundheit eines anderen, ihm nicht gehörende Tiere oder fremde Sachen von bedeutendem Wert gefährdet, wird mit Freiheitsstrafe bis zu fünf Jahren oder mit Geldstrafe bestraft.

(3) Handelt der Täter fahrlässig, so ist die Strafe

1. *in den Fällen des Absatzes 1 Freiheitsstrafe bis zu zwei Jahren oder Geldstrafe,*
2. *in den Fällen des Absatzes 2 Freiheitsstrafe bis zu drei Jahren oder Geldstrafe.*

(4) Die Absätze 1 bis 3 gelten nicht für Kraftfahrzeuge, Schienen-, Luft- oder Wasserfahrzeuge.

Der im Strafrecht maßgebliche Begriff der *„Anlage“* trifft auf praktisch alle Baumaschinen und – geräte zu, die als solche laute Geräusche, selbst wenn auch nur durch die Antriebsmotoren, erzeugen. So etwa Planierraupen, Presslufthammer und –

---

340 S. dazu die Ausführungen des BVerwG, Urteile vom 10.07.2012, Az: 7 A 11.11; 7 A 12.11; 7 A 24.11 = IBR 2013, 238; 2013, 1081; 2013, 1226.

341 Vgl. PWW-*Lemke*, BGB-Kommentar, § 906, Rn.14.

342 Strafgesetzbuch der Bundesrepublik Deutschland in der Fassung der Bekanntmachung vom 13.11.1998 (BGBl. I S. 3322), zuletzt geändert durch Gesetz vom 10.10.2013 (BGBl. I S. 3799) m.W.v. 01.01.2014.

343 Näher dazu: *Moench*, Lärm als kriminelle Umweltgefährdung, S. 4 ff.

Bohrer[344], Betonmischer, Transport-mischer, Motorkompressoren, Turmdrehkräne, Bagger, Schweiß- oder Kraftstromerzeuger, Betonbrecher oder Drucklufthämmer[345].

Bei dem Gesetz handelt es sich um ein konkretes Gefährdungsdelikt[346]. In der Baupraxis führt Baulärm deshalb nur sehr selten zu einer Verurteilung[347]. Denn der Nachweis einer Ursächlichkeit für eine Gefährdung ist schon deshalb schwierig und im Regelfall nicht möglich, weil Baulärm zu den Immissionen zählt, die – wie etwa ein Knall – rasch vergänglich und nicht wieder rekonstruierbar sind. Zudem sind die Messmethoden umstritten und setzen für eine gerichtsfeste Beweisführung u.a. eine unmittelbare Kalibrierung der Messgeräte voraus[348]. Schließlich sind Bauarbeiten im Regelfall nicht so laut, dass überhaupt eine Gesundheitsgefahr entstehen könnte. Denn eine solche ergibt sich nur bei längerer und andauernder, also keine „Lärm-Ruhephasen", wie dies durch die täglich begrenzte Arbeitszeit einerseits und die Wochenendtage im Regelfall gegeben ist, enthaltene Lärmbelastung der Fall wäre[349].

7.2.7 § 117 OWiG Unzulässiger Lärm

Das Recht der Ordungswidrigkeiten – auch Bußgeldrecht genannt – kennt eine spezifische „Lärm-Verbots-Regelung" in § 117 OWiG[350] wie folgt:

---

344 Vgl. *Heine* in: *Schönke-Schröder*, StGB, § 325a, RN 4.

345 Vgl. *Tröndle / Fischer*, StGB, § 325a Rn.4 unter Hinweis auf § 325, Rn.4.

346 *Heine* in: *Schönke-Schröder*, StGB, § 325a, RN 7.

347 Vgl. dazu auch die kurzen Ausführungen von *Greeve / Leipold*, Handbuch des Baustrafrechts, zu § 325a StGB; in Datenbanken (z. B. *juris;* ibr-online; beck-online) finden sich dementsprechend keine Nachweise. Dies ist insb. auch auf die nur sehr schwierigen Beweismöglichkeiten im Hinblick auf die meist nur kurzzeitigen und „flüchtigen" Schallemissionen zurückzuführen; *Korbion/Scherer*, Gesetzliches Bauhaftungsrecht. Bauliches Nachbarrecht, führen auf den S. 202/203 insgesamt auch nur drei Straf- bzw. OWi-Verfahren im Zusammenhang mit Baulärm an: So wurde ein Bauleiter einer Großbaustelle wegen fahrlässiger Körperverletzung, verursacht durch Baulärm durch einen Kompressor, verurteilt (AG Hannover, Urteil vom 26.06.1962 – 46 Es 3/61); das OLG Hamm BB 1959, 615 und BB 1960, 1112 strafte einen Unternehmer wegen nächtlicher Ruhestörung durch Be- und Entladen von LKW und das OLG Stuttgart BB 1960, 1112 sprach einen Bauunternehmer wegen des Laufenlassen eines Ölofen-Gebläses in einem Rohbau für schuldig.

348 http://www.laermorama.ch/m6_machtlaermkrank/index-m6.html.

349 Im Rahmen der Beratungen zu § 325 StGB a.F. wurde dazu in der BT-Drucksache 8/3633 vom 04.02.1980 klargestellt, dass als einzige Krankheit im Zusammenhang mit Lärm nur die Lärmschwerhörigkeit bekannt sei. Diese aber trete nur bei Dauerschallpegeln von 80 dB (A) auf. Im Übrigen könne bei Einzelschallpegeln bzw. Gesamtschallpegeln von 100 dB (A) und mehr nicht ausgeschlossen werden, dass eine direkte potentielle Schädigung des Organismus erfolgen könne.

350 Gesetz über Ordnungswidrigkeiten in der Fassung der Bekanntmachung vom 19. Februar 1987 (BGBl. I S. 602), zuletzt durch Artikel 18 des Gesetzes vom 10. Oktober 2013 (BGBl. I S. 3786) geändert.

(1) *Ordnungswidrig handelt, wer ohne berechtigten Anlaß oder in einem unzulässigen oder nach den Umständen vermeidbaren Ausmaß Lärm erregt, der geeignet ist, die Allgemeinheit oder die Nachbarschaft erheblich zu belästigen oder die Gesundheit eines anderen zu schädigen.*

(2) *Die Ordnungswidrigkeit kann mit einer Geldbuße bis zu fünftausend Euro geahndet werden, wenn die Handlung nicht nach anderen Vorschriften geahndet werden kann.*

Dieses Gesetz stellt, wie Abs. 2 vorgibt, lediglich einen Auffangtatbestand dar[351]. Dementsprechend hat es im Hinblick auf das vorrangige BImSchG sowie die 32.BImSchV zur Regelung des Geräte- und Maschinenlärmschutzes allenfalls Bedeutung für den sog. Begleitlärm auf Baustellen. Dabei handelt es sich z.B. um lautes Rufen oder Schreien, Pausen-Sirenen oder sonstige Geräusche, sofern sie „*ohne berechtigten Anlaß*" oder in unzulässigem oder vermeidbarem Ausmaß belästigenden oder schädigenden Lärm darstellen. Insoweit gilt das zu § 325a StGB oben Ausgeführte entsprechend: Es ist im Einzelfall praktisch nur schwer möglich, hier die Tatbestandsmerkmale nachzuweisen. Dementsprechend hat § 117 OWiG ebenso wenig wie § 325a StGB Bedeutung in der Bau- und Gerichtspraxis, auch wenn vereinzelt Verfahren aufgrund rein subjektiver Schilderungen und darauf beruhender Anzeigen durch Polizeibehörden durchgeführt werden[352].

7.2.8 Arbeitsschutzrechtliche Regelungen

Das Arbeitsschutzrecht umfasst auch und gerade die Problematik der Lärmbelastung von Bauausführenden. Neben der allgemeinen gesetzlichen Schutzvorgabe in Form einer Unterweisungs- und Belehrungspflicht gem. § 12 Abs. 1 ArbSchG[353],

---

351 *Gürtler* in: *Göhler*, OWiG, § 117, Rn.17.

352 Vgl. für die Beurteilung von Hausmusik als „Lärm" die Entscheidung des BVerfG vom 17.November 2009 – 1 BvR 2717/08 auf Verfassungsbeschwerde gegen eine Entscheidung des KG Berlin vom 12.08.2008 – 2 Ss 228/08 – 1 Ws (B) 315/08 zu einem Urteil des AG Tiergarten (Berlin) vom 04.06.2008 – 331 OWi 3091 PLs 918/08 (262/08) Umw. (beide im Beschluss des BVerfG zitiert, aber nicht veröffentlicht): Ein Amtsrichter verurteilte einen Mieter, weil dieser nicht verhinderte, dass seine 16-jährige Tochter am Sonntagnachmittag Klavier übte. Als „Beweis" für eine „Belästigung" genügte dem Gericht die Einschätzung des anzeigenden Nachbarn sowie der Bestätigung durch einen Polizeibeamten, dass der „Musiklärm" störend gewesen sei. Das BVerfG hob die Entscheidungen auf. Daraufhin stellte das AG das Verfahren ein.

353 *„Der Arbeitgeber hat die Beschäftigten über Sicherheit und Gesundheitsschutz bei der Arbeit während ihrer Arbeitszeit ausreichend und angemessen zu unterweisen. Die Unterweisung umfaßt Anweisungen und Erläuterungen, die eigens auf den Arbeitsplatz oder den Aufgabenbereich der Beschäftigten ausgerichtet sind. Die Unterweisung muß bei der Einstellung, bei Veränderungen im Aufgabenbereich, der Einführung neuer Arbeitsmittel oder einer neuen Technologie vor Aufnahme der Tätigkeit der Beschäftigten erfolgen. Die Unterweisung muß an die Gefährdungsentwicklung angepaßt sein und erforderlichenfalls regelmäßig wiederholt werden".*

stellt insbesondere die *LärmVibrationsArbSchV*[354] die maßgebliche Regelung auch für die Beurteilung der Handhabung des Baulärms in Bezug auf die Bauausführenden, insbesondere Bauarbeiter und Bauhandwerker, im Arbeitsverhältnis dar. Gem. § 1 Abs. 1 dieser Verordnung gilt, dass diese zum Schutz der Beschäftigten vor tatsächlichen oder möglichen Gefährdungen ihrer Gesundheit und Sicherheit durch Lärm oder Vibrationen bei der Arbeit dient. Ein Verstoß gegen die sehr dezidierten Vorgaben der Verordnung, die auch für Bauarbeiten jeder Art gilt, wie sich nicht zuletzt im Umkehrschluss aus § 17 Abs. 3 *LärmVibrationsArbSchV*, der die Bedienung von Baumaschinen anführt, ergibt, ist gem.§ 16 Abs. 1 iVm § 25 Abs. 1, Nr. 1 ArbSchG mit Bußgeld belegt oder sogar als Straftat zu ahnden, § 16 Abs. 2 iVm § 26 Nr. 2 ArbSchG. Auch damit wird der hohe Stellenwert des Lärmschutzes[355] verdeutlicht. Ergänzend dazu sind eine Reihe von weiteren Regelungen einschlägig, die an dieser Stelle jedoch nicht weiter behandelt werden können[356]. Festzuhalten ist insoweit jedoch, dass die Baulärm-Belastung von Baubeteiligten nicht im Rahmen der vorliegenden Untersuchung zu prüfen ist. Hier kann es nämlich nicht um die Frage einer Sozialadäquanz, sondern ausschließlich um betriebsinterne arbeitsrechtliche Vorgänge gehen. Und deren Regelung und Überprüfung obliegt primär den Betriebsräten, den Gewerkschaften und übergeordnet der BGBau sowie dem jeweils zuständigen Gewerbeaufsichtsamt. Dieses ist für die Überwachung der gesundheitlichen, sozialen, technischen und sicherheitsrechtlichen Belange verantwortlich[357].

7.3 Sonstige Baulärm-Regelungen

Das täglich in der Baupraxis wiederkehrende Lärm-Problem versuchen neben der Berufsgenossenschaft der Bauwirtschaft (BG BAU) sowie der Deutschen

---

354 Lärm- und Vibrations-Arbeitsschutzverordnung vom 6. März 2007 (BGBl. I S. 261), die zuletzt durch Artikel 3 der Verordnung vom 19. Juli 2010 (BGBl. I S. 960) geändert worden ist; näher dazu: *Pangert / Streit*, Lärm- und Vibrations-Arbeitsschutzverordnung. Erläuterungen für die Praxis, 2010. Nach 33 Jahren wurde die UVV „Lärm" (BGV B3) im März 2007 von der Lärm und Vibrations-Arbeitsschutzverordnung abgelöst. Zur Konkretisierung wurden im März 2010 die „TRLV Lärm" und die „TRLV Vibrationen" veröffentlicht.

355 S. dazu insb. auch: *Maue*, Bestimmen der Lärmexposition an Arbeitsplätzen – Messstrategien und Messunsicherheit, in: Sicherheitsingenieur 5/2006, S. 12 ff.

356 Vgl. z.B.: Richtlinie 86/188/EWG des Rates vom 12. Mai 1986 über den Schutz der Arbeitnehmer gegen Gefährdungen durch Lärm am Arbeitsplatz. Amtsblatt der EG Nr. L 137 vom 24.05.1986, S. 28; Verordnung über Arbeitsstätten (Arbeitsstättenverordnung – ArbStättV) vom 12. August 2004. BGBl. I, S. 2179; Richtlinie 2003/10/EG des Europäischen Parlaments und des Rates vom 6. Februar 2003 über Mindestvorschriften zum Schutz von Sicherheit und Gesundheit der Arbeitnehmer vor der Gefährdung durch physikalische Einwirkungen (Lärm). Amtsblatt d. EU L 42 vom 15. Februar 2003, S. 38; VDI 2058 Blatt 3: Beurteilung von Lärm am Arbeitsplatz unter Berücksichtigung unterschiedlicher Tätigkeiten. Februar 1999;

357 S. dazu z.B.: *http://www.gaa-m.bayern.de/aufgaben* (Aufruf 20.07.2015) für Bayern.

Gesetzlichen Unfallversicherung e.V. (DGUV)[358] auch viele Kommunen dadurch transparent zu machen und in das Bewusstsein aller Baubeteiligten, aber auch „Baulärm-Betroffenen" zu bringen, in dem sie „Merkblätter" oder „Informationsschriften" an die Baubeteiligten, aber auch die (voraussichtlich) Lärm-Betroffenen ausgeben[359].

7.3.1 Regelungen der BG BAU

Die für Bauarbeiten zuständige Berufsgenossenschaft für die Bauwirtschaft hat eine Reihe von, den Lärmschutz der am Bau Beschäftigten konkretisierenden bzw. erläuternden, Informations- bzw. BG-Regelungen herausgebracht. Diese Einzelfragen bedürfen an dieser Stelle jedoch ebenso wie die rein arbeitsschutzrechtlichen Fragen keiner näheren Untersuchung[360].

7.3.2 Lärmschutz-Merkblätter

Zahlreiche Kommunen versuchen die komplexe Baulärm-Problematik dadurch ihren Bürgern verständlich(er) zu machen, indem sie sog. „Baulärm-Merkblätter" herausgeben[361]. Diese beinhalten im Regelfall die Hinweise auf die Bedeutung des Lärmschutzes für die Anwohner, deren Abwehrrechte und meist eine (auszugsweise) Wiedergabe des BImSchG, insb. der §§ 3; 22 und 66, mit der Betonung einer Anwendbarkeit der *AVV Baulärm*. Im Wesentlichen enthalten derartige Hilfen folgende Ausführungen[362]:

---

358 Z. B. durch das Lärmschutz-Arbeitsblatt LSA 01–400, Stand Oktober 2007.

359 S. dazu z. B. auch: *Ministerium für Stadtentwicklung, Wohnen und Verkehr des Landes Brandenburg*,Städtebauliche Lärmfibel. Hinweise für die Bauleitplanung. Potsdam 2001.

360 Berufsgenossenschaftliche Grundsätze für arbeitsmedizinische Vorsorgeuntersuchungen, Grundsatz G 20 „Lärm". Gentner Verlag, Stuttgart 1989; LSA 01–305: Lärmschutz-Arbeitsblatt „Geräuschminderung im Betrieb – Lärmminderungsprogramm nach § 6 Unfallverhütungsvorschrift Lärm". (BGI 675), Carl Heymanns Verlag Köln, Ausgabe Juni 1995; BG-Regel „Einsatz von Gehörschützern" (BGR 194) – Ausgabe April 1998 mit aktualisierter Positivliste Oktober 2003, Heymann Verlag Köln; vgl. auch: *Maue*, Besondere Gehörgefährdung durch Impulslärm? In: Neufassung der Unfallverhütungsvorschrift „Lärm" – Einheitliche Umsetzung in der Praxis. BIA-Report 1/92, S. 43 ff.

361 Ein Paradebeispiel dafür ist die Bundeshauptstadt Berlin: *Senatsverwaltung für Stadtentwicklung und Umwelt*, Baulärm. Informationen. Rechts- und Verwaltungsvorschriften. Berlin. Stand Dezember 2012. Insgesamt wird das in der Millionenstadt ständig virulente Baulärm-Problem mit zahlreichen Aktionen in Griff zu bekommen versucht. So auch mit einer Ausschreibungshilfe: *Umweltbundesamt Berlin*, Standardleistungsbuch für das Bauwesen: Regional-Leistungsbereich 898 Schutz gegen Baulärm und Erschütterungen, Berlin 1996.

362 Am Beispiel der Landeshauptstadt von Bayern, München (Merkblatt Baulärm, Stand 05/2013), abrufbar unter www.muenchen.de/laerm; s. dazu auch die nahezu gleichlautenden Merkblätter u.a. von *Nürnberg* (https://www.nuernberg.de/imp

„Wer Baustellen betreibt, hat nach § 22 des Bundes-Immissionsschutzgesetzes in der Fassung vom 26. September 2002 (BGBl. I S. 3830) dafür zu sorgen, dass
1. Geräusche verhindert werden, die nach dem Stand der Technik vermeidbar sind, und
2. Vorkehrungen getroffen werden, um die Ausbreitung unvermeidbarer Geräusche auf ein Mindestmaß zu beschränken soweit dies erforderlich ist, um die Nachbarschaft vor erheblichen Belästigungen zu schützen. Die Bundesregierung hat Immissionsrichtwerte festgesetzt, bei deren Überschreitung mit erhebliche Belästigungen durch Baumaschinen zu rechnen ist (Allgemeine Verwaltungsvorschrift zum Schutz gegen Baulärm – Geräuschimmissionen – vom 19. August 1970, Beilage zum Bundesanzeiger Nr. 160).“
[es folgt die Angabe der AVV Baulärm-Werte]

Sodann schließt sich jeweils der „belehrende“ (und wegen der komplizierten, für Rechtslaien kaum nachvollziehbaren Formulierung nicht unbedingt zum Verständnis beitragende) Schlussteil der Merkblätter an:

„Nachtzeit ist nach dieser Vorschrift die Zeit von 20.00 Uhr bis 7.00 Uhr. Die Bauherren, Bauunternehmer und Bauleiter haben die Pflicht, beim Betrieb von Baumaschinen auf die Einhaltung der Richtwerte zu achten. Unabhängig davon haben sie ferner die Pflicht, zu jeder Zeit vermeidbare Geräusche von Bauarbeiten zu verhindern (Art. 9 der Bayerischen Bauordnung in der Fassung der Bekanntmachung vom 14. August 2007, GVBl. S. 588). Gesetzesverstöße können zu Zwangsmaßnahmen bis hin zur Stilllegung der Baustelle führen. Daneben können Bußgeldbescheide verhängt werden und in besonders schwerwiegenden Fällen Strafanzeigen wegen Körperverletzung erfolgen. Um die Gefahr von Gesetzesverstößen auszuschließen, ist der Betrieb an jeder Baustelle möglichst geräuscharm

---

eria/md/umweltamt/dokumente/laerm/baul__rm_merkblatt.pdf), den *Lahn-Dill-Kreis* (http://www.lahn-dill-kreis.de/cms/media/anlagen/fb2/umweltnaturschutz/Merkblatt_zum_Schutz_gegen_Baulaerm.pdf), *Hamburg* (Merkblatt AUSNAHME-GENEHMIGUNG Baulärm)(http://www.hamburg.de/contentblob/4096560/data/merkblatt-%E2%80%93-ausnahme-genehmigung-baulaerm-08-2013.pdf) oder *Berlin*, das seit vielen Jahren – erneut im Dezember 2012 nach Erstausgabe 1996 – eine nun 70 Seiten umfassende Informationsbroschüre durch die Senatsverwaltung für Stadtentwicklung und Umwelt mit dem Titel *„Baulärm – Informationen, Rechts- und Verwaltungs-vorschriften“* herausbringt und damit folgenden Adressatenkreis erreichen will (S. 6): *„Sie richtet sich vor allem an Bauherren und ausführende Firmen, um ihnen Pflichten und Möglichkeiten zur Minderung des Baulärms zu verdeutlichen, aber auch um aufzuzeigen, welche Spielräume für beschleunigte Bauabläufe gegeben sind. Sie richtet sich zudem an die vom Baulärm betroffenen Anwohner, um sie darüber zu informieren, zu welchen Zeiten unvermeidbare Belästigungen durch Baulärm hingenommen werden müssen und unter welchen Bedingungen ihnen gegebenenfalls Störungen während ausgewiesener Schutzzeiten zugemutet werden können“*; in den einschlägigen Suchmaschinen des Internets können zahlreiche weitere derartige Merkblätter und Broschüren unter dem Stichwort *„Merkblatt Baulärm“* gefunden werden, z. B. auch eine äußerst umfangreiche Problemdarstellung der Landeshauptstadt Dresden unter der Überschrift: *„Schutz vor Baulärm und Luftverunreinigungen“*.

abzuwickeln. Zu diesem Zweck sind nach Möglichkeit lärmarme Baumaschinen einzusetzen und Abschirmmaßnahmen zu treffen. Zu den Abschirm-maßnahmen gehört auch eine den Schallschutz der Anwohner berücksichtigende Aufstellung der Baumaschinen. Fachtechnische Hinweise über Maßnahmen zur Minderung des Baulärms gibt z.B. die Anlage 5 der Allgemeinen Verwaltungsvorschrift zum Schutz gegen Baulärm (siehe auch www.umweltbundesamt.de). Geräte und Maschinen nach dem Anhang der 32. Verordnung zur Durchführung des Bundes-Immissionsschutzgesetzes (Geräte- und Maschinenlärmschutzverordnung – 32. BImSchV) vom 29. August 2002 (BGBl I S 3478) müssen mit einer CE-Kennzeichnung, ergänzt durch die Angabe des garantierten Schallleistungspegels, versehen sein. Sie dürfen in Wohngebieten, Kleinsiedlungsgebieten, Sondergebieten, die der Erholung dienen, Kur- und Klinikgebieten, Gebieten für Fremdenbeherbergung sowie auf dem Gelände von Krankenhäusern und Pflegeanstalten an Sonn- und Feiertagen ganztägig sowie an Werktagen in der Zeit von 20.00 Uhr bis 07.00 Uhr nicht betrieben werden. Auch wenn die 32. BImSchV nicht einschlägig ist, führen geräuschvolle Bauarbeiten zwischen 20.00 und 7 Uhr erfahrungsgemäß zu Überschreitungen der Immissionsrichtwerte nachts in Kur-, Wohn-, und Mischgebieten und sind daher allenfalls innerhalb von Industrie- und Gewerbegebieten zulässig. Weitere Informationen finden Sie im Internet unter www.muenchen.de/laerm.“

7.4 Am Rande: Bau-Ordnungs- und Baunutzungsrecht

Das Bau-Ordnungs- und Baunutzungsrecht beinhaltet zwar Schutzvorgaben hinsichtlich von Schallimmissionen und unterstreicht deshalb auch von dieser Seite die Bedeutung der Lärm-Problematik. Allerdings geht es dabei um den reinen Gebäudeschallschutz gem. *DIN 4109 (1989 i.d.F. vom August 1992), Schallschutz im Hochbau* einerseits und die allgemeinen Gesundheitsschutzvorgaben andererseits.

7.4.1 Die Muster-Bauordnung der Bauministerkonferenz (MBO)

Schallschutz gilt als ein wichtiges Merkmal für die Qualität einer Gebäudenutzung. Der bauaufsichtlich aus Gründen des Gesundheitsschutzes geforderte Schallschutz ist deshalb in der DIN 4109 festgelegt. In Abschnitt 1 („*Anwendungsbereich und Zweck*“) der DIN 4109 heißt es dazu wie folgt:

> *„In dieser Norm sind Anforderungen an den Schallschutz mit dem Ziel festgelegt, Menschen in Aufenthaltsräumen vor unzumutbaren Belästigungen durch Schallübertragung zu schützen. ..... Aufgrund der festgelegten Anforderungen kann nicht erwartet werden, dass Geräusche von außen oder aus benachbarten Räumen nicht mehr wahrgenommen werden......“.*

Da die DIN 4109 durch Einführungserlasse in das Baurecht der Länder übernommen wurde, sind ihre Anforderungen baurechtlich geschuldet.

Dementsprechend gibt § 15 der Musterbauordnung (MBO)[363] in Absatz 2 vor:

„Gebäude müssen einen ihrer Nutzung entsprechenden Schallschutz haben. Geräusche, die von ortsfesten Einrichtungen in baulichen Anlagen oder auf Baugrundstücken ausgehen, sind so zu dämmen, dass Gefahren oder unzumutbare Belästigungen nicht entstehen".

Eine gleichlautende oder entsprechende Regelung findet sich in allen Länder-Bauordnungen[364].

7.4.2 Die Bau-Nutzungsverordnung (BauNVO)

Ebenfalls in § 15 findet sich in der BauNVO[365] unter der Überschrift *„Allgemeine Voraussetzungen für die Zulässigkeit baulicher und sonstiger Anlagen"* eine Geräusch-Regelung. Diese führt zwar weder die Begriffe Geräusch, Schall oder Lärm auf. Sie ist jedoch durch ihre Formulierung so allgemein („*...Belästigungen oder Störungen...*") gehalten, dass auch dieser Problembereich dadurch abgedeckt wird[366]:

(1) Die in den §§ 2 bis 14 aufgeführten baulichen und sonstigen Anlagen sind im Einzelfall unzulässig, wenn sie nach Anzahl, Lage, Umfang oder Zweckbestimmung der Eigenart des Baugebiets widersprechen. Sie sind auch unzulässig, wenn von ihnen Belästigungen oder Störungen ausgehen können, die nach der Eigenart des Baugebiets im Baugebiet selbst oder in dessen Umgebung unzumutbar sind, oder wenn sie solchen Belästigungen oder Störungen ausgesetzt werden.

(2) Die Anwendung des Absatzes 1 hat nach den städtebaulichen Zielen und Grundsätzen des § 1 Abs. 5 des Baugesetzbuchs zu erfolgen.

(3) Die Zulässigkeit der Anlagen in den Baugebieten ist nicht allein nach den verfahrensrechtlichen Einordnungen des Bundes-Immissionsschutzgesetzes und der auf seiner Grundlage erlassenen Verordnungen zu beurteilen.

---

363 Vom November 2002 in der Fassung vom September 2012; zur Vereinheitlichung der Länder-Bauordnungen von der Bundesbauministerkonferenz eingeführt und ständig fortentwickelt (näher dazu: http://www.verordnungen-berlin.de/bundeslaender/downloads/Verordnungen/Musterbauordnung_Be-gruendung.pdf).

364 Vgl. nur Art. 16, Abs. 2 BayBO (vom 4. August 1997 GVBl 1997, S. 433, zuletzt geändert am 10.03.2006, GVBl 2006, S. 120): *„Bei der Errichtung oder Änderung baulicher Anlagen oder bei einer Nutzungsänderung ist ein der vorgesehenen Nutzung und dem Standort entsprechender ausreichender Schallschutz vorzusehen. Lärmschutzmauern, bepflanzte Lärmschutzwälle oder ähnliche Anlagen können verlangt werden, wenn Lage und Nutzung von Gebäuden mit Aufenthaltsräumen das erfordern"*; wortgleich mit § 15 MBO z.B. § 14 HBO (GVBl. I 2011, 46, 180).

365 Baunutzungsverordnung in der Fassung der Bekanntmachung vom 23. Januar 1990 (BGBl. I S. 132), die zuletzt durch Artikel 2 des Gesetzes vom 11. Juni 2013 (BGBl. I S. 1548) geändert worden ist.

366 Vgl. *Fickert / Fieseler*, Baunutzungsverordnung, § 15, Rdn. 2 ff.

7.5 Zusammenfassung und Überblick: Baulärm-Regelungen

Nachdem die straf- und bußgeldrechtlichen Bestimmungen in der Baupraxis durch die Schwierigkeiten insbesondere der Beweisführung hinsichtlich einer Gefährdung, Belästigung und Ursächlichkeit keine maßgebende Rolle spielen, ist für die rechtliche Beurteilung des Baulärms in erster Linie ein Doppel-Pack zweier Regelungen, die von der Bundesregierung kraft Ermächtigung im schon 1974 aufgehobenen Gesetz zum Schutz vor Baulärm bzw. gem. § 48 BImSchG als – in Kurzform – *AVV Baulärm* und *32.BImSchV* erlassen worden waren, maßgeblich. Damit wird auf untergesetzlicher Legitimationsstufe eine Rechtsmaterie geregelt, die mit der Gesundheit und dem Wohlempfinden von Menschen einerseits und andererseits mit wesentlichen Grundlagen des menschlichen Daseins, nämlich Wohnen, Arbeiten und Infrastruktur, zu tun hat. Dies wird ebenso näher zu hinterfragen sein. Auch ist abzuklären, ob die Mehrgleisigkeit der Regelungen – die grundsätzliche Zulassung von Geräuschen gem. § 906 BGB und deren Beurteilung auf der Basis verwaltungsrechtlicher Vorgaben – sinnvoll ist. Dies gerade mit Bezug auf eine Entscheidung des BGH aus dem Jahr 2003. In diesem Urteil[367] führte das oberste Zivilgericht dezidiert aus: „*Nach der neueren Rechtsprechung des Senats richtet sich die Beurteilung, ob eine Immission wesentlich i.S. des § 906 BGB ist, nicht nur nach dem Maß der objektiven Beeinträchtigung. Im Interesse der Harmonisierung zivilrechtlicher und öffentlich-rechtlicher Beurteilungsmaßstäbe hat der Senat eine Angleichung an die verwaltungsgerichtliche Rechtsprechung vollzogen, die als erhebliche Belästigung alles ansieht, was einem verständigen Durchschnittsmenschen auch unter Würdigung anderer öffentlicher und privater Belange billigerweise nicht mehr zuzumuten ist. Demgemäß können bei der Prüfung der Erheblichkeit oder Wesentlichkeit von Lärm auch schutzwürdige Interessen der Allgemeinheit und gesetzliche Wertungen eine Rolle spielen*“.

Der BGH hat damit das Tor zu einer übergreifenden und einheitlichen Baulärm-Regelung weit aufgemacht: Anzustreben ist eine Harmonisierung der rechtlichen Beurteilungsmaßstäbe, mithin eine Wertung, die unabhängig von der einzelnen Rechtsmaterie vorzunehmen ist. Dies kann nur unterstrichen werden: Zwar ist Lärm nicht gleich Lärm. Aber ein spezifisch zu beurteilender Lärm kann keine andere Qualität haben, wenn nicht eine zivilrechtliche, sondern eine öffentlich-rechtliche oder strafrechtliche Frage zur Beantwortung ansteht: Der Emissionsort, der Immissionsort und – empfänger sowie die Lärm-Urheberschaft, Lautstärke und Lästigkeit ist und bleibt zwangsläufig – bezogen auf ein einzelnes Lärmereignis – immer gleich. Deshalb müssen die Gerichte insoweit mit gleicher Sprache sprechen. Oder Richter müssten, wenn die Möglichkeit bestehen sollte, eine entsprechende gesetzliche Regelung im Hinblick auf Baulärm zu erlassen, mit der Frage von Baulärm bei Bauarbeiten überhaupt nicht mehr befasst werden.

367 BGH Urteil vom 26.09.2003, Az: V ZR 41 / 03 = NJW 2003, 3699 (3700 r.Sp. c).

8. Baulärm als Beeinträchtigung des Wohlbefindens?

Durch die politische wie die juristische und auch die psychoakustische Diskussion zieht sich wie ein roter Faden eine Kernbegründung für Abwehrmaßnahmen, Miet- oder Pachtminderungs- bzw. sonstige Entschädigungsansprüche: Durch den zu erduldenden Baulärm werde in unzumutbarer Weise das Ruhe- und Erholungsbedürfnis der Betroffenen gestört. Dies drücke sich aus in körperlichen Beeinträchtigungen, die von Schlaf- über Herz-Rhythmus-Störungen, von Angst- zu Migränezuständen oder auch Konzentrationsverlust bis hin zu einer reinen Belästigung reichen. Zudem liege im Rahmen von Miet- oder Pachtverhältnissen oftmals durch Baulärm-Einwirkung ein Mangel der Mietsache vor, der gem. § 536 BGB zu einem Mietminderungsrecht führe[368].

In der Debatte um die Auswirkungen von Baulärm auf die Gesundheit und das Wohlbefinden von Menschen[369] wird dabei als Faustregel ein Schwellenwert für den Übergang zu einer Gefährdung der Gesundheit von etwa 70 dB (A) bei Tag angenommen[370]. Dieser Wert korrespondiert allerdings nicht mit den Vorgaben der Sachverständigen im Rahmen der Beschlussfassung zur Novellierung des § 325 StGB a.F., wonach eine Lärmschwerhörigkeit erst bei Dauerschallpegeln von 80 dB (A) und mehr auftreten könne[371] – wobei die Betonung auf „*Dauer*" liegt, während Bauarbeiten jeweils nur relativ kurze Zeitintervalle – auch bei länger dauernden Baustellen – höherer Lärmbelastung ausfüllen. Ebenso kann es nur bei Lärm, dem Menschen auf längere Dauer ausgesetzt sind, zu psycho-physiologischen Gesundheitsstörungen führen[372]. „Gemeinsamer Nenner" aller Negativ-Auswirkungen ist damit stets eine gewisse Dauer einer Lärmeinwirkung. Dies ist im Hinblick auf die im Regelfall begrenzte Tages-Bauzeit (von 7 Uhr bis maximal 20 Uhr) sowie die ebenso nicht durchgehende Arbeitswoche (Montag bis Freitagmittag gem. Tarifvertrag Bau) bei Bauarbeiten aber grundsätzlich zu verneinen.

Das Problem in diesem Zusammenhang ist die mangelnde Differenzierung von Lärm-Arten:

---

368 Hierzu ist insb. auf die zahlreichen Urteile in Kap.11 zu verweisen, deren Ausgangspunkt immer entspr. Klage- oder Verfügungsansprüche, die geltend gemacht worden sind, waren.

369 S. dazu auch die Studie von *Stölzel*, Zusammenhang zwischen Umweltlärmbelästigung und Lärmempfindlichkeit – epidemiologische Untersuchung im Rahmen der Berliner Lärmstudie, Diss. Berlin 2004.

370 BVerwG, Urteil vom 16.03.2006 – 4 A 1073/06-, *juris.*; so auch HessVGH, Urteil vom 21.08.2009 – 11 C 227/08 -, *juris*; HessVGH, Beschluss vom 31.05.2011 – 9 B 1111/11, openJur 2012, 27366.

371 BT-Drucksache 8/3633 vom 04.02.1980.

372 BT-Drucksache 8/3633 vom 04.02.1980.

Wer täglich 8 Stunden ohne ausreichenden Gehörschutz an einer Stanzmaschine steht oder mit einem Presslufthammer arbeitet, wird sehr schnell gesundheitliche Probleme – insb. mit dem Gehör-Organ – feststellen müssen. Gleiches gilt für andere Tätigkeiten, die eine Dauer-Beschallung bedeuten, wie etwa der Pflasterer, dessen Schlegel ganztags auf Granitsteine aufschlägt. Dies ist dann der sog. Arbeitslärm, der „krank" machen kann. Insbesondere aber – und dies wird in der vorliegenden Untersuchung ebenso aufgezeigt – beherrschen zwei „Lärm-Arten" die Diskussion, denen Millionen von Menschen mehr oder weniger ungeschützt, insb. in den Großstädten, ausgesetzt sind: Der Verkehrslärm von Straße und Schiene sowie der Fluglärm. Dass es hier bei der andauernden Geräusch-Entwicklung durch die Fahrzeuge bzw. Flugzeuge zu einer nachvollziehbaren Beeinträchtigung des Wohlbefindens kommen kann, liegt auf der Hand und wird entsprechend auch ausführlich in der Wissenschaft behandelt[373].

Wenn aber – wie beim Baulärm – das Merkmal der „Dauer" ebenso fehlt wie die Möglichkeit besteht, diesem für einen überschaubaren Zeitraum auszuweichen bzw. diesen „auszusperren", in dem lärmabgewandte Räume aufgesucht, Fenster bzw. Türen geschlossen oder, ebenso vorübergehend, zu besonders lauten Bau-Zeiten der davon betroffene Immissionsort verlassen wird, dann kann es weder zu gesundheitlichen Beeinträchtigungen noch zu wesentlichen Störungen des Wohlbefindens kommen. Vielmehr wirkt sich in diesen Fällen das Lästigkeitsempfinden Einzelner verstärkend zur Hervorrufung von Ärger und damit den Entschluss, einen Anwalt, die Behörde oder ein Gericht zu kontaktieren, aus.

Die Diskussion zur Baulärm-Problematik hat damit ihren Ursprung darin, dass der Baulärm in eine Art von „Sippenhaft" mit anderen, nachvollziehbar sehr störenden und dauerhaften Lärmquellen, deren Existenz – ebenso wie das Bauen an sich – unabweisbar für die Entwicklung eines Staates ist, genommen wird. Die großen Unterschiede zwischen diesen Lärm-Arten werden jedoch im Regelfall nicht berücksichtigt:

- Baulärm ist temporär, Verkehrs- und Fluglärm permanent vorhanden.
- Baulärm kann ein Betroffener ausweichen, Verkehrs- und Fluglärm nicht.
- Baulärm ist lästig, aber nicht gesundheitsbeeinträchtigend, Verkehrs- und Fluglärm hingegen schadet ab einer gewissen Intensität der Gesundheit und Psyche.

Diese Erkenntnisse können für die Frage einer Sozialadäquanz ebenso von Bedeutung sein.

---

373 Ausführlich dazu: *Kalivoda / Steiner*, Taschenbuch der Angewandten Psychoakustik, insb. dort S. 71 ff. zur Lärmwirkung; s. auch: *Müller / Möser*, Taschenbuch der Technischen Akustik, Städtebaulicher Schallschutz, S. 661 ff.

9. Unvermeidbarkeit von Baulärm

Dass Baulärm als solcher letztlich unvermeidbar ist, weil „Stahl auf Stahl", „Metall auf Holz", „Eisen auf Stein" oder „Glas auf Beton" trifft bzw. Motor- und Antriebsgeräusche nach dem derzeitigen Stand der Technik noch nicht vollkommen ausgeblendet werden können, bedarf auch mit Blick in die Rechtsprechung und Literatur keiner längeren Ausführungen. Denn es zählt zu den Grunderfahrungen eines jeden Menschen, dass Bauarbeiten laute Geräusche hervorrufen. So konstatierte das LG Konstanz: *„Rohbauarbeiten, die nicht mit Geräuschimmissionen verbunden sind, sind jedoch kaum vorstellbar"*.[374] Mehr noch: Die Wissenschaft hat nachgewiesen, dass es gerade bei innerstädtischen Baustellen, die nicht nur durch die Dichte der Umgebungsbebauung, sondern auch durch die damit verbundene Schallreflexion insb. von Wänden, Dächern, Solaranlagen und (Schau-)Fenstern geprägt werden, nicht möglich ist, stets die ohnehin sehr niedrigen Dezibel-Richtwerte gem. Ziffer 3.1 der *AVV Baulärm – Geräuschimmissionen –* einzuhalten. *Böhm / Strachotta / Irmer*[375] führen dazu aus: *„Bei innerstädtischen Baustellen lässt es sich auch bei Anwendung von Baumaschinen nach dem Stand der Technik, von organisatorischen und anderen Maßnahmen häufig nicht vermeiden, dass die Immissionsrichtwerte der AVwV*[376] *teilweise deutlich überschritten werden"*.

9.1 Tatsächliche Unvermeidbarkeit

Zahlreiche Baugeräusche lassen sich bereits aus tatsächlichen Gründen nicht vermeiden: Wenn der Zimmerer die Dachlatten auf die Balken nagelt, können die Hammerschläge nicht „gedämmt" werden – und auch eine „Einhausung" des Daches ist ausgeschlossen. Gleiches gilt für die Lärmentwicklung z. B. im Zusammenhang mit Abbruch-, Aushub-, Bohr-, Schlitzwand- oder Mixed-In-Place-Arbeiten. Denn hier finden Einwirkungen auf hartes (Boden-)Material statt. Dies gilt auch beim Abtrennen von Stahlteilen oder Zurechtschneiden von Fassaden- oder sonstigen Steinplatten.

Die Unmöglichkeit völliger Lärmvermeidbarkeit im Zusammenhang mit Bauarbeiten ist, wie auch zahlreiche Gerichtsurteile diese Realität nachvollziehend aufzeigen[377], „gerichtsbekannt".

---

374 LG Konstanz, Urteil vom 22.06.1990 – Az: 1 S 72/90 (Hotelfall) = BauR 1990, 754, r.Sp.

375 Baulärm, in: *Müller / Möser (Hrsg.)*, Taschenbuch der Technischen Akustik, S. 639 (642 Ziff.19.2.2.1).

376 Ungebräuchliche Abkürzung für die *AVV Baulärm – Geräuschimmissionen –* .

377 S. dazu auch die Urteile in Kap.11.

9.2 Wirtschaftliche Unzumutbarkeit (weiterer) Lärmvermeidung

Auch wenn es theoretisch möglich wäre, verschiedene Lärmentwicklungen zu mindern oder sogar zu verhindern – so etwa durch eine Einhausung der gesamten Baustelle mit entsprechenden Dämmstoffen und Lärmabsorbern – , so steht dem doch die wirtschaftliche Realität entgegen. Damit ist im Einzelfall zu prüfen, ob eine denkbare Maßnahme auch wirtschaftlich noch zumutbar ist. Dies hängt von unterschiedlichen Parametern ab. So von der Intensität und der Art des erzeugten Lärms, aber auch von der finanziellen und organisatorisch-technischen Leistungsfähigkeit eines durchschnittlichen Benutzers, nicht aber des konkreten Bauherrn, der das Baugrundstück für die Erstellung eines Bauwerks nutzt[378]. Zu fragen ist deshalb nach der finanziellen und technischen Auswirkung für den „Normal-Bauherrn“: Für diesen muss das Recht auf die Errichtung eines Bauwerks, das nach öffentlich-rechtlichen Vorgaben zulässig ist, noch mit wirtschaftlichen Mitteln umsetzbar sein. Letztlich ist hier die Verhältnismäßigkeit zu prüfen – womit die gesamte Baulärmproblematik eine weitere Wertungsnotwendigkeit aufzeigt[379].

378 So zutreffend: BeckOK BGB/*Fritzsche* BGB § 906 Rn. 65 – 66.

379 S. dazu auch das instruktive Urteil des LG Stuttgart vom 22.06.2010 – Az: 24 O 119/10, das sich mit wirtschaftlich zumutbaren, dennoch aber nicht zur Vermeidung von Lärm und Staub führenden Bauarbeiten gefasst.

10. Bedeutung der Dauer, Art und Örtlichkeit einer Baustelle

Nachdem es sich beim „Baulärm" um die einzige, stets nur temporär auf Dritte einwirkende, Geräuschentwicklung handelt, muss diese Besonderheit gegenüber z.B. dem Verkehrs- bzw. Gewerbelärm[380] oder auch dem Fluglärm, deren Beeinträchtigungszeit unvorherbestimmbar ist, eine andere rechtliche Beurteilung erfahren[381]. Diese hängt zunächst von der Dauer, aber auch der Art und der Örtlichkeit einer Baustelle ab. So kann es, wie etwa beim Bau des neuen Berliner Flughafens BER, mehr als ein Jahrzehnt bis zur Fertigstellung und Inbenutzungnahme dauern[382]. Auch große Schleusen-Anlagen, wie etwa die Schleuse Uelzen II[383], nehmen vom ersten Spatenstich bis zur Durchfahrt des Pilot-Schiffes im Regelfall viele Jahre in Anspruch. Ein weiteres Beispiel für mehrjährige Bauarbeiten stellt die Elb-Philharmonie in Hamburg ebenso dar, wie das Groß-Bauvorhaben *„Stuttgart 21"* voraussichtlich mehr als ein Jahrzehnt bis zur Fertigstellung dauern wird. „Dauer" ist aber nicht gleichzusetzen mit „Baulärm-Zeit". Diese ist grundsätzlich losgelöst von der Dauer zu betrachten. Denn nicht jede Bauleistung ist zwangsläufig mit Lärm-Entwicklung verbunden. Dies gilt etwa für Maler- und Tapezierarbeiten ebenso wie für verschiedene Elektroarbeiten oder den Anlagen-Einbau. Maßgeblich für die „Baulärm-Dauer" kann deshalb nur der (jeweilige) Zeitraum sein, in dem tatsächlich laute Geräusche durch z.B. Hämmern, Sägen, Bohren, Baggern oder in sonstiger Weise entstehen. Es kommt also auch auf die Art der jeweiligen Bauarbeit an, ob damit Baulärm verbunden ist. Und schließlich ist auch maßgeblich die Örtlichkeit in Betracht zu ziehen: Wenn – wie etwa bei den oben genannten Baumaßnahmen „Berliner Flughafen" oder „Schleuse Uelzen II" – die Bauarbeiten weit entfernt von jeder Ansiedlung ausgeführt werden, dann stellt sich die „Baulärm-Frage" allenfalls unter dem Gesichtspunkt des Arbeitsschutzes. Dafür aber tragen die Unternehmensverantwortlichen und auch die Berufsgenossenschaft für die Bauwirtschaft sowie – zumindest bei größeren Unternehmen – die Betriebsräte Verantwortung. Es gibt jedoch eine Art von Faustformel: Normale Ein- und Zweifamilienhäuser

---

380 Vgl. *Feldhaus/Tegeder*, TA Lärm, B, Rn.20, S. 57.

381 So auch: *Klindt*, Die Bekämpfung des Baustellenlärms, S. 13.

382 Baubeginn war der 5. September 2006, Bauende wird voraussichtlich im Jahre 2016 mit der Eröffnung sein; s. dazu u.a. die äußerst umfassende und mit sehr vielen Fundstellen versehene Darstellung bei Wikipedia *„Berliner Flughafen Brandenburg"*.

383 Bauzeit von 1998 bis 2006; Rechtstreit dazu dann bis 2013 (Vergleich); (s. nur BGH Urteil vom 20.8.2009, Az: VII ZR 205 = IBR 2009, 1252 = BauR 2009, 1724.

haben einen Entstehungszeitraum je nach Keller- und Baugrundsituation von etwa 3–12 Monaten.[384]

10.1 Kurzzeit-Baustelle

Ein Großteil aller Bauvorhaben wird innerhalb relativ kurzer Zeit ausgeführt: So liegen die Bauzeiten für Ein- und Zweifamilienhäuser im Durchschnitt bei etwa 3 – 12 Monaten, abhängig auch von der Jahreszeit des Baubeginns. Dabei finden die lärmintensiveren Arbeiten im Regelfall zu Beginn des Bauprojekts in Form von Rodungs-, Abbruch-, Baugrubensicherungs- bzw. aushubarbeiten und sodann den Betonarbeiten für die Keller- und Tiefgaragenherstellung statt und erstrecken sich auf etwa 1 – 3 Monate.

10.2 Langzeit-Baustelle

Die Rechtsprechung verwendet immer wieder den Begriff der „Langzeit-Baustelle", ohne diesen letztlich näher zu konkretisieren. Dabei ist von Bauarbeiten „über 6 Monaten[385]" bis hin zu „6 Jahren[386]", aber auch von *„mehrjähriger Dauer"*[387] die Rede. Gemeint sind damit im Regelfall große Infrastrukturmaßnahmen wie etwa der Bau von Gleisanlagen, Wasserschifffahrtsstraßen, Autobahnen oder sonstiger Straßen. Dabei handelt es sich meist um sog. Linien-Baustellen. Aber auch Großprojekte wie Hotel- oder Bürokomplexe, oft als Hochhäuser konzipiert, Flughäfen, Schul-, Klinik- und Seniorenheimneubauten unterfallen dieser Kategorie.

Im Einzelnen:

10.2.1 Linien-Baustelle (Wanderbaustelle)

Linien-Baustellen sind regelmäßig, wenn es sich nicht um Sanierungsmaßnahmen handelt, von einer vorlaufenden Planfeststellung abhängig. Im Rahmen eines solchen äußerst langwierigen und komplexen Verfahrens werden insbesondere auch die Baulärm-Probleme einer abschließenden und bei bestandskräftigem Abschluss alleine maßgeblichen Regelung zugeführt. Diese verbietet eine nachlaufende gesonderte Geltendmachung von Lärmschutz-Ansprüchen[388]. Beispiele dafür sind etwa die planfestgestellten neuen Autobahnen oder Bahnlinien im Zuge der Deutschen

384 Die Bauzeit beim Massivhaus: *http://www.massivhaus.cn/bauzeit.html.*, (Aufruf 19.04.2015).

385 LG Hannover WM 1986, 311.

386 Vgl. nur: VGH München, Urteil vom 17.02.2011 – Az: 22 A 09.40060 = BeckRS 2011, 30702.

387 BVerwG, Urteil vom 10.07.2012 – Az: 7 A 11.11 = IBR 2013, 238. S. auch 7.2.2.1.

388 Vgl. nur BGH NJW 2010, 1141 (s. unten 11.3.1.11).

Einheit, die von der DEGES durchgeführt wurden und werden. Oder die neue Stadtbahn Köln[389] und die Erweiterung von Wasserstraßen.

10.2.2 Groß-Baustelle

Der Begriff „Groß-Baustelle" findet sich in zahlreichen Urteilen[390], obwohl er weder im Gesetz noch in der Fachwelt Niederschlag findet. Es ist auch nicht möglich, eine Abgrenzung – etwa nach der Kubatur des umbauten Raumes, der Grundstücksfläche, der Geschoßzahl oder der Nutzungsart – vorzunehmen. Die Gerichte verwenden diese Begrifflichkeit – der als Gegensatz die „Klein-" bzw. „Einfamilienhaus-Baustelle" gegenüber zu stellen wäre – ersichtlich auch nur zur Unterstreichung ihrer tatrichterlichen Wertung hinsichtlich der „Wesentlichkeit" oder „Belästigung" bzw. „Unzumutbarkeit": „Groß-Baustelle" lässt die Assoziation mit „großer Unannehmlichkeit" oder „Dauerlärm" leichter finden als nur „Baustelle".

389 Näher dazu: *http://www.bezreg-koeln.nrw.de/brk_internet/verfahren/25_eisenbahn_planfeststellungs-verfahren/eisenbahn_nordsued_stadtbahn/index.html.* (Aufruf: 20.07.2015).

390 Vgl. nur Großbaustelle, OLG München 3 U 3422/06 – *juris*; Großbaustelle, LG Frankfurt ZMR 2007, 699; Großbaustelle, LG Mannheim WuM 2000, 185 ff.

11. Baulärm in der Gerichtspraxis

Kaum ein anderes Rechtsgebiet fordert die Gerichtsbarkeit so heraus, wie die Beurteilung von Baulärm: Es muss die Balance gefunden werden zwischen der meist emotional-aggressiv-subjektiven Darstellung der Wesentlichkeit oder Erheblichkeit der Belästigung durch den Lärm, der von Bauarbeiten im Umfeld des Betroffenen herrührt, und der Realität, aber auch Notwendigkeit des Bauens an sich im jeweils konkreten Fall. Dass dies nicht immer gelingt, liegt nicht nur an der generellen Schwierigkeit, die zutreffenden aktuell maßgebenden Immissionsrichtwerte nach der AVV Baulärm zuverlässig ermitteln zu können. Vielmehr fließen nachvollziehbar ureigene Lebenserfahrungen, aber auch das jeweils subjektive technische Verständnis der entscheidenden Richter in die von der obersten Rechtsprechung des BGH und BVerwG immer wieder geforderte *„tatrichterliche Feststellung“* betreffend der Ausfüllung aller unbestimmten Rechtsbegriffe, die mit der Baulärm-Problematik einer Wertung zuzuführen sind: Wesentlichkeit, Unzumutbarkeit, erhebliche Belästigung und erhebliche Nachteile, wie von den gesetzlichen Regelungen der § 906 Abs. 2, Satz 1 BGB bzw. §§ 22 Abs. 1; 3 Abs. 1 BImSchG vorgegeben. Und so ergibt sich ein heterogenes Bild hinsichtlich der Judikatur zum Baulärm, das anhand einiger ausgewählter Entscheidungen nachgezeichnet wird. Dabei werden auch „Lärm-Beurteilungen“ durch die Gerichte, die andere Lärmquellen, wie z. B. Volksfestlärm, betreffen, berücksichtigt. Damit kann das völlig uneinheitliche „Lärm-Empfindungs- bzw. Nachvollzugsbild“, das in der gesamten Judikatur[391] feststellbar ist, noch mehr verdeutlicht werden.

---

391 Die Gerichtsverfahren, denen (auch) eine Baulärm-Problematik zugrunde liegt, sind nicht mehr überschaubar. Außer den nachstehend exemplarisch aufgeführten und hinsichtlich wesentlicher Passagen exzerpierten Urteile sind beispielsweise anzuführen: Modernisierung Mietminderung LG Mannheim WuM 1986, 139; Dachgeschoßausbau Mietminderung LG Berlin MM 1994, 396; „Übermäßiger Baulärm“ Mietminderung LG Darmstadt WuM 1984, 245; Kernsanierung, 20 Monate, Mietminderung KG Berlin 8 U 3422/06 – *juris*; Bohrgeräusche AG Hamburg WuM 2007, 621; Stemmarbeiten Mietminderung KG Berlin NZM 2000, 40; Vorwissen Baustelle Mietminderung LG Mannheim WuM 2000, 185; Ausgleichsanspruch Vermieter gegen Bauherrn LG Hamburg NJW-RR 1999, 378; kein Ausgleichsanspruch gegen Bauherrn BayObLG NJW-RR 1987, 971; Minderung trotz Abwesenheit BGH NJW 1987, 432; Abrissarbeiten Minderung AG Berlin-Schöneberg NJWE-Mietr. 1997, 75; Großbaustelle Praxis OLG München 3 U 3422/06 – *juris*; keine Unterhaltung möglich LG Darmstadt 39 C 1706/81 – *juris*; keine Mietminderung bei Bauarbeiten im Herbst/Winter BGH VIII ZR 22/11; Großbaustelle, teilw. Nachtarbeit LG Frankfurt ZMR 2007, 699; ICE-Neubau mit Vorbelastung LG Kassel NJW-RR 1989, 1292; ICE Köln-Frankfurt LG Siegen WuM 1990, 17; 4. Elbtunnelröhre LG Hamburg WuM 2001, 444; Neubau Einkaufszentrum LG Hamburg NJW-RR 1999, 378; Neubaugebiet Mietminderung AG Darmstadt WuM 1984, 245; Baulärm Großprojekt

11.1 Hauptstreitbereiche: Mietminderungen, Entschädigungen, Lärmbegrenzung

Die Mehrzahl aller gerichtlichen Auseinandersetzungen betrifft im verwaltungsrechtlichen Bereich Fragen im Hinblick auf die Duldungspflicht und Entschädigungsansprüche bei lärmverursachenden Bauarbeiten, insbesondere auch im Zusammenhang mit planfestgestellten Bauprojekten. An erster Stelle bei allen zivilrechtlichen Auseinandersetzungen stehen hingegen Mietminderungs-Prozesse. Dabei ist die Flut von Verfahren, die nicht mehr überschaut werden kann, insbesondere darauf zurückzuführen, dass eine völlig unterschiedliche Betrachtungsweise sowohl in der Rechtsprechung als auch Literatur zur Problematik „Baulärm als Mietmangel?" vorherrscht. Insoweit fasst *Eisenschmid*[392] dies zusammen wie folgt:

> *„Baustellenlärm in und am Gebäude oder in der Nachbarschaft kann sich als besonders störend erweisen. Allerdings muss der Mieter Baulärm von einem Nachbargrundstück als vertragsgemäß hinnehmen, wenn die künftige Bebauung bei Vertragsschluss zur*

AG Frankfurt a.M. NZM 2005, 217; Baulärm Nachbarschaft AG Frankfurt a.M NZM 2012, 307; Abriss/Neubau LG Berlin WuM 2014, 205 = *juris*PR-MietR 12/2014 mit Anm. *Schach;* Vorhersehbarkeit Baulärm AG Charlottenburg GE 2014, 127 und LG Berlin IMR 2013, 407; Kernsanierung LG Berlin GE 2013, 1515; Arbeiten am Mietshaus AG Wiesbaden WuM 2012, 439; Nachtarbeit LG Berlin IMR 2012, 278; Baulärm in lauter Umgebung AG Frankfurt a.Main NJW-RR 2012, 591; Baulärm vorhersehbar LG Gießen IMR 2011, 318 = WuM 2011, 427; stadtbekanntes Vorhaben AG Eckernförde U.v.27.04.2010 – 6 C 670/09 IMR 2010, 469; Sanierungsstau AG München NZM 2008, 320; Großbaustelle LG Frankfurt a.M. WuM 2007, 316; Arbeiten in der Wohnung LG Berlin WuM 2004, 233; Vorhersehbarkeit KG Berlin IBR 2004,51 = NZM 2003, 718; erhebliche Mietminderung Großbaustelle LG Hamburg WuM 2001, 444; außergewöhnlicher Baulärm KG Berlin MM 2001, 262; Sandstrahlarbeiten AG Mainz U.v. 28.11.1996 – 10 C 49/96 – *juris;* Stemm- und Kreissägearbeiten LG Berlin MM 1994, 396; baufälliges Nachbargebäude OLG München NJW-RR 1994, 654 = WuM 1993, 607; Wohnen fast unmöglich AG Darmstadt / LG Darmstadt WuM 1994, 245; Ausgleichsanspruch Vermieter/Bauherr LG Hamburg NJW-RR 1999, 378; drei Monate Bauarbeiten 50 % Mietminderung AG Weißwasser WM 1994, 601; Neubaugebiet AG Darmstadt WM 1984, 243; sechs Monate Bauzeit LG Hannover WM 1986, 311; Baustelle 15 m Entfernung LG Göttingen NJW-RR 1986, 44; Groß-baustelle AG Köln WM 1996, 92; Minderung 5% AG Bad Homburg WM 1987, 84; § 906 BGB ohne Be-deutung AG Tiergarten GE 1991, 579; Baulärm ortsüblich AG Aachen WM 1979, 122; U-Bahn-Bau AG München ZMR 1986, 58; Bekanntsein von Bauarbeiten LG Bonn WM 1986, 115; Minderung AG Saarburg WuM 1999, 64; Anwaltsbüro LG Dortmund NZM 1999, 765; WEG LG Hannover WuM 1986, 311; Stahlbetonabbruch AG Hamburg Mieterjournal 1999, 10; Baufälligkeit OLG München NJW-RR 1994, 654; Modernisierungs-Baulärm AG Neuss Urteil vom 31.05.2012 – Az: 82 C 852/12 – *juris* (LG Düsseldorf Urteil vom 05.06.2013 – Az: 23 S 246/12 – *juris*).

392 In: *Schmidt-Futterer*, Mietrecht, § 536 BGB, Rn. 138.

Bestimmung des Sollzustands der Mietsache in den Parteiwillen aufgenommen wurde (Beschaffenheitsvereinbarung). Das ist im Einzelfall unter Berücksichtigung aller Umstände zu prüfen"[393].

Diese „*Wissens-* bzw. *Wissen-hätte-müssen*-Prüfung" führt in der Gerichtspraxis zu völlig diametral liegenden Entscheidungen, insb. der Instanzgerichte[394]. Aber auch die Literatur kommt insoweit zu völlig unterschiedlichen Ergebnissen: So verneint *Eisenschmid* im Ergebnis die Berücksichtigung eines künftig zu erwartenden Baulärms u.a. mit folgendem Argument:

> *„Das Abstellen auf die Erkennbarkeit ist zudem höchst problematisch, weil es dem Mieter im Rahmen der Wohnungssuche die Pflicht aufbürdet, bei der Besichtigung der Wohnung auch eingehend das Wohnumfeld zu studieren und daraus die richtigen Schlüsse zu ziehen….."*[395].

Einen anderen Ansatz wählt *Wetekamp*, in dem er die Gesamtlärmbelastung, also z. B. auch durch Verkehrslärm, zur Feststellung eines baulärmbedingten Mietmangels für maßgeblich hält:

> *„Lärm-, Geruchs- oder Staubbelästigung aufgrund einer in der Nachbarschaft von Mieträumen befindlichen Baustelle kann ein Minderungsgrund sein. Voraussetzung ist allerdings, dass die Beeinträchtigung gegenüber der Lage bedingten Situation der Mieträume ins Gewicht fällt*[396]*".* Keine eigene Meinung vertritt *Gramlich*: *„Ob Baulärm aus der Nachbarschaft zur Minderung berechtigt, ist umstritten*[397]*".* Demgegenüber steht *Ehlert* auf dem Standpunkt, dass *„der Mieter auch mit Veränderungen der Verhältnisse des Umfelds oder des Gebäudes rechnen"* muss, *„so dass Baulärm oder Beeinträchtigungen aufgrund von Bauarbeiten nicht zur Ausübung von Gewährleistungsrechten rechtfertigen, wenn der Mieter schon bei Vertragsschluss aufgrund der für ihn wahrnehmbaren örtlichen Verhältnisse, zB bei einem ausgewiesen Sanierungsgebiet oder baufälligen Gebäuden im Umfeld oder vorhandenen Baulücken, mit Bauarbeiten rechnen musste"*[398].

Ebenso differenziert stehen sich die Meinungen in Rechtsprechung und Literatur zur Frage einer „Durchstell-Möglichkeit" von Mietminderungen durch den davon betroffenen Vermieter an den Bauherrn gem. § 906 BGB gegenüber. Während

393 S. dazu insb. BGH, Hinweisbeschluss vom 21.02.2012 – Az:VIII ZR 22/11 = WuM 2012, 271 = NZM 2012, 456 = MietPraxAK § 536 BGB Nr. 42 mit Anmerkung *Eisenschmid; s. auch: Lehmann-Richter,* Minderungsaussschluss bei Baulärm und anderen Emissionen aus der Nachbarschaft, NZM 2012, 849 (851).

394 S. dazu die von *Eisenschmid* in *Schmidt-Futterer*, Mietrecht, § 536 BGB, Rn. 138 ff. zitierten Urteile.

395 In: *Schmidt-Futterer*, Mietrecht, § 536 BGB, Rn. 139.

396 *Wetekamp*, Mietsachen, Kapitel 5, a) Baulärm und Verkehrslärm, Rn. 37–38.

397 *Gramlich/Gramlich*, Mietrecht, BGB § 536, *Nr. 1 Fehlerhafte Wohnung*.

398 *Ehlert*, in: *Bamberger/Roth*, BeckOK, BGB § 536b, Stand 01.05.2014, Edition:35, Rn. 5a.

einerseits die klare Trennung von Mietvertragspflichten nach den §§ 535 ff. BGB und dem Entschädigungsrecht gem. § 906 BGB als Argument für eine gesonderte Beurteilung von Mietminderungen einerseits und Entschädigungsansprüchen andererseits verwendet wird, gibt es allerdings auch die konträre Meinung: Wer als Vermieter Mieteinbußen im Zusammenhang mit Baulärm hinzunehmen hat, kann vom Bauherrn als Verursacher dieser Minderung entsprechenden Ausgleich verlangen. Schließlich gibt es auch die differenzierende Ansicht: Danach hat der Vermieter bis zu einer sog. Zumutbarkeitsgrenze eine Mietminderung hinzunehmen, für den darüber hinausgehenden Betrag jedoch einen Entschädigungsanspruch.

Die völlig unterschiedliche Behandlung des Baulärms durch die Gerichte erschließt das Exzerpt aus zahlreichen Urteilen – und zeigt damit erneut unter dem Gesichtspunkt auch der Rechtssicherheit deutlich auf, dass Handlungsbedarf bestehen kann: Realität (= Baulärm) muss eine einheitliche Beurteilung und Problemlösung erfahren.

Im Einzelnen:

11.2 Verwaltungsgerichte

Verwaltungsgerichte werden sehr häufig mit Baulärm-Problemen konfrontiert. Oft wird dabei erst nach der 2.Instanz (VGH bzw. OVG) und häufig auch durch die letzte Instanz – das BVerG – eine Entscheidung (nicht unbedingt Klärung[399]) herbeigeführt.

11.2.1 Bundesverwaltungsgericht

Entscheidungen des Bundesverwaltungsgerichts zu Lärmfragen behandeln im Wesentlichen Planfeststellungsverfahren und deren Auswirkungen u.a. im Hinblick auf Baulärm-Ansprüche[400].

11.2.1.1 BVerwG Beschluss vom 12.03.1999 – 4 BN 6.99 Langjährige Bauzeit

„Die Probleme, die sich aus der Realisierung eines Bebauungsplans durch Bauarbeiten ergeben, gehören nämlich wegen ihrer zeitlichen Begrenzung – auch wenn der Zeitraum mehrere Jahre umfaßt – schon regelmäßig nicht zu den Konflikten, die der Bebauungsplan selbst lösen muß. Mögliche Beeinträchtigungen Dritter durch den Betrieb von Baustelleneinrichtungen außerhalb des Geltungsbereichs des Bebauungsplans dürfen ferner bei seiner

399 S. dazu nur das Paradebeispiel eines völlig unverständlichen und in der Praxis auch nicht umsetzbaren Tenors einer VGH-Entscheidung unten Kap.16.

400 Vgl. näher dazu auch: *Dobmann*, Entschädigungsansprüche der Anlieger wegen Beeinträchtigungen während des Baus planfestgestellter Anlagen, in: NVwZ 2011, 9.

Aufstellung im Regelfall auch deshalb unbeachtet bleiben, weil sie dem Bebauungsplan typischerweise rechtlich nicht zugeordnet werden können.“[401]

11.2.1.2 BVerwG Urteil vom 10.07.2012 – 7 A 11/11 U-Bahnbau-Friedrichstraße

„§ 74 Abs. 2 Satz 2 VwVfG erfasst auch solche nachteiligen Wirkungen, die durch Lärm, Erschütterungen und Staub aufgrund der Bauarbeiten für das planfestgestellte Vorhaben entstehen .... § 74 Abs. 2 Satz 2 VwVfG differenziert nicht nach den einzelnen Abschnitten zur Realisierung des Vorhabens. Die durch den Planfeststellungsbeschluss begründete Duldungspflicht des Nachbarn umfasst daher auch die während der Bauphase entstehenden Immissionen (......). aa) Ob nachteilige Wirkungen im Sinne des § 74 Abs. 2 Satz 2 VwVfG vorliegen, beurteilt sich bei Baulärm nach § 22 Abs. 1, § 3 Abs. 1 BImSchG in Verbindung mit der gemäß § 66 Abs. 2 BImSchG maßgeblichen Allgemeinen Verwaltungsvorschrift zum Schutz gegen Baulärm – AVV Baulärm – vom 19. August 1970 (Beilage zum Bundesanzeiger Nr. 160 vom 1. September 1970). Auf die TA Lärm kann selbst bei mehrjähriger Dauer einer Baustelle nicht zurückgegriffen werden; Baustellen sind vom Anwendungsbereich der TA Lärm ausdrücklich ausgeschlossen (Nr. 1 Buchst. f) TA Lärm).“[402]

11.2.2 Oberverwaltungsgerichte / Verwaltungsgerichtshöfe

Die Länder-Instanzen werden – wie auch das BVerwG – überwiegend mit Lärmfragen, die im Zusammenhang mit Infrastrukturmaßnahmen wie Straßen-, Tunnel- und Schienenbau stehen, konfrontiert.

11.2.2.1 VGH Baden-Württemberg Urteil vom 07.06.1989 – 5 S 3040/87 Pflegeheim

„Zwar ist zunächst grundsätzlich darauf abzustellen, daß Baulärm bei der Erstellung von Straßenbauvorhaben ganz allgemein vorkommt und in der Regel als vorübergehender Nachteil hinzunehmen sein dürfte. Bei „durchschnittlichen“ Bauvorhaben dürfte es daher in aller Regel für Betroffene zumutbar sein, den Baulärm während der Bauzeit entschädigungslos zu ertragen. .... Für die Frage, wann konkret die Schwelle der Unzumutbarkeit beginnt, können .... die Richtwerte der allgemeinen Verwaltungsvorschrift zum Schutz gegen Baulärm – Geräuschimmissionen – vom 19.8.1970 (AVV Baulärm) angewendet werden.“[403]

401 BVerwG, Beschluß vom 12.03.1999 – Az: 4 BN 6.99 = BauR 1999, 878 = DÖV 1999, 882 (*Potsdamer-Platz-Fall*).

402 Urteil vom 10.7.2012 – Az: 7 A 11/11 = NVwZ 2012, 1393 (mit Anm. *Thiele / Strobusch* in NVwZ 2014, 1333). Umfassende Darstellung der Ausführungen des BVerwG zur Bedeutung der AVV Baulärm s. oben Kapitel 7.2.2.1.

403 VGH Mannheim, Urteil vom 07.06.1989 – Az: 5 S 3040/87 = NVwZ-RR 1990, 227.

11.2.2.2 OVG Berlin Beschluss vom 27.03.1996 – 2 S 5/96 Nachtarbeit Potsdamer Platz

„Das öffentliche Interesse am Schutz der Nachtruhe der Ast. muß gegenüber dem öffentlichen Interesse an dem zügigen Ablauf der koordinierten Bauarbeiten aller Baustellen am Postdamer Platz zwecks baldiger Schließung der großen Baulücke in der Mitte der Hauptstadt sowie gegenüber den überwiegenden Interessen des Bauherrn unter den noch zu erörternden besonderen Umständen dieses Falles deshalb zurücktreten, weil die Wahrscheinlichkeit, daß die von den Ast. angefochtene Ausnahmezulassung nach § 8I LärmVO ...... Bestand haben wird, erheblich größer ist als die umgekehrte Möglichkeit."[404]

11.2.2.3 OVG Sachsen-Anhalt Beschluss vom 13.06.2006 – 2 M 211/06 Abbruch

„Im Übrigen hat das Verwaltungsgericht zu Recht darauf hingewiesen, dass bei der Abwägungsentscheidung auch die zeitliche Begrenzung der Abriss- und Transportarbeiten zu berücksichtigen ist. Ergänzend ist anzumerken, dass sich bei dem Abriss von Gebäuden und insbesondere von Plattenbauten ein gewisses Maß an Störungen und Belästigungen für die Nachbarn, insbesondere durch Lärm und Staubentwicklung, niemals vollständig wird vermeiden lassen. Auch handelt es sich bei solchen Arbeiten regelmäßig um eine Ausnahmesituation, die für Nachbarn auch dann zumutbar erscheint, wenn die Störungen das üblicherweise hinzunehmende Ausmaß kurzfristig überschreiten. Schließlich dürfte ein zeitnaher Abschluss der Abrissarbeiten und eine zügige Beseitigung des Abbruchmaterials auch im Interesse der Antragsteller liegen."[405]

11.2.2.4 VGH Baden-Württemberg Urteil vom 08.02.2007 – 5 S 2257/05 Stuttgart 21

„Rechtliche Grundlage für dieses Schutzkonzept ist in Ermangelung einer speziellen gesetzlichen Regelung für die Zumutbarkeit von Baustellenlärm § 74 II 2 und 3 VwVfG. Danach hat die Planfeststellungsbehörde dem Träger des Vorhabens Vorkehrungen oder die Errichtung und Unterhaltung von Anlagen aufzuerlegen, die zum Wohl der Allgemeinheit oder zur Vermeidung nachteiliger Wirkungen auf Rechte anderer erforderlich sind. Sind solche Vorkehrungen oder Anlagen untunlich oder mit dem Vorhaben unvereinbar, so hat der Betr. Anspruch auf angemessene Entschädigung in Geld. ...... Zur Feststellung der

---

404 NVwZ 1996, 926 = IBR 1997, 114 – *Lauer* = NJW 1996, 3027; s. dazu auch: BerlVerfGH Beschluß vom 19.04.1996 – VerfGH 30/96 = NVwZ 1996, 886, wonach die Verfassungsbeschwerde eines Anliegers gegen die Ausnahmegenehmigung zur Nachtarbeit zurückgewiesen wurde. Die Entscheidung des OVG Berlin zeigt deutlich die absolute Ausnahme nächtlicher Bauarbeiten und die Schwierigkeiten der technischen Begründung dafür.

405 OVG Sachsen-Anhalt, Beschluss vom 13.06.2006 – Az: 2 M 211/06 = BauR 2006, 1945 (Ls.) = IBR 2006, 704.

Schädlichkeit von Baustellenlärm kann auf die TA-Lärm auch dann nicht zurückgegriffen werden, wenn eine Baustelle – wie hier – über mehrere Jahre hinweg rund um die Uhr betrieben wird (dabei kann außer Acht bleiben, dass der Betrieb der Baustelle ..... über die Jahre hinweg unterschiedlich intensiv sein wird). Denn vom Anwendungsbereich der TA-Lärm sind Anlagen im Sinne des BImSchG auf Baustellen ausdrücklich ausgeschlossen (Nr. 1 f TA-Lärm). Offensichtlich sollte es insoweit bei der Anwendbarkeit der (wesentlich älteren) sachnäheren ...AVV Baulärm ....bleiben, die gem. § 66 II BImSchG weiter maßgeblich ist (.......). .... Diese auch für Großbaustellen geltende Ausnahme von der TA-Lärm ist auch bei einer an §§ 22;3 BImSchG zu orientierenden materiellen Betrachtung nicht zu beanstanden: Zwischen Baustellen- und Gewerbelärm bestehen typischerweise erhebliche Unterschiede. Wesentlich ist vor allem, dass auch der von einer über mehrere Jahre hinweg betriebenen Baustelle ausgehende Lärm, anders als ein nach der TA-Lärm zugelassener Gewerbelärm, zeitlich begrenzt ist und jedem Grundstückseigentümer und erst Recht dem Träger eines im öffentlichen Interesse stehenden (Groß-)Vorhabens die Möglichkeit zustehen muss, seine ansonsten zulässigen Vorhaben unter auch ihm zumutbaren Bedingungen zu verwirklichen. .... Die AVV Baulärm gilt insoweit unmittelbar. Sie erschöpft sich jedoch in Bestimmungen für den Betrieb von Baumaschinen auf Baustellen einschließlich der dort betriebenen Kraftfahrzeuge und regelt insoweit bestimmte Maßnahmen (Nr. 2.1 und 2.2 AVV Baulärm), die dem umfassenderen Regelungsprogramm des § 74 II 2 und 3 VwVfG nicht genügen. ..... Dass insoweit die AVV Baulärm zur Ausfüllung der Vorgaben des § 74 II 2 und 3 VwVfG i.V. mit § 22 BImSchG herangezogen werden kann, ist in der Rspr. des Senats anerkannt (NVwZ-RR 1990, 227). .... Überdies ist die Berücksichtigung des Zuschlags von 5 dB(A) bei auf der Grundlage von Prognosen ermittelten Beurteilungspegeln auch sachlich gerechtfertigt. Dieser Zuschlag beruht bei Messungen .... vor allem darauf, dass Baustellenlärm, je nach Intensität der eingesetzten Maschinen und Fahrzeuge, schwer zu erfassen ist. .... Ein solcher Messabschlag .... ist auch in anderen Regelwerken anerkannt ....Er gründet sich jeweils zu einem geringeren Teil auf mögliche Messinstrumentenfehler, vorwiegend aber auf die Berücksichtigung bestimmter Einflussgrößen und anderer Ursachen für Messungenauigkeiten...... Wie .... bestätigt hat, sind sie bei Baulärm besonders groß und gehen in die Bestimmung von Beurteilungspegeln auf der Grundlage von Berechnungen nicht ein. .... Letztlich mag in den vergleichsweise hohen Zuschlag zu den Richtwerten nach 4.1 AVV Baulärm auch eingegangen sein, dass Baulärm typischerweise, anders als Gewerbelärm oder der von Sportanlagen ausgehende Lärm, nicht auf Dauer entsteht.“[406]

11.2.2.5 VGH Bayern Urteil vom 24.01.2011 – 22 A 09.40045 u.a. S-Bahn-Strecke

„Ob nachteilige Wirkungen im Sinne des § 74 Abs. 2 Satz 2 VwVfG vorliegen, beurteilt sich bei Baulärm nach § 22 Abs. 1; § 3 Abs. 1 BImSchG in Verbindung mit der für die

406 VGH Baden-Württemberg (Mannheim), Urteil vom 08.02.2007 – Az: 5 S 2257/05 = IMR 2007, 271 (Stuttgart 21: Filder-Tunnel) = NJOZ 2007, 2588.

Beurteilung von Baulärm gem. § 66 Abs. 2 BImSchG maßgeblichen Allgemeinen Verwaltungsvorschrift zum Schutz gegen Baulärm – AVV Baulärm – vom 19. August 1970 ..... Dabei ist zwar zu beachten, dass das Bauvorhaben vorliegend dem Wohl der Allgemeinheit dient, weil der Schienenweg .... dem allgemeinen Verkehr gewidmet ist. Insoweit kann es für Planbetroffene als Ausdruck der Sozialbindung zumutbar sein, mehr an Baulärm hinzunehmen, als dies bei privaten Bauvorhaben der Fall wäre."[407]

11.2.2.6 VGH München Urteil vom 17.02.2011 – 22 A 09.40060 Stammstrecke 2

„Die fachplanungsrechtliche Zumutbarkeitsgrenze, bei deren Überschreitung Ansprüche auf Schutzvorkehrungen oder Entschädigung im Sinne von § 74 Abs. 2 Sätze 2 und 3 VwVfG ausgelöst werden, ist nach der ständigen Rechtsprechung bei einem Fehlen normativ festgelegter Grenzwerte im Rahmen einer einzelfallbezogenen Abwägung unter Berücksichtigung der konkreten örtlichen Verhältnisse durch tatrichterliche Würdigung unter Heranziehung von Sachverstand zu bestimmen[408]*, wobei bereichsspezifische Regelwerke im Sinne von Orientierungswerten herangezogen werden können..... Insoweit kann es für Planbetroffene als Ausdruck der Sozialbindung zumutbar sein, mehr an Baulärm hinzunehmen, als dies bei privaten Bauvorhaben der Fall wäre..... Vorliegend handelt es sich aber um Bauarbeiten über einen Zeitraum von ca. sechs Jahren, wobei allein die besonders lärmintensiven Arbeiten wie die Schlitzwand – und Primärpfahlherstellung schon ca. vier Monate dauern. Mangels im Planfeststellungsverfahren vorgenommener weitergehender Lärmuntersuchungen kann zudem nicht ausgeschlossen werden, dass während anderer Bauphasen ähnlich erhebliche Lärmbelästigungen hervorgerufen werden....... Bei der angestellten Prognose wurde .... auch der Lkw-Verkehr auf öffentlichen Straßen berücksichtigt. Dies entspricht der Rechtslage, da der Lkw-Verkehr auf öffentlichen Straßen im Nahbereich einer Baustelle, der sich noch nicht mit dem allgemeinen Straßenverkehr vermischt hat, der Baustelle zuzurechnen ist; insofern ist die AVV Baulärm nicht abschließend..... Es ist auch nicht zu beanstanden, dass dabei die Richtlinien für den Lärmschutz an Straßen, Ausgabe 1990 – RLS 90 – angewandt wurden. Nachdem die AVV Baulärm keine Vorgaben enthält, in welcher Weise der der Baustelle zuzurechnende Verkehr auf öffentlichen Straßen in einer schalltechnischen Berechnung von Baulärm zu berücksichtigen ist, insofern also eine Lücke aufweist, kommt die Orientierung an diesem Regelwerk in Betracht.. ... demnach erscheint auch bei stationären Großbaustellen mit sehr langer Bauzeit eine Berechnung des diesbezüglichen Lärms nach diesem Regelwerk vertretbar. .... Wie die Kläger überzeugend ... dargelegt haben, befinden sich in dem maßgeblichen Bereich....., der gekennzeichnet ist durch die nahe Fußgängerzone mit hoher Passantenfrequenz, vorwiegend Geschäftsbetriebe mit sehr hochwertigem Warenangebot und einem anspruchsvollen*

407 BayVGH, Urteil vom 24.01.2011 – Az: 22 A 09.40045; 22 A 09.40047; 22 A 09.40048; 22 A 09.40053 – *juris* = openJur 2012, 113379.

408 Dazu stellt *Paetow*, in: NVwZ 2010 1184, fest: *„Dies kann Planfeststellungsbehörden und Gerichten viel Mühe bereiten"*.

Kundenkreis. Zwar mag es sein, dass sich Stammkunden, die gezielt Geschäfte ansteuern, von solchen [lediglich prognosizierten(!)] *Lärmwerten nicht abschrecken lassen. Für eine Vielzahl von Touristen oder Passanten, die bei einem „Einkaufsbummel" im Bereich ..... Geschäfte der vorliegenden Art aufsuchen, ist davon aber auszugehen. ...... ergeben sich nach der Berechnung* [Prognose (!)]..... *Werte von 69,5 dB(A) bzw. 68,3 dB(A)..... Dadurch wurden auch Besonderheiten, etwa .... besondere Lärmempfindlichkeit von Feinkostläden und 2-Sterne-Restaurants oder die ...geltend gemachte exklusive Geschäftslage, aufgrund einer generalisierenden Betrachtungsweise nicht eigens berücksichtigt. ..... Nach ständiger Rechtsprechung sind Eigentümer oder Geschäftsinhaber nicht vor jedem Wertverlust oder schlechteren Verwertungschancen bzw. Gewinnaussichten durch Planungen geschützt; gewisse Einbußen sind als Ausdruck der Sozialbindung entschädigungslos hinzunehmen, und zwar selbst dann, wenn die Ursächlichkeit der geminderten Wirtschaftlichkeit durch einen staatlichen Eingriff unzweifelhaft gegeben ist.... Dies gilt speziell dann, wenn die Planung dem öffentlichen Interesse dient, ... Anlieger, die .... letztlich später wegen der verbesserten verkehrsmäßigen Erschließung von öffentlichen Bauvorhaben profitieren, haben deshalb Auswirkungen von Bauarbeiten, ... im Rahmen des Zumutbaren und unter Beachtung des Verhältnismäßig-keitsgrundsatzes hinzunehmen. ..... Soweit Mieter dennoch – möglicherweise berechtigt – die Miete mindern sollten, sind solche Ertragseinbußen von den Eigentümern entschädigungslos hinzunehmen. Gleiches gilt für Geschäftsinhaber in Bezug auf Gewinneinbußen, die zu Zeiten entstehen, in denen die Zumutbarkeitsschwelle von 65 dB(A) tags der AVV Baulärm nicht überschritten sind und Kunden sich dennoch von dem Lärm vor den Geschäften abschrecken lassen....".*[409]

11.2.2.7 VGH Hessen Beschluss vom 31.05.2011 – 9 B 1111/11 AVV-Werte

„Wie in der Beschwerdebegründung zutreffend ausgeführt wird, ist vorliegend insoweit grundsätzlich allein auf den von der Baustelle der Beigeladenen verursachten, nach der Maßgabe der AVV Baulärm ermittelten Lärm abzustellen. Zwar weist das Verwaltungsgericht zu Recht darauf hin, dass § 3 Abs. 1 BImschG für die Definition der schädlichen Umwelteinwirkung eine akzeptorbezogene, summative Betrachtungsweise vorgibt und damit eine Berücksichtigung der Lärmbelastung aus allen einwirkenden Quellen und nicht nur des von der betreffenden Anlage verursachten Anteils gebietet .... Nach der Rechtsprechung des Bundesverwaltungsgerichts (vgl. Urteil vom 16. Mai 2001 – 7 C 16.00 -, NVwZ 2001) kann dem jedoch nicht nur durch die Bildung eines alle Geräusche erfassenden Summenpegels Rechnung getragen werden; die Frage, wie der Lärm anderer, insbesondere andersartiger Anlagen zu berücksichtigen ist, ist vorrangig nach dem für die jeweilige Anlagenart einschlägigen Regelwerk zu beantworten. Diese sind unterschiedlich ausgestaltet; während etwa die TA Lärm unter ihrer Nr. 2.4 als Gesamtbelastung nur die Belastung eines Immissionsortes berücksichtigt, die von allen Anlagen hervorgerufen wird, für die die TA Lärm gilt, sieht die 18. BImSchV in Bezug auf Sportanlagen nur die Einberechnung des Lärms anderer Sportanlagen vor. Auch eine derartig vereinfachende Konkretisierung

409 VGH München, Urteil vom 17.02.2011 – Az. 22 A 09.40060 = BeckRS 2011, 30702.

der gesetzlichen Anforderungen ist zulässig ...... Dem Normgeber ist insoweit ein weiter Einschätzungs-, Wertungs- und Gestaltungsspielraum eröffnet, der es ihm ermöglicht, bei der Entscheidung über die Höhe der Immissionsricht- bzw. Grenzwerte sowie die Mess- und Beurteilungsverfahren solche Vorbelastungen mit in Erwägung zu ziehen, die in der dicht besiedelten, hoch industrialisierten und verkehrsmäßig gut erschlossenen Bundesrepublik Deutschland als sozialadäquat hinzunehmen sind; die auf einer solchen Wertung beruhende Festlegung von Immissionsricht- bzw. Grenzwerten berücksichtigt damit Beeinträchtigungen durch gleichzeitig einwirkende andere – auch ungleichartige – Lärmquellen, was dem akzeptorbezogenen Ansatz des Bundes-Immissionsschutzgesetzes gerecht wird. ....Eine Gesamtlärmbewertung ist generell nur dann vorzunehmen, wenn die zusätzlichen Lärmbelastungen zu einer Gesamtbelastung führen, die eine Gesundheitsgefährdung darstellt .... Als Schwellenwert für den Übergang zur Gesundheits-gefährdung nimmt das Bundesverwaltungsgericht einen energieäquivalenten Dauerschallpegel von etwa 70 dB(A) tagsüber an .....".[410]

11.2.2.8 VGH Bayern Urteil vom 12.07.2012 – 2 B 12.1211 Rücksichtnahme-Gebot

„Das in dieser Vorschrift [=§ 15 Abs. 1 Satz 2 BauNVO] *verankerte Gebot der Rücksichtnahme bedeutet nicht, jede Beeinträchtigung eines Nachbarn zu vermeiden. .... Je verständlicher und unabweisbarer die mit dem Vorhaben verfolgten Interessen sind, umso weniger braucht der Rücksichtnahmeverpflichtete Rücksicht zu nehmen. Berechtigte Belange muss er dabei nicht zurückstellen, um gleichwertige fremde Belange zu schonen. Ein Nachbar kann in diesem Zusammenhang lediglich solche Nutzungsstörungen abwehren, die als rücksichtslos zu werten sind. Dies ist erst dann der Fall, wenn die mit dem Bauvorhaben verbundenen Beeinträchtigungen der Nutzung des eigenen Grundstücks bei der zu treffenden Abwägung für den Nachbarn billigerweise unzumutbar erscheinen. Das Maß der gebotenen Rücksichtnahme hängt dabei von den Umständen des Einzelfalls ab. Es sind die Schutzwürdigkeit des Betroffenen, die Intensität der Beeinträchtigung, die Interessen des Bauherrn und das, was beiden Seiten billigerweise zumutbar oder unzumutbar ist, gegeneinander abzuwägen. Feste Regeln lassen sich dabei nicht aufstellen. Erforderlich ist vielmehr eine Gesamtschau der von dem Vorhaben ausgehenden Beeinträchtigungen. Es muss somit .... eine konkrete Beeinträchtigung des Nachbarn durch das Bauvorhaben vorliegen, um einen nachbarrechtlichen Abwehranspruch aus dem Gebot der Rücksichtnahme annehmen zu können. Bloße Lästigkeiten muss der Nachbar hinnehmen".*[411]

---

410 VGH Hessen (Kassel), Beschluss vom 31.05.2011 – Az: 9 B 1111/11- *juris* = IBR 2011, 487. S. dazu auch die Entscheidung erster Instanz: VG Frankfurt am Main, Beschluss vom 21.04.2011 – Az: 8 L 858/11 – *juris* mit z.T. aggressiven Gründen (*„Es wirkt befremdlich, wenn die Antragsgegnerin .... ins Blaue hinein an dem Sachverständigengutachten des TÜV Süd herummäkelt..."*).

411 VGH Bayern (München), Urteil vom 12.07.2012 – Az: 2 B 12.1211 – *openJur* 2012, 128293.

11.2.2.9 VGH Baden-Württemberg Beschluss vom 05.02.2015 – 10 S 2471/14 AVV

„Durch zahlreiche schalltechnische Messungen ist nachgewiesen, dass die in der AVV Baulärm festgesetzten und in der Verfügung des Landratsamts ...... nochmals konkretisierten Immissionsrichtwerte an der Wohnung der Antragstellerin im Laufe des Jahres 2014 vielfach beträchtlich, insbesondere über den Eingreifrichtwert nach Nr. 4.1 AVV Baulärm hinaus, überschritten wurden. Es ist ferner mit einer für das Verfahren des vorläufigen Rechtsschutzes ausreichenden Gewissheit glaubhaft gemacht, dass auch die auf § 24 Satz1 BImSchG gestützte Verfügung des Landratsamts ...... nicht befolgt wurde. Die Antragstellerin hat umfangreiche Fotodokumentationen über lärmintensive Tätigkeiten an der Südfassade im Bauabschnitt I noch im November und Dezember 2014 sowie entsprechende Messprotokolle vorgelegt, die auf erhebliche Immissionsrichtwertüberschreitungen hinweisen, und entsprechende eidesstattliche Versicher-ungen u. a. ihres Architekten vorgelegt. ...... Lediglich ergänzend weist der Senat darauf hin, dass es bei unvermeidbarem Baulärm üblich ist, den betroffenen Anwohnern für die Zeit unzumutbarer Lärmbelastungen einen angemessenen Ersatzwohnraum anzubieten.“[412]

11.2.3 Verwaltungsgerichte

Verwaltungsgerichte als Eingangsinstanz haben sich sehr häufig mit Baugenehmigungen und insoweit auch mit der Besorgnis von Baunachbarn hinsichtlich einer Baulärm-Beeinträchtigung auseinanderzusetzen. Beispielhaft werden insoweit nur zwei Entscheidungen exzerpiert. Denn weitere wesentliche Aussagen zur Baulärm-Problematik treffen im Wesentlichen die höheren Instanzen.

11.2.3.1 VG München Beschluss vom 27.03.2013 – M 8 SN 13.623 Baugenehmigung

„Dass bei dem streitgegenständlichen Vorhaben bereits im Stadium des Baugenehmigungsverfahrens eine detaillierte Regelung des Baustellenbetriebs und insbesondere des Baulärms derart notwendig gewesen wäre, so dass das insoweit bestehende Ermessen der Antragsgegnerin auf Null reduziert gewesen wäre und jede andere Entscheidung als die Festsetzung von Auflagen zum Baulärm fehlerhaft erschiene, ist nicht ersichtlich. Lediglich in dem Fall, dass bereits im Baugenehmigungsverfahren zwingend unzumutbare Lärmimmissionen zum Nachteil der benachbarten Bebauung zu erwarten sind, kommt eine Verpflichtung zur

412 VGH Baden-Württemberg, Beschluss vom 05.02.2015 – Az. 10 S 2471/14 = DÖV 2015, 446 = IBR 2015, 224. Zur bauvertragsrechtlichen Folge einer solchen Anordnung s. ausführlich: *Klindt,* Die behördliche Anordnung lärmmindernder Baumaßnahmen und ihre Behandlung als Preisfaktor nach VOB/B, in: BauR 1998, 1185 ff.: *„Über dem Baustellenbetreiber schwebt vielmehr beständig das Damoklesschwert nach §§ 24; 25 BImSchG durch die nach Landesrecht zuständige Behörde, bei der i.ü. keine Identität zur Baugenehmigungsbehörde besteht“.*

Sicherstellung der Einhaltung der Richtwerte der AVV Baulärm durch Lärmschutzauflagen in der Baugenehmigung in Betracht[413]. *Zwar war ursprünglich geplant, das Vorhaben unterirdisch zu errichten und führte der Wechsel von der „geschlossenen" zur „offenen" Bauweise auf erhebliche Kritik in der Öffentlichkeit. Aber auch unter diesem Gesichtspunkt war die Antragsgegnerin nicht gehalten, zwingend bereits in der Baugenehmigung Auflagen zum Baustellenlärm aufzunehmen, auch wenn aus Gründen der Opportunität und Zweckmäßigkeit, die allerdings einer Überprüfung durch das Verwaltungsgericht nach §114 VWGO entzogen sind, eine Regelung zumindest der Zeiten des Baustellenbetriebs sowie der einzuhaltenden Immissionsrichtwerte angezeigt gewesen wäre."*[414]

11.2.3.2 VG Gelsenkirchen Urteil vom 02.02.2012 – 5 K 3830/08 Abbrucharbeiten

„Auch die nach wie vor aufrechterhaltene Rüge, die Abbruchgenehmigung als solche sei wegen der mit den Abrissarbeiten verbundenen Lärmbeeinträchtigungen rechtswidrig gewesen, vermag nach nochmaliger Überprüfung durch das Gericht nicht zu verfangen. Es ist weder substantiiert dargelegt worden, noch lässt sich anhand der Art der Abbrucharbeiten einerseits und der räumlichen Distanz des klägerischen Grundstücks zu der fraglichen Baustelle andererseits feststellen, dass mit der Ausführung der Abbrucharbeiten zwingend unzumutbare Lärmimmissionen zum Nachteil des klägerischen Grundstück verbunden gewesen wären. Die Beklagte war daher – jedenfalls in Bezug auf das klägerische Grundstück – nicht verpflichtet, bereits vorab durch Lärmschutzauflagen in der Baugenehmigung sicherzustellen, dass es während der Abbrucharbeiten nicht zu Überschreitungen der Richtwerte der Allgemeinen Verwaltungsvorschriften zum Schutz gegen Baulärm (AVwV-Baulärm) kommen wird."[415]

11.3 Zivilgerichte

Die Rechtsprechung im Zusammenhang mit Baulärm ist unübersehbar. Streitpunkte sind dabei insb. Mietminderungen, Entschädigungsforderungen, Unterlassungsansprüche und bauvertragliche Auswirkungen von Lärmschutz-Auflagen, Stillstandszeiten und Bauablaufstörungen. Dabei sind für Mietfragen im Regelfall – wegen des (anfänglich meist) geringen Streitwertes – die Amtsgerichte in erster Instanz zuständig, häufig wird aber auch die Revisionsinstanz mit Baulärmfragen befasst. Im Einzelnen:

413 S. dazu auch: VG Gelsenkirchen, Urteil v. 02.02.2012 – Az: 5 K 3830/08 – *juris Rn. 40.*
414 VG München, Beschluss vom 27.03.2013 – Az: M 8 SN 13.623 = BeckRS 2013, 50807.
415 VG Gelsenkirchen, Urteil vom 02.02.2012 – Az: 5 K 3830/08 = BeckRS 2012, 47705.

11.3.1 Bundesgerichtshof

Das oberste Zivilgericht Deutschlands hat seit Jahrzehnten[416] immer wieder über Baulärmprobleme zu entscheiden. Im Vordergrund stehen dabei Infrastrukturbaustellen sowie sog. Miet-minderungsfälle. Ergänzend zu den dazu in den jeweiligen Entscheidungsgründen enthaltenen Aussagen des BGH sind jedoch auch die Begründungen in weiteren „Lärm-Sachverhalten“, mit denen sich das oberste Zivilgericht beschäftigen musste, wie z. B. Froschquaken, Volksfestlärm und Spielplatzimmissionen, von grundsätzlicher Bedeutung. Denn diese enthalten auch wesentliche und allgemeingültige Begründungen zur Lärmproblematik.

11.3.1.1 BGH Urteil vom 22.11.1979 – III ZR 100/78 Straßenbaulärm

> *„Die Frage, ob eine durch Straßenbaulärm verursachte krankhafte psychische Störung einen Anspruch des Betroffenen auf eine Aufopferungsentschädigung gegen den Träger der Straßenbaulast auslöst, wird in der hier zu beurteilenden Sache nicht entscheidungserheblich, weil es am Nachweis der Ursächlichkeit des Lärms für die Krankheit fehlt.“*[417]

11.3.1.2 BGH Urteil vom 10.07.1987 – V ZR 236 / 85 Lastwagenlärm

> *„Auch insoweit ist mangels tatrichterlicher Feststellungen über den tatsächlichen Umfang der Geräuschbeeinträchtigungen durch den wegen Ausbaues des Klärwerks am Haus vorbeiführenden Lastwagenverkehr zum und vom Klärwerk .... der Vortrag der Klägerin zu unterstellen. .... Im Übrigen ist es unstreitig, daß es sich bei dem durch den Ausbau des Klärwerks bedingten Lastwagenverkehr um einen regen Verkehr handelte. Ein solcher Lastwagenverkehr aber ist bei einem in dörflicher Umgebung und nicht an einer allgemeinen Durchfahrtsstraße gelegenen Wohnhausgrundstück als eine .... nicht nur unerheblich mindernde Beeinträchtigung anzusehen.“*[418]

11.3.1.3 BGH Urteil vom 08.07.1988 – V ZR 45/87 Zumutbarkeitsbestimmung

> *„Das BerGer. hat dem Kl. aber zu Unrecht die vollen Ertragseinbußen zugesprochen. Dies beruht auf dem rechtsfehlerhaften Ausgangspunkt, weil es meint, bei Überschreitung der Zumutbarkeitsgrenze sei nicht nur der über das zumutbare Maß hinausgehende Betrag, sondern der vollständige Ertragsverlust auszugleichen. Der Kl. kann aber nur insoweit*

---

416 S. dazu schon die Urteile BGH JZ 1954, 613 = DB 1954, 431; BGH MDR 1958, 587 = DB 1958, 891; BGH NJW 1962, 1342 = VersR 1962, 784.

417 BGH LNR 1979, 12360 (vorgängig: OLG Hamm Urteil vom 09.05.1978 – Az: 10 U 154/77).

418 BGH Urteil vom 10.07.1987 – Az: V ZR 236/85 – *juris.*

einen Ausgleich verlangen, als er in der Benutzung seines Grundstücks über das zumutbare Maß hinaus beeinträchtigt worden ist."[419]

11.3.1.4 BGH Urteil vom 23.03.1990 – V ZR 58/89 Volksfestlärm

„Wesentliche Geräuschimmissionen im Sinne von § 906 Abs. 1 BGB sind identisch mit den erheblichen Geräuschbelästigungen und damit schädlichen Umwelteinwirkungen im Sinne von § 3 Abs. 1, § 22 Abs. 1 BImSchG. Es besteht kein Anlaß, die grundlegenden Maßstäbe, mit denen das private und das öffentliche Immissionsschutzrecht die Grenze für die Duldungspflicht bestimmen, nämlich einerseits die Wesentlichkeit und andererseits die Erheblichkeit, unterschiedlich auszulegen (BVerwG NJW 1988, 2396, 2397......). Ob Geräuschimmissionen die Benutzung eines Nachbargrundstücks nicht oder nur unwesentlich beeinträchtigen, ist zunächst eine Tatfrage."[420]

„Der Senat hat bereits früher ausgeführt, daß der durch eine Geräuschimmission beeinträchtigte Grundstückseigentümer sein Eigentum so nutzen darf, wie es ihm richtig erscheint, und nicht seinerseits Schutzmaßnahmen ergreifen muß, um eine rechtswidrige Lärmbelästigung abzuwehren oder herabzumindern."[421]

„Grundsätzlich hat der Störer zu entscheiden, ob und wie er seine Emissionen auf das nach § 906 BGB zulässige Maß begrenzt."[422]

11.3.1.5 BGH Urteil vom 20.11.1992 – V ZR 82/91 Froschteichurteil

„.... daß bei Prüfung der Erheblichkeit oder Wesentlichkeit von Lärm gesetzliche Wertungen nicht unberücksichtigt bleiben können, und ..... die Wesentlichkeit des Lärms im Sinne einer wertenden Abgrenzung durch eine situationsbezogene Abwägung zu bestimmen [ist]."[423]

---

419 BGH Urteil vom 08.07.1988 – Az: V ZR 45/87 = NJW-RR 1988, 1291.

420 BGHZ 111, 63 (65); in diesem Urteil verwendet der BGH noch den Begriff des *„durchschnittlichen Menschen"*, der später zum *„verständigen Durchschnittsmenschen"* mutierte (vgl. BGHZ 121, 248).

421 BGHZ 111, 63 (71).

422 BGHZ 111, 63 (72). Zur Gleichschaltung von „Wesentlichkeit" und „Erheblichkeit" s. auch: *Wagner, G.*, Wesentlichkeit gleich Erheblichkeit? Zur Harmonisierung von öffentlichem und privatem Nachbar- und Immissionsschutzrecht, in: NJW 1991, 3247.

423 BGHZ 120, 239 (255) = NJW 1993, 925 = NVwZ 1993, 505 L = VersR 1993, 609 = IBR 1993, 124; in diesem umfangreichen Urteil befasst sich der BGH insb. auch mit dem Verhältnis von Naturschutz und Lärmschutz sowie der Ortsüblichkeit von Froschgequacke.

11.3.1.6 BGH Urteil vom 05.02.1993 – V ZR 62/91 Jugendzeltplatz

„Auch für die Abwehr von Lärmimmissionen kann nicht geltend gemacht werden, der technische Stand der Lärmmessung lasse im Zusammenhang mit Immissionsrichtwerten eine Angabe von eindeutigen Grenzwerten zu. Der Senat hat immer wieder darauf hingewiesen, daß die Meßbarkeit von Lärm und die bestehenden Richtwerte nicht die allein entscheidende Rolle spielen können.“[424]

„Maßgebend sind die Umstände des Einzelfalles, die den Tatrichter in den meisten Fällen auch dazu zwingen, sich über einen Ortstermin[425] *einen persönlichen Eindruck zu verschaffen. Es muß deshalb hingenommen werden, daß auch der Streit über die Wesentlichkeit von Lärmimmissionen gegebenenfalls im Vollstreckungsverfahren erneut entschieden werden muß.“*[426]

„Ob Geräuschimmissionen die Benutzung eines Nachbargrundstücks wesentlich beeinträchtigen oder nicht, ist zunächst eine Tatfrage. Revisionsrechtlich nachprüfbar ist, ob das Berufungsgericht die nötigen Tatsachenfeststellungen verfahrensfehlerfrei getroffen und bei ihrer Würdigung die zutreffenden rechtlichen Gesichtspunkte zugrunde gelegt hat (BGHZ 111, 63, 66).“[427]

„Von Bedeutung könnte auch noch folgender Gesichtspunkt sein: Das Berufungsgericht orientiert sich am Empfinden eines normalen durchschnittlichen Menschen. Dies entspricht nicht mehr der neuesten Rechtsprechung des Senats, der insoweit entsprechend der verwaltungsgerichtlichen Rechtsprechung eine wesentliche Immission mit einer erheblichen Belästigung im Sinne des öffentlichen Rechts gleichstellt und unter Einbeziehung wertender Momente auf das Empfinden eines verständigen Durchschnittsmenschen abstellt.“[428]

11.3.1.7 BGH Urteil vom 05.03.1993 – V ZR 87/91 Kurzzeit-Beeinträchtigung

„Terrasse und Garten gehören wie die Garage in der Regel nicht zu den nach der Rechtsprechung des Großen Senats für Zivilsachen geschützten Wirtschaftsgütern. Anders verhält es sich dagegen mit der selbstgenutzten Wohnung. Hier ist jedoch anerkannt, daß kurzfristige und durch zumutbare Umdispositionen auffangbare Beeinträchtigungen des Gebrauchs im Unterschied zu der vorübergehenden Vorenthaltung des Gebrauchs... und anders als der Verlust des vertraglich eingeräumten Nutzungsrechts an einem Ferienhaus

---

424 BGHZ 121, 248 (251).

425 Diese Vorgabe verschärft der BGH in der gleichen Entscheidung BGHZ 121, 248 (255) wie folgt: „*Gerade in Grenzbereichen* [zwischen z.B. Außenbereich bzw. Sportanlage und Wohnbebauung] *ist der Tatrichter deshalb gehalten, sich durch einen Ortstermin einen eigenen Eindruck von Art und Intensität des Lärms zu verschaffen*“.

426 BGHZ 121, 248 (251).

427 BGHZ 121, 248 (252).

428 BGHZ 121, 248 (255).

nicht entschädigungspflichtig sind. Etwas anderes kommt nur dann in Betracht, wenn die Störung des Gebrauchs so nachhaltig war, daß sie objektiv dem Entzug der Nutzung nahekommt, der Betroffene also bei vernünftiger Betrachtung sich eine Ersatzwohnung hätte beschaffen dürfen, nicht dagegen, wenn nur einzelne Räume der Wohnung in Mitleidenschaft gezogen waren.“[429]

11.3.1.8 BGH Urteil vom 06.07.2001 – V ZR 246/00 Priorität Hammerschlagwerk

„Zwar habe der ....Sachverständige ....Überschreitung der .....Immissionsrichtwerte nicht festgestellt, weshalb nach § 906 Abs. 1 Satz 2 und 3 BGB eine nur unwesentliche Beeinträchtigung vermutet werde; aber aufgrund seiner bei einem Ortstermin gewonnenen eigenen Empfindungen sieht das Berufungsgericht die Geräusche der Riemenfallhämmer als „schädliche Umwelteinwirkungen“ im Sinne des § 3 Abs. 1 BImSchG an, woraus sich die wesentliche Beeinträchtigung ergebe. Dem stehe der Umstand, daß die Beklagte ihren Betrieb seit mehr als 30 Jahren betreibe, während die Kläger ihr Grundstück erst vor ca. zehn Jahren erworben hätten, nicht entgegen.“[430]

11.3.1.9 BGH Urteil vom 16.05.2005 – XII ZR 268/01 Nachbarbaumaßnahme

„Zu Recht ist das Kammergericht weiterhin davon ausgegangen, daß der Beklagte den Umfang der behaupteten Beeinträchtigung seines Mietgebrauchs, die von der Bautätigkeit auf dem Nachbargrundstück im Zeitraum vom November 1998 bis August 1999 ausgingen, nicht substantiiert dargelegt hat. Der Senat hat die hiergegen erhobene Verfahrensrüge des Beklagten geprüft und als nicht durchgreifend erachtet (§ 565 a ZPO a.F.).“[431]

11.3.1.10 BGH Urteil vom 27.10.2006 – V ZR 2/06 Zugverkehrslärm

„Wann eine wesentliche Beeinträchtigung vorliegt, beurteilt sich nach dem Empfinden eines verständigen Durchschnittsmenschen und dem, was diesem unter Würdigung anderer öffentlicher und privater Belange zuzumuten ist. ..... Der Gedanke der Priorität führt nicht zu einer Erhöhung der Zumutbarkeitsgrenze über die fachplanerische Erheblichkeitsschwelle hinaus.“[432]

---

429 BGH NJW 1993, 1793 = VersR 1993, 1279 = ZfBR 1993, 183 = IBR 1993, 269 = DNotZ 1993, 694.

430 BGH, Urteil vom 06.07.2001 – Az.: V ZR 246/00 = BauR 2001, 1859; Darlegung der Entscheidung-sgründe des angegriffenen Berufungsurteils in: BGHZ 148, 261 (263). S. dazu den Beitrag von *Johlen*, Weitere Annäherung von privatem und öffentlich-rechtlichem Immissionsschutz, in: BauR 2001, 1848.

431 BGH, Urteil vom 16.03.2005 – Az: XII ZR 268/01 = BeckRS 2005, 05454.

432 BGH, Urteil vom 27.10.2006 – Az: V ZR 2/06 = NZBau 2007, 102 (Ls.) = NJW-RR 2007, 168 = IMR 2007, 62.

11.3.1.11 BGH Urteil vom 30.10.2009 – V ZR 17/09 City-Tunnel Leipzig

„Wie der Senat ....entschieden hat, bleibt neben den im Planfeststellungsverfahren eröffneten Rechtsbehelfen (§ 74 Abs. 2; § 75 Abs. 2 VwVfG; hier i.V.m. § 18 Satz 3 AEG) für einen Anspruch aus § 906 Abs. 2 Satz 2 BGB grundsätzlich kein Raum. Dem Eigentumsschutz des Nachbarn wird dadurch Genüge getan, dass die Planfeststellungsbehörde sich mit der Frage der erforderlichen aktiven oder passiven Schutzmaßnahmen (§ 74 Abs. 2 Satz 2 VwVfG) bezogen auf das benachbarte Eigentum umfassend auseinandersetzen und solche Maßnahmen oder eine Entschädigungspflicht (§ 74 Abs. 2 Satz 3 VwVfG) anordnen muss, wenn unzumutbare Beeinträchtigungen zu erwarten sind (BVerfwGE 84,31, 38 f.; 110, 370, 392; 123, 23, 36). Meint der betroffene Nachbar, dass seinem Eigentumsrecht im Planfeststellungsverfahren nicht ausreichend Rechnung getragen worden ist, kann er die in diesem Verfahren vorgesehenen Rechtsschutzmöglichkeiten ergreifen...... Ein höheres Schutzniveau wird durch die Vorschrift des § 906 Abs. 2 Satz 2 BGB nicht vermittelt. Sie gewährt ebenfalls nur insoweit einen Ausgleich, als der Nachbar über das zumutbare Maß hinaus in der Benutzung seines Grundstücks beeinträchtigt wird (Senat, BGHZ 62, 361, 372). Da sich die Zumutbarkeit nach den Maßstäben richtet, die für die Beurteilung einer Einwirkung als wesentliche Beeinträchtigung der Grundstücksnutzung im Sinne des § 906 Abs. 1 Satz 1 BGB gelten ..... , bestimmen das öffentliche und das private Immissionsschutzrecht die Grenze der Duldungspflicht gegenüber Immissionen im Ergebnis identisch (Senat, BGHZ 111, 63, 65 f.; BVerwG, NJW 1988, 2396, 2397;.....). Ein Bedürfnis für die zusätzliche Anwendung des § 906 Abs. 2 Satz 2 BGB bei planfestgestellten Vorhaben besteht daher nicht.“[433]

„Nicht zu beanstanden ....ist...., daß das Berufungsgericht seiner Beurteilung das Empfinden eines „verständigen Durchschnittsmenschen“ und das, was diesem unter Würdigung anderer öffentlicher und privater Belange zuzumuten ist, zugrunde legt.....“.[434]

„Die Grenze der im Einzelfall zumutbaren Lärmbelästigung kann nicht mathematisch exakt, sondern nur aufgrund wertender Beurteilung festgelegt werden. Die Lästigkeit eines Geräuschs, die rechtlich für das Immissionsrecht entscheidend ist, hängt nicht allein von Meßwerten (zumal von Mittelungspegeln), sondern von einer Reihe anderer Umstände ab, für die es auf das eigene Empfinden des Tatrichters ankommt (Senat....NJW 1992, 2019). Das hat auch den Gesetzgeber bei der Neufassung des § 906 Abs. 1 BGB .....veranlaßt, mit der Formulierung „in der Regel“ in dem neu eingefügten Satz 2 einen gewissen einzelfallbezogenen tatrichterlichen Beurteilungsspielraum zu erhalten (vgl. BT-Drucks. 12/7425 S. 88). Deshalb ist es rechtlich nicht zu beanstanden, daß sich das Berufungsgericht bei seiner Beurteilung im wesentlichen auf das Ergebnis der Augenscheinseinnahme stützt.“[435]
„Bedenken bestehen jedoch dagegen, daß das Berufungsgericht die Einwirkdauer... nicht weiter in seine Beurteilung einbezieht. Es trifft keine Feststellungen dazu, zu welcher

---

433 BGH, Urteil vom 30.10.2009 – Az: V ZR 17/09 = NJW 2010, 1141 = NZM 2010, 131 = VersR 2010, 1320 = IBR 2010, 213.

434 BGHZ 148, 261 (264).

435 BGHZ 148, 261 (265).

Tageszeit die von ihm als lästig empfundenen Geräusche auftreten. Dabei liegt es auf der Hand, daß auch davon das Empfinden eines «verständigen Durchschnittsmenschen« beeinflußt wird. Denn Geräusch-immissionen z.B. in den Abend- und Nachtstunden werden in der Regel als lästiger empfunden als solche am Vormittag; je mehr sie in der Freizeit oder in Ruhezeiten auf das Grundstück des Beeinträchtigten einwirken, desto weniger sind sie zumutbar."[436]

„Aus dem nachbarrechtlichen Gemeinschaftsverhältnis entspringt nämlich die Pflicht zur gesteigerten gegenseitigen Rücksichtnahme, die in Ausnahmefällen dazu führen kann, daß die Ausübung gewisser aus dem Eigentum fließender Rechte ganz oder teilweise unzulässig wird."[437]

11.3.1.12 BGH Urteil vom 10.02.2010 – VIII ZR 343/08 Zeugenaussage

„Die Zeugin B. hat indes bekundet, dass der Beklagte, mit dem sie früher befreundet gewesen sei und den sie seit Beginn der umfangreichen Bauarbeiten im Jahr 2004 bis zur Trennung im Mai/Juni 2006 fast täglich aufgesucht habe, während dieses gesamten Zeitraums praktisch „auf einer Baustelle" gewohnt habe. Dies hat das Berufungsgericht außer Acht gelassen und somit unter Verstoß gegen § 286 ZPO eine Berechtigung des Beklagten zur Mietminderung verneint."[438]

11.3.1.13 BGH Urteil vom 19.12.2012 – VIII ZR 152/12 Straßenumleitung

„Unter Berücksichtigung dessen, dass sich die vermietete Wohnung in der Berliner Innenstadt befindet, mithin in einer Lage, bei der jederzeit mit Straßenbauarbeiten größeren Umfangs und längerer Dauer zu rechnen ist, haben die Beklagten diese (erhöhte) Lärmbelastung redlicherweise hinzunehmen. Davon ist im Ansatz auch das Berufungsgericht ausgegangen. Für seine Annahme, die vereinbarte Miete sei ab dem siebten Monat nach Eintreten der erhöhten Lärmbelastung gemindert, ist ein sachlicher Grund nicht erkennbar. Denn eine vorübergehend erhöhte Lärmbelastung stellt unabhängig von ihrer zeitlichen Dauer jedenfalls dann, wenn sie sich – wie hier – innerhalb der in Berliner Innenstadtlagen üblichen Grenzen hält, keinen zur Minderung berechtigenden Mangel dar."[439]

---

436 BGHZ 148, 261 (266).

437 BGHZ 148, 261 (268). S. dazu auch: *de Witt*, Zivilrechtlicher Entschädigungsanspruch wegen Lärms oder Rechtsbehelfe des Planfeststellungsverfahrens? Das Verfahren City Tunnel Leipzig, in: NZM 2010, 428.

438 BGH Urteil vom 10.02.2010 – Az VIII ZR 343/08 = IMR 2010, 169 = NJW-RR 2010, 737.

439 BGH Urteil vom 19.12.2012 – Az: VIII ZR 152/12 = NJW 2013, 680 = NZM 2013, 184. S. dazu auch die Entscheidung der Berufungsinstanz LG Berlin, Urteil vom 17.04.2012 – Az: 65 S 181/11 = BeckRS 2013, 02277, die mit einem „Allgemeinen Lebensrisiko" eine Mietminderung versagt (ausführlicher dazu unten 17.3.1).

11.3.1.14 BGH Urteil vom 29.04.2015 – VIII ZR 197/14 Bolzplatz Schule

„Diese Ausstrahlungswirkungen, die zugleich die Verkehrsanschauung zu Art und Maß der als sozialadäquat hinzunehmenden Geräuschimmissionen prägen, würden sich insbesondere dahin äußern, dass bei einer – hier mangels abweichend vereinbarter Standards erforderlichen – Auslegung der beiderseitigen mietvertraglichen Rechte und Pflichten Kinderlärm der in § 22 Abs. 1a) BImSchG beschriebenen Art jedenfalls bei Beachtung des Gebots zumutbarer gegenseitiger Rücksichtnahme in der Regel als den Mietgebrauch nicht oder nur unerheblich beeinträchtigend einzustufen wäre. Dass das hierin zum Ausdruck kommende Toleranzgebot erst im Jahr 2011 und damit lange nach Abschluss des Mietvertrages seinen gesetzlichen Niederschlag in § 22 Abs. 1 a) BImSchG gefunden hat, stünde – anders als das Berufungsgericht meint – seiner Berücksichtigungsfähigkeit nicht entgegen. Denn abgesehen davon, dass dieses Gebot ohnehin nur die Konkretisierung einer bereits bei Mietvertragsschluss zumindest angelegten Verkehrsanschauung enthält, könnte eine Weiterentwicklung der Verkehrsanschauungen jedenfalls im Hinblick auf hinzunehmende Umwelteinwirkungen bei Fehlen konkreter vertraglicher Regelungen zum „Soll-Zustand“ auch zu gewissen Anpassungen des vertraglich geschuldeten Standards einer Gebrauchsgewährung führen“.[440]

11.3.2 Bayer. Oberstes Landesgericht Rechtsentsch. v. 04.02.1987 – RE-Miet 2/86

„Bei Wohnraum stellt Baulärm, der vom Nachbargrundstück ausgeht, einen Fehler der Mietsache dar ..., wenn er so erheblich ist, daß die Tauglichkeit für den vertragsgemäßen Gebrauch als Wohnung gemindert ist....... Geht die Störung durch Lärm nicht vom Vermieter aus und ist er nicht in der Lage, den Lärm zu unterbinden, so verbleibt dem Mieter, abgesehen von seinen Rechten aus der Mängelgewährleistung ... die Möglichkeit, gegen

440 BGH Urteil vom 29.04.2015 – Az: VIII ZR 197/14 = NJW 2015, 2177 = IBR 2015, 2309. Kritisch dazu: *Lehmann-Richter*, IBR 2015, 2309: *„Die Entscheidung ist ein Paukenschlag und für die Praxis von erheblicher Bedeutung. Denn die Argumentation lässt sich auf sämtliche Konstellationen übertragen, in denen der Mieter wegen Lärms vom Nachbargrundstück eine Mietminderung geltend macht. Hier wird ab sofort stets zu prüfen sein, ob der Vermieter als Eigentümer nach § 906 BGB die Immissionen entschädigungslos dulden muss – dann scheidet auch eine Minderung durch den Mieter aus. Das ist im Ergebnis „mieterfeindlich“, weil §906 Abs. 1 BGB dem Nachbarn (Vermieter) in vielen Fällen die kompensationslose Duldung von Immissionen abverlangt. Aus diesem Grund kann auch das Ergebnis der ergänzenden Vertragsauslegung durch den BGH nicht überzeugen, welches die Interessen des Mieters unberücksichtigt lässt“.* Auch wenn dieses Urteil nichts mit Baulärm zu tun hat, so stellt es doch, wie *Lehmann-Richter* zutreffend feststellt, eine Zäsur dar, die es auch im Zusammenhang mit dem Baulärm zu beachten gilt. Denn insoweit stand sozialadäquater Lärm zur Entscheidung – und wenn auch Baulärm unter bestimmten Voraussetzungen als sozialadäquat eingestuft werden kann, dann betreffen die Entscheidungsgründe ebenso diese Lärm-Art.

den Verursacher des Lärms mit Unterlassungsansprüchen vorzugehen, wenn die Voraussetzungen des § 823 BGB erfüllt sein sollten oder wenn er als Besitzer gem. § 862 BGB beeinträchtigt ist. .... Von vornherein zu trennen ist einerseits das Vertragsverhältnis zwischen Vermieter und Mieter mit den daraus folgenden Gewährleistungsansprüchen ...., andererseits das durch § 906 BGB begründete gesetzliche Schuldverhältnis zwischen dem Vermieter als Grundstückseigentümer und demjenigen, der die Beeinträchtigung durch Lärm oder andere Geräusche verursacht hat. Nach allgemeinen schuldrechtlichen Regeln sind Voraussetzungen und Umfang der gesetzlich geregelten Mängelgewährleistung nicht davon abhängig, ob der Vermieter gegen einen Dritten, der den Mangel der Mietsache verursacht hat, einen Ausgleichsanspruch oder Schadensersatzanspruch erlangt oder ob er ihn verwirklichen kann. Dies liegt allein im Risikobereich des Vermieters.

Zwischen dem Minderungsanspruch des Mieters ..... und dem Ausgleichsanspruch des Eigentümers, der zugleich Vermieter ist, aufgrund des § 906 Abs. 2 Satz 2 BGB besteht indessen ein Zusammenhang: Ist der Mieter wegen der vom Vermieter als Eigentümer gem. § 906 Abs. 2 Satz 1 BGB zu duldenden Einwirkung berechtigt den Mietzins zu mindern, weil die Einwirkung so erheblich ist ...., daß sie einen Fehler der Mietsache ..... begründet, so steht dem Vermieter ein Ausgleichsanspruch grundsätzlich dann zu, wenn der Mieter gegenüber dem Vermieter mit der Minderung durchdringt, insbesondere ein rechtskräftiges Urteil erwirkt. Dies gilt allerdings nicht, wenn der Ertrag des Grundstücks nicht über das zumutbare Maß hinaus beeinträchtigt wird (§ 906 Abs. 2 Satz 2, zweite Alternative BGB). .... Eine analoge Anwendung des § 906 BGB im Verhältnis Mieter zu Vermieter dürfte sich schon deshalb verbieten, weil die Gewährleistungspflicht des Vermieters nicht der Interessenlage entspricht, die § 906 BGB im Verhältnis Eigentümer zu Dritten voraussetzt. Es fehlt vor allem an einer Gesetzeslücke........ Die getroffene Entscheidung birgt für den risikobelasteten Vermieter zwar die Gefahr, daß er infolge widersprechender gerichtlicher Entscheidungen sowohl gegen den Mieter als auch gegen den Verursacher der Grundstücksbeeinträchtigung unterliegt. Dem kann er aber jedenfalls in bezug auf den Minderungsanspruch dadurch begegnen, daß er durch Streitverkündung (§ 72 ZPO) die Nebeninterventionswirkung (§§ 68, 74 Abs. 1 ZPO) herbeiführt. Sollte er im Mietminderungsprozeß unterliegen, kann dann jedenfalls der als Ersatzpflichtige verklagte Verursacher gegen den Anspruch aus § 906 Abs. 2 Satz 2 BGB nicht einwenden, die Mietminderung sei unberechtigt gewesen, weil die Tauglichkeit der Mietsache zum Zwecke des Wohnens nur unerheblich oder gar nicht beeinträchtigt gewesen sei.“[441]

---

441 BayObLG, Rechtsentscheid vom 04.02.1987 – Az: RE-Miet 2/86 – *juris* = NJW 1987, 1950 = NJW-RR 1987, 971 = MDR 1987, 498 = WM 1987, 112. Mit diesem Entscheid redete das ehemals höchste bayerische Gericht die im Zusammenhang mit Baulärm-Prozessen feststellbare Justizbelastung förmlich herbei: Der Hinweis auf die Möglichkeit der Streitverkündung gegenüber dem Bauherrn im Mietminderungs-Verfahren gegen den Mieter ist wenig hilfreich, da der Maßstab der Baulärm-Beurteilung völlig unterschiedlich und letztlich von der jeweiligen „tatrichterlichen Würdigung“ abhängig ist.

11.3.3 Oberlandesgerichte / Kammergericht Berlin

Die oberen Instanzgerichte werden häufig mit Baulärm-Berufungen befasst. Dabei gehen die OLG bzw. das KG meist ausführlich auf die vorhandene Rechtsprechung ein und versuchen, diese im Hinblick auf die Komplexheit und Kompliziertheit des Baulärm-Rechts fortzuentwickeln.

11.3.3.1 OLG München Urteil vom 26.03.1993 – 21 U 6002/92 Umsatzeinbuße

„Die Behauptung einer Lärmbelästigung praktisch während der gesamten Bauzeit durch umfangreichen Einsatz von Maschinen enthält nicht Merkmale einer erheblichen Überschreitung der üblicherweise von einer solchen Baustelle ausgehenden Lärmstörung und nicht konkrete, lärmbedingte Störungen des Geschäftsbetriebes in den Mieträumen. Hinsichtlich der Erheblichkeit von Lärmstörungen sind die für Wohnraummietverhältnisse vorgenommenen Wertungen nicht ohne weiteres auf gewerblich genutzte Räume übertragbar. Ob das Mietobjekt fehlerhaft ist, ist jeweils von dem vertraglich festgelegten oder sich aus dem Vertrag ergebenden Verwendungszweck her zu beurteilen.“[442]

11.3.3.2 KG Berlin Urteil vom 08.04.1999 – 8 U 5397/97 Gewerbemietminderung

„Ob der Vortrag der Bekl. in erster Instanz über die Geräuschbelästigungen hinreichend substantiiert war, mag dahingestellt bleiben. In der Berufungserwiderung trägt der Bekl. vor, dass die Klopfgeräusche [bei Stemmarbeiten] *jeden Tag während des Geschäftsbetriebs der Bekl. vorgeherrscht hätten. Eine nähere zeitliche Konkretisierung hinsichtlich der einzelnen Stunden und Minuten ist nicht erforderlich. Auch bei Unterbrechung der Arbeiten durch die üblichen Arbeitspausen ist für die Büroarbeit der gesamte Arbeitstag verloren. Man kann davon ausgehen, dass die Mitarbeiter der Bekl. in den Pausen förmlich darauf gewartet haben, wann es wieder losgehen würde. Eine derartige Situation ist jedem bekannt, in dessen Wohnhaus schon einmal Stemmarbeiten ausgeführt worden sind. Der Kl. selbst definiert „ständig“ zutreffend dahin, dass ein in kurzen Zeitabständen wiederholt auftretendes, jedoch nicht permanentes Phänomen darunter zu verstehen sei.“*[443]

11.3.3.3 OLG Karlsruhe Urteil vom 19.10.2000 – 19 U 24/00 Umsatzausfall

„Zu Recht führt das LG Freiburg ....aus, daß es an der Unzumutbarkeit der Beeinträchtigung des klägerischen Grundstücks durch die behaupteten Lärm- und Staubemissionen fehlt. Natürlich kann unterstellt werden, daß bei einem so großen Bauvorhaben wie dem

---

442 IBR 1994, 458 = NJW-RR 1994, 654.

443 IBR 1999, 502 = NZM 2000, 40; s. auch LG Dortmund NZM 1999, 765 und AG München IMR 2007, 280 für die Störung einer Rechtsanwaltskanzlei durch Baulärm.

vorliegenden Geräusch- und Staubemissionen auftreten. Damit ist aber noch nichts darüber ausgesagt, ob diese zu wesentlichen und unzumutbaren Beeinträchtigungen führen. Die Klägerin kann sich nicht darauf berufen, daß dies bei der Größe des Bauvorhabens auf der Hand bzw. naheliege. Vielmehr muß sie dies darlegen und evtl. beweisen. .... Der Hinweis der Klägerin darauf, daß auch andere Angrenzer stark unter der Großbaustelle gelitten hätten und ihre Belastungen eingehend schildern könnten, führt in der Sache nicht weiter. Auf die Bestätigung durch die Angrenzer kommt es erst dann an, wenn die Klägerin ihrer Behauptungslast nachgekommen ist..... Der Vortrag der Klägerin krankt daran, daß sie aufgrund der Bautätigkeiten mögliche Auswirkungen in den Raum stellt, ohne jedoch solche Auswirkungen konkret zu schildern.“[444]

11.3.3.4 OLG Frankfurt a.M. Urteil vom 17.05.2002 – 25 U 311/98 Beweis für Lärm

„Dabei obliegt dem Anspruchsteller der Beweis für die Immission überhaupt und für deren sein Grundstück beeinträchtigende Wirkung. Dagegen ist der Störer mit dem Beweis der eine Störung ausschließenden Unwesentlichkeit der Immission belastet. Im Anschluß an die Vermutung aus § 906 Abs. 1 Satz 2 BGB genügt hierfür zunächst der Beweis der Einhaltung entsprechender öffentlichrechtlich festgelegter Grenz- oder Richtwerte. Die hierdurch begründete Vermutung der Unwesentlichkeit kann dann aber der Anspruchsteller wiederum widerlegen, denn auch unterhalb entsprechender Grenzwerte liegende Immissionen können wesentliche Störungen sein. Dabei ist die Qualifizierung einer Immission als wesentlich oder unwesentlich eine Rechtsfrage, die vom Gericht in der Regel nur auf Grund des eigenen Empfindens von Eigenart und Lästigkeit des konkret beanstandeten Lärms, meist im Wege persönlicher Augenscheinseinnahme an Ort und Stelle – in geeigneten Fällen statt dessen durch Abhören des Lärms von einem Tonband aus...zu beurteilen ist..... Die endgültige Wesentlichkeitsfeststellung im Einzelfall bleibt weiterhin dem Zivilrichter vorbehalten („Einzelfallprüfung“ durch den Zivilrichter: BT-Dr 12/7425, S. 87). .... Den Beweis der Ortsüblichkeit einer störenden Immission muß solchenfalls der Störer führen.“[445]

11.3.3.5 KG Berlin Urteil vom 03.06.2002 – 8 U 74/01 Baulärm-Kenntnis / Minderung

„Entscheidend ist vielmehr, ob und inwieweit die Beklagten generell mit einer Bautätigkeit, wie sie zur Begründung der Minderung geschildert wird, hätten rechnen müssen. Dies

---

444 OLG Karlsruhe Urteil vom 19.10.2000 – Az: 19 U 24/00 = IBR 2001, 195; in erster Instanz stellte der Lärm-Sachverständige fest, dass es rückwirkend nicht möglich ist, eine Lärmbestimmung zu treffen (IBR 2001, 195 – *Gallois*). S. dazu auch: *Maaß*, Nachbarrechtliche Probleme bei der Baudurchführung, in: BauR 2007, 1650 (1657 rSp) (Geräuschimmission von Großbaustelle als „ortsüblich“).

445 OLG Frankfurt am Main, Urteil vom 17.05.2002 – Az: 25 U 311/98 = IBR 2003, 1010 (für Gewerbelärm, wobei die Beweislastregelungen allgemein auch für Baulärm angewendet werden).

kann nicht allein davon abhängen, ob das Mietgrundstück in einem Sanierungsgebiet liegt oder sich baufällige Gebäude bzw. Baulücken in der Nähe befinden. Denn es handelt sich bei der Umgebung des Mietobjekts nicht um ein Neubaugebiet, so dass im Hinblick auf die ältere Bausubstanz jederzeit mit baulichen Veränderungen und Reparaturen zu rechnen war. Dies trifft insbesondere auf die am Nachbargrundstück vorgenommene Fassadenerneuerung zu, auf die sich die Beklagten ....berufen. Hausfassaden überdauern in der Regel nicht die gesamte Zeit, in der ein Gebäude erhalten bleibt. Vielmehr sind sie von Zeit zu Zeit entweder zu erneuern oder zu renovieren. Demnach hätten die Beklagten sehr wohl erkennen können, dass die später erneuerte Fassade des Nachbargrundstücks nicht im neuesten Zustand war und demzufolge mit einer Erneuerung früher oder später zu rechnen gewesen war. ..... Es kommt hinzu...hinsichtlich der gerügten Störungen in Gestalt von Lärm und Staub.... nicht im Einzelnen das Maß, die Dauer und Intensität der Beeinträchtigungen dargetan sind. ...... Entscheidend ist jedoch, dass das Maß und die Intensität der Störungen nur subjektiv wiedergegeben sind. So lassen sich diesbezüglich aus den Bemerkungen „extremer", „üblicher", „andauernder", „nervender" Baulärm auf die Intensität des Lärms keine sicheren Schlüsse ziehen. Es kommt hinzu, dass nach den Protokolleintragungen auch nicht auszuschließen ist, dass die Störungen mehr oder minder sporadisch auftraten und nicht den ganzen Tag anhielten. Darüber hinaus ergibt sich aus den Bemerkungen in dem Protokoll, dass jedenfalls durch Schließen der Fenster eine Abhilfe möglich war."[446]

11.3.3.6 OLG Düsseldorf Urteil vom 11.03.2008 – 24 U 152/07 Temporärer Baulärm

„Die Beeinträchtigungen betrafen nur rund 12 % der Werktage jenes Zeitraums und beschränkten sich zum großen Teil auf eine Dauer von 2 bis 4 Stunden. Überdies ist dem Vortrag der Beklagten nicht zu entnehmen, dass – und gegebenenfalls wann – die Baumaßnahmen unmittelbar an die gemieteten Räume angrenzende Wohnungen oder Gewerberäume betroffen haben. Angesichts der Dimension des in den 50er Jahren errichteten Gesamtobjekts mit 60 Wohneinheiten und 7 Gewerbeeinheiten musste die Beklagte bereits bei Anmietung .... mit allfälligen Bauarbeiten zur Renovierung / Sanierung frei werdender Einheiten rechnen."[447]

11.3.3.7 OLG München Urteil vom 18.09.2008 – 23 U 2648/08 Bahnbaulärm

„Selbst wenn man mit den Beklagten unterstellt, die auf der Baustelle verwendeten Lastkraftwagen hätten die aktuellen EU-Grenzwerte bezüglich Lärm- und Abgasausstoß eingehalten, und darüber hinaus annimmt, diese Wertfestlegungen seien geeignet, die

446 KG Berlin, Urteil vom 03.06.2002 – Az: 8 U 74/01 = NZM 2003, 718 = IBR 2004, 51.
447 OLG Düsseldorf, Urteil vom 11.03.2008 – Az: 24 U 152/07 = NJW-RR 2008, 1040 = NZM 2008, 524 = IBR 2008, 230.

Unwesentlichkeitsvermutung des § 906 Abs. 1 Satz 2 BGB auszulösen, so wäre ein Regelfall im Sinne dieser Vorschrift gleichwohl nicht gegeben. Denn die Intensität der hier streitgegenständlichen Immissionen kennzeichnet sich nicht durch die einzelne Immissionsquelle (Lkw), sondern gerade durch die Vielzahl und lange Einwirkungsdauer. Für die damit eintretenden Wirkungen besitzen die von der Beklagten zu 2) zitierten Grenzwerte keine Aussagekraft. Von der Wesentlichkeit der eingetretenen Immissionen im Sinne des § 906 BGB ist damit auszugehen. ...... Dass ein ganztägiger Schwerlastverkehr für die Dauer von 11 Monaten für Wohnanlieger wie die Kläger die Grenze des an Lärm-, Abgas- und Staubbelastung Zumutbaren überschreitet, kann nach Auffassung des Senats nicht ernsthaft bezweifelt werden.“[448]

11.3.4 Landgerichte

Landgerichte sind sehr häufig als Berufungsinstanz zur Entscheidung über die Richtigkeit von Amtsgerichtsurteilen, die Mietminderungsfälle betreffen, befasst. Die Variabilität der Urteilsgründe zeigt in dieser Instanz deutlich die Unsicherheit der Rechtsprechung im Hinblick auf die rechtliche Einordnung und Beweiswürdigung im Zusammenhang mit Baulärm auf. So etwa:

11.3.4.1 LG Kassel Urteil vom 24.05.1989 – 1 S 805/88 Mietminderung Gleisbauarbeit

„Nach dem Ergebnis der Beweisaufnahme kann hier davon ausgegangen werden, daß der Baulärm, der von den Umbaumaßnahmen .... ausging, so erheblich war, daß die Gebrauchstauglichkeit der Wohnung der Bekl. beeinträchtigt war. Der Kl. ist zuzugeben, daß aufgrund der Zeugenaussagen eine objektive Bewertung der Lärmbelästigung nur schwer möglich ist, da die Zeugen in erster Linie ihren subjektiven Eindruck geschildert haben. So haben die Zeugen .... bekundet, daß sie sich durch den Baulärm nicht wesentlich gestört fühlen, während der Zeuge ..... den Baulärm als sehr lästig bezeichnet hat. Nur eine technische Lärmmessung in Dezibel hätte hier objektive Erkenntnisse gebracht. Eine solche Messung durch einen Sachverständigen ist hier jedoch nicht mehr möglich, da ein Sachverständiger nicht feststellen kann, wie stark die Lärmbelästigung in der Zeit von .... bis ....war ..... Wenn auch die Bewertung der Lärmbelästigung aufgrund der Bauarbeiten durch die Zeugen auseinandergeht, so kann im Kern doch festgestellt werden, daß der Baulärm die Gebrauchstauglichkeit der Wohnung des Bekl. beeinträchtigt hat.“[449]

---

448 OLG München, Urteil vom 18.09.2008 – Az: 23 U 2648/08 = MDR 2009, 136 = NZM 2008, 821 = IBR 2009, 29.

449 LG Kassel, Urteil vom 24.05.1989 – Az: 1 S 805/88 = IBR 1990, 38 = NJW-RR 1989, 1292.

11.3.4.2 LG Konstanz Urteil vom 22.06.1990 – 1 S 72/90 Bauarbeit-Unterlassung Hotel

„Rohbauarbeiten, die nicht mit Geräuschimmissionen verbunden sind, sind jedoch kaum vorstellbar. Da der übliche Arbeitsbeginn im Baugewerbe 7.00 Uhr ist und da im Baugewerbe üblicherweise eine Mittagspause von einer halben bis einer dreiviertel Stunde eingelegt wird, würde man durch die von den Klägern gewünschte zeitliche Beschränkung von Bauarbeiten den Bauherrn zwingen, mit dem Bauunternehmen völlig unübliche Arbeitszeiten zu vereinbaren, auf die sich ein Bauunternehmen, wenn überhaupt, nur gegen nicht unbeträchtliche zusätzliche Bezahlung einlassen kann, da es in der Arbeitszeitgestaltung für ihre Mitarbeiter ebenfalls vertraglichen bzw. tarifvertraglichen Regelungen unterliegt...... Es ist heute zwar ohne weiteres möglich, die Lärmentwicklung von Kompressoren deutlich zu begrenzen, die Spritzarbeiten selber bleiben jedoch lärmintensiv. Durch das .... vorgelegte Schreiben des Gewerbeaufsichtsamtes S. ist hinreichend genug dargetan, daß die von den vom Beklagten beauftragten Bauunternehmer eingesetzten Geräte den jeweiligen EWG-Richtlinien entsprechen.“[450]

11.3.4.3 LG Hamburg Urteil vom 03.12.1998 – 327 S 97/98 Ersatzanspruch Vermieter

„In dem Ertragsverlust eines gewerblich genutzten Grundstücks um 20% ist eine wesentliche Beeinträchtigung zu sehen. Die Beeinträchtigung ist auch durch eine ortsübliche Benutzung des Grundstücks der Bekl. herbeigeführt worden. Die Ortsüblichkeit der Bauarbeiten ergibt sich zwanglos daraus, daß das Grundstück der Bekl. unstreitig öffentlichrechtlich als Baugrundstück ausgewiesen worden war und der Bekl. eine entsprechende Baugenehmigung erteilt worden ist. Nicht dargelegt ist, daß der Baulärm durch Maßnahmen hätte verhindert werden können, die wirtschaftlich zumutbar waren. Der für den Kl. durch die Mietminderung entstandene Mietzinsverlust aufgrund der hiermit nach § 906 Abs.II 1 BGB zu duldenden Lärmimmissionen ist von der Bekl. nach § § 906 Abs.II 2 BGB zu entschädigen. Die Bekl. schuldet einen angemessenen Ausgleich in Geld, weil die Ertragseinbußen der vom Kl. zur Vermietung genutzten Wohnung das zumutbare Maß überschritten haben. Problematisch ist dabei die Festlegung der Zumutbarkeitsgrenze. Es ist Aufgabe des Tatrichters, diese Zumutbarkeitsgrenze unter Abwägung aller Umstände des Falles zu bestimmen. Dabei verkennt die Kammer nicht, daß nicht jede Immission, die nicht unwesentlich ist, als unzumutbar anzusehen wäre. Eine unzumutbare

450 LG Konstanz, Urteil vom 22.06.1990 – Az: 1 S 72/90 = BauR 1990, 754 = NJW-RR 1991, 916 = IBR 1991, 77 (Vorinstanz: AG Überlingen, Urteil vom 08.02.1990 – Az: 3 C 94/89). Wenn das erkennende Gericht dabei in den Entscheidungsgründen noch das *„Gesetz zum Schutz gegen Baulärm“*, das mit Inkrafttreten des BImSchG 1974 außer Kraft getreten war, anführt, anstelle des § 66 Abs. 2 BImSchG, wonach die *AVV Baulärm – Geräuschimmissionen* – bis zu einer Neuregelung weiterhin Gültigkeit hat, dann zeigt dies die Schwierigkeit der umfassenden Kenntnis des „Baulärm-Rechts“ durch die Gerichte auf.

Beeinträchtigung liegt beispielsweise nicht vor, wenn die Mieter den Mietzins trotz einer wesentlichen Beeinträchtigung der Gebrauchsfähigkeit der Mietsache nur geringfügig mindern. Eine Existenzgefährdung des Eigentümers des beeinträchtigten Grundstücks wird von der heutigen Rechtsprechung für die Annahme einer Ausgleichspflicht des Störers nach § 906 Abs. II 2 BGB allerdings nicht mehr gefordert. Die Kammer hält es für angemessen, bei der Beurteilung der Unzumutbarkeit des Ertragsverlustes für den Vermieter darauf abzustellen, ob das Mietgrundstück bzw. die vermietete Eigentumswohnung noch wirtschaftlich betrieben werden kann. Sofern der Vermieter aufgrund der berechtigten Mietminderung seitens seiner Mieter Verluste bei der Vermietung erleidet, ist die Zumutbarkeitsschwelle überschritten."[451]

11.3.4.4 LG Hamburg Urteil vom 05.07.2001 – 333 S 13/01 Elbtunnel Zeugenangaben

„...nach Abriss der vorhandenen Bebauung ..... eine die Wohnqualität stark belastende Emission von Lärm, Gestank und Staub. Dies haben die vom AG vernommenen Zeugen im Einzelnen glaubhaft bekundet ... Nach informatorischer Inaugenscheinnahme der Örtlichkeiten, Kenntnisnahme von angefertigten Fotografien und unter Berücksichtigung der Lage und des Umfangs des erstellten Bauwerkes einschließlich der dafür zu erbringenden Arbeiten, ... ist dies für die Kammer schließlich auch evident."[452]

11.3.4.5 LG Lüneburg Beschluss vom 20.01.2003 – 6 S 114/02 Kenntnis Bauarbeiten

„Durch den Baulärm, der in der Zeit von Dezember 2000 bis Juni 2001 durch Baumaßnahmen.... hervorgerufen worden ist, ist die Miete nicht gemindert...... Die Beklagten hatten bei Anmietung des Mietobjekts Kenntnis von zukünftig zu erwartendem Baulärm, jedenfalls ist eine grobfahrlässige Unkenntnis gegeben. Bei Anmietung des Hauses wussten die Beklagten, dass in der näheren Umgebung noch weitere Baumaßnahmen durchgeführt werden würden. Dies ergab sich bereits aus dem dort aufgestellten Bauschild......Bereits aufgrund dieses Umstandes war den Beklagten bekannt, dass in der Folgezeit aufgrund der angekündigten Baumaßnahmen Baulärm unvermeidlich sein würde. Es ist gerichtsbekannt, dass jede Baumaßnahme mit Baulärm verbunden ist. Wenn die Beklagten in Kenntnis dieses Umstandes das Haus zu einem bestimmten Mietzins anmieten, so haben sie damit gezeigt, dass ihnen das Mietobjekt trotz des zu erwartenden Baulärms den vereinbarten Mietzins wert gewesen ist. Sie können daher aufgrund des Baulärms keine Minderung geltend machen. .... Wer in einem Neubaugebiet ein Haus in dem Wissen

451 LG Hamburg, Urteil vom 03.12.1998 – Az: 327 S 97/98 = IBR 1999, 374 = NJW-RR 1999, 378 = NZM 1999, 169.

452 LG Hamburg, Urteil vom 05.07.2001 – Az: 333 S 13/01 = WuM 2001, 444.

anmietet, dass in der Nachbarschaft noch weitere Grundstücke bebaut werden, der kann wegen Baulärms keine Minderung geltend machen."[453]

11.3.4.6 LG Leipzig Urteil vom 08.06.2005 – 03 O 4016/04 Seniorenheim Innenstadt

„Die Beklagte hat sich bewusst für die Lage ihres Senioren- und Pflegezentrums im Innenstadtbereich entschieden. Sie zielt damit auf Bewohner ab, denen es weniger auf eine ruhige, idyllische Lage ankommt, als vielmehr auf die Vorteile, die mit einer Lage im Stadtzentrum verbunden sind. ...... Bei Geräuschimmissionen kommt es nicht nur auf den objektiv messbaren Geräuschpegel an, sondern auch darauf, um welche Art von Lärm es sich handelt. Geräusche, die mit dem Verkehr und Geschäftsbetrieb in der Innenstadt zusammenhängen, können dabei mit dem Lärm, der beim Abriss eines Gebäudes entsteht, nicht gleichgesetzt werden, selbst dann, wenn ähnliche Dezibelzahlen erreicht werden".[454]

11.3.4.7 LG München I Urteil vom 21.04.2006 – 27 O 22999/04 Entfernung

„Die Zeugin schilderte das Ausmaß der Baustellenimmissionen im Juli 2004 dahingehend, dass die von ihr in der Praxis der Beklagten vorgenommenen Behandlungen ... dadurch erschwert worden seien, dass eine sehr hohe Lärmbelästigung vorhanden gewesen sei. Es sei aufgrund des Lärms auch bei geschlossenen Fenstern nicht möglich gewesen, Telefonate in den Behandlungszimmern....zu führen, man habe dazu in ein anderes Zimmer, das auf der Rückseite des Gebäudes lag, wechseln müssen..... Die größte Lärmbelästigung sei durch die Abrissbirne...hervorgerufen worden. Der Lärm sei von der Baustelle ausgegangen, da sie die Abrissbirne gehört und gesehen habe. Das Gericht hat keine Zweifel an der Glaubhaftigkeit der Angaben der Zeugin. Zwar handelt es sich bei ihr nicht um eine neutrale Zeugin, da sie bei der Beklagten tätig ist. Die Angaben der Zeugin waren jedoch in sich schlüssig und nachvollziehbar, sie hat sich erkennbar bemüht, zeitliche Angaben so genau wie möglich zu treffen. .....Aufgrund der durch die Zeugin geschilderten Lärm- und Schmutzimmissionen hält das Gericht eine Minderungsquote von 10 % für angemessen.... zudem die Großbaustelle in einer – streitigen – Entfernung von 50 bis 100 m von den Mieträumen liegt."[455]

---

453 LG Lüneburg, Beschluss nach § 522 ZPO vom 20.01.2003 – Az: 6 S 114/02 – *juris*. Siehe auch OLG Dresden, Urteil vom 14.10.2008 – Az: 5 U 1030/08 = IMR 2009, 123: Bekanntsein eines Tiefgaragenbaus.

454 LG Leipzig, Urteil vom 08.06.2005 – Az: 03 O 4016/04 = BeckRS 2011, 11435.

455 LG München, Urteil vom 21.04.2006 – Az: 27 O 22999/04 = IMR 2007, 1017. In der Berufungsinstanz bestätigte das OLG München (Urteil vom 25.10.2006 – Az: 3 U 3422/06 = IMR 2007, 2) dieses nur auf einer Zeugeneinvernahme zur Lärmbeurteilung gestützte Urteil mit den Worten: *„Die Beweiswürdigung des Landgerichts ist fehlerfrei und überzeugend (§ 286 ZPO)"* und machte so „kurzen Prozess" ohne zu hinterfragen, ob die Aussage einer – zudem nicht neutralen – Zeugin ausreichen

11.3.4.8 LG Frankfurt a.M. Urteil vom 06.03.2007 – 2–17 S 113/06 Mietminderung

„Die Kammer pflichtet nicht der Auffassung des Amtsgerichts bei, dass in Innenstadtlagen mit Gewerbe eine Minderung von Wohnungsmieten wegen Bauarbeiten in der Umgebung nicht möglich sei, weil dort ohnehin mit Bauarbeiten gerechnet werden müsse. Grundsätzlich handelt es sich bei Bauarbeiten in Form des Abrisses und der Neuerrichtung eines Gebäudes auch in einem Gewerbegebiet und auch in einer Innenstadt um vorübergehende Maßnahmen. Denn grundsätzlich beschränkt sich die Bauzeit auf wenige Monate, während die «Lebenszeit« eines Gebäudes auch in heutiger Zeit noch nach Jahrzehnten bemessen wird. Wenn auch in Großstädten viel gebaut wird, so betrifft dies doch unterschiedliche Standorte. Die Umgebung eines bestimmten Hauses ist auch in Innenstadtlagen grundsätzlich über viele Jahre hin frei von Großbaustellen. An der normalen Umgebung orientiert sich der zwischen den Parteien vereinbarte Mietzins. Ergibt sich aufgrund einer besonderen Maßnahme in der Umgebung eine *Beeinträchtigung des Mietgebrauchs, so ist auch die Miete entsprechend gemindert. ..... und die Beklagte damit rechnen musste, dass die Geduld der Mieter mit den Belästigungen durch die Baustelle einmal ein Ende haben würde.“*[456]

11.3.4.9 LG Potsdam Urteil vom 19.04.2007 – 3 S 108/06 Zeugen statt Messung

„Nach der höchstrichterlichen Rechtsprechung obliegt es grundsätzlich dem Tatrichter, das für den Eigentümer zumutbare Maß der Ertragsbeeinträchtigung im Einzelfall unter Abwägung aller Umstände zu bestimmen. Im vorliegenden Fall war zu berücksichtigen, dass die Lärmeinwirkungen auf das Grundstück der Klägerin ganz erheblich gewesen sind. Die Zeugen haben – insoweit auch übereinstimmend – ausgesagt, dass über Monate hinweg Lärm, Staub und Vibrationen aufgetreten sind, die von allen Zeugen als mehr oder minder unerträglich beschrieben worden sind. ...... Die Klägerin hat selbst vom Sanierungscharakter des Gebietes profitiert und auf ihrem Grundstück ein Mehrfamilienhaus errichten lassen. Zum Zeitpunkt der Investition war bereits absehbar, dass es zu weiteren, grundsätzlich immissionsträchtigen Baumaßnahmen kommen würde. Weiterhin ist zu berücksichtigen, dass die Klägerin auf längere Sicht von den Neubauten und Sanierungsarbeiten in der Nachbarschaft auch geldwerte Vorteile haben kann, da die Wohngegend insgesamt aufgewertet wird. ..... Lärmprotokolle sind dem Mieter nach einhelliger Rechtsprechung nicht abzuverlangen. Es grenzte an Rechtsverweigerung, vom Mieter zu verlangen, zwecks substantiierter Darlegung der Beeinträchtigungen von einer

---

kann, um die Wesentlichkeit einer Baulärmbeeinträchtigung unter Berücksichtigung der AVV Baulärm zu beurteilen.

456 LG Frankfurt am Main, Urteil vom 06.03.2007 – Az: 2–17 S 113/06 – *juris.* Es handelt sich insoweit um eine der zahlreichen Emotions-Urteile, wie aus dem letztzitierten Satz von dem Ende der Geduld der Mieter und der damit erfolgten rückwirkenden Mietminderung zu erkennen ist.

eventuellen Berufstätigkeit abzusehen und sich ein Lärmmessgerät zuzulegen. Eine Mietminderung von 20 % ist bei den von den Zeugen geschilderten Beeinträchtigungen auch nicht überhöht, sondern vielmehr im Rahmen des Üblichen".[457]

11.3.4.10 LG Heidelberg Urteil vom 26.02.2010 – 5 S 95/09 Umgebungsänderung

„Ein Mangel der Mietsache liegt erst dann vor, wenn der Mieter die aufgetretenen Lärmbelästigungen nach der Verkehrsanschauung nicht hinnehmen muss. ... Nach der Verkehrsanschauung kann nicht schon jede nachteilige Veränderung des Wohnumfeldes und der Geräuschsituation als Mangel der Mietsache angesehen werden. Denn der Mieter muss grundsätzlich in Rechnung stellen, dass es im weiteren und näheren Umfeld seiner Wohnung ... zu Veränderungen kommt, die sich auf die Mietsache nachteilig auswirken können. ...... Im Einzelfall können Lärmbelästigungen – etwa wegen der Eigenart der Geräusche – vielmehr auch dann eine Gebrauchswertbeeinträchtigung darstellen, wenn die maßgeblichen Immissionsrichtwerte eingehalten werden. Insoweit kommt es aber nicht auf das subjektive Empfinden der betroffenen Personen an, sondern es ist ein objektiver Maßstab anzulegen."[458]

11.3.4.11 LG Gießen[459] Urteil vom 15.12.2010 – 1 S 210/10 Baulücke / Zukunft

„Hier haben die Parteien bei Abschluss des Mietvertrags stillschweigend eine Beschaffenheitsvereinbarung geschlossen, die die Möglichkeit der Bebauung des Nachbargrundstücks in einer ortsüblichen Art und Weise und die damit verbundenen Belastungen für den Mieter einschließt. Nach einer in Rechtsprechung und Literatur vertretenen Auffassung ist regelmäßig davon auszugehen, dass die Mietvertragsparteien das mit einer Bebauung eines Nachbargrundstücks einhergehende Risiko des Auftretens von baubedingten Gebrauchsbeeinträchtigungen des Mietobjekts bei Vertragsabschluss stillschweigend vorausgesetzt haben, wenn für beide Vertragsparteien aufgrund des Zustands des Nachbargrundstücks erkennbar war, dass es auf diesem Grundstück in Zukunft zu Bautätigkeiten kommen wird. In einem solchen Fall schuldet der Vermieter dem Mieter nur die um das Risiko derartiger

---

457 LG Potsdam, Urteil vom 19.04.2007 – Az: 3 S 108/06 – *juris*.

458 LG Heidelberg, Urteil vom 26.02.2010 – Az: 5 S 95/09 = BeckRS 2010, 05228.

459 Die Entscheidungsgründe dieses, letztlich vom BGH in der wesentlichen Kernaussage (Vorhersehbarkeit von Bautätigkeiten in der Nachbarschaft als stillschweigend vereinbarte und durch Auslegung zu ermittelnde Beschaffenheitsvereinbarung einer Mietwohnung, neben der eine Großbaustelle in einer Baulücke zu Baulärm führt), stellen durch ihre abwägenden Argumente ein Musterbeispiel eines Mietminderungs-Prozess-Urteils dar und sind deshalb umfassend hier wiederzugeben.

baulicher Maßnahmen verminderte Gebrauchsgewährung (................)[460]. *Die Kammer schließt sich dieser Ansicht an. Soweit von der Gegenauffassung teilweise das Argument ins Feld geführt wird, auf die Erkennbarkeit zukünftiger Mängel könne es nicht ankommen, da nach § 536 b BGB dem Mieter lediglich die Kenntnis bereits vorhandener Mängel schade (.......), überzeugt dies nicht. Gegenstand von Beschaffenheitsvereinbarungen können auch zukünftige Entwicklungen sein. Insoweit greifen Beschaffenheitsvereinbarungen weiter als der Gewährleistungsausschluss nach § 536 a BGB (........). Freilich genügt die bloße Erkennbarkeit einer künftigen Entwicklung nicht, sofern eine Vertragspartei entweder die auf eine zu erwartende Bautätigkeit hinweisenden Umstände nicht wahrgenommen oder hieraus nicht die richtigen Schlüsse gezogen hat (........). Allerdings stellt der Umstand, dass die Bautätigkeit aufgrund bekannter Umstände objektiv zu erwarten war, ein starkes Beweisanzeichen dafür dar, dass diese Entwicklung von den Vertragsparteien auch tatsächlich in Betracht gezogen worden ist. Dies gilt jedenfalls dann, wenn bei zutreffender Bewertung der bekannten Tatsachen zwingend auf ein hohes Baurisiko zu schließen ist. Insofern besteht eine rechtliche Parallele zur Feststellung der inneren Tatbestandsvoraussetzungen der Vorsatzanfechtung nach § 133 Abs. 1 InsO. Diesbezüglich ist höchstrichterlich anerkannt, dass die Kenntnis von Umständen, die zwingend auf eine drohende Zahlungsunfähigkeit hinweisen, der Kenntnis von der drohenden Zahlungsunfähigkeit gleichsteht, sodass es für eine Vorsatzanfechtung in subjektiver Hinsicht genügt, dass der Anfechtungsgegner die tatsächlichen Umstände kennt, aus denen bei zutreffender rechtlicher Bewertung die drohende Zahlungsunfähigkeit zweifelsfrei folgt (.......). Übertragen auf den vorliegenden Fall bedeutet dies, dass den Beklagten die drohende Bautätigkeit auf dem Nachbargrundstück aufgrund der ihnen bekannten objektiven Tatsachen bekannt gewesen sein muss. Die ... in ... gehört zum unmittelbaren Stadtkern. Der Bereich zwischen der ... und der ... ist geprägt durch drei- bis vierstöckige, teils gewerblich, teils zu Wohnzwecken genutzte Gebäude. Teilweise sind niedrigere Nebengebäude (Garagen etc.) vorhanden. Die Bebauung ist dicht. Größere Freiflächen zwischen den Gebäuden sind nicht vorhanden. Lediglich das Grundstück ... war im hinteren Teil mit niedrigeren Gebäuden, die offensichtlich abrissreif waren, bebaut. Der vordere Teil zur ... hin war frei von Bebauung. Eine solche Baulücke bleibt im Stadtkern einer mittelgroßen Universitätsstadt nach der Lebenserfahrung nicht über viele Jahrzehnte, die ein unbefristetes Mietverhältnis andauern kann, bestehen. Vielmehr war aufgrund der Gegebenheiten in der Tat „für jeden klar", dass das Grundstück in absehbarer Zeit bebaut werden würde, wie dies die Klägerin vorträgt. Dass sich diese Erkenntnis den Beklagten als hochgebildete Akademiker verschlossen haben soll, erscheint unter Berücksichtigung aller maßgeblichen Umstände des Falles fernliegend (§ 286 ZPO)*[461].

460 Das LG Gießen führt jeweils an den gepunkteten Klammerstellen umfangreich Rechtsprechung und Literatur zur Vorhersehbarkeit von Baulärm in der Zukunft an; s. dazu LG Gießen *openJur* 2012, 33957.

461 LG Gießen, Urteil vom 15.12.2010 – Az: 1 S 210/10 – *openJur* 2012/33957; vorgehend AG Gießen, Urteil vom 22.07.2010 – Az: 48M C 647/08; Revision aufgrund Hinweisbeschluss BGH vom 21.02.2012 – Az: VIII ZR 22/11 – *openJur* 2012/53 866 zurückgenommen. Dabei hat der BGH ausdrücklich offen gelassen, ob eine stillschweigende Beschaffenheitsvereinbarung im Hinblick auf zukünftige

Eine Mietminderung kommt auch nicht deshalb in Betracht, weil die Beklagten mit dem konkreten Ausmaß der Bautätigkeit und der daraus resultierenden Gebrauchsbeeinträchtigung ihrer Wohnung nicht hätten rechnen müssen. Wie bereits ausgeführt, war eine Bebauung im ortsüblichen Umfang zu erwarten. Da auch die angrenzenden Grundstücke mit mehrgeschossigen Gebäuden bebaut sind, war vorauszusehen, dass das zu errichtende Gebäude ebenfalls aus mehreren Geschossen bestehen würde. Angesichts der exponierten Lage des Grundstücks und des dadurch bedingten Quadratmeterpreises war auch zu erwarten, dass der Bauherr das Grundstück für die Errichtung des neuen Gebäudes maximal ausnutzen würde. Mit einer Höhe von mindestens 4 Stockwerken, einer erheblichen Grundfläche und einer Tiefgarage war daher zu rechnen. Schließlich bestand angesichts der Nähe des Grundstücks zum Fluss ... die naheliegende Möglichkeit, dass bei Errichtung der Tiefgarage eindringendes Wasser permanent abgepumpt werden muss. Nach der Lebenserfahrung ist bei derartigen Bauprojekten mit der Erforderlichkeit einer Wasserhaltung zu rechnen. Aber selbst dann, wenn die Geräuschbelastung durch den Pumpenbetrieb nicht vorauszusehen gewesen wäre, wovon die Kammer jedoch nicht ausgeht, rechtfertigte dies keine Minderung der Miete. Nach § 536 Abs. 1 S. 3 BGB bleibt eine Minderung der Tauglichkeit dann außer Betracht, wenn sie unerheblich ist. Um eine solche unerhebliche Tauglichkeitsminderung handelt es sich hier. Nach den Feststellungen des in erster Instanz beauftragten Sachverständigen ... liegt das auf dem Balkon der Mietwohnung wahrnehmbare Pumpengeräusch von zwei betriebenen Pumpen im Vollbetrieb bei 46 dB(A) + 3 dB(A) = 49 dB(A) und damit selbst des Nachts nur um 4 dB(A) über dem Richtwert von 45 dB(A). Tagsüber wird der Richtwert nicht überschritten. Vielmehr überlagert der Straßenlärm das Pumpengeräusch deutlich. Eine höhere Lärmbelastung durch die Pumpen haben die Beklagten nicht nachweisen können. Zwar hat der in erster Instanz vernommene Zeuge ... angegeben, dass er bei Schallmessungen im dritten Obergeschoss des auch von den Beklagten bewohnten Hauses bei geöffnetem Fenster Werte von 60 dB(A) bis 80 dB(A) ermittelt habe. Der Sachverständige hat jedoch nachvollziehbar erläutert, dass diese Werte keine Aussagekraft besitzen, da die für eine Schallmessung erforderlichen technischen Voraussetzungen nicht erfüllt waren. Die Überschreitung des Richtwertes in der Nacht führt nicht zu einer erheblichen Gebrauchsbeeinträchtigung. Wie der Sachverständige überzeugend dargestellt hat, wird der Schallpegel um 29 dB(A) gemindert, wenn die Fenster in den unmittelbar zum Nachbargrundstück gelegenen Räumen geschlossen werden. Bei geschlossenen Fenstern wird der für Schlafräume des Nachts geltende Richtwert von 30 dB(A) nicht überschritten. Die durch das Pumpengeräusch verursachte Gebrauchsbeeinträchtigung besteht mithin lediglich darin, dass während der nächtlichen Betriebszeiten der Pumpen die zum Nachbargrundstück liegenden Fenster geschlossen gehalten werden müssen. Eine solche Minderung der Tauglichkeit der Mietwohnung ist in Anbetracht des

Bautätigkeit, verbunden mit Baulärm, vorliegt. Das Urteil des LG Gießen (keine Möglichkeit zur Mietminderung trotz Baustelle und Pumpen zur Wasserhaltung) wurde vielmehr als *„nicht zu beanstandende tatrichterliche Wertung"* schon deshalb als zutreffend bezeichnet, weil die Lärmbeeinträchtigung – zumal überwiegend im Herbst und Winter vorhanden und deshalb durch das Schließen der Fenster weitgehend vermeidbar – als zumutbar betrachtet worden ist.

Umstands, dass die Pumpen in den Herbst und Wintermonaten und nicht während des Hochsommers betrieben worden sind, unerheblich i. S. v. § 536 Abs. 1 S. 3 BGB."[462]

11.3.4.12 LG Berlin Urteil vom 27.09.2011 – 63 S 641/10 Baulärm-Kenntnis

„Maßgeblich ist, ob der Mieter bestimmte Eigenschaften seines Wohnumfeldes als unveränderlich voraussetzen durfte oder ob er mit bestimmten nachteiligen Veränderungen rechnen musste .... Der Mieter einer Wohnung in Berlin muss aber, zumal im Innenstadt-Bereich, im Regelfall damit rechnen, dass es im weiteren und näheren Umfeld seiner Wohnung – etwa durch Neubau, Umbau oder Sanierung von Gebäuden, Straßen o.ä., durch Wechsel oder Zuzug von neuen (gewerbetreibenden) Nachbarn etc. – zu Veränderungen kommt, die sich auf die Mietsache nachteilig auswirken können. .... Die Beklagten konnten nicht erwarten, dass es in dem an ihre Wohnung angrenzenden Gebiet nicht zu solchen Veränderungen kommen würde. Dass in Berlin-Mitte Entkernungsarbeiten an einem Gebäude stattfinden, ist nichts Ungewöhnliches und musste von den Beklagten ebenso wie die damit einhergegangene Zunahme der Lärm- und Schmutzimmissionen in Rechnung gestellt werden..... Entsprechend der Wertung des § 906 Abs. 1 Satz 2 und 3 BGB muss jedoch mit Beeinträchtigungen, die die in technischen Regelwerken enthalten Normen und Grenzwerte einhalten..... regelmäßig ebenso gerechnet werden wie mit wesentlichen Beeinträchtigungen, die dieses Maß zwar überschreiten, die jedoch ortsüblich sind und nicht durch wirtschaftlich zumutbare Maßnahmen verhindert werden können, ... wobei die Ortsüblichkeit durch die Erteilung einer notwendigen öffentlich-rechtlichen Genehmigung indiziert wird."[463]

11.3.4.13 LG Berlin Urteil vom 10.02.2012 – 63 S 206/11 Nacht- / Sonntagarbeit

„Es ist auch für einen Laien nachzuvollziehen, dass Bauarbeiten möglichst zügig und zu Zeiten erfolgen, in denen eher wenig Verkehr auf den von den Bauarbeiten betroffenen Verkehrswegen herrscht. Bei dieser erkennbaren Sachlage drängt es sich geradezu auf, dass Arbeiten mit entsprechenden Ausnahmegenehmigungen eben auch an Sonntagen und auch nachts erfolgen. Es wäre vielmehr ungewöhnlich gewesen, wenn unter den vorgenannten Umständen keine Arbeiten an Sonntagen und nachts stattgefunden hätten."[464]

11.3.4.14 LG Berlin Urteil vom 11.03.2013 – 67 S 465/12 Nachteilige Veränderung

„Abgesehen davon, dass unter Berücksichtigung der Verkehrsanschauung und des allgemeinen Lebensrisikos gerade im Innenstadtbereich Berlins grundsätzlich damit gerechnet

462 LG Gießen, Urteil vom 15.12.2010 – Az: 1 S 210/10 – *openJur* 2012/33957.
463 LG Berlin, Urteil vom 27.09.2011 – Az: 63 S 641/10 = IMR 2012, 1062.
464 LG Berlin, Urteil vom 10.02.2012 – Az: 63 S 206/11 = IMR 2012, 278.

werden muss, dass im weiteren und näheren Umfeld bauliche Veränderungen auftreten, die sich auf die Mietsache nachteilig auswirken können.....Diese entsprechen im Übrigen auch einem normalen, nicht ungewöhnlichen Baugeschehen im Innenstadtbereich."[465]

11.3.4.15 LG Berlin Urteil vom 26.09.2013 – 67 S 251/13 Entkernungsarbeiten

„Dass eine derartige Baumaßnahme über Monate mit erheblichem Lärm und Schmutz und erheblichen Erschütterungen verbunden ist, zumal sie teilweise unmittelbar an der Brandmauer stattfand, die zur Wohnung des Beklagten gehört, ist offensichtlich. Insofern handelt es sich um eine offenkundige Tatsache im Sinne des § 291 ZPO, hinsichtlich derer es keiner Beweiserhebung bedurfte. ..... Es bedarf keiner Differenzierung hinsichtlich einzelner Zeitabschnitte. Bei umfangreichen Bauarbeiten ist es vielmehr zulässig, selbst ohne konkrete Darlegung des Mieters bezüglich des qualitativen und quantitativen Ausmaßes der jeweiligen Bauarbeiten eine feste Minderungsquote für die gesamte Dauer des Bauvorhabens zuzusprechen, auch wenn in einzelnen Zeiten keine besonders starken Störungen stattfinden."[466]

11.3.4.16 LG Berlin Beschluss vom 27.02.2014 – 67 S 476/13 Bau-Lärm = Miet-Mangel

„Der Mieter einer Wohnung kann nach der allgemeinen Verkehrsanschauung erwarten, dass die von ihm angemieteten Räume einen Standard aufweisen, der bei vergleichbaren Wohnungen üblich ist. Dabei sind insbesondere das Alter, die Ausstattung und die Art des Gebäudes, aber auch die Höhe der Miete und eine eventuelle Ortssitte zu berücksichtigen. Gemessen an diesen Grundsätzen entspricht eine vermietete Wohnung grundsätzlich – und auch in Berlin – nur dann dem vom Vermieter geschuldeten Mindeststandard, wenn sie frei von erheblichen (Bau-)Immissionen ist. Zwar sind zumindest im großstädtischen Kontext Baumaßnahmen der streitgegenständlichen Art nicht unüblich; jedoch ist selbst dort die ganz überwiegende Mehrzahl der Mietwohnungen von entsprechenden Maßnahmen nicht betroffen, so dass – anders etwa bei großstädtischer Verkehrslärmbelastung – der streitgegenständlichen Wohnung vergleichbare Wohnungen üblicherweise keinen erheblichen Bauimmissionen ausgesetzt sind. Die Nichteinhaltung dieses Mindeststandards führt gemäß § 536 Abs. 1 BGB zur Minderung des von den Beklagten geschuldeten Mietzinses. Dass nicht die Kläger selbst, sondern Dritte die Baumaßnahmen veranlasst haben, rechtfertigt keine den Klägerin günstigere Beurteilung. Denn die Minderung tritt gemäß § 536 Abs. 1 BGB unabhängig davon ein, ob der Vermieter den Mangel zu vertreten hat."[467]

---

465 LG Berlin, Urteil vom 11.03.2013 – Az: 67 S 465/12 = IMR 2013, 407.

466 LG Berlin, Urteil vom 26.09.2013 – Az: 67 S 251/13 – *juris*.

467 LG Berlin Beschluss nach § 522 ZPO vom 27.02.2014 – Az: 67 S 476/13 = IBRRS 2014, 1434 = MDR 2014, 636 (AG Berlin-Mitte, Urteil vom 09.12.2013 – Az: 113 C 29/13), bestätigt durch Urteil vom 20.03.2014 – Az: 67 S 476/13 – *juris*.

11.3.5 Amtsgerichte

Amtsgerichte sind sehr häufig mit „Lärm-Entscheidungen“ befasst. Denn sowohl in „Reise-Baulärm-Fällen“[468] als auch in zahlreichen Mietminderungsfällen ergeben sich oftmals nur relativ geringe, jedenfalls unterhalb der Landgerichts-Wertgrenze von 5000 € liegende Streitwerte (vgl. § 23 Ziff.1 GVG). Die „Entscheidungsgründe“ werden oftmals nur kursorisch, zum Teil aber auch sehr umfassend dargelegt. Selbst um rund 63 € wird „gestritten“. Nachfolgend finden sich einige Beispiele hierfür.

11.3.5.1 AG Regensburg Urteil vom 16.04.1991 – 4 C 275/91 Abwesenheit

„Die Beweisaufnahme hat ergeben, daß in der fraglichen Zeit Baulärm herrschte, der so erheblich war, daß die Tauglichkeit der Räume für den vertragsgemäßen Gebrauch als Wohnung gemindert war: Dies ergibt sich – objektive Messungen liegen nicht vor – aus den im wesentlichen übereinstimmenden und glaubhaften Angaben der Zeugen, die im selben Haus wohnen. Diese haben den üblichen Baulärm geschildert, wie er von Kränen, Baggern, Zurufen usw. ausgeht. Der Zeuge S. hat auch die deutlichen Unterschiede zwischen Zeiten, in denen gearbeitet wurde, und Pausen geschildert. ....Daß die Geräuschentwicklung weit über dem sonst üblichen Pegel lag, ergibt sich aus den von den Zeugen geschilderten Unterschieden zwischen Arbeitszeit und Pausen..... Die Zeugen haben ausdrücklich bestätigt, daß in der fraglichen Zeit der typische Baulärm bestanden hat. ..... Auch die Zeugen .... haben vom üblichen Baulärm, bzw. davon gesprochen, daß „Bauen eben Krach“ mache...... Auf die Frage, ob der Beklagte ständig in der Wohnung anwesend war oder in der fraglichen Zeit aufgrund seiner Berufstätigkeit dem Baulärm weniger ausgesetzt war, kommt es nicht an: Daraus, daß der Fehler infolge seltener Benutzung für den Mieter sich nur gelegentlich nachteilig auswirkt, kann die Unerheblichkeit nicht abgeleitet werden.“[469]

11.3.5.2 AG Frankfurt / Oder Urteil vom 19.11.2002 – 2.7 C 568/02 Sozialadäquanz

„Wenn nun, wie im vorliegenden Fall wegen einer Umleitung aufgrund von Straßenbaumaßnahmen der Verkehrslärm vor der Wohnung der Beklagten vorübergehend zunahm, so ist dies nach der Auffassung des Gerichts als sozialadäquat hin zu nehmen, auch wenn der zunehmende Verkehr seinen Grund in einer weiter entfernt liegenden und selbst nicht störenden Baustelle hatte. Zum einen, weil die Beeinträchtigung wegen ihrer nur

468 Ausführlich dazu: *Rodegra*, Viel Lärm um nichts?! – Geräuschimmissionen am Urlaubsort als Reisemangel, in: NJW 2014, 661.

469 AG Regensburg, Urteil vom 16.04.1991 – Az: 4 C 275/91 – *juris*. Auch dieses Urteil zählt zu den Willkür-Entscheidungen, nachdem keinerlei Messdaten oder Lärmprotokolle vorgelegt worden sind – wie das Gericht selbst bestätigt – und die „Betroffenheit“ nur aufgrund von allgemein gehaltenen Aussagen festgestellt worden war sowie zudem der „Betroffene“ sich praktisch nicht in seiner Wohnung aufgehalten hatte.

vorübergehenden Dauer nicht einmal so störend war, wie allgemein dauerhaft zunehmender Verkehrslärm, aber auch, weil die Ausstrahlung einer Baustelle derart weit zu fassen, eine nicht gerechtfertigte Verantwortung auf den Vermieter übertrüge."[470]

11.3.5.3 AG Bad Homburg Urteil vom 07.01.2003 – 2 C 3155/02 Reise-Minderung

„So stellt es einen Reisemangel[471] *dar, dass der Kläger ..... Baulärm ausgesetzt war. Das Gericht hält insoweit eine Minderung von 20 % des anteiligen Reisepreises für angemessen ausreichend. Es ist nicht deutlich geworden, dass der Lärm besonders gravierend gewesen ist und über das allgemein Übliche (bezogen auf Baulärm) hinausging. Daraus ergibt sich ein Minderungsbetrag von 62,17 €.*"[472]

11.3.5.4 AG Hamburg-Blankenese Urteil vom 26.02.2003 – 517 C 175/02 Lärmpause

„Das Gericht hat Beweis erhoben durch Inaugenscheinnahme und Vernehmung der Zeugen ..... Dies bedeutet, dass die einzelnen Beeinträchtigungen durch Baulärm, Staubentwicklung und deren unterschiedliche Intensität an den einzelnen Tagen als Gesamtheit gesehen werden können...... Hinsichtlich der vermehrten Lärmimmissionen durch hupende Autofahrer etc., die durch den Baustellenverkehr in ihrem Fortbewegungsdrang behindert wurden, ist lediglich auf die zusätzlichen Lärmimmissionen abzustellen .... Ebenfalls ist zu berücksichtigen, dass trotz ungleichmäßiger Belastung eine Beeinträchtigung des Mieters in seiner Wohnqualität auch in den Zeiten gegeben ist, in denen besonders starke Lärm- oder Geräusch- oder Staubentwicklungen nicht stattfinden. Dies ergibt sich schon daraus, dass der Mieter nie sicher sein kann, dass er für einen bestimmten voraussehbaren Zeitraum von solchen Beeinträchtigungen verschont bleibt."[473]

---

470 AG Hannover, Urteil vom 19.11.2002 – Az: 2.7 C 568/02 = ZMR 2003, 268.

471 Weitere Reise-Baulärm-Urteile werden nachfolgend nicht mehr behandelt. Denn die Einschränkung des Reisegenusses durch Baulärm kann grundsätzlich nicht mit der Situation einer Wohnbeeinträchtigung verglichen werden: Jede Reise bedeutet einen unwiederbringlichen, aber auch nur kurzzeitigen Lebensgenuss, der im Regelfall mit hohen Aufwendungen verbunden ist und vom Reisenden auf ein bestimmtes Ziel ausgerichtet wurde. Deshalb kann diese Reiseleistung nicht wie vereinbart erbracht werden, so dass eine Minderung gerechtfertigt sein könnte. Zu Reisepreis-Minderungen aufgrund Baulärms s. auch die Vielzahl der Urteile in MüKo-BGB, § 651 f.

472 AG Bad Homburg v.d.Höhe, RRa 2003, 28.

473 AG Hamburg-Blankenese, Urteil vom 26.02.2003 – Az: 517 C 175/02 = ZMR 2003, 746 ff.; in den Gründen führt das AG eine Vielzahl von anderen Gerichtsentscheidungen auf, um die eigene Ansicht zu untermauern, dass selbst „Nicht-Lärm-Zeiten" eine Mietminderung bedingen.

11.3.5.5 AG Berlin-Mitte Urteil vom 19.07.2004 – 20 C 106/04 Mietminderung

„Im Rahmen ihrer Darlegungslast aus § 536 BGB haben die Beklagten in der Regel im Einzelnen darzustellen, wann, an welchen Tagen, zu welcher Stunde, welches Geräusch aus welcher Richtung, in welcher Lautstärke von den unstreitig vorhandenen Baustellen ausgegangen sein soll. ...... Allerdings setzte die Führung eines solchen „Lärmtagebuches" voraus, dass der Mieter seinen gewöhnlichen Tagesablauf aufgeben müsste und sich im Wesentlichen nur noch mit der statistischen Erfassung etwaiger Mietbeeinträchtigungen zu befassen hätte. Diesen unzumutbaren Anforderungen wird in der Rechtsprechung dadurch Rechnung getragen, dass bei bestimmten Bauvorhaben unter Berücksichtigung des jeweiligen Ausmaßes eine feste Minderungsquote für die Dauer des Bauvorhabens zugesprochen werden kann. Diese Quote wird auch dann zuerkannt, wenn in einzelnen Zeiten keine besonders starken Lärm- und Geräuschstörungen stattfinden, weil der Mieter nie sicher sein kann, dass er für einen bestimmten voraussehbaren Zeitraum von solchen Beeinträchtigungen verschont bleiben wird (vgl. KG GE 2001, 620 f.)[474]*. ...... Typischerweise und gerichtsbekannt gehen mit den unstreitigen Baumaßnahmen auf den beiden Baustellen in der Nachbarschaft der streitgegenständlichen Wohnung solche Lärmeinwirkungen einher, die zu einer nicht unerheblichen Wohnwertbeeinträchtigung führen können und die die Beklagten hinreichend substantiiert mit ihrem stichwortartigen Lärmprotokoll auch wiedergeben und nicht bestritten werden, so dass ihnen zumindest eine konstante Minderungsquote zuzubilligen ist. Im Rahmen des § 287 ZPO schätzt das Gericht die mit der intensiven Lärmbelastung einhergehende Wohnwertbeeinträchtigung der Beklagten aus der Nachbarschaft von 2 Baustellen auf 20 % der Nettokaltmiete als angemessen".*[475]

11.3.5.6 AG Neuruppin Urteil vom 12.11.2004 – 42 C 263/04 Mietminderung

„Das Gericht sieht die plastischen Schilderungen der Beklagten als genügend an, das Maß der Beeinträchtigung auch ohne eigene Augenscheinseinnahme einschätzen zu können, insbesondere da der Kläger diese streitentscheidenden Umstände nicht in Abrede stellt."[476]

11.3.5.7 AG Hamburg Urteil vom 06.04.2005 – 46 C 5/04 Mietminderung

„Nach dem Ergebnis der Beweisaufnahme .... steht zur Überzeugung des Gerichts fest, daß es zu massiven Beeinträchtigungen wie folgt gekommen ist: „... ist es zu Lärmbeeinträchtigungen durch Stemmarbeiten am Fundament gekommen, wobei auch mit

474 Urteil KG Berlin vom 08.01.2001 – Az: 8 U 5875/98 = GE 2001, 620.

475 AG Berlin-Mitte, Rechtsprechungsdatenbank Wolters Kluwer (s. dazu auch: Amtsgericht Hamburg in WM 1987, 272; LG Berlin in ZMR 1996, Sonderdruck X, Urteil vom 8. März 1996, 64 S 357/95, deren Entscheidungsgründe Vorlage für das KG Berlin, auf das sich wiederum das AG Berlin-Mitte bezieht, waren).

476 AG Neuruppin, Urteil vom 12.11.2004 – Az: 42 C 263/04 – *juris.*

Preßlufthämmern gearbeitet wurde..... und ein Lastenaufzug installiert worden, der beim Betrieb ebenfalls störende, quietschende Geräusche verursacht hat......Im Juli 2003 ist dann das Dach abgetragen worden. Dabei sind Geräusche vom Sägen der Balken des Dachstuhls zu hören gewesen, die dann mit erheblichem Lärm auf die Straße und anschließend in den Container geworfen worden sind..... neue Stahlträger in die Fassade eingezogen. Dabei entstanden Geräusche vom Sägen, Bohren und Hämmern von Metall....... Dach hergestellt worden, welches mit Zink eingefaßt ist. Auch dies verursachte ein über mehrere Wochen zu hörendes Hämmern sowie einen ständigen Betrieb des Lastenaufzugs. Diese Außenarbeiten dauerten bis November/Dezember 2003, und zwar werktags zwischen 7.00 Uhr morgens und 16.00 bis 18.00 abends...... Minderung jedenfalls um 21,66 % der Bruttokaltmiete.... Finden Arbeiten an einem unmittelbar angrenzenden Nachbargebäude statt und handelt es sich um eine Totalsanierung, so kann in der Regel von einer Minderungsquote zwischen 20 und 30 % für die Dauer der lärmintensiven Außenarbeiten ausgegangen werden. .... Ein Minderungsrecht der Beklagten ist auch nicht deshalb ausgeschlossen, weil die Bauarbeiten nicht von der Klägerin als Vermieterin zu vertreten sind. Baustellenlärm in der Nachbarschaft ist als ein Unterfall der sog. Umweltmängel regelmäßig dann ein Mangel, der zur Mietminderung berechtigt, sobald die Erheblichkeitsschwelle von § 536 BGB überschritten ist. Dies gilt auch dann, wenn der Vermieter als Grundstückseigentümer keine Möglichkeit zur Abwehr des Lärms, beispielsweise nach § 906 BGB, hat. Dies ist durchgehende Auffassung in Literatur und Rechtsprechung....".[477]

11.3.5.8 AG Hamburg Urteil vom 21.12.2005 – 46 C 81/05 Mietminderung

„Die Errichtung eines Gebäudes hat entsprechend dem Fortschritt der Bautechnik einen typischen Bauablauf. Derzeit beträgt die Bauzeit für ein mehrstöckiges Gebäude in der Regel 8 bis 10 Monate. Davon entfallen die ersten Monate auf die Erstellung des Rohbaues. Dieser ist im besonderen Maße lärmintensiv, weil hierbei schweres und lautes Baugerät eingesetzt wird. Erst mit Abschluss der Rohbauarbeiten und Einsetzen der Fenster nehmen die von außen wahrnehmbaren Geräuschbelästigungen deutlich ab. Dies ist zum einen allgemein bekannt, zum anderen verfügt das Gericht insoweit aus zahlreichen vorangegangenen Prozessen um die Berechtigung einer Mietminderung bei Baulärm über eigene Kenntnis über den Umfang der Lärmbeeinträchtigungen in einzelnen Bauphasen. Danach ist es gerechtfertigt, eine gestufte Minderungstabelle anzuwenden[478]*........ Es handelt sich hierbei um Quoten, die in der Regel zugrunde gelegt werden können, wenn ein Neubau in*

---

477 AG Hamburg Urteil vom 06.04.2005 – Az: 46 C 5/04 – *juris*; es handelt sich wieder um ein typisches „Gefühlsurteil", indem offenbar mit dem Begriff „Totalsanierung" ein totales Lärmchaos verbunden wird, so dass keinerlei Nachvollzug der Lärm-Zeiten und – Intensitäten, sondern lediglich eine Wiedergabe allgemeiner Baurealität (Hämmern ist laut) und damit nicht im Ansatz eine Mängelprüfung erfolgt, wie dies der BGH nunmehr mit dem Urteil vom 29.04.2015 – Az: VIII 197/14 – *juris* ausdrücklich vorgegeben hat.

478 AG Hamburg, Mieter-Journal 2006, S. 84. Diese – vom AG selbst entwickelte „Zielbaum-Staffelung" sieht wie folgt aus: 1.Monat ab Baubeginn – 40 – 45 %

einer Entfernung von weniger als 20 Metern von der betroffenen Wohnung errichtet wird und ein überwiegender Teil der Räume ..... zu dieser Baustelle belegen ist.“[479]

11.3.5.9 AG Charlottenburg Urteil vom 30.08.2007 – 223 C 320/06 Großbaustelle

„Von diesen Bauarbeiten, die zunächst aus dem Abriss des Parkhauses und sodann aus den Aushub- und Errichtungsarbeiten bestanden, geht naturgemäß erheblicher Baulärm aus. Streitig ist zwischen den Parteien, ob auch die von der Beklagten gemietete Wohnung, die sich nicht in unmittelbarer Nachbarschaft der Großbaustelle befindet, von diesen Emissionen betroffen war. Hiervon ist das Gericht überzeugt, denn Abriss-Abfuhr und Aushubarbeiten sind derart lärmintensiv, dass mehr als nur die unmittelbaren Nachbarn hiervon betroffen sind. Die Entfernung zwischen der Großbaustelle und der streitgegenständlichen Wohnung ist dabei nicht groß, dass ein Lärmschutz gewährleistet wäre. Die Örtlichkeiten, mithin auch der äußere Umfang des Bauprojekts einschließlich der Zufahrt .... sind dem Gericht aus eigener Anschauung bekannt. Aufgrund der stets von Großbaustellen dieses Umfangs ausgehenden Emissionen kann ohne weiteren Vortrag zu Art, Dauer und Umfang der einzelnen Arbeiten oder einer entsprechenden Beweisaufnahme von einer Beeinträchtigung des Wohngebrauchs ausgegangen werden, die eine Minderung von 10 % des Mietzinses rechtfertigen. ...... Dabei ist ihr Vortrag auch widersprüchlich, da sie zum einen angibt, das Ende der Bauarbeiten aufgrund ihrer Berufstätigkeit nicht zu kennen, zum anderen – wohl ins Blaue hinein – behauptet, dass in dem Zeitraum der beispielhaft genannten Tage an allen Werktagen bis 19.00 Uhr bzw. 21.00 Uhr gearbeitet worden sei. ...... Die Beklagte war nicht gehalten, vor der Anmietung einschlägige Veröffentlichungen auf mögliche Großprojekte zu studieren.“[480]

11.3.5.10 AG Frankfurt a.M. Urteil vom 02.11.2011 – 33 C 2424/11 Großbaustelle

„Die Bautätigkeit auf dem Nachbargrundstück stellt einen Mangel der Mietsache dar. Die Beklagte und die Streithelferin bestreiten nicht, dass werktäglich von 7:00 Uhr bis 20:00 Uhr lärm- und staubintensive Arbeiten am Nachbargrundstück durchgeführt wurden. Dabei ist

---

Minderung der Miete; 2. – 3. Monat:30 %; 4. – 5. Monat:25 %; danach abnehmend auf 21 % bis zu 15 % *„sofern noch Beeinträchtigungen verbleiben“*.

479 AG Hamburg, Mieter-Journal 2006, S. 84. Das Gericht befasst sich auch mit der Frage der „Vorkenntnis“ hinsichtlich einer künftigen Bautätigkeit und verneint dies, wenn nur eine Baulücke vorhanden war, aber keine Bauschilder auf einen Baubeginn aufmerksam gemacht hatten.

480 AG Charlottenburg, Urteil vom 30.08.2007 – Az: 223 C 320/06 = IMR 2007, 318. Diese Entscheidungsgründe lassen eine Nichtbeachtung der obergerichtlichen Rechtsprechung ebenso erkennen wie eine völlig willkürliche Feststellung, dass generell bei „Großbaustellen“ (ohne diese zu definieren) eine Mietminderung in Höhe von 10 % angemessen sei.

es unerheblich, ob bei der Durchführung der Arbeiten die einschlägigen Normen hinsichtlich der Lärmbelästigung eingehalten wurden oder nicht. Das Gericht folgt auch nicht der Rechtsauffassung, dass ....große Bauprojekte nicht zu einer Minderung der Miete führen (so AG Frankfurt NZM 2005,217). Nach Auffassung des Gerichts ist vielmehr zu differenzieren. Liegt die betroffene Wohnung nicht in unmittelbarer Nachbarschaft der Baustelle, so beruht eine Beeinträchtigung durch das Bauprojekt tatsächlich auf den Besonderheiten der Bebauung ..... mit Hochhäusern. In diesem Fall musste der Mieter bei Anmietung der Wohnung damit rechnen, dass eines der zahlreichen Hochbauprojekte in der Umgebung saniert werden würde und dass dies Auswirkungen auf seine Wohnung haben würde. Liegt das Bauobjekt dagegen in unmittelbarer Nachbarschaft der Mietwohnung, so ist die Wahrscheinlichkeit einer Bautätigkeit nicht höher anzusetzen als in anderen Städten oder Stadtteilen. Die direkte Umgebung kann auch ... über Jahre hinweg frei von Bautätigkeit sein. Im vorliegenden Fall ist die streitgegenständliche Wohnung trotz der Entfernung von etwa 100 m zum Bauobjekt noch als Nachbarwohnung anzusehen. Ausweislich der vorgelegten Fotos besteht uneingeschränkter Sichtkontakt zum Bauobjekt..... Bei der Bemessung der Höhe der Mietminderung ist allerdings zu berücksichtigen, dass die streitgegenständliche Wohnung aufgrund ihrer Lage .... bereits erheblichem Lärm ausgesetzt ist. Durch zusätzlichen Baulärm wird der Wohnwert der Wohnung nicht in dem Maße herabgesetzt, wie dies bei einer Lage der Wohnung in einem ruhigen Wohngebiet der Fall wäre. ...... Das Gericht verfügt nicht über hellseherische Fähigkeiten."[481]

11.4 Kritik an der Baulärm-Rechtsprechung

Der letzte, vorstehend exzerpierte, Satz der Wiedergabe von Auszügen aus Urteilsbegründungen deutscher Gerichte im Zusammenhang mit Baulärm-Problemen, kann als Richtschnur für eine kritische Betrachtung der Baulärm-Rechtsprechung dienen: „*Hellseherische Fähigkeiten*" braucht tatsächlich ein Gericht, wenn es die „Lärm-Beeinträchtigung" von Mietern, Büro- und Geschäftsinhabern sowie sonstigen Bau-Nachbarn zutreffend „*tatrichterlich*", z.B. aufgrund des „*eigenen Empfindens des Tatrichters*"[482] beurteilen will. Viele Gerichte nehmen diese Fähigkeit jedoch für sich in Anspruch, gestützt auf das eigene „*Wissen*" bzw. die „*Sachkunde*" oder den gerichtlichen „*Sachverstand*"[483] zum Ablauf einer Baustelle und begründet mit meist vielen Zitaten und Normen – jedoch ohne nachvollziehbare Grundlagen. Solche werden von

481 LG Frankfurt am Main, Urteil vom 02.11.2011 – Az: 33 C 2424/11 = NZM 2012, 307 = NJW-RR 2012, 591 = IMR 2012, 105.

482 BGHZ 148, 261 (265) (s. unten 11.3.1.11).

483 Beispielsweise: VGH München BeckRS 2011, 30702; besonders deutlich: OLG Celle, Urteil vom 05.11.1999 – 4 U 130/99 – *juris*, das einen Entschädigungsanspruch in Höhe von 20.000 € wie folgt begründet: „*Zwar liegen weitere verwertbare Lärmmessungen nicht vor, auf Grund der Schilderung des Klägers und eigener Sachkunde ist der Senat jedoch davon überzeugt, dass es im Verlauf der gesamten Bauphase zu wesentlichen Beeinträchtigungen durch Baulärm gekommen ist, die einen Entschädigungsanspruch rechtfertigen*". S. auch BGH BauR 2001, 1859 (s. oben 11.3.1.8).

einigen Gerichten im Vorhandensein von sog. „*Lärmprotokollen*“[484] erkannt, wieder andere Spruchkörper verlangen dazu noch Lärm-Messungen[485], auch wenn deren Richtig- und Verwertbarkeit fraglich[486] ist. Umgekehrt werden „*Lärmprotokolle*“ für nicht notwendig erachtet[487]. Schließlich werden Entscheidungen auf „*Fotos von der Baustelle*“[488] oder auch die Tatsache, dass „*Blickkontakt*“[489] zum Bauobjekt besteht bzw. auf eine „*Augenscheinseinnahme*“[490] gestützt. Oder nur auf Aussagen von „*Zeugen*“[491], die „*den Baulärm als sehr lästig bezeichnet*“ haben[492]. Schließlich lässt ein Gericht sogar das „*Abhören des Lärms von einem Tonband aus*“ für eine Lärm-Beurteilung ausreichend sein[493]. Auch „*Eidesstattliche Versicherungen*“ von Architekten zur Überschreitung von Immissionsrichtwerten werden als ausreichend für Verurteilungen angesehen[494].

Mehr noch: Es gibt keinerlei einheitliche Grundlinie in der Behandlung von Baulärm-Streitfällen, insb. nicht im Zusammenhang mit Mietminderungs-Verfahren. Hier ist wechselhafte Beliebigkeit angesagt: Während Gerichte Minderungen als unbegründet erachten, weil wegen einer sog. Vorkenntnis der (irgendwann) bevorstehenden Bauarbeiten eine Mängelrüge ausgeschlossen sei[495] – so etwa bei Wohnungen im Umfeld von „Bau-Ruinen“ oder „bröckelnden Fassaden“[496] –, gilt für andere Richter ein ganz anderes Mangelbild: Wenn Bauarbeiten hörbar sind – und dies wird im Regelfall bei einer gewissen räumlichen Nähe ohne Weiteres bejaht[497] –, dann stellt dies ohne Wenn und Aber einen Mietmangel dar, der kraft Gesetzes gem. § 536 BGB zu einer Mietminderung führt. Auch besondere „Empfindlichkeit“ von „*Feinkostläden und 2-Sterne-Restaurants*“ führt zu Entschädigungsansprüchen wie eine „*exklusive Geschäftslage*“[498] – ohne sich mit der Frage auseinander zu setzen, dass diese „Besonderheit der Lage“ auch nur dem Umstand zu verdanken ist, dass an dieser exponierten Stelle der Stadt gebaut werden durfte. Weiter wird konstatiert, dass sich für das Maß der „*gebotenen Rücksichtnahme*“ keine „*festen Regeln*“

484 Das OLG Karlsruhe, IBR 2001, 195 (s. oben 11.3.3.3) verlangt z. B. eine „*konkrete*“ Schilderung.
485 KG Berlin, NZM 2003, 718 (s. oben 11.3.3.5).
486 Vgl. dazu nur: BGH, NJW 2010, 1141 (s. oben 11.3.1.11).
487 LG Potsdam, Urteil vom 19.04.2007 – Az: 3 S 108/06 – *juris*.
488 VGH Baden-Württemberg DÖV 2015, 446 (s. oben 11.2.2.9); LG Hamburg WuM 2001, 444 (s.oben 11.3.4.4).
489 AG Frankfurt a.M. NZM 2012, 307 (s.oben 11.3.5.8).
490 BGHZ 148, 261 (265); OLG Frankfurt, IBR 2003, 2010 (s. oben 11.3.3.4).
491 BGH NJW-RR 2010, 737 (s. dazu oben 11.3.1.12).
492 LG Kassel NJW-RR 1989, 1292 (s. oben 11.3.4.1).
493 OLG Frankfurt, IBR 2003, 2010 (s. oben 11.3.3.4).
494 VGH Baden-Württemberg, DÖV 2015, 446 (s. oben 11.2.2.9).
495 LG Berlin, IMR 2012, 1062 (s. oben 11.3.4.12).
496 KG Berlin, NZM 2003, 718 (s. oben 11.3.3.5).
497 AG Frankfurt a.M., NJW-RR 2012, 591 (s. oben 11.3.5.10).
498 So die Begründung VGH München, Urteil vom 17.02.2011 – Az.: 22 A 09.40060 = BeckRS 2011, 30702 (s. oben 11.2.2.6).

aufstellen lassen[499]. Andere Gerichte halten eine *„nähere zeitliche Konkretisierung"* für eine Lärmbeeinträchtigung nicht für erforderlich[500]. Und das AG Hamburg praktiziert ein „Pauschal-Verfahren", in dem es, gestützt auf die Erfahrung aus *„zahlreichen vorangegangenen Prozessen"* aus eigener *„Kenntnis über den Umfang der Lärmbeeinträchtigungen in einzelnen Bauphasen"* eine *„gestufte Minderungstabelle"* anwendet, die Quoten, abhängig von der *„Entfernung"*, ausweist[501]. Eine Auseinandersetzung mit der Akustik-Wissenschaft findet in praktisch allen Gerichtsverfahren nicht einmal im Ansatz statt. So werden technische Erkenntnisse, wonach z. B. Geräuschereignisse mit völlig unterschiedlicher Geräuschqualität, wie dies auf Baustellen mit den verschiedenartigsten Baumaschinen und – geräten (z. B. Kräne, Lastwägen, Raupen, Bohrgeräte, Schlitzwandfräsen, Kreissägen, Niethammer, Feilen, Hochdruckstrahlern, etc.) praktisch immer der Fall ist, mit herkömmlichen Messmethoden wie etwa dem A-bewerteten Schalldruckpegel nicht hinreichend bestimmbar sind, nicht berücksichtigt. Vielmehr übernehmen Gerichte – zum Teil gestützt auf die Aussagen bzw. Gutachten von Sachverständigen – kritiklos Dezibel-Werte[502] als vorliegend, die keine nachvollziehbare Aussagekraft schon deshalb haben, weil weder deren Überprüfbarkeit objektiv möglich ist[503] noch überhaupt festgestellt werden kann, ob die geeignete Messmethode angewandt sowie die Berücksichtigung von Reflexionen, Summationen und Kumulationen vorgenommen wurde. Umgekehrt wird unterstellt, dass es möglich sei, durch *„eine technische Lärmmessung in Dezibel"* *„objektive Erkenntnisse"* zu erhalten[504].

Nicht nachvollziehbar ist es auch, wenn Gerichte *„So-ist-es-Sätze"* aufstellen – wie z. B. das LG Berlin[505] – und damit ihre Entscheidungen begründen, ohne sich näher mit der komplexen Materie des Baulärms zu befassen.

---

499 VGH Bayern, Urteil vom 12.07.2012 – Az: 2 B 12.1211 – *openJur* 2012, 128293 (s. oben 11.2.2.8).

500 KG Berlin, IBR 1999, 502; LG Dortmund, NZM 1999, 765 (s. oben 11.3.3.2).

501 AG Hamburg, Mieter-Journal 2006, S. 84 (s. oben 11.3.5.7).

502 So in der Entscheidung VGH München BeckRS 2011, 30702 (s. oben 11.2.2.6): Prognose von 69,5 dB(A) bzw. 68,3 dB(A), Werte also mit einer Dezimalstelle, die mit dieser „Präzisionsangabe" gerade bei einer Baustelle mit den ständig sich veränderten Geräuschemissionen nicht möglich sind (vgl. BGHZ 121, 248 (251): *„....kann nicht geltend gemacht werden, der technische Stand der Lärmmessung lasse .... eine Angabe von eindeutigen Grenzwerten zu"*).

503 VGH Baden-Württemberg IMR 2007, 271 (s. oben 11.2.2.4).

504 LG Kassel, NJW-RR 1989, 1292 (s. oben 11.3.4.1).

505 LG Berlin, Urteil vom 26.09.2013 – Az: 67 S 251/13 – *juris*: *„Bei umfangreichen Bauarbeiten ist es vielmehr zulässig, selbst ohne konkrete Darlegung des Mieters ..... eine feste Minderungsquote für die gesamte Dauer des Bauvorhabens zuzusprechen...."*.

Auch die Thematik „Ortsüblichkeit“ findet unterschiedlichste Begründungen, wobei die naheliegende Antwort, dass Bauen jedenfalls dann ortsüblich ist, wenn eine entsprechende Baugenehmigung vorliegt, nicht immer gegeben wird[506].

Doch nicht nur die Schwierigkeiten im Umgang mit dem Phänomen „Baulärm“ werden in praktisch allen Gerichtsurteilen offenbar. Ersichtlich wird auch, dass viele Gerichte erheblichen Arbeits-aufwand in die Begründung von Baulärm-Urteilen stecken, wie 10 bis 30 Seiten[507] einer Urteilsausfertigung belegen – oder, als krasses Gegenbeispiel, sich auf einige, wenige Sätze mit der Quintessenz „Bauen = Lärm = Mietminderung bzw. Entschädigung“[508] beschränken.

Unterschieden wird auch – ohne konkrete Unterscheidungsparameter – hinsichtlich *„durchschnittlichen“* Bauvorhaben (dann *„in aller Regel für Betroffene zumutbar“*, mithin *„entschädigungslos zu ertragen“*[509]) und *„Großbaustellen“*[510]: Dann – vielleicht – eine andere Wertung.

Auch wenn mit diesen Feststellungen keine Gerichtsschelte verbunden ist und auch nicht sein kann, weil letztlich jede Baulärm-Entscheidung eine Gratwanderung darstellt zwischen der Einsicht, dass gebaut werden muss – und es dabei unvermeidbar „laut“ ist –, und dem Gefühlsmoment, wonach das Eigenempfinden an die Stelle des „Betroffenen“ im Rahmen einer praktisch nicht nachvollziehbaren *„tatrichterlichen Wertung“* gesetzt wird. Damit aber – und dies zeigen alle untersuchten Gerichtsentscheidungen auf – besteht eine für Rechtssuchende und Rechtsbetroffene gleichermaßen missliche Situation: Eine Abschätzung der Erfolgsaussichten einer Klage oder eines Klageabweisungsantrags ist im Ergebnis nicht einmal im Ansatz möglich – und so bleibt die von der Verfassung her zu gewährende Rechtssicherheit, wie einleitend aufgezeigt[511], buchstäblich auf der Strecke.

Nicht zuletzt führt eine Zusammenschau alleine schon der exzerpierten Urteile – auch übergreifend zwischen dem Verwaltungs- und Zivilrecht – zu dem Eindruck, dass die Baulärm-Problematik insgesamt nicht justiziabel ist: Es kommt zwar im Recht allgemein nicht unbedingt auf eine absolute Objektivierungsmöglichkeit zur Gewinnung von Entscheidungstatsachen an. Aber es darf auch kein Eindruck einer einseitigen Bevorzugung möglich sein. Dieser entsteht dann, wenn in keiner Weise die Belange der jeweiligen „Gegenseite“, sei es der Bauherr oder der „Lärm-Betroffene“, berücksichtigt wird und damit letztlich auch keine Abwägung der gegenläufigen

---

506 Vgl. dazu LG Hamburg, NJW-RR 1999, 378 (s. oben 11.3.4.3) und LG Berlin, IMR 2012,1062 (s. oben 11.3.4.12).

507 So etwa VGH München, BeckRS 2011, 30702 (s. oben 11.2.2.6); VGH Baden-Württemberg, DÖV 2015, 446 (s. oben 11.2.2.9).

508 AG Neuruppin, Urteil vom 12.11.2004 – Az: 42 C 263/04 – *juris* (s. oben 11.3.5.4).

509 VGH Mannheim NVwZ-RR 1990, 227 (s. oben 11.2.2.1).

510 AG Charlottenburg IMR 2007, 318; AG Frankfurt a.M. NJW-RR 2012 (s.oben 11.3.5.7 und 11.3.5.8).

511 S. oben im Kapitel 4.3: *Stern, Das Staatsrecht der Bundesrepublik Deutschland – Band I*, § 20 III.

Interessen erfolgt[512]. Dabei wird nur selten von Gerichten das Argument ins Feld geführt, dass nicht nur jeder „Baunachbar" nur deshalb „Betroffener" sein kann, weil er oder sein Vermieter auch (irgendwann) gebaut hat – und ebenso eine neue Bautätigkeit in der Zukunft unvermeidbar sein wird, sei es als Sanierungs- , Anbau-, Erweiterungs- oder Neubaumaßnahme. Auch ist bislang keine Berücksichtigung der Tatsache festzustellen, dass jede Baulärm-Erzeugung mit Menschen verbunden ist: Dem Geräte- oder Baggerfahrer, dem Lkw-Lenker bzw. dem Mann am Presslufthammer oder mit der Bohrmaschine und viele mehr. Wenn aber diese Menschen (meist: Arbeiter), die dem Baulärm in unmittelbarer Weise ausgesetzt sind (da andernfalls keine Bauwerke mehr entstehen könnten), den Lärm (dem sie nicht ausweichen können) ertragen müssen, dann kann zumindest dies in eine Abwägung hinsichtlich der Zumutbarkeit für Bau-Nachbarn eingestellt werden. Dazu würde sich auch aufdrängen, die Zumutbarkeitsfrage mit der Arbeitsschutzproblematik zu verbinden: Was nach den Regeln der Berufsgenossenschaft bzw. nach dem Arbeitsrecht im Hinblick auf Bauarbeiter und Bauhandwerker zulässig ist, kann nicht unbedingt und ungeprüft Baunachbarn schaden – zumal diese im Regelfall einen wesentlich weiteren Abstand zur Emissionsquelle haben, als dies für den unmittelbar an der Geräuschquelle Befindlichen gilt. Es verbleibt damit allenfalls die „Belästigung". Diese aber muss gem. § 3 Abs. 1 BImSchG „erheblich" sein. Zu diesem Begriff der „Erheblichkeit", der stets eine Wertung voraussetzt[513], findet sich kaum eine Diskussion in den ausgewerteten Urteilen. Es wird eine „Belästigung" konstatiert, ob diese aber „erheblich" ist, wie von § 3 Abs. 1 BImSchG gefordert, bleibt dahingestellt bzw. wird überhaupt nicht untersucht. Dazu aber würde schon deshalb Anlass bestehen, weil es im Schrifttum eine durchaus kontroverse Diskussion dazu gibt, welche Gesichtspunkte für die Beurteilung der Zumutbarkeit bzw. Erheblichkeit maßgebend sind. So wird nach einer Auffassung lediglich eine Bagatellbelästigung als nicht erheblich angesehen, im Übrigen aber sei alleine das tatsächliche Ausmaß der Belästigung relevant, eine Wertung dürfe nicht erfolgen[514]. Eine andere Meinung stellt auf die Abwägung sämtlicher widerstreitender Interessen ab[515]. Und schließlich vertritt ein weiterer Teil der Literatur die Auffassung, dass die Zumutbarkeit bzw. Erheblichkeit alleine von den Wirkungen der Immissionen auf den Baunachbarn

512 So etwa im Fall des VGH Baden-Württemberg, kritisch besprochen von *Gebhardt / Lange*, Verhältnismäßigkeit von Baustopps nach AVV Baulärm – zugleich Besprechung VGH Mannheim, Beschluss v. 05.02.2015 (-10 S 2471/14-), in: BauR 2015, 1426 (s. auch oben 11.2.2.1).

513 *Jarass*, BImSchG, § 3 Rn.47

514 *Classen*, Erheblichkeit und Zumutbarkeit bei schädlichen Umwelteinwirkungen, in: JZ 1993, 1045 ff.: Der Ansatz geht davon aus, dass die von der Rechtsprechung und h.L. vorgenommene Gleichsetzung von Unzumutbarkeit mit Erheblichkeit methodisch unzulässig sei. Vielmehr dürfe hier nicht ein rechtsfolgen-orientierter, sondern quantitativ-erfolgsorientierter Erheblichkeitsbegriff verwendet werden.

515 *Kutscheidt*, in: *Landmann/Rohmer*, Umweltrecht, § 3 Rn.14 c.

abhänge, während etwaige Nachteile für Bauherren oder die Allgemeinheit keine Rolle bei der Beurteilung spielen dürften[516].

Nachdem die Erheblichkeit bzw. Zumutbarkeit iSd § 3 Abs. 1 BImSchG mit der Wesentlichkeitsschwelle des § 906 Abs. 2 BGB identisch ist[517], wäre eine Auseinandersetzung mit den unterschiedlichen Kriterien zur Bejahung einer „*Erheblichkeit*" bzw. „*Wesentlichkeit*" in sämtlichen Zivil- und Verwaltungsgerichtsfällen erforderlich – was jedoch im Regelfall nicht oder allenfalls rudimentär erfolgt[518].

Es fehlt auch in der überwiegenden Zahl der untersuchten Urteile und Beschlüsse eine Befassung mit der jeweiligen „Bau-Jahreszeit" – und dies berücksichtigt auch die AVV Baulärm nicht. Es besteht aber durchaus ein Unterschied, ob in der Herbst- bzw. Winterzeit – bei im Regelfall geschlossenen Fenstern und nicht erfolgender Garten-, Balkon- oder Terrassennutzung – Bauarbeiten mit Geräuschentwicklung durchgeführt werden, oder im Frühjahr oder Sommer, wenn ein Bedürfnis nach geöffneten Fenstern und Türen sowie Nutzung von Außenbereichen besteht.

Die Auswertung zahlreicher „Baulärm-Urteile" zeigt damit ein völlig uneinheitliches Bild der Rechtsprechung, das vom Gesetzgeber – entsprechend der „Kinderlärm-Problematik" – in Form gebracht werden muss. Einen Ansatz dazu könnten einige Grundaussagen oberer Gerichte bieten:

Der Bundesgerichtshof[519] hat mit seiner jüngsten „Lärm-Entscheidung" zur Frage der Zumutbarkeit von Lärm, der von einem (Schul-)Bolzplatz ausgeht, unter Bezugnahme auf die Sozialadäquanz und das Toleranzgebot ebenso aufgezeigt, dass Verständnis für die jeweils konkrete Situation zum gedeihlichen Miteinander erforderlich ist, wie der VGH Baden-Württemberg[520] schon im Jahre 1989 ausgeführt hat, dass bei „*durchschnittlichen*" Bauvorhaben „*es daher in aller Regel für Betroffene zumutbar*" sei, „*den Baulärm während der Bauzeit entschädigungslos zu ertragen*".

Die klare Aussage in diesem Urteil wird allerdings wiederum relativiert durch die Beschränkung auf „durchschnittliche" Bauvorhaben. Denn die Feststellung, wann diese Voraussetzung vorliegt, hängt wiederum von einer Wertung ab: In einem Wohngebiet mit Einfamilienhäusern wäre der „Durchschnitt" ein Einfamilienhaus, in einem Stadtteil mit Hochhäusern aber wohl ein Hochhaus. Aus diesen Überlegungen ergibt sich, dass diese Abgrenzung wenig hilfreich ist, um ein „Ertragen" zu postulieren. Lässt man das einschränkende Wort „*durchschnittlich*" jedoch entfallen, so wäre dieser Satz eines VGH – der Jahre später eine dazu völlig konträre

516 *Jarass*, BImSchG, § 3 Rn.47.

517 BVerwGE 81, 197 (200) = NJW 1989, 1291; BVerwG, NVwZ 1996, 1002; BGHZ 111, 63 = NJW 1990, 2465; BGHZ 122, 76 (78) = NJW 1993, 1700. Für die Identität spricht auch die Rückkoppelung in § 906 Abs. 1, Satz 3 BGB zu Grenz- und Richtwerten, die in öffentlichrechtlichen Gesetzen, Rechtsverordnungen sowie Allgemeinen Verwaltungsvorschriften iSd § 48 BImSchG enthalten sind (s. dazu auch: *Jarass*, BImSchG, § 3, Rn.48 a.E.).

518 Vgl. dazu etwa die Entscheidungen in Kap.11.

519 BGH, NJW 2015, 2177 (s. oben 11.3.1.14).

520 NVwZ-RR 1990, 227 (s. oben 11.2.2.1).

und unverständliche Entscheidung im Zusammenhang mit Bauarbeiten erlassen hat[521] – die Grundlage für eine sozialadäquate Regelung der Baulärm-Problematik.

Insgesamt ist festzustellen, dass es in Deutschland keine einheitliche und nachvollziehbare Baulärm-Rechtsprechung gibt – und alleine schon im Hinblick auf die subjektive Komponente einer wertenden Betrachtung sowie der Besonderheit der Geräuschentwicklung im Zusammenhang mit Bauarbeiten auch niemals geben wird[522]. Die Rechtseinheit und Gleichheit vor dem Gesetz gem. Art. 3 GG erfordert deshalb ein Handeln des Gesetzgebers, diese Unzulänglichkeit im Rechtssystem zu beseitigen: Recht muss Klarheit schaffen, damit es befolgt werden kann!

11.5 Übersicht zu Rechtskonsequenzen *de lege lata*

Bringt man die Entscheidungsmöglichkeiten im Hinblick auf Baulärm-Sachverhalte auf einen Nenner, so ergibt sich die nachstehende Übersicht:

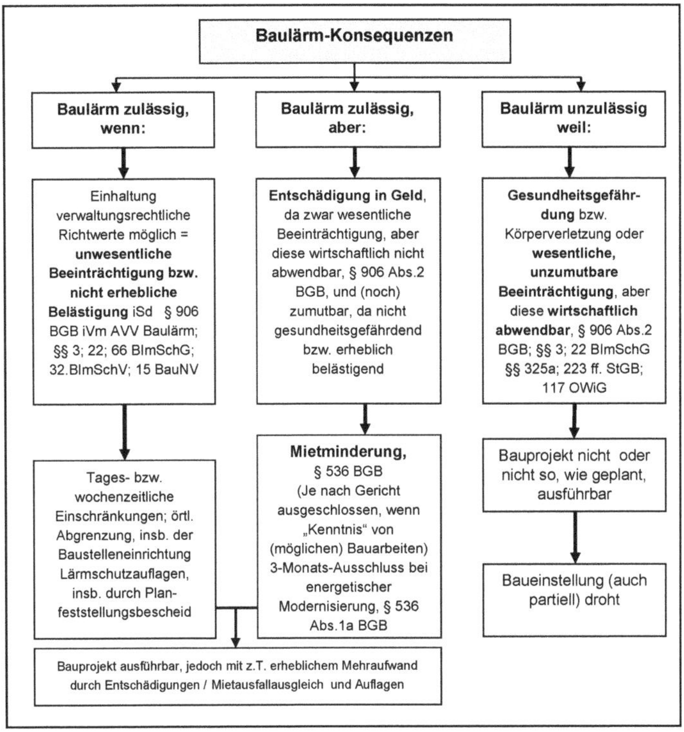

521 S. dazu oben 11.2.2.9.
522 S. dazu unten Kap. 12.

Die Übersicht zeigt die komplexen und letztlich nicht sicher zu beurteilenden Möglichkeiten, die den Behörden bzw. Gerichten nach der aktuellen Gesetzeslage und der herrschenden Rechtsprechung zur Verfügung stehen, um Baulärm-Probleme einer Regelung zuzuführen.

Dabei zeigt sich deutlich, dass das jeweilige „Entscheidungs-Ergebnis" letztlich von verschiedenen Parametern abhängig ist, die sämtlich einer (Be-)Wertung bedürfen und somit in keinem Falle objektivierbar sind. Dies gilt auch für sog. „Auflagen". Denn deren Bestimmung unterliegt wiederum einer wertenden Beurteilung unter Berücksichtigung von Prognosen und Zeitläufen.

12. Technische Nachvollziehbarkeit von Baulärm

Nichts ist so schnell vergänglich und im wahrsten Sinne des Wortes „nicht fassbar“ wie die Geräuschentwicklung im Zusammenhang mit der Abwicklung von Bauprojekten: Jeder Laut ist einmalig und verklingt im Augenblick des Entstehens, auch wenn er – wie etwa bei Motoren- bzw. Antriebs-, Bohr- und Schlaggeräuschen – vielfach wiederholt zu hören ist. Denn letztlich ist die Wahrnehmbarkeit durch das menschliche Gehör nichts anderem als dem Zusammenwirken hochentwickelter und hochkomplexer Sinn-Komponenten des menschlichen Körpers, von der Ohrmuschel über den Gehörgang bis hin zum Trommelfell sowie komplizierter Vorgänge des Nerven- und Gehirnsystems zu verdanken. Dabei spielt letztlich der Luftdruck und dessen Veränderung durch Schallwellen die maßgebliche Rolle. Denn „Hören“ bedeutet nicht mehr, als Änderungen des in den Gehörapparat des Kopfes eindringenden Schalles zu registrieren und mit Hilfe des Gehirns zu übersetzen: In Worte, Ton- und Klangfarben sowie Höhen und Tiefen.

Aber auch in Empfindungen: Wohltuend (wie beim Genuss gerne gehörter Musik oder der Stimme vertrauter Menschen), interessiert (wie bei der Kenntnisnahme von Durchsagen oder dem Führen von Gesprächen), desinteressiert (wie bei Hintergrundgeräuschen aller Art), gestört (wie bei unangenehmen Stimmen, ungewolltem Musikgenuss, lärmenden Gasthausbesuchern oder Straßenpassanten), verärgert (wie bei lautem Motorengeheul oder Autolautsprechern übermütiger Jugendlicher) oder erschreckt (wie bei unerwartetem Düsenjäger-Getöse oder einem Knall).

Immer spielt hier eine sehr subjektive Einstellung des „Hörenden“ eine maßgebliche Rolle. Dies wird auch in der Fachliteratur deutlich gemacht: Wer in der Diskothek ohne mit der Wimper zu zucken blitzlichtgetränkte Super-Sound-Beschallung als angenehm empfindet (die weit jenseits der Gesundheits-Unbedenklichkeits-Werte liegt), kann sich kurz danach über eine Bohrmaschine, mit deren Hilfe in der Nachbarwohnung eine Küchensanierung durchgeführt wird, aufregen. Oder: Wer frohgemut hinter seinem Rasenmäher die Runden durch den Garten – trotz erheblicher Lärmentwicklung – dreht, kann im nächsten Moment den „Baulärm“, der von einem Betonmischer kurzzeitig von der Nachbarbaustelle zu hören ist, als „unzumutbar“ bezeichnen. Diese Beispiele zeigen die Problematik auf, die von den Psychoakustikern[523] zutreffend bei der (Be-)Wertung von Baulärm berücksichtigt wird: Schall wird dann – und nur dann – zu Lärm, wenn der Akzeptor, also der „Schall-Betroffene“, in seinem Empfinden negativ betroffen wird. *Kalidova*[524] fasst dies, wie er einleitend selbst schreibt *„kurz und prägnant“* zusammen wie folgt:

---

523 *Kalidova,* Akustische Grundlagen, in: Taschenbuch der Angewandten Psychoakustik, S. 102 ff.

524 Wie vor, S. 103.

„Lärm ist kein physikalisches Phänomen, sondern erst psychische Prozesse können ein Geräusch zu Lärm werden lassen“. Er begründet diese Aussage und die sich daraus ergebende Schlussfolgerung, dass Lärm nur bedingt mit Lautstärke oder dem Schalldruckpegel eines Geräusches zusammenhängt, sogleich mit zwei *„aus dem Alltag wohlbekannten Beispielen“*:

> *„Die Besucher einer Diskothek empfinden 105 dB Schalldruckpegel – trotz möglicher traumatisierender Wirkungen – weder als Lärm noch als störend. Der tropfende Wasserhahn besitzt einen viel geringeren Pegel, ist deutlich leiser als das Popkonzert, stört beim Einschlafen jedoch sehr“.*

Kalivoda[525] leitet diese unterschiedlichen Wahrnehmungen von drei Faktorengruppen ab:

Die akustischen Faktoren, welche ein Geräusch charakterisieren und durch physikalisch messbare Größen wie etwa den Schalldruckpegel oder die Frequenz beschrieben werden können.

Dann die situativen Faktoren wie Ort, Zeit und Situation, die beim Auftreten eines Geräusches vorherrscht, sowie die Relation zu den Aktivitäten, Intentionen und dem momentanen Befinden der, einem Geräusch ausgesetzten, Person.

Und schließlich spielen auch die persönlichen Faktoren der lärmbetroffenen Person eine große Rolle: Emotionale und kognitive Bezüge zur Schallquelle, zum Schallverursacher und zum Geräusch selbst.

Unter diesem, von der Wissenschaft längst herausgearbeiteten, von der Rechtsprechung jedoch nur in wenigen Fällen nachvollzogenem Aspekt der nicht möglichen Objektivierung, wird deutlich, dass jegliche „Messung“ von „Lärm-Werten“ im Zusammenhang mit Baustellen allenfalls ein partielles, aber eben nicht ausreichendes „Lärm-Ergebnis“ erbringen kann: Empfindungen lassen sich nicht messen und auch nicht durch „Hineinversetzen“ des Tatrichters ersetzen! Empfindungen sind individuell und damit keiner Ersetzung durch Dritte zugänglich. Dennoch können Messwerte Anhaltspunkte für eine Akzeptanzmöglichkeit geben: Wenn ersichtlich „niedrige“ Dezibelzahlen ermittelt werden, scheidet eine Belästigungsmöglichkeit als unterste Betroffenheitsschwelle von vorne herein aus. Deshalb muss eine Befassung mit den technischen Fragen ebenso erfolgen, um ein Ergebnis auf die Ausgangsfrage finden zu können. Dazu ist vorab eine grundsätzliche Feststellung des BGH[526] im Zusammenhang mit der Messung von Lautstärken nachzuvollziehen, die schon vor rund einem halben Jahrhundert getroffen wurde und immer noch Gültigkeit, auch für die Beurteilung von Baulärm, beanspruchen kann:

> *„Daraus ergibt sich, daß die Messung mit dem Lautstärkenmesser nach DIN 5045 zwar zum Vergleich gleichartiger Geräusche praktisch gut verwendbar ist, desto mehr Fehler jedoch auftreten, je größer der Unterschied in der spektralen Zusammensetzung zwischen den zu vergleichenden Geräuschen ist. Dazu kommt, daß bei Messungen von Geräuschen*

---

525 Akustische Grundlagen, wie vor, S. 103, Ziffer 4.1.3.
526 Urteil vom 29.06.1966 – Az: V ZR 91/65 = BGHZ 46, 35.

der Verdeckungseffekt nicht berücksichtigt wird, der darauf beruht, daß bei der Inanspruchnahme des Ohrs durch einen bestimmten Ton die Empfindlichkeit für andere Töne mit annähernd gleicher Frequenz herabgesetzt wird. ...... Eine weitere, hier wesentliche Schwierigkeit besteht darin, daß die Lästigkeit eines Geräuschs, die rechtlich für das Immissionsrecht in letzter Linie entscheidend ist, noch von mehr Umständen, als der Lautstärke, der Lautheit und der spektralen Zusammensetzung eines Geräuschs abhängt und weiter in Beziehung steht zu den Bedingungen, unter denen der Lärmbetroffene steht. Der Begriff der Lästigkeit kann .... nicht einmal klar definiert, geschweige denn durch ein allgemein gültiges Maß zahlenmäßig erfaßt werden"[527].

Der BGH schlussfolgert aus dieser Erkenntnis der Nichtmessbarkeit von Lästigkeit, die von Geräuschen ausgeht, dass die Messung eines Geräusches nur einen Anhalt für das Maß und die Eigenart einer dadurch verursachten Empfindung sein könne. Mehr noch, er gibt eine klare „Gebrauchsanweisung" für den „Tatrichter" vor:

„Der Tatrichter muss sich der Grenzen der Meßtechnik, die je nach den Verhältnissen und der Aufgabenstellung weiter oder enger sein können, bei der Verwendung von DIN-phon-Werten bewußt sein und sich letztlich auf seine eigenen Empfindungen verlassen, unter Umständen unter Heranziehung eines Sachverständigen"[528].

Vereinfacht ausgedrückt: Letztlich überantwortete der BGH die „Lärm-Entscheidung" der subjektiven Einstellung des Tatrichters – womit eine „Rechtssicherheit" schon deshalb ausgeschlossen wird, weil – wie auch die Auswertung zahlreicher „Lärm-Urteile" zeigt[529] – Richter auch nur Menschen und von ihrer eigenen Herkunft und Gefühlswelt geprägt sind.

12.1 Grundlegendes „Schall-Wissen"

„Baulärm" ist – vereinfacht in physikalisch-akustischer Hinsicht dargestellt – Schall[530], der das Hörorgan von Menschen zu Reaktionen bringt[531]. Dabei hängt die *reactio* von der *actio* ab, die der Schall verursacht. Maßgebliche Parameter sind insoweit die Schwingungsfrequenzen, in denen die Luft, durch Aktivitäten (Sprechen, Klatschen, Singen, Hämmern, etc.) bzw. Mechanismen (Motor, Säge, Bohrgerät etc.) angeregt, schwingt. Je schneller dieser Schwingungsvorgang stattfindet (und die so in Bewegung gebrachte Luft auf das Gehör trifft), umso höher wird ein Ton

527 BGHZ 46, 35 (38).
528 Wie vor.
529 S. oben Kapitel 11.
530 S. dazu auch: *Peter*, Lexikon der Bautechnik, „*Schall*", S. 260 linke Sp.
531 Die Ausführungen zu den Grundlagen des Schalls beruhen auf physikalischem Grundwissen sowie den Ausführungen von *Müller / Möser*, Grundlagen, in: *Müller / Möser (Hrsg.)*, Taschenbuch der Technischen Akustik, S. 1–24 sowie von *Kalidova*, Akustische Grundlagen, in: *Kalidova / Steiner*, Taschenbuch der Angewandten Psychoakustik, S. 102–125.

wahrgenommen. Die Hörbarkeit beginnt in etwa bei 16 Schwingungen mit einem Tiefton und endet bei ca.16.000 Schwingungen mit Höchstton[532]. Neben diesem Frequenzbereich spielt auch der Schalldruck eine wesentliche Rolle zur Beurteilung von Geräuschen. Denn er ist die Grundlage für die Lautstärke. Diese nimmt damit zwangsläufig mit zunehmender Entfernung eines Immissionsortes von der Schallquelle ab, nachdem sich Schall als immer größer werdende Kugel allseitig ausbreitet und damit Schallenergie auf eine stetig wachsende Immissionsfläche gleichmäßig verteilt wird. Im Idealfall bedeutet dies wegen der exponentiellen Verteilung der Schallenergie, dass sich Schall auf freiem Feld sehr schnell „verflüchtigt", mithin nur im unmittelbaren Umfeld – abhängig vom verursachten Schalldruck (Lautstärke) – hörbar ist. Im Realfall einer Baustelle mitten in einer Großstadt wirkt sich dieses Schallverhalten jedoch anders aus: Da sich Schall geradlinig ausbreitet und Energieträger ist, reagiert die „schwingende Luft", solange sie noch über die notwendige Energie verfügt, durch Reflexion bzw. Umlenkung an festen Gegenständen wie etwa der Baustelle gegenüberliegende Gebäude, aber auch an Fahrzeugen, Bau-Silos oder Baugeräten. Ein „Echo" ist das Paradebeispiel für dieses Phänomen.

Damit wird offenbar, dass z.B. mit Lärmschutzwänden zwar die direkte Schall- und damit Lärmausbreitung verhindert oder gemindert werden kann, nicht aber sämtliche Reflexionen im Bereich einer Baustelle beherrscht werden können. Deshalb spielt auch die Entfernung des Immissionsortes von der Emissionsstelle eine maßgebliche Rolle. Denn mit jedem – überspitzt – Millimeter an zunehmendem Abstand verringert sich der Beurteilungspegel. Dieser wiederum ergibt sich aus dem sog. Mittelungspegel, der durch bestimmte Zu- oder Abschläge (wie etwa zu überwindende Baugruben-Rampen) situationsangepasst wird.

Der „Mittelungspegel" stellt dabei ein Konstrukt dar, das dem Baustellengeschehen gerecht werden soll: Ein Bagger, Presslufthammer, Bohrgerät oder Schwingschleifer ist ebenso wenig ununterbrochen im Einsatz wie permanent mit der Kreissäge, der Flex oder dem Hochdruckstrahler gearbeitet wird. Dennoch entsteht durch den jeweiligen Einsatz – oft auch mehrere Maschinen und Geräte gleichzeitig – „Baulärm". Wenn nun eine „Lärm-Bilanz" nur nach den jeweiligen Schalleinwirkungen aufgestellt werden würde, dann wäre etwa für den Fall, dass ein Bagger nur 30 Minuten mit dem Anbaumeißel ein Fundament zerteilt und dabei zwangsläufig den Immissionsrichtwert nach der *AVV Baulärm – Geräuschimmissionen* – überschritten hätte, eine Stilllegung der Baustelle zu befürchten. Dass dies zu einem irrationalem Ergebnis führt, ist offenkundig. Deshalb fließt in die Feststellung des Mittelungspegels nach Ziffer 6.6 auch der Zeitfaktor ein, wie dies in Ziffer 6.7.1 *AVV Baulärm – Geräuschimmissionen* – durch den Ansatz der durchschnittlichen täglichen Betriebsdauer erfolgt. Diese Berechnungsweise ist für den Rechtsbetroffenen, d.h. die Bauausführenden, kaum noch nachvollziehbar: Fließt die Zeit in die Feststellung des Beurteilungspegels durch starre „Tagesbetriebszeiten" mit entsprechender

532 Nach *Guski* liegen diese Werte zwischen 20 und 20.000 (Lärm. Wirkungen unerwünschter Geräusche, S. 11 ff.), also geringfügig abweichend.

Dezibel-Berücksichtigung ein, dann wird die tatsächliche „Lärmbelastung" – die jedoch auch nur über einen minimalen Tageszeitraum vorliegen kann – verfälscht. Dies kann an folgendem Beispiel demonstriert werden: Wird zum Zwecke eines Tunnelvortriebs am ersten Anschlag eine Sprengung durchgeführt, so erzeugt dies für einen buchstäblich kurzen Moment einen impulshaltigen Knall, der im Regelfall bei über 120 Dezibel – vergleichbar einem Düsenjägertiefflug – liegt. Dann ist an der Baustelle „Ruhe". Von 13 Stunden Tagesbauzeit (7 – 20 Uhr) wurde damit genau in 1 Sekunde der „Immissionsrichtwert" z. B. für ein Wohngebiet überschritten. Selbst bei Anwendung der Zuschlagsregelung der Ziffer 6.7.1 *AVV Baulärm – Geräuschimmissionen –*, wonach bei einer Betriebsdauer bis zu 2,5 Stunden der Richtwert um 10 dB(A) erhöht werden kann, wäre damit eine wesentliche Richtwertüberschreitung festzustellen. Dieses Beispiel zeigt die generelle Problematik der Geräuschentwicklung auf Baustellen: Es kann Tage ohne nennenswerte Lärmentwicklung geben, aber auch Zeiten, zu denen während 13 Stunden die höchstzulässige Lärmbeeinträchtigung verursacht, aber der Immissionsrichtwert immer noch eingehalten wird.

Diese Problematik des ständig wechselnden Schalls im Zusammenhang mit einer virulenten Baustellenabwicklung kennzeichnet auch das Wertungsverhalten der Gerichte, wie noch aufzuzeigen sein wird.

12.2 dB (A) = Dezibel (A) als Maßstab für Messwerte

Das „*Dezibel*" findet sich in der AVV Baulärm als grundlegender Maßstab für die Beurteilung von Baulärm als „zulässig" bzw. „zumutbar" i.S.d. § 906 BGB. Dementsprechend häufig ist diese Begrifflichkeit in Urteilen nachzulesen[533]. Dabei findet sich, soweit ersichtlich, in keiner Entscheidung eine nähere Befassung mit diesem „Lärm-Maßstab". Vielmehr wird er so, wie im Regelfall von Lärmgutachtern festgestellt, unreflektiert den Urteilsgründen zugrunde gelegt[534]. Diese so von der Rechtsprechung, aber auch (juristischen) Lehre nicht weiter hinterfragten Dezibel-Zahlen (z. B. 70 dB(A) als Immissionsrichtwert für Baulärm in Gewerbe- und Industriegebieten einschließlich von Betriebswohnungen gem. Abschnitt 3.1.1 a) AVV Baulärm) gilt es aber zu verstehen, wenn Fragen der Zumutbarkeit und letztlich der Sozialadäquanz von Baulärm zu klären sind. Hierauf weist auch *Schreiber* ausdrücklich die mit Lärmproblemen befassten Juristen hin[535].

---

533 Vgl. nur oben die Urteile VGH München BeckRS 2011, 30702 (in: 11.2.2.6) oder LG Gießen *openJur* 2012/33957 (in: 11.3.4.11).

534 Sogar auf eine Dezimalstelle nach dem Komma, s. VGH München, oben: 11.2.2.6.

535 *Schreiber*, Grundlagen der Lärmbewertung. ParaBel – Lärm für Juristen – von Juristen und Lärmexperten. In: Tagungsband Lärmkontor Hamburg 30.9. und 1.10.1993, S. 5.

12.2.1 Herkunft, Bedeutung und Verständnis der Einheit „Dezibel“

Das Wort „*Dezibel*“ setzt sich zusammen aus „*Dezi*“, mithin die Umschreibung von „Zehn“, und „*bel*“ als wissenschaftliche Bewahrung des Andenkens an den Entwickler der dimensionslosen Maßeinheit (auch Pseudomaß genannt)[536] für Verhältniswerte, die dem Logarithmus unterfallen, und deshalb auch für Schallpegelmessungen Anwendung finden: *Alexander Graham Bell* (1847–1922)[537]. Dieses nur relative Maß wurde zur Beschreibung von Lautstärken entwickelt, d.h., es wird mit der Angabe von Dezibel in Zahlen gefasst, um wie viel lauter ein Geräusch in Relation zur Hörschwelle eines Menschen ist. Dies ist deshalb erforderlich, weil die Empfindung von Lautstärke im menschlichen Gehör nicht linear, sondern nach einer Potenzfunktion verläuft. Indem die so sehr hohen Zahlenwerte in einen Logarithmus gebracht werden ist es möglich, die Schallintensität von der Hörschwelle, die mit dem relativen kleinen Wert 1 angegeben wird, bis zur Hör-Schmerzgrenze, die einen unvorstellbar hohen Wert von 10 Billionen voraussetzt, in „überschaubaren“, aber dennoch vielfach nicht verstandenen, Zahlen von 0 – 130 dB nachvollziehbar[538] zu machen. Der Umgang mit diesen Werten führt mathematisch dann zu folgenden Erkenntnissen[539]: Wird der vorhandene Schallpegel um (nur) 10 dB erhöht, so bedeutet das, dass die Schallintensität um das Zehnfache ansteigt! Entsprechend

---

536 *Detlefsen, J. / Siart, U.*, Grundlagen der Hochfrequenztechnik, S. 11.

537 Näher zu dem Erfinder und Großunternehmer *Bell*, der insb. zu einer entscheidenden Weiterentwicklung des Telefons beitrug: *Balchin*, Quantensprünge. 100 große Wissenschaftler und ihre Ideen, S. 132.

538 Zur Dezibel-Erläuterung s. insb.: *Maue*, 0 Dezibel plus 0 Dezibel = 3 Dezibel: Einführung in die Grundbegriffe und die quantitative Erfassung des Lärms, s. auch: *Müller/Möser (Hrsg.)*,Taschenbuch der Technischen Akustik; *Payer*, Vom Geräusch zum Lärm. Zur Geschichte des Hörens im 19. und frühen 20. Jahrhundert, S. 178 ff.; *Schafer*, Klang und Krach. Eine Kulturgeschichte des Hörens, S. 3 ff.; *Thomsen*, Die summierte Immission, S. 9 ff.; *Meurers*, Lärm, mögliche und notwendige Wertung des Nichtmeßbaren und Grenzen des Zumutbaren, S. 12 ff.; *Lechelt*, Para-Bel – Lärm für Juristen von Juristen und Lärmexperten, UPR 1994, 53; *Kutscheit*, Rechtsprobleme bei der Bewertung von Geräuschimmissionen, NVwZ 1989, 193; *Kalivoda/ Steiner*,Taschenbuch der Angewandten Psychoakustik, S. 149 ff.; *Guski*, Der Begriff „Lärm“ in der Lärmforschung, Zeitschrift für Lärmbekämpfung 1991, 61; ergänzend zur TA Lärm: *Feldhaus*, Die Schwierigkeiten mit der Immissions-Summenbewertung nach der TA Lärm. In: *Breuer / Klöpfer / Marburger / Schröder* (Hrsg.), Jahrbuch des Umwelt- und Technikrechts 1993, S. 29 ff.; ausführlich zur technischen Beschreibung von Baulärm-Werten: *Böhm / Strachotta / Irmer*, Baulärm, in: *Müller / Möser* (Hrsg.), Taschenbuch der Technischen Akustik, S. 639 ff.; s. auch: *Laufer*, Baulärm. Beurteilung und Minderung der Geräusch-Emission auf Betonbaustellen, Düsseldorf 1978.

539 Die nachfolgenden Ausführungen zu Beispielen der Dezibel-Berechnung stellen eine kurze Zusammenfassung der „Dezibel-Lehre“ gem. den zum Teil nur für

ergibt sich bei einem Anstieg um 20 dB bereits eine hundertfache und bei einer Erhöhung um 30 dB schon tausendfache Vergrößerung dieser Intensität! Damit wird auch verständlich, warum z.B. eine Verdoppelung (oder Halbierung) gleich lauter Emissionsquellen nicht zu einer Verdoppelung (Halbierung), sondern „nur" einer Erhöhung (bzw. Senkung) des Beurteilungspegels um 3 dB führt. Am Beispiel: Zwei Bohrgeräte mit je 90 dB Emissionswerten und 65 dB Immissionswert bei Einzelbetrachtung führen nicht zu 130 dB (also: Schmerzgrenze), sondern „nur" zu 68 dB bei gleichzeitigem Einsatz nebeneinander auf einer Baustelle. Änderungen von 3 dB aber werden im Regelfall vom menschlichen Gehör nicht wahrgenommen. Eine echte „Hör-Veränderung" erfolgt vielmehr bei darüber liegenden Veränderungen des Beurteilungspegels. So ist nachgewiesen, dass erst ab etwa einer Pegelverringerung um 10 dB das Empfinden einer Lautstärkenhalbierung eintritt[540].

Aus diesen Beispielen wird ersichtlich, dass die „Addition" von Dezibelwerten, etwa im Rahmen der AVV Baulärm durch sog. „Zuschlagswerte", wie etwa in Nummer 4.1 als „Grundsatz" wie folgt enthalten, für den Nichtfachmann nur einen geringen Wert [5 dB(A)] darstellt, während in logarithmischer Betrachtung diese 5 dB(A) eine deutliche Schallpegelerhöhung darstellen:

> *„Überschreitet der nach Nummer 6 ermittelte Beurteilungspegel des von Baumaschinen hervorgerufenen Geräusches den Immissionsrichtwert um mehr als 5 dB (A), sollen Maßnahmen zur Minderung der Geräusche angeordnet werden."*

Insoweit ist eine doppelte Beurteilung durch die zur „Anordnung von Maßnahmen" berufene Behörde – im Regelfall die für die Baugenehmigung zuständige Baubehörde – erforderlich: Einmal die Zuordnung der Bau-Immissionen zu einem Betroffenheitsbereich (z.B. Industriegebiet; Wohngebiet; Mischgebiet, etc.) mit der damit verbundenen „zulässigen" Dezibel-Wertvorgabe im Sinne eines *„Immissionsrichtwertes"*. Zum Andern die Prüfung einer Überschreitung *„um mehr als 5 dB (A)"* – und zwar (nur) *„des von Baumaschinen hervorgerufenen Geräusches"*. Denn (nur) dann *„sollen" „Maßnahmen zur Minderung der Geräusche angeordnet werden"*, wie Nummer 4.1 der AVV Baulärm vorgibt. Die Dezibelangaben für die Richtwerte sind damit grundsätzlich um die Zahl 5 zu erhöhen. Dies führt in der (Gerichts-) Praxis ersichtlich zu Verständnisproblemen, da diese Erhöhung im Regelfall nicht nachvollzogen und so nur die reinen Ausgangswerte als maßgebende Werte in Ansatz gebracht und damit den Entscheidungen zugrunde gelegt werden – sofern überhaupt ein Rückgriff auf „Mess-Daten" und nicht nur eine subjektive Selbsteinschätzung erfolgt[541]!

Akustik-Spezialisten nachvollziehbaren Formeln und Darlegungen zur Möglichkeit, Schall zu verifizieren, dar.

540 S. nur: *Böhm / Strachotta / Irmer*, Baulärm, in: *Müller / Möser* (Hrsg.), Taschenbuch der Technischen Akustik, S. 639 (642).

541 Siehe dazu die meisten der oben Kap. 11 exzerpierten Urteile, denen eine subjektive Beurteilung durch das jeweilige Gericht anhand von „Zeugenaussagen", „Fotos", „gerichtsbekanntem Lärm" und dgl. zugrunde gelegt wurden.

Von Bedeutung für das Verständnis der „technischen“ Zahlen und Abkürzungen ist auch das sog. „Klammer-A“, das sich hinter der gebräuchlichen Abkürzung für Dezibel befindet.

12.2.2 Die Bedeutung des „A“ bei der Formel: dB (A)

Wie dargelegt, entspricht ein Unterschied von einem Dezibel ungefähr der kleinsten, mit normal gutem Gehör und ohne Störfaktoren gerade noch wahrzunehmenden Änderung einer Lautstärke. Allerdings empfindet das menschliche Gehör trotz gleichem Schalldruckpegel (vereinfacht: Schallpegel) die Töne unterschiedlicher Frequenz, also Höhe oder Tiefe, als nicht gleich, sondern unterschiedlich laut. Deshalb werden bei der Schalldruckpegelmessung die auf das Messgerät auftreffenden Signale durch einen speziellen Frequenz-Filter so umgearbeitet, dass praktisch die Frequenz-Empfindlichkeit des Gehörs nachgeahmt wird. Insoweit handelt es sich um einen sog. „A-Filter“, der zu einer „A-Bewertung“ führt. Diese wird dann als dB (A) in den Grenzbereichen von 0 – 130 angegeben[542].

Dabei ist zu berücksichtigen, dass dieses Messverfahren, das zur Beseitigung des „*Meßwirrwarr's*“ in unterschiedlichen Ländern nach dem Ende des 2. Weltkriegs 1945 von der ISO[543] eingeführt wurde, um ein einfaches Messverfahren international anwendbar zu machen, nicht in jeder Hinsicht der gehörgerechten Schallfeldanalyse gerecht werden kann. Es handelt sich vielmehr nur um einen ersten Ansatz, die frequenzabhängige Pegelbewertung durch das menschliche Gehör zu berücksichtigen[544]. *Krüger*[545] führt dazu aus:

> *„Das weitverbreitete Verfahren...erfüllt weitest-gehend den Aspekt der energetischen Schallbewertung (Hörschäden), wenn man davon absieht, daß sich bereits in diesem Bereich bei der Festlegung von zeitlichen Summationsmaßen oder der Erfassung sehr kurzer Schallimpulse (Impulslärm[546]) die Beschränkung eines solchen Ansatzes zeigt“.*

Dies bedeutet letztlich nichts anderes, als dass die *A* – Bewertungskurve (nur) die frequenzabhängige Empfindlichkeit des Ohres für schmalbandige Geräusche bei niedrigen Schallpegeln nachbildet und so zu einer Unterschätzung der Lautheit

---

542 Zur Kurzbeschreibung s. neben der oben angegebenen Literatur auch: Ministerium für Umwelt, Klima und Energiewirtschaft, Baden-Württemberg, http://www4.um.baden-wuerttemberg.de/servlet/is/39547/, Aufruf: 23.06.2015.

543 *International Standardisation Organisation.*

544 Näher dazu: *Genuit,* Gehörgerechte Schallmeßtechnik, in: *Kalivoda / Steiner,* Taschenbuch der Angewandten Psychoakustik, S. 149, Ziffer 6.2.1.

545 Zitiert nach *Lercher,* Medizinisch-hygienische Grundlagen der Lärmbeurteilung, in: *Kalivoda / Steiner,* wie vor, S. 51 unter Verweis auf Endnote 130.

546 Dieser kommt insbesondere im Zuge von Bauarbeiten sehr häufig vor, z. B. beim Hämmern, dem Durchsägen einzelner Latten oder Bretter oder auch kurzzeitigem Einsatz eines Preßlufthammers.

hochfrequenter und tieffrequenter Anteile von Geräuschen führt[547]. Damit aber, so stellt *Lercher*[548] weiter fest, gilt:

„Diese Ergebnisse machen deutlich, daß die mit der A-Bewertung versuchte Annäherung an eine gehörgerechte Lärmmessung (Frequenzselektivität des Ohres) ein Kompromiß ist, der in realen Umweltsituationen zu deutlichen „Meßfehlern" führen kann, wenn die wirkungsgerechte Beurteilung von Geräuschen im Hinblick auf Lästigkeit und Gesundheitsrelevanz das Ziel ist".

Mit anderen Worten: Eine genaue Bestimmung von dB(A)-Werten ist letztlich nicht möglich. Umso mehr ist zu hinterfragen, auf welche Rechtssicherheits-Basis Gerichte und Behörden ihre Entscheidungen stützen, wenn sie letztlich nur mit Dezibel-Zahlen ihre Urteile und Bescheide zu begründen versuchen. Zu diesem Ergebnis gelangt auch *Steiner*[549] bei seiner Untersuchung zur Rechtslage in Österreich.

12.2.3 Energieäquivalenz bei Dauer- und Kurzzeitlärm

Für das Verständnis von „Lärm-Messungen" ist auch der Nachvollzug der sog. Energieäquivalenz wichtig: Dabei ist von Bedeutung, dass bei einem ungleichmäßigen Geräusch – wie dies auf Baustellen regelmäßig der Fall ist – die mittlere Schallenergie innerhalb eines definierten Zeitraums der Wirkung eines kontinuierlichen Geräusches mit exakt gleicher Energie entspricht. So etwa wird ein gleichmäßiges Geräusch von 10 Stunden Dauer an einem Arbeitstag auf der Baustelle ebenso empfunden wie ein nur halb so lang hörbares Geräusch mit einem um 3 dB (A) höheren Schalldruckpegel[550].

12.3 Immissionsgrenzwerte und Immissionsrichtwerte nach der AVV Baulärm

Die Lärmschutz-Regelungen in der Bundesrepublik Deutschland kennen unter den in § 48 Abs. 1 Nr. 1 BImSchG aufgeführten *„Immissionswerten"* sowohl die Begriffe *„Grenzwert"* als auch *„Richtwert"* zur Beschreibung höchstzulässiger Dezibel (A)-Werte in den verschiedenen Gebietsbereichen wie etwa Industrie- oder Kurgebieten.[551] Ob es sich dabei um „Anhaltswerte", „Höchst- oder Mindestwerte" oder tatsächlich feste Grenzwerte handelt, kann für die vorliegende Untersuchung

---

547 *Lercher,* wie vor, S. 51.

548 Wie vor.

549 Rechtliche Rahmenbedingungen in Österreich, in: *Kalivoda / Steiner,* Taschenbuch der Angewandten Psychoakustik, S. 11, Ziffer 1.2.5.

550 S. dazu die Beispiele bei *Maue,* 0 Dezibel plus 0 Dezibel = 3 Dezibel: Einführung in die Grundbegriffe und die quantitative Erfassung des Lärms, S. 4 ff.

551 Näher dazu auch: *Bitzer,* Die Bedeutung der Grenz- und Richtwerte im privaten Immissionsschutzrecht, in: BauR 2002, 1019; *Ders.,*Grenz- und Richtwerte im Anwendungsbereich des § 906 BGB, Verlag Peter Lang, 2001, S. 2 ff.

dahinstehen[552]. Die *AVV Baulärm – Geräuschimmissionen* – allerdings kennt wegen der Besonderheit von Baumaschinen und – geräten mit grundsätzlich ständig wechselnden Einsatzstandorten im Bereich einer Baustelle nur die Begrifflichkeit „*Immissionsrichtwerte*“ in Ziffer 3. Die Bedeutung dieser „grenzwertlosen“, nur „Richtwerte“ vorgebenden Regelung hat das BVerwG in der wegweisenden Entscheidung vom 10.07.2012[553] herausgearbeitet wie folgt:

„Die in der AVV Baulärm in Nr. 3.1.1. festgelegten Immissionsrichtwerte entfalten nur für den Regelfall Bindungswirkung. Die Bindungswirkung einer normkonkretisierenden Verwaltungsvorschrift wird durch ihren Anwendungsbereich bzw. ihren Aussagegehalt bestimmt. Dabei wird die Auslegung solcher Verwaltungsvorschriften in besonderer Weise durch die Entstehungsgeschichte beeinflusst (……>). Aus den Gesetzgebungsmaterialien zur Ermächtigungsgrundlage der AVV Baulärm in § 3 Abs. 2 des Gesetzes zum Schutz gegen Baulärm ergibt sich, dass der Normgeber bewusst zwischen Richtwerten und Grenzwerten differenziert hat. So enthielt etwa der Entwurf des Gesetzes (BTDrucks IV/3142 S. 1) in § 2 Abs. 3 eine Ermächtigungsgrundlage für den Erlass von allgemeinen Verwaltungsvor-schriften zur Bestimmung von Immissionsrichtwerten für die von Baustellen ausgehenden Geräusche, bei deren Überschreitung Gefahren, Nachteile oder Belästigungen für die Allgemeinheit zu besorgen sind, sowie das Verfahren für die Messung der Geräuschimmissionen. Ausweislich der Begründung zu § 2 Abs. 3 war es das Anliegen des Gesetzgebers, den Verwaltungsbehörden in der Form allgemeiner Verwaltungsvorschriften Immissionsrichtwerte an die Hand zu geben, bei deren Überschreitung der Lärm der Baumaschinen in der Regel als unzumutbar anzusehen ist (BTDrucks IV/3142 S. 5). ……… Auf Vorschlag der Bundesregierung und des Ausschusses für Gesundheitswesen wurde der Gesetzentwurf in §§ 2 und 3 dahingehend geändert, dass nicht mehr zur Festlegung von Emissionsgrenzwerten und Immissionsrichtwerten, sondern in § 3 Abs. 2 Nr. 1 und 2 zur Festlegung von Immissions- und Emissionsrichtwerten ermächtigt wurde. Zur Begründung wurde darauf verwiesen, dass die Festsetzung von Emissionsgrenzwerten durch Rechtsverordnung nicht die Möglichkeit biete, die besonderen Verhältnisse, unter denen Baumaschinen eingesetzt werden, zu berücksichtigen. Der Ausschuss schlug deshalb die Festsetzung von Richtwerten durch allgemeine Verwaltungsvorschriften vor, die eine elastischere Handhabung ermöglichten. Dabei ging er davon aus, dass die zuständigen Verwaltungsbehörden bei Überschreiten der Immissions- und Emissionsrichtwerte grundsätzlich verpflichtet sind, die notwendigen Maßnahmen zur Lärmminderung anzuordnen (BTDrucks IV/3584 S. 2). Der Begriff „Immissionsrichtwert“ ist danach im Anwendungsbereich der AVV Baulärm weiter zu verstehen als etwa im Anwendungsbereich der TA Lärm,

552 Zum Meinungsstreit dazu sowie zur nicht bestehenden Notwendigkeit einer vertiefenden Untersuchung, da ohnehin die jeweils maßgeblichen Immissionswerte immer nur durch eine Interpretation der einschlägigen Regelwerke bestimmt werden können, s. *Jarass*, BImSchG, § 48 Rn.6 sowie die nachfolgenden Ausführungen des BVerwG in der Entscheidung vom 10.07.2012 – Az: 7 A 11/11 = NVwZ 2012, 1393.

553 Az: 7 A 11/11 = NVwZ 2012, 1393 = BauR 2012, 1908 = BVerwGE 143, 249.

die diesen Begriff in Nr. 6 ebenfalls verwendet, Überschreitungen aber nur in ausdrücklich geregelten Fällen (......) zulässt und ansonsten von einer strikten Pflicht zur Einhaltung der Richtwerte ausgeht, die für eine einzelfallbezogene Beurteilung der Schädlichkeitsgrenze aufgrund tatrichterlicher Würdigung keinen Raum lässt (........). Dabei ist das engere Begriffsverständnis der TA Lärm schon in der Ermächtigungsgrundlage des § 48 Abs. 1 Nr. 1 BImSchG angelegt, die auf „Immissionswerte, die zu dem in § 1 genannten Zweck nicht überschritten werden dürfen", abhebt. In der Ermächtigungsgrundlage in § 3 Abs. 2 des Gesetzes zum Schutz gegen Baulärm war dagegen – weniger strikt – von „Richtwerte(n) für die von Baustellen ausgehenden Geräuschimmissionen, bei deren Überschreiten Gefahren, erhebliche Nachteile oder erhebliche Belästigungen der Allgemeinheit zu besorgen sind", die Rede. Der Normzweck der AVV Baulärm, eine gleichmäßige Rechtsanwendung sicherzustellen und damit Rechtssicherheit zu schaffen, wird auch dann nicht in Frage gestellt, wenn die Immissionsrichtwerte nur für den Regelfall als bindend betrachtet werden. Der verbleibende Spielraum für Ausnahmen von der Bindungswirkung ist eng, namentlich ist Nr. 3.1. nicht dahingehend zu verstehen, dass der gemäß Gebietszuordnung maßgebliche Immissionsrichtwert nur als Orientierungswert betrachtet und ergänzend eine Einzelfallbetrachtung angestellt wird. Da die AVV Baulärm als Maßstab für die Zumutbarkeit von Baustellenlärm auf die abstrakt bestimmte Schutzwürdigkeit von Gebieten abhebt, kommen Abweichungen vom Immissionsrichtwert nach oben vielmehr nur dann in Frage, wenn die Schutzwürdigkeit des Einwirkungsbereichs der Baustelle im konkreten Fall ausnahmsweise geringer zu bemessen ist als in den gebietsbezogen festgelegten Immissionsrichtwerten. Dies entspricht auch dem Anliegen des Gesetzgebers, die besonderen Verhältnisse berücksichtigen zu können, unter denen Baumaschinen zum Einsatz kommen (vgl. BTDrucks IV/3584 S. 2). Eine Abweichung von den Immissionsrichtwerten kann danach etwa dann in Betracht kommen, wenn im Einwirkungsbereich der Baustelle eine tatsächliche Lärmvorbelastung vorhanden ist, die über dem maßgeblichen Richtwert der AVV Baulärm liegt. Dabei ist der Begriff Vorbelastung hier nicht einschränkend in dem Sinne zu verstehen, dass nur Vorbelastungen durch andere Baustellen erfasst werden (.......). Maßgeblich ist vielmehr die Vorbelastung im natürlichen Wortsinn. „Nachteilige Wirkungen" im Sinne des § 74 Abs. 2 Satz 2 VwVfG gehen nur von solchen baustellenbedingten Geräuschimmissionen aus, die dem Einwirkungsbereich mit Rücksicht auf dessen durch die Gebietsart und die konkreten tatsächlichen Verhältnisse bestimmte Schutzwürdigkeit und Schutzbedürftigkeit nicht mehr zugemutet werden können. Für die Gebietsart ist dabei von der bebauungsrechtlich geprägten Situation der betroffenen Grundstücke (im Einwirkungsbereich) auszugehen, für die tatsächlichen Verhältnisse spielen insbesondere Geräuschvorbelastungen eine wesentliche Rolle (.........). Daraus folgt zugleich, dass eine verminderte Schutzwürdigkeit nicht schon dann angenommen werden kann, wenn es etwa um die Errichtung wichtiger Verkehrsinfrastrukturvorhaben im öffentlichen Interesse geht. Zwar mag es Planbetroffenen als Ausdruck der Sozialbindung zumutbar sein, mehr an Baulärm hinzunehmen, wenn ein Vorhaben dem allgemeinen Verkehr gewidmet ist und insofern dem Wohl der Allgemeinheit dient. Dies mit bindender Wirkung entsprechend zu regeln, muss aber dem Normgeber vorbehalten bleiben."[554]

Die umfassende Darlegung der Begründung und Intension zur Vorgabe von Immissionsrichtwerten – und nicht: Grenzwerten – durch die damalige Bundesregierung bei dem Erlass der Allgemeinen Verwaltungsvorschrift *AVV Baulärm – Geräuschimmissionen* – durch das BVerwG zeigt einmal mehr die Komplexität und auch rechtliche Kompliziertheit des Lärmschutz-Rechts jedenfalls im Zusammenhang mit Bauarbeiten auf. Im Ergebnis ist deshalb trotz aller in der AVV Baulärm vorgegebenen Dezibel-Zahlen keine Sicherheit über Ausnahme-Möglichkeiten bzw. generell die „Grenze des (noch) Zulässigen" vorhanden.

12.4 Unmöglichkeit sicherer „Lärmwert-Bestimmung" bei Bauarbeiten

Letztlich ist es, wie die Definition von „Lärm"[555] als abhängig von individuell-psychologischem Empfinden, das über Dezibel-Messwerte allenfalls plausibilisiert, jedoch niemals zweifelsfrei verifiziert werden kann, vorgibt, nicht möglich, sichere „Lärm-Werte" bei der Abwicklung von Bauarbeiten zu bestimmen. Dies hat die Rechtsprechung erkannt und die Wissenschaft von der Akustik bestätigt.

12.4.1 Das Verständnis der Rechtsprechung von der Verifizierung des Baulärms

Der BGH hat in seiner Entscheidung zum Jugendzeltplatz[556] höchstrichterlich nachvollzogen, dass eine eindeutige Lärmwert-Bestimmung technisch nicht möglich ist und deshalb auch die bestehenden Richtwerte nicht überbewertet werden dürfen. Dazu führt der BGH aus:

„Auch für die Abwehr von Lärmimmissionen kann nicht geltend gemacht werden, der technische Stand der Lärmmessung lasse im Zusammenhang mit Immissionsrichtwerten eine Angabe von eindeutigen Grenzwerten zu. Der Senat hat immer wieder darauf hingewiesen, daß die Meßbarkeit von Lärm und die bestehenden Richtwerte nicht die allein entscheidende Rolle spielen können (vgl. z.B. Senatsurt. v. 8.Mai 1992, V ZR 89/91, WM 1992, 1612, 1613)."[557]

Weil dies so ist, so der BGH weiter, gilt für das oberste Zivilgericht:

---

554 BVerwG Urteil vom 10.7.2012 – Az: 7 A 11/11 = NVwZ 2012, 1393; die Entscheidung befasst sich mit Entschädigungsansprüchen von Anliegern im Zusammenhang mit den umfangreichen Arbeiten zum Bau der U-Bahn im Bereich der Kreuzung Friedrichstraße / Unter-den-Linden in Berlin.

555 S. oben 4.1.

556 BGHZ 121, 248 (251).

557 BGHZ 121, 248 (251).

„Maßgebend sind alle Umstände des Einzelfalles, die den Tatrichter in den meisten Fällen auch dazu zwingen, sich über einen Ortstermin einen persönlichen Eindruck zu verschaffen. Es muß deshalb hingenommen werden, daß auch der Streit über die Wesentlichkeit von Lärmimmissionen gegebenenfalls im Vollstreckungsverfahren erneut entschieden werden muß.“[558]

Diese so im Streitfall mögliche Verdoppelung tatrichterlicher Würdigung im Erkenntnis- und im Vollstreckungsverfahren birgt zwangsläufig die Gefahr unterschiedlicher Beurteilung, auch wenn der BGH davon ausgeht, dass sich der Vollstreckungsrichter durch die Gründe des Urteils darüber informieren kann, von welchem Maßstab das Prozeßgericht sich bei seiner Entscheidungsfindung hatte leiten lassen[559].

Auch dieses offensichtliche Dilemma möglicher „Nicht-Folgen“ eines Lärm -Unterlassungs-Urteils aufgrund eigener neuer Beurteilung des Vollstreckungsgerichts unterstreicht die insb. für wechselnden Lärm, wie im Zusammenhang mit einer Baustelle gegeben, nicht mögliche exakte Beurteilung.

12.4.2 Das Verständnis der Literatur zur Wesentlichkeit von Baulärm

Die Auffassungen zur Frage, ob Baulärm überhaupt „wesentlich“ sein kann, gehen in der Literatur weit auseinander. Beispielhaft werden dazu nur zwei gegensätzliche Meinungen betrachtet: So findet sich im Kommentar von *Staudinger* eine nur sehr knappe, aber eindeutige Aussage:

„Regelmäßig wesentlich sind danach z.B. Beeinträchtigungen der Wohnqualität durch wahrnehmbare Geräusch- und Geruchsbeeinträchtigungen sowie alle Beeinträchtigungen, bei denen Gesundheits- oder Sachschäden auftreten, während andererseits einmalige oder vorübergehende Beeinträchtigungen (z.B. Baulärm) in aller Regel unwesentlich sind.“[560]

Demgegenüber kommt *Bodanowitz*[561] zu dem Ergebnis, dass Baulärm *„im Regelfall“* zu einem *„Unterlassungsanspruch“* führt, jedenfalls aber zu einem Entschädigungsanspruch wegen einer zu bejahenden *„Wesentlichkeit“*, wenn eine Überschreitung von in Gesetzen, Rechtsverordnungen oder der AVV Baulärm festgelegten Grenz- oder Richtwerten vorliege, dadurch keine *„Ortsüblichkeit“* mehr bestehe und der Baulärm nicht mit wirtschaftlich zumutbaren Maßnahmen verhindert bzw. vermindert werden könne. Zur Begründung stützt sich *Bodanowitz* dabei u.a. auf die übereinstimmende Wertung im Zivilrecht und im Verwaltungsrecht: Hier wurde der Begriff der *Wesentlichkeit* gem. § 906 BGB von der Rechtsprechung als identisch

558 BGHZ 121, 248 (251/252).
559 BGHZ 121, 248 (252 oben).
560 *Staudinger*, Kommentar zum BGB.
561 Rechtliche Grundlagen des Baulärmschutzes, in: NJW 1997, 2351.

mit dem Begriff der *Erheblichkeit* nach § 3 Abs. 1 BImSchG angesehen[562]. Der so durch eine Annäherung bis hin zu einer Übereinstimmung der beiden Rechtsbereiche gefundene Konsens lässt zwar unterschiedliche Bewertungen zum letztlich gleichen „Baulärm-Problem“ der Vergangenheit angehören. Aber mehr ist damit nicht gewonnen: Immer noch bleibt die Entscheidung, ob eine nur unwesentliche oder aber eine wesentliche Beeinträchtigung und damit auch Erheblichkeit durch eine Baulärm-Belästigung vorliegt, dem subjektiven Empfinden des entscheidenden Gerichts überlassen.

562 S. dazu insb. die Entscheidungen BGHZ 111, 63 (65 f.) = NJW 1990, 2465; BGHZ 120, 239 (250) = NJW 1993, 925 = NVwZ 1993, 505; BVerwGE 68, 62 (67) = NJW 1984, 989 = NVwZ 1984, 306 L; BVerwGE 79, 254 (258) = NJW 1988, 2396 = NVwZ 1988, 918 L. Siehe dazu ausführlich auch: *Vieweg/Röthel,* Der verständige Durchschnittsmensch im privaten Nachbarrecht. Zur Wesentlichkeit iS des § 906 BGB, in: NJW 1999, 969; *dies.*, Konvergenz oder Divergenz öffentlich-rechtlichen und privatrechtlichen Immissionsschutzes?, in: DVBl 1996, 1171.

13. Baulärm und Sozialadäquanz

Im Zusammenhang mit der Beurteilung von Baulärmfällen findet sich gelegentlich ein Hinweis auf die mit jeder Bautätigkeit grundsätzlich zusammenhängenden *„Sozialadäquanz“*[563]. Oftmals wird der Begriff nicht näher hinterfragt, sondern als sich selbst erklärend behandelt und deshalb eine Entscheidung (auch) auf die Bejahung einer solchen Adäquanz ohne jede weitere Begründung gestützt. Eine solche Abstützung von Ergebnissen auf einen Begriff, der als schillernd[564] und in der Wissenschaft umstritten[565] dargestellt wird, jedenfalls aber nicht nur mit Hilfe juristischer Erkenntnisse ausfüllbar ist, kann im Ergebnis richtig, wissenschaftlich jedoch nicht akzeptabel sein. Denn die Bejahung eines sozialadäquaten Verhaltens führt im Regelfall zu einer Verneinung von Rechten Dritter, selbst wenn diese der Abweichung vom „Verbotensein“ zugestimmt haben sollten: Wenn – *contra legem* – Handlungen oder Unterlassungen von Menschen von anderen Menschen geduldet oder ertragen werden müssen, dann bedarf es zur Sanktionslosigkeit eines Grundes. Dieser Grund kann in einer individuellen Erlaubnis oder Einwilligung ebenso liegen wie im Ausschluss eines Abwehrrechtes durch ein „Gegenrecht“. Als solches kann die Bejahung einer Sozialadäquanz dienen. Wann dies der Fall ist, bestimmt sich aber nach dem jeweils konkreten Lebenssachverhalt. Dabei sind alle Umstände und Auswirkungen im Einzelfall auf die Waagschale zu legen, aber auch zur Legitimation der Anwendung einer Sozialadäquanz näher zu begründen. Ob das Bauen und deshalb der damit einhergehende unvermeidbare Baulärm überhaupt eine Sozialadäquanz aufweisen kann, ist im Anschluss an die grundsätzliche Klärung, was sozialadäquat sein kann und wie dieser Begriff in der Rechtswissenschaft verwendet wird, zu untersuchen.

---

563 Vgl. dazu die Urteile oben Kap. 11.

564 Vgl. dazu nur: *Haupt*, Die Körperverletzung des Gegners im Kampfsport und die strafrechtliche Einwilligungsproblematik, S. 58, die vom *„diskontinuierlichen Verlauf der Entwicklung dieses Begriffs durch seinen Begründer“* (*Hans Welzel*) spricht und die *„Lehre von der Sozialadäquanz“* als eine der *„umstrittensten Erscheinungsformen der modernen Strafrechtsdogmatik“* bezeichnet; diese Einschätzung gilt grundsätzlich auch für die Rechtsgebiete Zivil- und Verwaltungsrecht, nachdem der BGH bereits sehr früh festgestellt hat, dass die Sozialadäquanz nicht nur im Strafrecht, sondern in allen Rechtsbereichen eine Rolle spiele (BGHSt 23, 226 ff.); diese Meinung vertrat *Welzel* ebenso ab der 9. Aufl. seines Lehrbuchs „Das Deutsche Strafrecht“, S. 52, weil er ab diesem Zeitpunkt die Sozialadäquanz als allgemeines Auslegungsprinzip auffasste, das nicht nur für das Strafrecht Geltung beanspruche.

565 Vgl. dazu näher *Hirsch*, Leipziger Kommentar, Vor § 32 Rn. 29, S. 121 f.; *Haupt*, wie vor, S. 65 f.

13.1 Die Sozialadäquanz als Rechtskorrektiv

In der Rechtsprechung und Literatur wird der Begriff der Sozialadäquanz immer dann verwendet, wenn eine an und für sich nach dem geschriebenen Gesetz bzw. in Urteilen manifestiertem Richterrecht nicht entsprechende Handlung oder Unterlassung letztendlich deshalb nicht sanktioniert werden kann und auch nicht soll, weil die Handlung bzw. Unterlassung *per se* im jeweiligen Einzelfall nach dem Rechtsgefühl aller billig und gerecht Denkenden weder als strafbar, verwerflich oder sittlich untragbar, sondern im Gegenteil als den Gepflogenheiten, der Tradition oder auch der Vernunft entsprechend eingestuft wird. Ob eine derartige Situation auch im Zusammenhang mit Bauarbeiten aller Art und insbesondere der damit im Regelfall zwangsläufig verbundenen Geräuschentwicklung bejaht werden kann oder sogar muss, ist zu prüfen. Ausgangspunkt ist dabei die Frage, welche Voraussetzungen Rechtsprechung und Lehre zur Bejahung des Vorliegens einer Sozialadäquanz verlangen. Denn dann würde diese die Pflicht zur Tragung der Immissionsbelastung begründen, mithin das grundsätzliche „Recht auf Ruhe" von Baunachbarn einer Zumutbarkeitsregelung zur Duldung von Baulärm unterordnen. Fraglich wäre insoweit dann zunächst, ob eine zu bejahende Sozialadäquanz rein normativen oder empirisch-faktischen Charakter aufweisen würde[566]. Allerdings wäre eine Antwort hierauf nur dann zu geben, wenn sich im Ergebnis dadurch etwas ändern, mithin eine Sozialadäquanz verneint werden müsste.

13.1.1 Begriff der Sozialadäquanz

Die „Lehre von der Sozialadäquanz" wurde im Zusammenhang mit strafrechtlichen Sachverhalten entwickelt. Ausgangspunkt für *Hans Welzel*, der als Begründer der Lehre im Jahre 1939 gilt[567], war die Überlegung, dass *„eine Handlung (auch als finale Handlung) immer noch eine Abstraktion wie Verursachung ist, wenn sie nicht als sozial bedeutsames Phänomen, als Handlung im sozialen Lebensraum erfasst wird"*[568]. Damit schuf *Welzel* eine Art von Kontrasthilfe zur Beurteilung von Handlungen unter dem Gesichtspunkt des Unrechts: Was sich *„funktionell innerhalb der geschichtlich gewordenen Ordnung des Gemeinschaftslebens eines Volkes"* bewege, könne nicht dem Unrechtsbegriff unterfallen. Vielmehr fasste *Welzel „alle Betätigungen, in denen sich das Gemeinschaftsleben nach seiner geschichtlich bedingten Ordnung jeweils vollzieht"* als *„sozialadäquat"* auf[569].

566 Näher dazu: *Couzinet*, Die Zulässigkeit von Immissionen im anlagebezogenen Immissionsschutzrecht, S. 358.

567 *Roxin*, Strafrecht AT, Band 1, § 10, RN 33; *Ders.* Bemerkungen zur sozialen Adäquanz im Strafrecht. In: FS für *Ulrich Klug* zum 70. Geburtstag. Bd. 2, S. 303 (305); *Mörder*, Die soziale Adäquanz, S. 5.

568 *Welzel*, Studien zum System des Strafrechts, ZStW 1939, 491 (516 f.).

569 Wie vor, S. 517.

Für den strafrechtlichen Bereich führte *Welzel* in der Folge zur Vertiefung dieser Lehre eine Vielzahl derartiger, eigentlich gegen ein Strafgesetz verstoßender, dennoch aber aufgrund der bestehenden Sozialadäquanz dann nicht strafbarer, Verhaltensweisen auf: Freiheitsbeschränkungen, Verletzungen oder Tötungen im Zusammenhang mit dem ordnungsgemäßen Betrieb gefährlicher Unternehmen oder Sportverletzungen, die als vorhersehbare Begleiterscheinungen sportlicher Betätigungen trotz Einhaltung aller Spiel- und Vorsichtsregeln eintreten können[570]. Das Strafgesetzbuch hat den Adäquanzgedanken u.a. in § 86[571] Abs. 3 StGB[572] zum Ausdruck gebracht. Der Absatz lautet:

> *„Absatz 1 gilt nicht, wenn das Propagandamittel oder die Handlung der staatsbürgerlichen Aufklärung, der Abwehr verfassungswidriger Bestrebungen, der Kunst oder der Wissenschaft, der Forschung oder der Lehre, der Berichterstattung über Vorgänge des Zeitgeschehens oder der Geschichte oder ähnlichen Zwecken dient".*

Danach sind Handlungen im politischen Kommunikationsstrafrecht nicht strafbar, wenn sie u.a. der Kunst und Wissenschaft dienen. Dabei knüpft der Gesetzgeber an die verfassungsmäßig garantierten Freiheitsrechte gem. Art.5 GG für diese Bereiche sowie die Berichterstattung an. Mit der Formulierung der „ähnlichen Zwecke" soll das Spannungsfeld zwischen dem Schutz des Rechtsstaats und des öffentlichen Friedens einerseits und der Freiheit von Kunst, Wissenschaft und Berichterstattung andererseits überbrückt werden. Deshalb wird § 86 Abs. 3 StGB auch als sog. Sozialadäquanz-Klausel bezeichnet[573]: Letztlich ist nämlich zur Beurteilung der jeweiligen Handlung eine Überprüfung der „Volksanschauung" und damit auch des jeweiligen Zeitgeistes erforderlich. Stimmt nach Meinung des Strafgerichts das in Rede stehende Verhalten eines Angeklagten mit der vorherrschenden Anschauung in der Gesellschaft, z. B. im Hinblick auf die Bejahung von Kunst, überein, dann war es sozialadäquat und eine Bestrafung darf nicht erfolgen. Diese so von Gesetzes wegen vorgegebene Möglichkeit eines Wertungs-Urteils im Strafrecht wird deshalb zu Recht kritisch hinterfragt[574].

---

570 *Welzel*, Das Deutsche Strafrecht, 2. Aufl., S. 37 f., dort mit weiteren Beispielen.

571 § 86 StGB regelt das *„Verbreiten von Propagandamitteln verfassungswidriger Organisationen"*.

572 Siehe aber auch die §§ 86 a; 130 und 130a StGB.

573 Näher dazu: *Rahe*, Die Sozialadäquanzklausel des § 86 Abs. 3 StGB und ihre Bedeutung für das politische Kommunikationsstrafrecht, 2002; s. auch: *Valerius*, Zur Sozialadäquanz im Strafrecht, in: JA 2014, 561.

574 S. dazu *Rahe*, wie vor, S. 15 ff.; *Rönnau*, Grundwissen – Strafrecht: Sozialadäquanz, in: JuS 2011, 311, mit kurzer Darstellung der Entwicklung des Begriffs.

13.1.2 Bedeutung der Sozialadäquanz im Zivil- und Verwaltungsrecht

Obwohl der Begriff der Sozialadäquanz im Bereich des Strafrechts entwickelt und dort eine maßgebende Rolle bei der Beurteilung von Straftaten spielt, wie gerade in einigen Bereichen des Sports mit den dort trotz Einhaltung aller Regeln nicht verhinderbaren Verletzungs- oder sogar Todesfolgen immer wieder aufgezeigt wird[575], hat er seit der Entscheidung des BGHSt 23, 226 (228) allgemein in das Rechtssystem der BRD Einzug gehalten. Der BGH gab darin vor:

> *„Nach der Lehre von der Sozialadäquanz können übliche, von der Allgemeinheit gebilligte und daher in strafrechtlicher Hinsicht im sozialen Leben gänzlich unverdächtige, weil im Rahmen der sozialen Handlungsfreiheit liegende Handlungen nicht tatbestandsmäßig oder zumindest nicht rechtswidrig sein. Darin liegt ein allgemeines Prinzip, dessen Bedeutung sich nicht auf das Strafrecht beschränkt, sondern die ganze Rechtsordnung erfasst".*

Demzufolge ist die Anwendung der Sozialadäquanz-Lehre im Zivil- und Verwaltungsrecht insbesondere im Hinblick auf die Frage nach dem „noch" bzw. „nicht mehr" erlaubt sein von Geräuschen im Zusammenhang mit Lärmverursachung im Grundsatz vom Bundesgerichtshof[576] ebenso vorgegeben worden wie das Bundesverwaltungsgericht[577] und das Bundesverfassungsgericht[578] sich mit dieser Begrifflichkeit auseinandersetzt, wenn es um „Lärm-Beurteilungen" geht.

13.1.2.1 Wortsinn und Definitionen der „Sozialadäquanz"

Der häufig verwendete Begriff der „Sozialadäquanz" setzt sich aus den Worten „Sozial" und „Adäquanz" zusammen. Beide Worte sind zunächst als solche verständlich und werden als Wortbildungselement bzw. Substantiv verwendet: „Sozial" bedeutet soviel wie „auf die Gesellschaft bezogen" bzw. diese „betreffend", was sich etwa an der Bezeichnung „Sozialkunde" oder „sozialliberal" nachvollziehen lässt[579]. „Sozial" ist mithin alles, was die Allgemeinheit als hilfreich, akzeptabel, den aktuellen Lebensumständen entsprechend und damit wiederum Allen dienlich empfindet. Dazu

---

575 Vgl. nur für den Rennsport: *Berndt/Födisch*, Rennfahrertod – 50 tragische Helden im Portrait; zum Kampfsport s. *Haupt*, Die Körperverletzung des Gegners im Kampfsport und die strafrechtliche Einwilligungsproblematik; weitere gefährliche Sportarten sind insb. Rennrad- und Mountainbikefahren, Skifahren, Fuß- und Handball, Eis- und Rasenhockey sowie Football.

576 S. dazu nur das umfassende „Bolzplatz-Urteil" des BGH vom 29.4.2015 – Az: 197/14 – *juris*, das ausdrücklich die „Sozialadäquanz" als Regulativmöglichkeit bei der Beurteilung der Interessen von Anwohnern eines Bolzplatzes anführt.

577 Vgl. dazu die maßgebende Entscheidung „Wertstoffhof" BVerwG, NVwZ 1996, 1001.

578 Beschluss vom 17.11.2009 – Az: 1 BvR 2717/08 – *juris*.

579 Vgl. *Eisler*, Wörterbuch der philosophischen Begriffe, Stichwort „sozial", 1904; s. auch: Duden, Die deutsche Rechtschreibung, Stichwort: *sozial*.

fügt sich der zweite Wortteil „Adäquanz" nahtlos an: Dieses, aus dem Lateinischen stammende, Wort steht für Angemessenheit, Gleichkommenheit, Entsprechung und Übereinstimmung. Nach *Baruch de Spinoza*[580] ist eine Idee adäquat, wenn sie mit dem Gegenstand der Idee kongruent ist:

> *„per ideam adaequatam intelligo ideam, quae quatenus in se sine relatione ad obiectum consideratur omnes verae ideae proprietates sive denominationes intrinsecas habet – dico intrinsecas, ut illam secludam, quae extrinseca est, nempe convenientam ideae cum suo ideato".*

Für *Karl Peters* gilt als Umschreibung der Sozialadäquanz: *„Sozialwissenschaftlich ist der Begriff der Sozialadäquanz ein Beispiel für das Zusammenspiel zwischen juristischer und gesellschaftlicher Betrachtungsweisen"*[581]. Diese Betonung der individuellen Betrachtungsweise, also des jeweiligen Singular- aber auch Gesellschaftsverständnisses bestimmter Handlungsweisen oder Geschehnisse, unterstreicht *Peters* noch mit dem Zusatz: *„Der Begriff der Sozialadäquanz ist geschichtlich gebunden. Was werthaft ist, wird in verschiedenen Zeiten verschieden beantwortet"*[582]. Diese „Wandelbarkeit" des Verständnisses der Sozialadäquanz im Zeitlauf der Geschichte kommt auch in der strafrechtlichen Behandlung zum Ausdruck. Gleichzeitig kann damit eine ebenso kurze wie umfassende Definition der Begrifflichkeit entwickelt werden:

Sozialadäquanz liegt vor, wenn ein Verhalten oder Tun sich nur im Rahmen des sozial Üblichen und von der Allgemeinheit Gebilligten hält[583].

Insoweit ist mit *Peters* auch festzuhalten, dass von sozialadäquatem Verhalten oder Tun immer dann ausgegangen werden kann, wenn dieses spezielle Verhalten oder Tun so generell und selbstverständlich den Vorstellungen der Allgemeinheit entspricht,

> *„dass niemand auf die Idee käme, hier einzuschreiten. Und den Juristen in den Ruf des Formalisten bringen"*[584]. *Peters* fasst dies dann so zusammen: *„Das Ergebnis entspricht den Bedürfnissen und Vorstellungen der Allgemeinheit"*[585].

---

580 Niederländischer Philosoph (1632 – 1677), zitiert nach: *Eisler*, Wörterbuch der philosophischen Begriffe, Stichwort „adäquat", 1904; s. auch: Duden, Das Synonymwörterbuch, Stichwort: *Adäquanz*, 2010.

581 Sozialadäquanz und Legalitätsprinzip, in: Festschrift für Hans Welzel zum 70. Geburtstag am 25. März 1974, S. 429.

582 Wie vor, S. 426.

583 Vgl. insoweit auch die Entscheidung BGH (GS) 24,21 (Übliches Verhalten im Straßenverkehr) und die Ausführungen dazu von *Nipperdey* im Aufsatz: Rechtswidrigkeit, Sozialadäquanz, Fahrlässigkeit, Schuld im Zivilrecht, in: NJW 1957, 1777 ff.

584 *Peters*, Sozialadäquanz und Legalitätsprinzip, in: Festschrift für Hans Welzel zum 70. Geburtstag am 25. März 1974, S. 425.

585 Wie vor, S. 425; s. zur Sozialadäquanz auch: *Deutsch*, Finalität, Sozialadäquanz und Schuldtheorie als zivilrechtliche Strukturbegriffe, in: *Stratenwerth*, Festschrift für Hans Wetzel, S. 227 ff.; *Eser*, „Sozialadäquanz": eine überflüssige oder unverzichtbare Rechtsfigur?, in: *Schünemann* u.a., Festschrift für *Claus Roxin*, S. 146 ff.; s.

Offen bleibt allerdings auch hier, wie diese „Allgemeinheit" abgebildet werden kann: Sind es die „billig und gerecht Denkenden" iSd § 242 BGB – und wer ist dazu berufen, diese und deren „Denken" festzustellen? Oder repräsentieren die Gerichte diese „Allgemeinheit", auf deren Vorstellung es im Hinblick auf die Bejahung oder Verneinung sozialadäquaten Verhaltens oder Tuns ankommen soll? Ist es letztlich der Gesetzgeber als oberster Souverän des Staates, der durch seine Gesetzgebung dem jeweiligen Zeitgeist gerecht zu werden versuchen muss?

Für eine Zuweisung der Entscheidungsverantwortung zur Anwendung des Sozialadäquanz-Gedankens spricht sich u.a. das BVerwG aus:

> *„Welche Verhaltensweisen und Zustände, die sich im sozialen Zusammenleben ergeben und für den einzelnen nachteilig auswirken können,........, und von der Bevölkerung insgesamt als üblich und tolerierbar angesehen und hingenommen werden (Sozialadäquanz), ist vornehmlich eine Frage tatrichterlicher Würdigung"*[586].

Weiter führt das Gericht[587] dann lehrbuchmäßig zur Sozialadäquanz aus:

> *„In der bisherigen Rechtsprechung dient der Begriff der sozialen Adäquanz zur Beschreibung von Verhaltensweisen oder Zuständen, die sich im sozialen Zusammenleben ergeben und die sich möglicherweise für den einzelnen sogar nachteilig auswirken, jedoch von der Bevölkerung insgesamt hingenommen werden, weil sich die Verhaltensweisen oder Zustände noch in den Grenzen des als sozial Üblichen und Tolerierbaren halten. Daß dem eine Bewertung zugrunde liegt, die sich auch einem sozialen Wandel öffnet, soll gerade mit dem Ausdruck der Sozialadäquanz gekennzeichnet werden. Der Begriff verweist damit auf „außerrechtliche" Bewertungen. Er unterscheidet sich insoweit nicht von anderen Fällen – auch des Zivilrechts -, in denen die gesetzte Rechtsordnung sich nicht als abschließend versteht. Welche Verhaltensweisen oder Zustände in diesem Sinne als noch sozialadäquat hingenommen zu werden pflegen, ergibt sich ersichtlich aus dem Begriff nicht selbst, sondern bestimmt sich nach dem jeweiligen tatsächlichen Bereich. Daß dabei auch bewertende Vorgaben der gesetzten Rechtsordnung bedeutsam sind, bedarf ebenfalls keiner näheren*

auch: *Roxin*, Bemerkungen zur sozialen Adäquanz im Strafrecht, in: FS für *Ulrich Klug* zum 70. Geburtstag. Bd. 2, S. 303 ff.; *Weireter*, Die Sozialadäquanz und ihre Bedeutung im Arbeits-Kampfrecht, Diss. Freiburg im Breisgau, 1965; s. auch schon: *Wussow* , Zur Lehre von der Sozialadäquanz, NJW 1958, 891; *Zimmermann*, Die Sozialadäquanz im Zivilrecht. Diss. München 1961.

586 BVerwG, Urteil vom 03.05.1996 – Az: 4 B 50.96 = NJW 1996, 3355 = BauR 1996, 678 = NVwZ 1996, 1001 (im Zusammenhang mit einem Wertstoffcontainer in einem allgemeinen Wohngebiet); s. auch BVerwG, Urteil vom 10.07.2012 – Az: 7 A 11.11; 7 A 12.11; 7 A 24.11 = IBR 2013, 238; BVerwG, Beschluss vom 25.02.2014 – Az: 4 B 2/14 – *juris* (Herkömmlichkeit, Sozialadäquanz und allgemeine Akzeptanz einer Geräuschquelle); VG Augsburg, Urteil vom 28.05.2014 – Az: Au 4 K 13.1858; Au 4 K 13.1859 – juris; BayVGH Beschluss vom 04.05.2011 – Az: 22 AS 10.40045 – *juris* (Pflegeheimbeeinträchtigung).

587 BVerwG, Urteil vom 03.05.1996 = NJW 1996, 3355 = BauR 1996, 678 = NVwZ 1996, 1001.

Vertiefung. Daraus folgt für den Streitfall: Wie die konkreten Lärmbeeinträchtigungen, deren Unterlassung die Kläger erstreben, unter dem Gesichtspunkt der Sozialadäquanz zu qualifizieren sind, ist vornehmlich eine Frage der tatrichterlichen Würdigung."

Auch die Zivilgerichtsbarkeit sieht regelmäßig den Tatrichter in der Entscheidungspflicht darüber, ob ein sozialadäquates Verhalten oder Tun vorliegt[588]. Der BGH gibt dabei eine Anleitung zur tatrichterlichen Feststellung von Lärmbeeinträchtigungen wie folgt[589]:

„Es ist vielfach unmöglich mit Worten das Maß unzulässiger Einwirkungen so zu bestimmen, daß der Beeinträchtigte hinreichend geschützt wird und nicht schon eine geringfügige Änderung der Einwirkung trotz einer fortdauernden nicht zu duldenden Belästigung das Verbot hinfällig macht. Für die Fälle von Geruchsbelästigungen erscheint dies ohne weiteres einsichtig. Auch für die Abwehr von Lärmimmissionen kann nicht geltend gemacht werden, der technische Stand der Lärmmessung lasse im Zusammenhang mit Immissionsrichtwerten eine Angabe von eindeutigen Grenzwerten zu. Der Senat hat immer darauf hingewiesen, daß die Meßbarkeit von Lärm und die bestehenden Richtwerte nicht die allein entscheidende Rolle spielen können (vgl. z.B. Senatsurt. v. 8.Mai 1992, V ZR 89/91, WM 1992, 1612, 1613). Eine Überschreitung der Richtwerte indiziert zwar eine wesentliche Beeinträchtigung nach § 906 Abs. 1 BGB, ihre Unterschreitung zwingt aber im Einzelfall nicht zur Annahme, die Lärmimmission sei unwesentlich."

Sodann gibt der BGH weiter für den Tatrichter vor:

„Maßgebend sind alle Umstände des Einzelfalles, die den Tatrichter in den meisten Fällen auch dazu zwingen, sich über einen Ortstermin einen persönlichen Eindruck zu verschaffen"[590].

Die Gerichte gehen damit grundsätzlich davon aus, dass die Richter(innen) – auch mit Hilfe eines Augen- bzw. „*Ohren*"scheins – in die Lage versetzt werden können, das, was sozialadäquat ist, im jeweils konkreten Einzelfall feststellen zu können.

Eine solche „Alleinstellung" des Gerichts zur Befindung darüber, was „die Allgemeinheit" als „üblich" oder „tolerierbar" ansieht, scheint mit dem Demokratiebegriff, der zugleich ein Komplementärbegriff für „Allgemeinheit" ist, nicht in Einklang zu bringen sein. Denn, gleich ob Einzelrichter, Kammer oder Senat: Das „Hineindenken" in die Allgemeinheit kann, muss aber nicht immer die vorherrschende Meinung oder auch Gefühlslage der Bevölkerung abbilden. Die zwangsläufig sehr subjektive Betrachtung von Lärm und der Betroffenheit davon ist statistisch schon nicht von einem Einzelrichter oder allenfalls drei (bei Kammern und Senaten) bzw. maximal fünf Richtern (beim BGH) zu rechtfertigen: Diese können nicht – letztlich

588 Vgl. nur die Entscheidung BGHZ 121, 248 als eine der Ausgangsentscheidungen für die Beurteilung von Geräuschimmissionen nach dem *„Empfinden eines verständigen Durchschnittsmenschen"*.

589 BGHZ 121, 248 (251 ff.).

590 BGHZ 121, 248 (251).

durch Urteil – verbindlich feststellen, wie eine Bevölkerung von über 80 Millionen mehrheitlich empfindet. Letztlich können diese Fragen jedoch unbeantwortet bleiben, wenn man den Gesetzgeber als Querschnitt der Gesellschaft und deren demokratische Spielregeln als Grundlage für die Feststellung akzeptiert, was die Allgemeinheit jeweils in ihrer Zeit für sozialadäquat ansieht. Dies hat aber zur Voraussetzung, dass sich der Gesetzgeber auch tatsächlich mit dem *„Jetzt und Heute"* befasst und nicht, wie am Beispiel des Baulärmschutzes deutlich nachzuvollziehen, seit über 40 Jahren im Untätigkeitszustand erstarrt und so auch im zweiten Jahrzehnt des 21. Jahrhunderts immer noch – nur – eine untergesetzliche Allgemeine Verwaltungsvorschrift zum Problem Baulärm mangels anderer Vorgaben als Maßstab von allen Gerichten verwendet werden muss. Und dies, obwohl sich in den vergangenen vier Jahrzehnten nicht nur in maschinenbau-, sondern insgesamt in schallschutztechnischer Hinsicht sowohl auf der Seite der Bauausführenden, als auch der Baulärmbetroffenen – so z.B. durch erhöhte Schallschutz-Dämmwerte von Fenstern und Türen – vieles getan hat.

Zusammenfassend kann damit hinsichtlich der Sozialadäquanz im Zusammenhang mit dem Bau und dem damit untrennbar verbundenen Baulärm festgestellt werden:

Baulärm ist dann gerechtfertigt, wenn das Bauen als solches nach der Auffassung der Allgemeinheit unverzichtbar und eben dieser damit einhergehende Lärm unvermeidbar ist. Dann nämlich besteht zwischen der Notwendigkeit des Bauen-Müssens und danach auch Bauen-Wollens sowie den daraus resultierenden Folgen, mithin u.a. die Lärmbeeinträchtigung[591], die zur Bejahung einer Sozialadäquanz notwendige Kongruenz.

Es gilt deshalb, die weitere Frage zu beantworten: Wie stellt man fest, ob sozialadäquates Verhalten oder Tun vorliegt, so dass deren Folgen von Jedermann sanktionslos zu akzeptieren ist?

Dazu dienen einleitend einige Beispiele aus der Gerichtspraxis.

13.1.2.2 Beispiele für Sozialadäquanz

Nicht nur das Strafrecht kennt verschiedene Sozialadäquanz-Lebenssachverhalte[592]. Gleiches gilt für das Zivil- sowie Verwaltungsrecht. Die Befassung mit diesen dient der Feststellung, inwieweit Übereinstimmungen der jeweiligen Sondersituationen mit dem „Bauen" bestehen und deshalb Argumente – *pro* und *contra* – im Hinblick auf die Bejahung einer Sozialadäquanz des Bauens hieraus entwickelt werden können. Im Einzelnen:

591 Aber auch Staub, Erschütterungen, Straßensperrungen bzw. Umleitungen, die sämtlich in der vorliegenden Arbeit außer Betracht bleiben.

592 Z.B. Verletzungen beim Sport; Freiheitsentzug durch Strafurteil.

13.1.2.2.1 Kinderlärm, Sozialadäquanz und § 22 Abs. 1a BImSchG

Geradezu das Paradebeispiel für die Bejahung einer Sozialadäquanz stellt die Entwicklung des „Kinderlärmrechts" dar: War in früheren Jahren der von Kindern und Jugendlichen beim Spielen auf der Straße, in Kindergärten und Schulen (insb. bei geöffneten Fenstern) samt Pausenhöfen, auf öffentlichen oder privaten (Garten-) Spielplätzen ausgehende „Lärm" durch das typische „Kindergeschrei", aber auch durch Lachen und Singen eine „Ruhestörung", gegen die sich An- und Mitbewohner mit Erfolg zur Wehr setzen konnten[593], so änderte sich diese Auffassung der Allgemeinheit mit dem Wandel der Zeit. Und so gilt Kinderlärm, der für junge Eltern „Musik in den Ohren" sein kann, für (meist) kinderlose oder missmutige, aber auch ältere bzw. kranke Bürger jedoch oft „unerträglich" erscheint, heute längst als sozialadäquat und damit in jeder Hinsicht – entschädigungslos – von den „Betroffenen" hinzunehmen. Mieter und Anwohner müssen Geräusche, die naturgemäß der Entwicklung, aber auch dem Bewegungs- und Spieldrang sowie dem Freizeitverhalten von Kindern und Jugendlichen entsprechen, als sozialadäquat ertragen[594]. Das gilt selbst für häufige und über das übliche Maß hinausgehende Lauf- Spring- und Spielgeräusche. Dies hat jüngst auch das VG Berlin[595] im Zusammenhang mit einer Klage wegen „Lärmbelästigung" durch eine Grundschule festgestellt: Die Geräusche von auf dem Pausenhof spielenden Grundschulkindern müssten unabhängig von ihrer Intensität nach dem Toleranzgebot im Bundes-Immissionsschutzgesetz hingenommen werden. Insbesondere seien Geräusch-einwirkungen von Einrichtungen für Kinder im Regelfall keine schädlichen Umwelteinwirkungen. Zudem sei der Pausenhof einer Grundschule eine ähnliche Einrichtung wie ein Kinderspielplatz, denn er diene wie dieser dem Ausleben des Spielbedürfnisses und des Bewegungsdrangs von Kindern. Gesichtspunkte, die ausnahmsweise ein Zurücktreten der geräuschvollen kindlichen Interessen zugunsten des Ruhebedürfnisses der Eigentümer der Nachbargrundstücke rechtfertigten, seien nicht erkennbar. Der zeitlich begrenzte Schul- und Pausenbetrieb belasse den Eigentümern zudem erhebliche Zeiträume, in

593 Siehe dazu u.a. die Urteile im Beitrag von *Krumb*, BauR 2011, 1251.

594 Siehe dazu u.a. das sog. Jugendzeltplatz-Urteil des BGH vom 05.02.1993 – Az: V ZR 62/91 = BGHZ 121, 248 ff.; s. auch: *Tschersich*, Kinderlärm als Immission, S. 4 ff.; *Stollenwerk*, Kinderlärm im Miet-, Wohnungseigentums- und Nachbarrecht, NZM 2004, 289; *Krumb*, „Kinderlärm" als Gegenstand rechtlicher Auseinandersetzungen. Nachbarliche Abwehransprüche vor dem Hintergrund der aktuellen Änderung des § 22 BImSchG und der geplanten Änderung des § 3 Abs. 2 BauNVO, BauR 2011, 1251 ff.; *Dietrich / Kahle*, Immissionsschutzrechtliche Beurteilung von Kindergartenlärm und Lärm von Kinderspielplätzen, DVBl 2007, 18; vgl. insb. dazu auch das „Bolzplatz-Urteil" des BGH vom 29.04.2015 – Az: 197/14 – *juris*. S. auch VGH Baden-Württemberg, Urteil vom 23.05.2014 – Az.: 10 S 249/14 – *juris:* Die Zumutbarkeit von Bolzplatzlärm kann nicht abschließend anhand von technischen Regelwerken beurteilt werden. Dazu auch: BVerwG, Beschluss vom 11.02.2003 – Az: 7 B 88.02 = NVwZ 2003, 377.

595 Urteil vom 25.06.2014, Az: VG 13 K 109.12 – *juris*.

denen von dem Schulgrundstück überhaupt keine Geräuschimmissionen ausgingen. Insoweit handelt es sich um ein weiteres von zahlreichen „Kinderlärm-Urteilen", die der kinderfreundlichen und richtigen Wertevorstellung der Mehrheit der Bevölkerung entspricht. Diese hat durch den Bundesrat und den Bundestag als Gesetzgeber über die Änderung des Bundes-Immissionsschutzgesetzes im Jahre 2011 die Sozialadäquanz des Kinderlärms ausdrücklich gesetzlich geregelt. Damit korrigierte der Gesetzgeber die starre Schiene der bis dahin bestehenden Regelungsvorgabe in § 22 BImSchG. Danach galt: Kindertageseinrichtungen, Kinderspielplätzen und ähnliche Einrichtungen waren *„nicht genehmigungsbedürftige Anlagen"* i. S. d. § 22 Abs. 1 BImSchG und mussten deshalb so betrieben werden, dass schädliche Umwelteinwirkungen verhindert werden bzw. unvermeidbare schädliche Umwelteinwirkungen auf ein Mindestmaß beschränkt wurden (§ 22 Abs. 1 Nr. 1 und 2 BImSchG). Maßstab für die Errichtung und den Betrieb derartiger Einrichtungen war damit § 22 Abs. 1 BImSchG. Hinzu kamen bauplanungsrechtliche Vorgaben (z. B. § 15 Abs. 1 Satz 2 BauNVO mit dem dadurch begründeten Rücksichtnahmegebot). Die Problematik solcher Einrichtungen war damit evident, sobald die Wohnruhe der Anlieger gestört wurde. Deshalb konnte, wenn eine erhebliche Störung vorlag, mithin also das dem Nachbarn zumutbare Maß überschritten wurde, das Vorliegen von „schädlichen Umwelteinwirkungen" im Sinne des Immissionsschutzrechts bejaht werden. Damit aber konnten solche Einrichtungen oftmals nicht oder nur mit strengen Auflagen – wie etwa Lärmabsorber – genehmigt werden. Zur Beurteilung der Zumutbarkeitsgrenze wurden meist untergesetzliche Regelwerke wie die TA Lärm, die Sportanlagenlärmschutzverordnung (18. BImSchV) oder die LAI-Freizeitlärmrichtlinie herangezogen, obwohl diese Regelwerke für die Bewertung von Kinderlärm an sich nicht anwendbar sind[596]. In der Erkenntnis, dass laute Schreie, Jauchzen, Singen, Trampeln und dgl. mehr eine natürliche Begleiterscheinung und entwicklungsnotwendige Ausdrucksform kindlichen Verhaltens darstellen, hat das Bundesverwaltungsgericht schon im Jahre 1991 einen Spielplatz als eine für die altersgemäße Entwicklung eines Kindes wünschenswerte, wenn nicht gar erforderliche Einrichtung erachtet. Damit könne einem Kind der ungestörte Aufenthalt im Freien ermöglicht und ihm auch die Gelegenheit gegeben werden, sein Sozialverhalten im Zuge des Spiels mit anderen Kindern zu entwickeln[597].

Die Diskrepanz zwischen der – damals noch – geltenden gesetzlichen Regelung und gesellschaftlichen Wertung und Wertigkeit des „Kindseins" versuchte der Gesetzgeber dann mit der Ergänzung des BImSchG beseitigen. Der neue § 22

596 Vgl. nur: BVerwG, Beschl. v. 11.2.2003, NVwZ 2003, 751 (752); OVG Lüneburg, Beschl. v. 3.1.2011, UPR 2011, 152 (153); VG München, Urt. v. 7.1.2009 – M 8 K 09.4469 (*juris* Rn. 64); VG Arnsberg, Urt. v. 18.1.2011 – 4 K 1276/09 (*juris* Rn. 77); VG Trier, Urt. v. 7.7.2010 – 5 K 47/10.TR (*juris* Rn. 44).

597 BVerwG, Urt. v. 12.12.1991, NJW 1992, 1779; ebenso OVG Lüneburg, Beschl. v. 3.1.2011, UPR 2011, 152 (154) für Kindertagesstätten.

Abs. 1a BImSchG[598] war die Lösung: Aus der Gesetzesbegründung ergibt sich ausdrücklich, dass diese neue Bestimmung als *„privilegierende Regelung"* verstanden werden muss[599].

Die Rechtsfolge gem. § 22 Abs. 1a Satz 1 BImSchG, wonach die erfassten Geräuscheinwirkungen durch Kinder im Regelfall keine schädliche Umwelteinwirkung sind, hat ihren Ursprung im sozialadäquaten Verständnis des Gesetzgebers. Deshalb muss bei Beurteilung der Erheblichkeit von Nachteilen oder Belästigungen der vom Gesetz erfassten Einrichtungen für Kinderlärm ein anderer Maßstab zur Anwendung kommen als etwa für Sport- und Freizeitanlagen bzw. gewerbliche Betriebe. Darum legt § 22 Abs. 1a Satz 2 BImSchG auch ausdrücklich fest, dass Immissionsgrenzwerte und Immissionsrichtwerte zur Beurteilung von Geräuscheinwirkungen nicht herangezogen werden dürfen. Maßgebend für die Beurteilung ist vielmehr, ob sich Kindertageseinrichtungen, Kinderspielplätze und ähnliche Einrichtungen nach Art und Größe sowie Ausstattung in Wohngebiete und die vorhandene Bebauung einfügen. In einem solchen Regelfall liegen die von den Einrichtungen hervorgerufenen Geräuscheinwirkungen durch spielende Kinder im Rahmen des Üblichen und sind nicht geeignet, eine erhebliche Belästigung für die Nachbarschaft und damit eine schädliche Umwelteinwirkung im Sinne des § 3 Abs. 1 BImSchG herbeizuführen[600].

Allerdings hat der Gesetzgeber auch ein Einzelfall-Regulativ in das Gesetz mit aufgenommen: Die Rechtsfolge des § 22 Abs. 1a BImSchG gilt nur *„im Regelfall"*. Deshalb bleibt eine Einzelfallprüfung für vom Regelfall abweichende Situationen möglich. Dies kann z. B. der Fall sein, wenn die von § 22 Abs. 1a BImSchG erfassten Einrichtungen in unmittelbarer Nachbarschaft zu sensiblen Nutzungen wie Krankenhäusern und Pflegeanstalten gelegen sind. Als weiteres Beispiel nennt die Gesetzesbegründung den Fall, dass sich die von § 22 Abs. 1a BImSchG erfassten Einrichtungen nach Art und Größe sowie Ausstattung in Wohngebiete und die vorhandene Bebauung nicht einfügen[601].

Einen Sonderweg geht hier u.a. das Bundesland Bayern. Hier wurde im gleichen Jahr 2011 eine Konkretisierung der Lärmschutzanforderungen bei Kinder- und Jugendspieleinrichtungen mit einem eigenen Gesetz vorgenommen[602]. In Art.2 unter der Überschrift *„Natürliche Lebensäußerungen von Kindern"* findet sich die erste gesetzliche Begründung für die Sonderstellung von Kindern unter Hinweis auf die Sozialadäquanz:

---

598 10. Gesetz zur Änderung des BImSchG – Privilegierung des von Kindertageseinrichtungen und Kinderspielplätzen ausgehenden Lärms vom 20.07.2011, BGBl. Nr. 38, Seite 1474.

599 Amtl. Begründung, BR-Drucks. 128/11, S. 5.

600 Amtl. Begründung, BR-Drucks. 128/11, S. 7 f.

601 Amtl. Begründung, BR-Drucks. 128/11, S. 7.

602 Gesetz über Anforderungen an den Lärmschutz bei Kinder- und Jugendspieleinrichtungen (KJG) vom 20. Juli 2011 (GVBl. 2011, S. 304).

„Die natürlichen Lebensäußerungen von Kindern, die Ausdruck natürlichen Spielens oder anderer kindlicher Verhaltensweisen sind, sind als sozialadäquat hinzunehmen“[603].

Auch das Land Nordrhein-Westfalen hat insoweit das LImSchG[604] „nachgebessert“ und folgende, mit § 22 Abs. 1a BImSchG nahezu gleichlautende Regelung in § 3 Abs. 4 ebenso im Jahr 2011 aufgenommen:

„(4) Von Kindern ausgehende Geräusche sind notwendige Ausdrucksform kindlicher Entfaltung, die in der Regel als sozialadäquat zumutbar sind. Bei der Beurteilung der Geräuscheinwirkungen dürfen Immissionsgrenz- und -richtwerte nicht herangezogen werden“.

Demgegenüber fand eine Gesetzesinitiative[605] gleicher Zielrichtung im Land Baden-Württemberg (noch) keinen Fortgang. Die Begründung dazu bezieht sich nicht nur ebenso ausdrücklich auf die Sozialadäquanz, sondern gibt auch Argumente vor, die im Hinblick auf die Problematik des Baulärms in entsprechender Weise zu berücksichtigen sein könnten:

„Die Nutzung von Kinder- und Jugendspieleinrichtungen führt wegen des damit verbundenen Lärms oft zu Konflikten zwischen den Anwohnern dieser Einrichtungen und den Kindern und Jugendlichen. Die Folge sind zahlreiche Gerichtsverfahren. Diese führen teilweise zu eingeschränkten Öffnungszeiten oder sogar zur Schließung der entsprechenden Einrichtungen. Verschärft wird diese Konfliktlage durch die zunehmende innerstädtische Nachverdichtung. Die fehlenden Regelungen führen damit auch zu einer Planungsunsicherheit bei zahlreichen Gemeinden und zu einer Rechtsunsicherheit auf beiden Seiten. Diese Problematik soll nun gelöst werden. Gesetzliche Regelungen sollen von Beginn an für Rechtssicherheit sorgen. Kinder- und Jugendspieleinrichtungen sind in vielerlei Hinsicht ein wichtiger Freiraum für diese. Die Entwicklung junger Menschen, insbesondere die Entfaltung der Persönlichkeit und die soziale Interaktion, wird durch gemeinsame Möglichkeiten der Freizeitgestaltung für Kinder und Jugendliche in der Öffentlichkeit gefördert. Daher brauchen junge Menschen aller Altersstufen ausreichend Räume zur Entfaltung auch im Nahbereich ihrer Wohnumgebung. Sie sind unverzichtbare Treffpunkte für Kinder und

603 Art.2 KJG vom 20.Juli 2011.

604 Gesetz zum Schutz vor Luftverunreinigungen, Geräuschen und ähnlichen Umwelteinwirkungen (Landes-Immissionsschutzgesetz – LImschG -) vom 18. März 1975 GV. NW. 1975 S. 232, geändert durch Art. 20 2. FRG v. 18. 9. 1979 (GV. NW. S. 552), Gesetz v. 19. 3. 1985 (GV. NW. S. 292), 7. 3. 1990 (GV. NW. S. 202), 26. 5. 1992 (GV. NW. S. 214), Art. 2 d. 1. VwStrukturRG v. 15. 12. 1993 (GV. NW. S. 987), geändert durch Artikel 82 d. EuroAnpG NRW v. 25.9.2001 (GV. NRW. S. 708); geändert durch Gesetz v. 4.5.2004 (GV. NRW. S. 229), in Kraft getreten am 1. Juni 2004; 21.3.2006 (GV. NRW. S. 139), in Kraft getreten am 1. Mai 2006; Artikel 7 d. Gesetzes vom 12.12.2006 (GV. NRW. S. 622), in Kraft getreten am 1. Januar 2007; Gesetz vom 5. Juli 2011 (GV. NRW. S. 358), in Kraft getreten am 1. August 2011.

605 Landtag Baden-Württemberg, Drucksache 15/ 1128 vom 11.2.2012 (Antrag der Fraktion von FDP/DVP).

Jugendliche, die dort soziales Miteinander mit sportlichem Wettkampf verbinden können. Auf Kinder- und Jugendeinrichtungen wie Bolzplätzen spielen Kinder und Jugendliche verschiedener Herkunft, unterschiedlichen Alters und aus verschiedenen Schulen miteinander. Das sorgt für gegenseitige Akzeptanz, auch außerhalb des Felds. Dies muss gefördert und nicht ausgebremst werden. Auch die Zunahme von Bewegungsarmut, Übergewicht und ähnlichen gesundheitlichen Beschwerden unter Kindern und Jugendlichen spricht für die Notwendigkeit, gut angenommene Sport- und Bewegungsmöglichkeiten für diese zu erhalten und auch neu zu schaffen. Kinder- und Jugendspieleinrichtungen sollen daher durch ein entsprechendes Gesetz nun auch geschützt werden und Rechtssicherheit erlangen. Weiterhin unberührt von einer entsprechenden Regelung soll jedoch die sachfremde Nutzung einer solchen Anlage durch Kinder, Jugendliche oder andere Personen bleiben"[606].

Die Bedeutung dieser gesetzgeberischen Aktivitäten in Bund und Ländern im Hinblick auf die Akzeptanz des Kinderlärms erstreckt sich nicht nur auf diesen. Denn Kinder halten sich – zumal in der kälteren Jahreszeit – nicht immer nur im Freien, sondern regelmäßig in Gebäuden auf: Kinderkrippen und – gärten, Schulen, Turnhallen, Hallenbäder, Büchereien und viele Gebäulich-keiten mehr tragen zum Wohlergehen der „Zukunft des Landes" maßgeblich bei. Entsprechend groß ist die Investitionsbereitschaft von Kommunen, entsprechende und ansprechende Bauwerke zu schaffen. Dies setzt aber „Bauen" voraus. Und hat „Baulärm" zur Folge. Womit sich ein Kreis schließen könnte, auf den später noch einzugehen sein wird. Vorab ist dazu auf ein neues Urteil des VG Minden zu verweisen, das im Hinblick auf die Errichtung von Kindergärten und Kindertagesstätten innerhalb von Wohngebieten klarstellt, dass für diese als sinnvolle Ergänzung ein unmittelbares Bedürfnis besteht und deshalb gelte:

„Die mit der Benutzung solcher Einrichtungen für die nähere Umgebung verbundenen Auswirkungen – vorwiegend Geräusche – sind ortsüblich und sozialadäquat; sie können eine allgemeine Akzeptanz in der Bevölkerung für sich in Anspruch nehmen"[607].

13.1.2.2.2 Kirchenglocken

Dass das Läuten von Kirchenglocken sozialadäquat und insbesondere der christlichen Kultur und dem Recht auf freie Religionsausübung gem. Art. 4 GG entsprechend ist, wurde bereits mehrfach von Gerichten[608] festgestellt. Damit scheitern

606 Landtag Baden-Württemberg, Drucksache 15/1128 vom 12.2.2012, S. 2.

607 VG Minden, Urteil vom 16.04.2015 – Az: 9 K 1676/14 – *juris*.

608 Z.B. BVerwG, Beschl. V. 02.09.1996 – Az: 4 B 152.96 – *juris* = UPR 1997, 39; LG Heilbronn, Urteil vom 19.11.2007 l – Az: 6 O 252/06 – *juris*; für Klagen gegen kirchliches Glockengeläut ist der Verwaltungsrechtsweg gegeben, da sowohl die katholische wie auch evangelische Kirche eine öffentlich-rechtliche Körperschaft ist, Art. 137 Abs. 5 WRV i.V.m. Art. 140 GG (vgl. BVerwG, Beschl. V. 07.10.1983 – Az: 7 C 44.81 – juris = BVerwGE 68, 62; vgl. auch: VG Würzburg, Urteil vom 28.09.2004 – Az: W K 03.1654 – *juris*); s. auch: VG Stuttgart, Urteil vom 13.12.2010

praktisch alle Klagen auf Unterlassung bzw. Einschränkungen von liturgischem Läuten. Etwas anderes gilt jedoch im Hinblick auf Glockengeläute ohne kirchlichen Bezug oder auch den sog. Stundenschlag[609] von Kirchtürmen, der oftmals vorlaufend auch die jeweils Viertelstunde anzeigt: Hier kann das Ruhebedürfnis von Anwohnern bei Überschreitung der Lärm-Werte nach der TA Lärm dem Interesse an der Verdeutlichung des Tageslaufs vorgehen[610]. Der Unterschied des privilegierten liturgischen „Glockenlärms"[611] zum „Baulärm" ist seine nicht absehbare ständige und oft periodische Wiederholung – mit dem damit verbundenen sog. „Erwartungs-Hören" etwa an Sonn- und Feiertagen, wenn immer wieder „die Glocke zur Kirche ruft". Oder schon am frühen Morgen zur Früh-Andacht. Es handelt sich damit um eine immer wiederkehrende „Langzeit-Störung" für Betroffene ohne (religiösen oder kulturellen) Bezug zur Tradition und dem religiösen Sinn des Läutens. Dennoch muss diese Störung nach geltender Rechtsprechung als sozialadäquat selbst bei Überschreitung der Richtwerte hingenommen werden, weil es eine zumutbare und allgemein akzeptierte Äußerung der Kirchengemeinschaften ist[612].

13.1.2.2.3 Wertstoff-Container

Das Aufstellen und Befüllenlassen, aber auch der Abtransport bzw. das Entleeren von Wertstoff-Containern, die in einem Wohnviertel aufgestellt sind, zählen ebenso zu Dauerbrennern der Lärm-Judikatur[613]. Auch hier kommen die Gerichte praktisch ausnahmslos zu dem Ergebnis, dass die geordnete Entsorgung von recyclebaren Behältnissen und Verpackungen wie Flaschen, Metall- und Aluminiumdosen oder Plastik nicht nur dem Kreislauf-Wirtschaftsgesetz und dem allgemeinen Verständnis für den Umweltschutz, der auch im Grundgesetz in Art. 20 a GG Niederschlag

– Az: 11 K 1705/10 – *juris*, bestätigt durch VGH Baden-Württemberg, Urteil vom 03.04.2012 – Az: 1 S 241/11 – *juris*; VG Arnsberg, Urteil vom 30.08.2007 – Az: 7 K 2561/06 (Kirchenglocken mit 6-minütigem Läuten).

609 Näher: *Jarass*, Zum Kampf um Kirchturmuhren und nächtens betriebene Tankstellen, in: JZ 1993, 601.

610 Vgl. nur die Entscheidungen: VG Minden, Urteil vom 04.05.2006 – Az: 9 K 108/06 – *juris* (Glockenspiel in einer Seniorenresidenz) sowie LG Aschaffenburg, Urteil vom 26.08.1999 – Az: 2 S 391/98 – *juris*.

611 Sehr informativ dazu: *Troidl*, Zwischen Kirchturm und Minarett: der Lärm Gottes – dürfen Glocken lauter läuten als Muezzine rufen können?, in: DVBl 2012, 925 ff.

612 BVerwG, Beschl. V. 02.09.1996 – Az: 4 B 152.96 – *juris* = UPR 1997, 39.

613 Grundlegend: BVerwG, Urteil vom 03.05.1996 – Az: 4 B 50.96 = BauR 1996, 678 = ZfBR 1996, 342 = NVwZ 1996, 1001, wonach die mit der Benutzung eines Wertstoffhofs, der mitten in einem Wohngebiet angelegt wurde, verbundenen Geräuschbeeinträchtigungen mangels Erheblichkeit nicht die Merkmale schädlicher Umwelteinwirkungen aufweisen. Die fehlende Erheblichkeit ergebe sich letztlich aus der Sozialadäquanz eines derartigen Wertstoffhofes; vgl. auch LG Berlin Grundeigentum 1995, 427; AG Rudolstadt WuM 2000, 19; OVG Rheinland-Pfalz, Urteil vom 23.06.2010 – Az: 8 A 10357/10 – *juris*.

gefunden hat entspricht, sondern auch die damit durch den Einwurf der Gegenstände sowie die An- und Abfahrt erfolgende Lärmbelästigung als sozial adäquat von Anwohnern hinzunehmen ist – auch wenn Lärmgrenzen dadurch überschritten werden. Denn, so z. B. das VG Aachen[614], die Anwohner hätten die von Glascontainern ausgehende Lärmbelastung grundsätzlich als sozialadäquat hinzunehmen. Dies gelte sowohl für die Einwurf- als auch für die Begleitgeräusche wie etwa das An- und Abfahren von Kfz sowie auch den Lärm bei der Entleerung der Altglasbehälter. Dabei sei auch hinzunehmen, dass ein Einwurf auch außerhalb der geregelten Zeiten erfolge. Zudem könne nicht auf einen Standort der Container außerhalb der Wohnbebauung verwiesen werden, weil es insoweit an „sozialer Kontrolle" fehle, was zu illegaler Ablagerung von Müll führe. Dies sei bei Containern, die in einem Wohngebiet aufgestellt werden, nicht der Fall.

13.1.2.2.4 Jahrmärkte, Volks- und Stadtfeste (Traditionsveranstaltungen)

Differenziert betrachtet die Rechtsprechung die sog. Traditionsveranstaltungen wie Jahrmärkte, Volks-, Sommer- und Stadtfeste bis hin zu den „großen" Festen wie das *Oktoberfest* in München, den Stuttgarter *Wasen,* Hamburger *Dom* oder das Straubinger *Gäubodenfest,* um nur einige international bekannte und dementsprechend besuchte Großveranstaltungen anzuführen. Hier gibt es häufig, insbesondere wegen der im Regelfall durch Lautsprecher verstärkten und bis zur Schmerzgrenze reichenden Musikeinlagen, Beschwerden von Anliegern im Umfeld des Veranstaltungsorts. Bei der Entscheidung über Beschränkungen bis hin zur Unterlassung von Festen wägen die Gerichte regelmäßig die beiderseitigen Interessen ab, wobei die Sozialadäquanz hier ebenso – auch unter dem Aspekt der Traditions- und Kulturpflege – von großer Bedeutung ist. Dies kann etwa aus den Entscheidungsgründen des BGH[615] zur Frage der Zulässigkeit eines Rockkonzerts im Rahmen eines Sommerfestes entnommen werden, die analog auch für die Ausführung von Bauarbeiten von Bedeutung sein könnten:

> *„In welchem Umfang Lärmbeeinträchtigungen von Veranstaltungen mit besonderer historischer, kultureller oder kommunaler Bedeutung noch als unwesentlich angesehen werden können, ist weitgehend eine Frage des Einzelfalls. Zu berücksichtigen sind insbesondere Bedeutung und Charakter der Veranstaltung, ihr Ablauf, Dauer und Häufigkeit, die Nutzungsart und Zweckbestimmung sowie die Gesamtbelastung des beeinträchtigten Grundstücks während der Veranstaltung und durch andere seltene Störereignisse, ferner die zeitlichen Abstände dieser Ereignisse."*

614 Urteil vom 15.12.2011 – Az: 6 K 2346/09 – *juris.*
615 Urteil vom 26.09.2003 – Az: V ZR 41/03 = openJur 2012, 71249 = NJW 2003, 3699.

Der BGH[616] differenziert dann weiter:

> *„Je gewichtiger der Anlaß für die Gemeinde oder Stadt ist, desto eher ist der Nachbarschaft zuzumuten, an wenigen Tagen im Jahr Ruhestörungen hinzunehmen."*

Dazu gibt der BGH vor, dass dann auch eine deutliche Überschreitung der Lärm-Richtwerte denkbar und dies selbst für die Nachtzeit, jedenfalls bis Mitternacht, maßgebend ist. Dies gelte gerade auch im Sommer, nachdem es bis gegen 22 Uhr hell bleibt und es dem Charakter bzw. der Tradition vieler Veranstaltungen entspreche, dass sie bis in die Nachtstunden andauern[617]. Insoweit sei von den Anliegern ein deutlich höherer Beurteilungspegel hinzunehmen. Allerdings stellt der BGH auch klar, dass bei einer über Mitternacht hinausgehenden erheblichen Überschreitung der Richtwerte eine wesentliche Beeinträchtigung zu bejahen sein kann. Im Ergebnis aber gilt die vom BGH schon im Rahmen der sog. Volksfest-Entscheidung aufgestellte Entscheidungs-Formel: In erster Linie hängt die Beurteilung einer Beeinträchtigung als wesentlich von einer Interessenabwägung ab[618]. Dabei aber spielt wiederum die Feststellung des Herkömmlichen und damit in erster Linie einer Sozialadäquanz der Veranstaltung eine maßgebende Rolle. Der BGH[619] drückt dies wie folgt aus:

> *„Volks- und Gemeindefeste, Feiern örtlicher Vereine, traditionelle Umzüge und ähnliche Veranstaltungen gehören zu den herkömmlichen, allgemein akzeptierten Formen gemeindlichen und städtischen Lebens. Dabei liegt es in der Natur der Sache, daß sie oftmals in der Nähe zur Wohnbebauung durchgeführt werden müssen und zwangsläufig zu Beeinträchtigungen der Nachbarschaft führen[620]. Da solche Veranstaltungen für den Zusammenhalt der örtlichen Gemeinschaft von großer Bedeutung sein können, dabei auch die Identität dieser Gemeinschaft stärken und für viele Bewohner einen hohen Stellenwert besitzen, werden die mit ihnen verbundenen Geräuschentwicklungen von einem verständigen Durchschnittsmenschen bei Würdigung anderer Belange in der Regel in höherem Maße akzeptiert werden als sonstige Immissionen. ..... Die kommunale Bedeutung kann einem Ereignis nicht deshalb abgesprochen werden, weil Veranstalter nicht die Gemeinde,*

616 Wie vor.

617 Vgl. dazu auch VGH Mannheim, NVwZ 1944, 633, 635.

618 BGHZ 111, 63, 68; a.A.: *Roth*, Anm. JR 1991, 149.

619 Urteil vom 26.09.2003 – Az: V ZR 41/03 = *openJur* 2012, 71249; der BGH weist zusätzlich auf die Ausnahmemöglichkeit nach § 12 GaststG (vgl. dazu auch: VGH München, NVwZ 1999, 555).

620 Insoweit ist eine besondere Parallele zur Ausführung von Bauarbeiten im Umfeld von Wohnungen und Einfamilien- sowie Mehrfamilienhäusern gegeben, da die Bebauung „im Zusammenhang" mit anderen Wohnbauten, sei es im Bereich eines Bebauungsplans oder in einem innerstädtischen Bereich, die Regel ist.

sondern ein privater Verein ist. Maßgeblich ist, daß das Ereignis von einem Großteil der Ortsbevölkerung getragen und akzeptiert wird."[621]

Nach dieser Judikatur, die für bestimmte Festveranstaltungen, die von der Allgemeinheit getragen und akzeptiert werden, eine deutliche Ausnahme vom Immissionsschutzrecht zugesteht, könnte in ihren Grundansätzen übertragbar auf das Bauen sein: Jedes Bauwerk ist letztlich ein *„seltenes Ereignis"*, weil – wie oben aufgezeigt – Neubau- sowie Renovierungs- oder Erweiterungsarbeiten nicht alle Jahre, sondern im Regelfall im Generationenverlauf bzw. mindestens Dekaden umfassend vorgenommen werden. Bauen ist auch die *conditio sine qua non*[622] für die Ermöglichung eines zivilisierten und kultivierten Lebens sowie einer volkswirtschaftlichen Erfolgserzielung. Damit besteht eine allgemeine Akzeptanz und auch Einsicht, dass Infrastrukturmaßnahmen ebenso wie Bauwerke aller Art errichtet, repariert, saniert, erweitert und auch (irgendwann) rückgebaut werden müssen. Zumal gerade Wohnraum immer knapper wird, weil zu wenige Neubauten entstehen[623]. Hinzu kommt die weitere Überlegung des BGH im Rockkonzert-Fall[624], dass Festveranstaltungen im Regelfall nicht einfach an eine andere Örtlichkeit verlegt werden können. Auch insoweit ist die Parallele zum Bauen offensichtlich: Bauwerkserrichtungen oder erforderliche Bauarbeiten im Rahmen von Infrastrukturmaßnahmen

---

621 Auch hier findet sich wiederum eine Parallele zu Bauarbeiten: Diese dienen regelmäßig der Verbesserung oder Erweiterung einer Wohnsituation oder aber von Arbeitsplätzen durch Büro- oder Geschäftsräume. Daran aber ist jede Kommune und damit auch die Allgemeinheit generell interessiert. Denn gute Wohn- und Arbeitsverhältnisse führen zum Erhalt oder sogar Vergrößerung der Einwohnerzahl und damit auch der Steuerkraft der Kommune zur Erfüllung ihrer vielfältigen kommunalen Aufgaben nach den Kommunal-gesetzen.

622 *Hahn / Rürup /u.a.,* Bauen ist Lebensgrundlage – der Wegfall der Investitionen ist der falsche Weg. Stiftung Bauwesen, Stuttgart 2005, S. 2 ff.

623 So berichtet *von Rohland* im Bayernkurier (Ausgabe Nr. 18 vom 02.Mai 2015, S. 11) über den gewaltigen Bedarf an Wohnungen, der insb. nunmehr durch die Flüchtlingswelle entstanden ist und nicht annähernd mit dem Bestand gedeckt werden kann. Dabei wird die Zahl mit 420.000 Menschen (also eine gesamte Großstadt) angegeben, für die Wohnraum geschaffen werden muss. Vgl. dazu auch: *Institut für Städtebau, Wohnungswirtschaft und Bausparwesen:* Steigende Zuwanderung und Flüchtlingszahl verlangen zusätzlichen Wohnraum für 420.000 Menschen im Jahr, in: Hausbau-Informationen Folge 4/2015. Siehe auch vom gleichen Institut: Föderalismusreform – die neue Verantwortung der Bundesländer für die soziale Wohnraumförderung, Band 75 der Institutsschriftenreihe, 45. Königsteiner Gespräch, 29./30. April 2010.

624 Urteil vom 26.09.2003 – Az: V ZR 41/03 = *openJur* 2012, 71249. S. dazu auch den Informationsbrief Nr. 4 – April 2015 des Bayerischen Städtetags „Kräfte bündeln gegen Wohnungsnot". In diesem Beitrag von *Florian Gleich* wird ausdrücklich gefordert: *„Der Freistaat muss mit einer Verknüpfung von Wohnraumförderung und Städtebauförderung zur gezielten Aufwertung der nachverdichteten Gegenden beitragen".*

können immer nur auf dem Teil der Erdoberfläche durchgeführt werden, die durch Flächennutzungs-, Bebauungspläne oder die örtliche Situation in Verbindung mit der Grundstücksnutzungsbefugnis[625] zur Verfügung stehen. Ein „Ausweichen“ ist insoweit grundsätzlich nicht möglich.

13.1.2.2.5 Sportverletzungen

Im Rahmen der Ausübung bestimmter Sportarten mit „Kampfcharakter“ wie etwa Boxen, Ringen, Judo, aber auch Fußball, Rugby, Handball und Eishockey ist die Verletzung von „Gegnern“ entweder Ziel – wie beim Boxen der K.O. – oder aber aufgrund der Art des Sportes mit dem fast zwangsläufigen „Aufeinandertreffen“ – wie etwa beim Eishockey – sehr wahrscheinliches Ergebnis, wenn auch unerwünscht, der Sportausübung. Auch hier sehen die Gerichte im Regelfall – von vorsätzlichen oder grob fahrlässigen Verletzungshandlungen abgesehen – die Körperverletzung als sozialadäquat und einer zumindest konkludenten Einwilligung des Verletzten gedeckt als straffrei an. Die Judikatur hierzu hat *Haupt*[626] umfassend dargestellt.

13.1.2.2.6 Landwirtschaftliche Arbeiten

Im Zusammenhang mit der Bewirtschaftung von land- und forstwirtschaftlichen Höfen, insbesondere der Bestellung von Feldern und der Ernte, verursachen Landwirte nicht nur in den Abendstunden, sondern auch an Sonn- und Feiertagen durch den Gebrauch von Traktoren, Mähdreschern, Pflügen, Eggen, etc. Lärm. Dieser landwirtschaftliche Lärm (in Ausnahmefällen, z.B. bei der Borkenkäferabwehr auch im Forstbereich) ist von betroffenen Anwohnern als sozialadäquat hinzunehmen. Dieses „Lärmproblem“ war in früherer Zeit unbekannt, da es für die Dorfbewohner eine Selbstverständlichkeit war, dass die kurze Zeitspanne, die für den Ackerbau zur Verfügung steht – und durch die Witterungsverhältnisse maßgebend mit beeinflusst wird – jederzeit genutzt werden kann und muss. Seitdem die Dörfer zu Schlaf-Vorstädten der großen Zentren geworden sind, haben sich hier die Empfindlichkeiten geändert. So wird das Krähen von Hähnen[627] oder das Läuten von Kuhglocken[628] zum Gegenstand von Gerichtsverfahren. Dennoch wird dieser Lärm als sozialadäquat eingestuft[629].

---

625 Z.B. als Eigentümer, Mieter, Pächter, Erbbauberechtigter, Durchleitungsberechtigter etc.

626 *Haupt,* Die Körperverletzung des Gegners im Kampfsport und die strafrechtliche Einwilli-gungsproblematik, Diss. Bremen, 2005.

627 OLG Hamm WuM 1990, 123; LG München NJW-RR 1989, 1178; s. auch: LG Kleve DWW 1989, 362.

628 VGH Baden-Württemberg ZMR 1996, 401 (Verbot nur mit zeitlicher Einschränkung).

629 Näher dazu: *Otto,* Duldung und Abwehr von nachbarschaftlichen Immissionen. In: Recht der Landwirtschaft 1995, 32.

13.1.2.2.7 Feuerwehrsirenen

Selbst Rettungs- und Schutzanlagen wie Feuerwehrsirenen werden von „sensiblen“ Menschen unter dem Deckmantel des Immissionsschutz-Anspruchs wegen der „Lärmigkeit“ zum Gegenstand gerichtlicher Entscheidungen[630] gemacht. Das Ergebnis dabei ist jedoch jeweils eindeutig – wobei die etwa von einem Martinshorn oder einer Alarmsirene ausgehenden Lärmbelastungen (kurzzeitig) zwar nach Nr. 6.1, Buchstabe d) der TA Lärm die Richtwerte übersteigen. Dies aber wird von den Gerichten durch Anwendung der Grundsätze sozialer Adäquanz dahingehend korrigiert, dass es sich dennoch nicht um „erhebliche Belästigungen“ handelt. So etwa führt das VG Regensburg[631] in seiner „Feuerwehrhaus-Entscheidung“ aus:

> „*Von dem Vorhaben* [Feuerwehrhaus] *gehen keine Belästigungen oder Störungen aus, die nach der Eigenart des Baugebiets bzw. der näheren Umgebung dort selbst oder in dessen Umgebung unzumutbar sind (vgl. § 15 Abs. 1 Satz 2 BauNVO). Die zu erwartenden Beeinträchtigungen durch Lärm sind hinzunehmen. .... Trotz der zu erwartenden Überschreitung der Immissionsrichtwerte nach Nr. 6.1 Buchst. d) TA Lärm bei Einsatz des Martinshorns sind erhebliche Belästigungen i.S.v. § 3 Abs. 1 BImSchG nicht zu erwarten. Wo die Grenze der Erheblichkeit von Belästigungen im Einzelfall verläuft, hängt von den jeweiligen Umständen ab. Dabei kommt es bei Geräuschimmissionen unterhalb der Schwelle der Gesundheitsgefahr nicht allein auf die Höhe des Geräuschpegels an. Zu berücksichtigen ist bei Lärm, der von einem Feuerwehrgerätehaus ausgeht, auch die soziale Adäquanz dieser Immissionen.*“

Auch in diesem Fall findet also eine Begründung des „Erlaubtseins“ von Sirenengeräuschen (auch) über die Bejahung einer Sozialadäquanz statt.

13.2 Bauen als sozialadäquates Handeln

Das „Bauen“, mithin das Errichten von Ein- und Mehrfamilien-, aber auch von Hochhäusern, das Auffahren von Tunnel, die Herstellung von Tiefgaragen, U-Bahn-Röhren samt Bahnhöfen, Gleisanlagen, Wasser- und Schifffahrts- sowie sonstigen Straßen, Flughäfen, Schulen, Krankenhäusern, Senioren- und Pflegeheimen, Rats- und Verwaltungsgebäuden, Industrie- sowie Gewerbebauten und nicht zuletzt von Kanal- und Leitungsanlagen aller Art zählt seit Jahrtausenden und weltweit zu den Grundvoraussetzungen und Grundbedürfnissen einer zivilisierten Menschheit. Frühe Zeugnisse dafür finden sich im 5000 Jahre alten Steinzeit-Dorf auf der Insel Orkney im Atlantik und insbesondere an der Wiege der Zivilisation in der Türkei, wo vor 11.000 Jahren die ersten Bauwerke entstanden sind[632]. Das erste erhaltene Buch über Architektur und Bauwerke wurde von dem römischen Architekten und

630 BVerwG, Urteil vom 29.04.1988 – Az: 7 C 33/87 = NJW 1988, 2396; VG Regensburg, Urteil vom 05.07.2011 – Az: RN 6 K 09.1343 – *juris*.

631 Urteil vom 05.07.2011 – Az: RN 6 K 09.1343 – *juris*.

632 Vgl. näher: *Mann*, Die Wiege der Zivilisation, NG 2011, 38 ff.

Ingenieur *Vitruv* (um 84 v.Chr. – um 27 v.Chr.) in der Antike um 20 v.Chr. unter dem Titel „*De architectura libri decem*" verfasst[633]. Über die Zeitläufe hinweg entwickelte sich ein an Material, Methode, Maschinen und Erfahrung[634] immer größer werdendes „Bau-Potential" der Menschheit, so dass heute Bauwerke mit über 800 Meter Höhe[635] oder Tunnel mit über 50 km Länge[636] in der Entstehung sind. Der „Traum von den eigenen vier Wänden" ist ebenso bei vielen Menschen vorhanden wie generell und – nicht zuletzt durch die weltweite Migrationssituation verschärft – die Notwendigkeit, vermehrt Wohn- und Lebensraum zur Deckung eines Grundanspruchs aller Menschen zu schaffen, aber auch die Infrastruktur einer Verbesserung und weiterem Ausbau zuzuführen.

Bauen ist damit etwas für jeden Menschen Selbstverständliches, er wächst damit auf, wird täglich auf Straßen- oder Schienenbaustellen, aber auch durch Renovierungsarbeiten, Nachbaraktivitäten oder selbst als Bauherr mit dieser Materie konfrontiert. Bauen ist damit ein ständig präsenter Lebensteil für den Einzelnen, dem man sich auch nicht entziehen kann: Kräne stehen unübersehbar hochaufragend in der Gegend, Lastwagen und Schwertransporte mit z. B. Bohrgeräten, Baggern, Stahlarmierungen oder Rohren sind Teil des Straßenverkehrs und den Bauhandwerker, der Schlitze für neue Elektro- oder Wasserleitungen fräst oder mit dem Schlagbohrer Türbänder befestigt, kennt auch Jedermann. Bauen wird damit grundsätzlich von der Allgemeinheit nicht nur als unersetzlich für ein menschenwürdiges Leben mit einem „*Dach über dem Kopf*" akzeptiert, sondern als ein Teil menschlicher Kultur schlechthin. Dies bringt *Tietz*[637] mit der Feststellung zum Ausdruck:

> *„Unser Alltag wird zu einem wesentlichen Teil durch die Architektur bestimmt, die uns Tag für Tag umgibt...... Die Architektur schafft den notwendigen baulichen Rahmen, in dem wir uns bewegen. Ohne Architektur wäre die menschliche Gesellschaft nicht denkbar."*

Diese herausragende Bedeutung jeglicher Bautätigkeit im Interesse eines Erhalts und einer Weiterentwicklung menschlicher Daseinsgrundlagen unterstreicht auch die Zielsetzung des *Wiesbadener Architekturzentrums*[638] mit der Aussage:

> *„Architektur und Städtebau sind weder kultureller Luxus noch entbehrliche Dekoration. Vielmehr erwächst aus diesen grundlegenden Bausteinen einer Stadt lebenswerte Umwelt und städtische Identität".*

---

633 *Vitruv (Marcus Vitruvius Pollio),* Zehn Bücher über Architektur, Übersetzung 2009.

634 S. dazu das einzig erhaltene architekturtechnische Werk von *Vitruv* (um 84 v. Chr. – um 27.n.Chr.): De architectura libri decem (Zehn Bücher über Architektur), Übersetzung 2009; s. auch: *Partsch,* Wie die Häuser in den Himmel wuchsen: Die Geschichte des Bauens, 1999.

635 So der Burj Khalifa in Dubai mit 828 m, der auch zu Wohnzwecken dient.

636 Z.B. Gotthard-Tunnel in der Schweiz; Brenner-Basistunnel Österreich/Südtirol.

637 In: Geschichte der Architektur des 20. Jahrhunderts, Einleitung S. 3.

638 Wiesbadener Architekturzentrum e.V., http://www.waz-wiesbaden.de/unsere-ziele/ (Aufruf:20.01.2015).

13.3 Bauen als Befriedigung menschlicher Grundbedürfnisse

Im Zuge der vorstehenden Untersuchungen wurde bereits mehrfach auf die Unverzichtbarkeit von Bauarbeiten jeder Art, gleich ob zur Herstellung und Unterhaltung der Infrastruktur, von Schulen, Krankenhäusern, Kirchen, Pflege- und Seniorenheimen sowie Wohngebäuden jeder Art und Größe hingewiesen. Zusammenfassend ist insoweit festzustellen, dass das Bauen-Können der Befriedigung menschlicher Grundbedürfnisse ebenso dient wie es die Grundlage der zivilisierten Menschheit überhaupt ist. Es besteht damit keine Alternative zum Bauen.

13.3.1 Wirtschaftliche Bedeutung des Bauens

Die Bauwirtschaft zählt zu den maßgeblichen Wirtschaftszweigen in ganz Europa. Doch selbst wenn man das (notwendige) Gewinnstreben der Bauunternehmer und Baugewerbetreibenden mit der Folge von Arbeitsplätzen und Steuereinnahmen außer Betracht lässt, dann besteht unabhängig davon eine hohe wirtschaftliche Bedeutung für die Allgemeinheit. Denn ohne Bauleistungen gibt es keine ausreichenden Transportwege zu Lande, zu Wasser und in der Luft. Dies würde zu einem Dominoeffekt hinsichtlich der Versorgung der Allgemeinheit mit Wirtschaftsgütern und nicht zuletzt zu einem Wohnungsnotstand führen, der – gerade in einer Zeit dringend notwendigem zusätzlichem Wohnraum zur Bewältigung der Flüchtlingsaufnahme – sehr schnell zum Fiasko werden würde. So ergeben Hochrechnungen, dass alleine bis zum Jahr 2020 über 400.000 neue Wohnungen in Deutschland benötigt werden, sehr wahrscheinlich wegen des anhaltenden Flüchtlingszuzugs noch wesentlich mehr[639].

13.3.2 Bauvertragliche Regelungen des Baulärms in der VOB

Im Bauvertragsrecht gilt der Grundsatz, dass die Folgen unvermeidbaren Baulärms grundsätzlich der Auftraggeber zu tragen hat. Dies folgt einerseits aus den Ausschreibungspflichten, die u.a. beinhalten, dass in der Leistungsbeschreibung, soweit im Einzelfall erforderlich, besondere Immissionsschutzvorgaben im Bereich der Baustelle anzugeben sind, ATV DIN 18299, Abschnitt 0.1.13. Zur Beachtungspflicht dieser „Ausschreibungs-Hinweise" führt der BGH in einem richtungweisenden Urteil vom 21.03.2013[640] aus:

> *„Ein Bieter darf die Leistungsbeschreibung einer öffentlichen Ausschreibung nach der VOB/A im Zweifelsfall so verstehen, dass der Auftraggeber den Anforderungen der VOB/A an die Ausschreibung entsprechen will..... Danach sind die für die Ausführung der Leistung*

---

639 Auskunft des Präsidenten des Hauptverbandes der Deutschen Bauindustrie e.V., Prof. Dr. Thomas Bauer, Gespräch vom 27.07.2015.

640 Az.: VII ZR 122/11 = IBR 2013, 328.

wesentlichen Verhältnisse der Baustelle, z.B. Bodenverhältnisse, so zu beschreiben, dass der Bewerber ihre Auswirkungen auf die bauliche Anlage und die Bauausführung hinreichend beurteilen kann. Die „Hinweise für das Aufstellen der Leistungsbeschreibung in Abschnitt 0 der Allgemeinen Technischen Vertragsbedingungen für Bauleistungen, DIN 18299 ff., sind zu beachten, § 9 Nr. 1 bis 3 VOB/A a.F.[641]*"*.

Nachdem zu den *„wesentlichen Verhältnissen der Baustelle"* – wie die offene Formulierung „z.B." zeigt – auch die in Abschnitt 0.1.13 der ATV DIN 18299 genannten *„Schutzgebiete oder Schutzzeiten"*, u.a. *„wegen Forderungen des Immissionsschutzes"* zählen, müssen derartige Forderungen im Rahmen der Ausschreibung bereits angegeben und – bei oftmals finanzieller Bedeutung – auch als eigene Ordnungszahlen (Positionen) angegeben werden (Abschnitt 0.4.2 ATV DIN 18299). Entsprechung untermauert wird dies durch Abschnitt 4.2.12. Danach sind *„Leistungen für besondere Maßnahmen aus Gründen des Umweltschutzes"* als *„Besondere Leistungen"* definiert, mithin keine (in die Preiskalkulation grundsätzlich mit einfließenden) *„Nebenleistungen"*, wie § 2 Abs. 1 VOB/B vorgibt. Dies gilt in besonderer Weise für den Baulärm, da die Einhaltung der Vorgaben der AVV Baulärm *„schwierig, oft auch unmöglich ist"*[642]. Deshalb werden hier an die entsprechende Ausschreibung besonders hohe Anforderungen gestellt – und führen Defizite darum oftmals zu Streit in der Baupraxis[643], auch wenn ein solcher praktisch nie vor Gericht ausgetragen wird, weil die Streitparteien sich im Vorfeld gerade wegen der erkennbaren unklaren Rechtslage in Bezug auf „Baulärm-Betroffene" einigen.

Findet sich demnach in der ATV DIN 18299 der VOB/C eine grundsätzliche Regelung dahin, dass der (öffentliche)[644] Auftraggeber gehalten ist, Angaben zu Lärmschutz- bzw. – minderungsmaßnahmen in der Ausschreibung zu machen, da andernfalls bei späterer Notwendigkeit Nachtragssachverhalte entstehen, so enthält die VOB/C – systemwidrig[645] – eine weitere „Lärm-Regelung":

In der ATV DIN 18459 ist unter Abschnitt 4.2.6 geregelt, dass – sofern nicht schon Vertragsinhalt geworden – als Besondere Leistungen im Rahmen von *„Abbruch- und Rückbauarbeiten"* gesondert zu vergüten sind:

„Besondere Maßnahmen zur Minderung von Lärmemissionen, z.B. Errichten von Lärmschutzwänden".

---

641 Nunmehr § 7 Abs. 1, Nr. 6 und 7 VOB/A (Ausgabe 2012).

642 So: *Katzenbach*, in: Beck'scher VOB-Kommentar, VOB Teil C, hrsgg. von *Englert / Motzke / Katzenbach*, 3. Aufl. 2014, DIN 18299, Rn.170.

643 S. das Beispiel oben 6.1.1.

644 Für den privaten Auftraggeber ergibt sich eine entspr. Pflicht gem. § 242 BGB (dazu: Motzke, Syst.IV, in: Beck'scher VOB-Kommentar, VOB Teil C, wie vor).

645 Die Generalnorm der ATV DIN 18299 wurde eingeführt, um Baufragen, die sich bei nahezu jeder Baumaßnahme stellen (wie z.B. die Zufahrtsmöglichkeit, aber auch die Umweltschutzbelange), praktisch „vor die Klammer" gezogen einheitlich zu beantworten (vgl. dazu *Englert/Grauvogl/Katzenbach*, DIN 18299, Rn.3 ff., in: Beck'scher VOB-Kommentar, Teil C, wie vor).

Die Bauvertrags-Praxis – und dies zeigt auch das Studium der einschlägigen Literatur[646] – befasst sich bislang nur sporadisch mit den Baulärm-Problemen und wendet auch die Generalnorm ATV DIN 18299 der VOB/C betreffend den Immissionsschutz und die monetären Folgen kaum an. Insoweit scheint *terra incognita* vorzuliegen. Dies kann daran liegen, dass die „Lärm-Konsequenzen" in reinen BGB-Paragrafen außerhalb des Werkvertragsrechts gem. §§ 631 ff. BGB, nämlich in den §§ 906; 1004 bzw. 536 BGB für das Mietrecht geregelt werden. Und möglicherweise auch deshalb eine Befassung nicht erfolgt, weil nach der Rechtsprechung ein Bauunternehmer oder Bauhandwerker nicht als „Benutzer" des „Baugrundstücks" angesehen wird, so dass sich Ansprüche auf Entschädigung gem. § 906 Abs. 2 BGB immer nur unmittelbar gegen den Bauherrn als „Nutzer" richten, wie nachstehend exemplarisch an einem neuen Urteil des BGH aufzuzeigen ist:

13.3.3 Bauunternehmer ist nicht „Nutzer" des Baugrundstücks

Der BGH[647] hat im Jahr 2010 eine klarstellende Entscheidung dazu erlassen, dass sich Nachbarn im Hinblick auf Immissionen, die im Zusammenhang mit Bauarbeiten auf ihn einwirken, dann nicht mit Ansprüchen an den Bauunternehmer wenden können, wenn diesen kein Verschulden trifft. Im Wesentlichen führt das oberste Zivilgericht dazu aus:

> *„Der Bauunternehmer, der Arbeiten für einen anderen (Bauherrn) auf einem benachbarten Grundstück ausführt, wird dadurch nicht zu dem Benutzer des Nachbargrundstücks, der dem Eigentümer nach § 906 Absatz II 2 BGB zu einem Ausgleich bei wesentlichen, für ihn unzumutbaren Beeinträchtigungen verpflichtet ist (……). Derselben Ansicht ist die Literatur (………). Daran ist festzuhalten. Der Eigentümer des Grundstücks kann nicht von jedem Störer, dessen Tätigkeit auf einem (benachbarten) Grundstück Immissionen, welche die ortsübliche Benutzung seines Grundstücks oder dessen Ertrag wesentlich beeinträchtigen, auslöst, einen Ausgleich in Geld verlangen. Eine solche Auslegung des § 906 Absatz II 2 BGB ist bei der gebotenen Beachtung der gesetzlichen Voraussetzungen des Anspruchs und seines auf dem nachbarrechtlichen Gemeinschaftsverhältnis beruhenden Normzwecks nicht möglich.*
>
> *§ 906 Absatz II 2 BGB gewährt dem Eigentümer des beeinträchtigten Grundstücks einen Ausgleich, dessen Grundlage die störende Benutzung des Nachbargrundstücks ist. Die Vorschrift ist Teil des bürgerlich-rechtlichen Nachbarrechts. Sie dient dem Ausgleich der Interessen bei der Nutzung benachbarter Grundstücke (……..). Dem Eigentümer des beeinträchtigten Grundstücks wird auf der Grundlage des zur gegenseitigen Rücksichtnahme*

---

646 S. oben 6.1.2. In den maßgeblichen Werken findet sich praktisch keinerlei Auseinandersetzung mit der Baulärm-Problematik, allenfalls in rudimentären Ansätzen wird „Baulärm" thematisiert.

647 Urteil vom 16.07.2010 – Az: V ZR 217/09 = NZBau 2010, 751 = NJW 2010, 3158 (mit zahlreichen Fundstellen in der Entscheidung selbst).

verpflichtenden nachbarlichen Gemeinschaftsverhältnisses unter bestimmten Voraussetzungen ein billiger Ausgleich in Geld gewährt (.........).

Der für den Nachbarn tätig werdende Bauunternehmer steht – wie das BerGer. zutreffend ausgeführt hat – außerhalb des nachbarlichen Gemeinschaftsverhältnisses. Er ist nicht der Adressat der nachbarrechtlichen Vorschriften. Die dem Eigentümer in § 906 Absatz I, § 906 Absatz II 1 BGB auferlegten Duldungspflichten sollen dem Nachbarn die ortsübliche Bebauung seines Grundstücks ermöglichen. Nicht der Einsatz des Bauunternehmers, sondern das Interesse des Nachbarn an der Bebauung seines Grundstücks nötigt den Eigentümer zum Nachgeben und kann den Nachbarn als Bauherrn nach § 906 Absatz II 2 BGB zum Ausgleich der von seinem Vorhaben ausgehenden Beeinträchtigungen verpflichten (.........).

Schuldner des Ausgleichsanspruchs ist nämlich derjenige, der die Nutzungsart des beeinträchtigenden Grundstücks bestimmt (..........). Eine solche Befugnis kommt dem Bauunternehmer nicht zu, wenn er für einen anderen nach dessen Weisungen auf dem Grundstück tätig wird. Der Bauherr und nicht der Bauunternehmer bestimmt die Bebauung des Grundstücks, von der die Einwirkungen ausgehen.“

Die Folge dieser Rechtsprechung, deren dogmatische Richtigkeit nicht angezweifelt werden kann, ist in der Baupraxis der Versuch von Bauherren, bei Inanspruchnahme durch „Baulärm-Betroffene“ ein „Verschulden“ der Bauunternehmer bzw. – handwerker an dem „Lärm“, etwa durch Verwendung nicht der 32.BImSchV entsprechender Maschinen und Geräte, zu postulieren. Dies führt dann zwangsläufig zu Streit und am Ende – siehe das Beispiel oben 6.1.1 – zu einem Nachgeben bzw. Vergleich, auch und insbesondere aus Beweis- sowie Liquiditätsgründen. Denn Verschulden hat derjenige zu beweisen, der Ansprüche daraus herleiten will, mithin der Bauherr. Doch dieser hält im Regelfall bis zu einer Klärung Zahlungen zurück bzw. er rechnet auf. Die so geschaffene faktische Zwangslage führt deshalb im Regelfall zum Vergleich, da ein Prozessausgang nicht prognostizierbar erscheint.

13.4 „Bauen folgt Bauen!“

Ein Bauwerk wird und kann niemals für die buchstäbliche Ewigkeit hergestellt werden. Es bedarf, da im Regelfall aus einer Vielzahl von Baumaterialien zusammengefügt, der ständigen Sanierung und zumindest Teil-Erneuerung, soll es in der vorausgesetzten oder erhofften Zeitdauer seinen Zweck erfüllen. Doch selbst bei noch so guter Instandhaltung und Anpassung steht das Ende eines jeden Bauwerks aufgrund der auf dieses und in diesem wirkenden chemischen und physikalischen Vorgänge, aber auch der im Zeitenlauf sich ändernden Nutzungsmöglichkeiten, zwangsläufig fest. Dementsprechend gibt es immer nur Anhaltswerte für die Vorhersage des Endes einer Nutzungsmöglichkeit. So geht man bei Industrie- und Gewerbebauten in etwa von 30 – 50 Jahren, bei Wohngebäuden von 50 – 80 Jahren und Kanalanlagen von etwa 60 – 80 Jahren aus, ehe eine vollständige Erneuerung im Falle weiterer Nutzungsnotwendigkeit vorgenommen werden muss. Bei der Innenausstattung, z. B. mit Böden, ist der Zyklus noch viel geringer. Hier geht man von ca. 25 Jahren aus[648]. In der Einheit „Generation"[649] ist damit alle 2 – 3 Generationen, also ca. 50 bis 75 Jahre (erneut) „Bauen" angesagt. Diese Feststellung ist deshalb von Bedeutung, weil schon damit nachvollziehbar wird, dass im Normalfall jeden Menschen mindestens zweimal in seinem Leben auch das „eigene" Bauen – und sei es nur in Form umfangreicher Renovierungsarbeiten – trifft. Die damit zwangsläufig verbundene Baulärm-Erzeugung steht demnach für jeden „Bauwerks-Eigentümer" bzw. „- Verantwortlichen" ebenso fest wie für Mieter oder Pächter das Problem der mehrmals im Leben eintretenden Lärm-Beeinträchtigung mehr als wahrscheinlich ist.

13.5 Einschränkungen der Sozialadäquanz

Das Erlaubtsein eines an und für sich nur in rechtlichen Schranken zulässigen, mithin eingeschränkten Tuns (Bauen mit Lärmerzeugung) hängt schon nach dem Verständnis eines „sozial adäquaten" Handelns von der Berücksichtigung grundlegender Regeln ab: Es darf keine Vermeidbarkeit vorliegen, es muss „ein Ende absehbar" sein und die Betroffenen, aber auch die beteiligten Behörden müssen umfassend kontaktiert und informiert werden.

13.5.1 Vermeidbare Baulärm-Erzeugung

Ausgehend von der Erkenntnis, die auch von Gerichten geteilt wird, dass selbst bei Einsatz neuester Bauart und damit dem „neuesten Stand der Technik" entsprechender Baumaschinen und -geräte, aber auch Beachtung und Umsetzung aller organisatorischen und sonstigen Maßnahmen, die zu einer Lärmminderung möglich sind, in der Praxis unvermeidbar die Immissionswerte der *AVV Baulärm – Geräuschimmissionen* überschritten werden[650], gilt: Sozialadäquat ist eine Baulärm-Erzeugung nur dann, wenn sie nicht vermeidbar ist. Vermeidbar ist sie einmal dann, wenn Bauarbeiten außerhalb der „Bau-Zeit" zwischen 07.00 Uhr und 20.00 Uhr durchgeführt werden. Zum anderen aber auch und besonders, wenn durch den Einsatz einer anderen, als eingesetzten Technik, eine Lärmminderung möglich und die Verfahrensumstellung nicht zu unwirtschaftlichen Aufwendungen führen würde. So etwa ist das Einrammen von Spundwand-Dielen mit mehr Lautstärke verbunden als das Einpressen. Abhängig ist die zu wählende Verfahrensart, die in etwa mit den gleichen Kosten, aber unterschiedlicher Zeitdauer verbunden ist, alleine von den *in situ* vorherrschenden Bodenverhältnissen[651]. Ermöglicht mithin der Baugrund auch das

648 Vgl. z.B. *Ritter*, Lebensdauer von Bauteilen und Bauelementen, Diss. Darmstadt, S. 161 ff.

649 Hier geht man von ca. 25 – 30 Jahren aus.

650 S. dazu die Urteile in Kap.11 ; dies stellen auch *Böhm / Strachotta / Irmer*, Baulärm, in: Taschenbuch der Technischen Akustik, S. 642, linke Spalte, fest.

651 Vgl. ATV DIN 18303 (Verbauarbeiten) und 18304 (Ramm-, Rüttel-, Pressarbeiten) der VOB/C.

Einpressen, so ist diese Verfahrensart, da nur mit einer größeren Dauer verbunden, zu wählen, jedenfalls aber ein Vorbohren. Der durch das Einrammen entstehende Lärm wäre dann nicht mehr sozialadäquat. Anders zu beurteilen ist der Fall, wenn anstelle einer Spundwand als Baugrubensicherung eine Bohrpfahlwand dazu beitragen könnte, nicht nur Erschütterungen, sondern auch Baulärm zu verringern. Denn die Kosten der Herstellung einer Bohrpfahlwand sind wesentlich höher als die einer Spundwand. Zudem sind die Verfahren auch deshalb nicht vergleichbar, weil Bohrpfahlwände nicht mehr rückgebaut werden können, während dies bei der Spundwand durch Ziehen möglich ist[652].

13.5.1.1 Abstimmungs- und Rücksichtnahmepflichten

Für das Rücksichtnahmegebot im Nachbarrecht, das vom BVerwG[653] ursprünglich als ein das gesamte Baurecht umfassendes außergesetzliches Gebot behandelt wurde – was von *Breuer*[654] als *„Irrgarten des Richterrechts"* kritisiert worden ist – gilt in der Folge starker Kritik heute:

> *„Ein das gesamte Baurecht umfassendes – außergesetzliches – Rücksichtnahmegebot gibt es nicht; ein derartiges Gebot läßt sich auch nicht aus dem Verfassungsrecht ableiten. Vielmehr sind ... die einzelnen Vorschriften daraufhin zu prüfen, ob sie auch die individuellen Interessen Dritter schützen wollen. Deswegen sind es auch die einfachrechtlichen Vorschriften selbst, nicht aber ein außerhalb dieser Vorschriften stehendes „Gebot der Rücksichtnahme", die Drittschutz vermitteln..."*[655].

13.5.1.2 Zwischenergebnis

Es besteht unter Zugrundelegung der Lehre und des Verständnisses von der Sozialadäquanz kein Zweifel, dass das Bauen generell von der Allgemeinheit akzeptiert, ja sogar ausdrücklich in vielerlei Hinsicht gefordert wird – wie etwa zum Ausbau der Infrastruktur, Schaffung von Wohnraum oder auch für Freizeiteinrichtungen –, und deshalb ein grundlegender Konsens dahingehend besteht, dass Bauen unverzichtbar und der damit zwangsläufig zusammenhängende Lärm hinzunehmen ist. Dies entspricht auch der Wertung des Gesetzgebers mit der Formulierung des § 906 Abs. 1 BGB, wonach Geräusche grundsätzlich erlaubt sind. Unterstrichen wird dies zudem durch die Modernisierungs-Zumutung gem. § 536 Abs. 1a) BGB, die einen Drei-Monats-Zeitraum umfasst. Die Diskrepanz zu diesem Verständnis wird durch

652 Erfahrungen der Verf. durch die langjährige rechtliche Betreuung einer Spezialtiefbaufirma; s. zu den Bauverfahren auch ausführlich: *Katzenbach / Leppla* (Hrsg.), Handbuch des Spezialtiefbaus, Geräte und Verfahren, S. 473 ff. für Baugrubenwände.

653 BVerwG BauR 1977, 244 (248).

654 DVBl 1982, 1065.

655 BVerwG BauR 1987, 70 (73). Ausführlich dazu: *Seibel*, Das Rücksichtnahmegebot im öffentlichen Baurecht, in: BauR 2011, 1831 ff.

die §§ 3; 22 BImSchG iVm § 66 Abs. 2 BImSchG sowie der dadurch fortgeltenden AVV Baulärm geschaffen: Deren Immissionsrichtwerte sind partiell aus technischen Gründen, aber auch wegen der sehr stringenten Dezibel-Beschränkungen, gestuft nach unterschiedlichen Gebietsbereichen, nicht immer einhaltbar. Es ergibt sich damit ein Auseinanderfallen von gesetzlicher Vorgabe und Bau-Realität. Dieses zu verhindern bieten sich die Grundsätze der Sozialadäquanz an, wie von vielen Gerichten im Zusammenhang mit Lärmschutz-Problemfällen immer wieder als Begründung für eine Abweichung vom Gesetz verwendet[656].

Gelingt es demnach, diesen Gedanken der sozial adäquaten Verhaltensweise im Zuge der Ausführung von Bauarbeiten meinungsbildend den verantwortlichen politischen Gremien zu vermitteln, dann könnte das Vorbild der „Kinderlärm-Regelung" gem. § 22 Abs. 1a) BImSchG auch für den Baubereich umgesetzt werden.

656 Vgl. dazu u.a. die Urteile in Kap.11.

14. Umsetzung der Erkenntnisse aus der Bau- und Rechtspraxis

Setzt man die aus den voranstehenden Untersuchungen gewonnenen Erkenntnisse aus der Bau- und Rechtspraxis auf der Basis des Verfassungs-, Verwaltungs-, Zivil-, Straf- und Ordnungswidrigkeitenrechts um, so ergibt sich eine Abwägungskaskade, an deren Ende das Ergebnis stehen muss: Entweder bleibt dann mehr oder minder alles „beim Alten" – oder es findet sich eine vielleicht zunächst überraschende, schließlich aber doch akzeptier- und gesetzlich umsetzbare „Baulärm-Regelung" mit dem eingangs dieser Arbeit als Möglichkeit angeführten Ergebnis: Bauen und damit die Verursachung von Baulärm wird als sozialadäquat unter bestimmten Voraussetzungen dergestalt privilegiert, dass weder Mietminderungs- noch Entschädigungs- noch Schadensersatzfragen zu stellen und damit für jede (sinnvolle) Bautätigkeit Störungen und Mehrkosten ausgeschlossen sind. Diese Abklärung kann nur in enger Anlehnung an die bestehenden Gesetze unter Berücksichtigung der Interessen aller beteiligten bzw. betroffenen Parteien erfolgen.

14.1 Prüfungsmaßstab Grundgesetz

Das Grundgesetz als höchstrangige Werte-Vorgabe für das Funktionieren der Bundesrepublik Deutschland als freiheitlich demokratischer Rechtsstaat beinhaltet eine Reihe von Regelungen mit Verfassungsrang, die für die Beurteilung der Rechte von Bauherren, aber auch Bau(lärm)-Betroffenen maßgebend sind. Es handelt sich dabei im Wesentlichen um die Art. 14; 12 und 2 GG[657] Im Einzelnen:

14.1.1 Verfassungsrechte des Bauherrn

Im Regelfall ist der Bauherr Eigentümer eines Baugrundstücks[658]. Als solcher steht ihm als Ausfluss des in Art. 14 GG geregelten Eigentumsrechts, das auch in den §§ 903 ff. BGB eine Konkretisierung erfährt, grundsätzlich ein „Baurecht" – das jegliche Bau- und Rückbautätigkeit inkludiert – zu[659]. Allerdings steht dieses

---

657 So auch: *Couzinet*, Die Zulässigkeit von Immissionen im anlagenbezogenen Immissionsschutzrecht, S. 41 ff. mit zahlreichen Nachweisen zur verfassungsrechtlichen Problematik, jedoch ohne Berücksichtigung von Bau-Emissionen bzw. Bau-Immissionen.

658 Die Sondersituationen, dass Mieter, Pächter, Erbbau- bzw. Vormerkungsberechtigte, Nießbraucher oder aufgrund sonstiger vertraglicher Regelungen Berechtigte Bau-, Umbau-, Sanierungs-, Rückbau- oder Infrastrukturbaumaßnahmen durchführen lassen wollen, werden in diesem Zusammenhang nicht näher behandelt.

659 *Papier*, in: *Maunz / Dürig/ Herzog*, Kommentar zum GG, Art.14, Rn. 55; 57 (EL 2013).

Eigentumsrecht unter dem Vorbehalt, dass es nicht durch Gesetz eingeschränkt wird. Die hier maßgeblichen Absätze 1 und 2 lauten:

> *(1) Das Eigentum und das Erbrecht werden gewährleistet. Inhalt und Schranken werden durch die Gesetze bestimmt.*
>
> *(2) Eigentum verpflichtet. Sein Gebrauch soll zugleich dem Wohle der Allgemeinheit dienen.*

Durch diese Formulierung erhält der Bauherr ein „Baurecht", dessen *„Inhalt und Schranken"* aber *„durch die Gesetze bestimmt"* werden. Zu diesen beschränkenden Gesetzen zählt nicht nur § 906 BGB, wonach eine Geräuscherzeugung unter Umständen völlig ausgeschlossen, jedenfalls aber zu einer Entschädigungspflicht führend sein kann. Vielmehr beinhaltet die generell und parallel[660] zur zivilrechtlichen Regelung anwendbare Immissionsschutzregelung gem. den §§ 3; 22; 66 BImSchG ebenso beschränkenden Inhalt im Hinblick auf die ungehinderte Durchführung von Bauarbeiten, soweit damit Geräusch-Immissionen verbunden sind. Dabei – und rechtlich zu hinterfragen – kommt für jede Baulärm-Beurteilung, gleich ob im Zivil- und Verwaltungsrechtsweg erfolgend, eine bloße, letztlich nur für die zuständige Verwaltungsbehörde maßgebliche, *Allgemeine Verwaltungsvorschrift* als Gradmesser und Maßstab für Entscheidungen in den Fokus des Rechts: Die *AVV Baulärm – Geräuschimmissionen –*. Diese hat keinen Gesetzesrang, auch nicht durch die Verortung in einem Gesetz, nämlich der Rumpf-Vorschrift des § 66 BImSchG im dort verbliebenen Absatz 2, der eine nur vorübergehende Fortgeltung bis zu einer – schon vor über 40 Jahren erkannten – Neuregelung des Baulärmproblems normiert. Hier stellt sich die Frage, ob eine derart unterlegte Beschränkung von Bauarbeiten durch eine, wie *Thiele / Strohbusch*[661] es formulieren, *„strikte Anwendung der Immissionsrichtwerte der Nr. 3.1.1 AVV Baulärm durch die Verwaltung bei Einschreiten gegen Baulärm"* nicht einen massiven Eingriff in die Baufreiheit darstellt.

---

660 Vgl. dazu die Rechtsprechung des BGH und BVerwG, wonach die öffentlich-rechtlichen und zivilrechtlichen Immissionsschutzregeln gem. den §§ 906 BGB und §§ 3; 22 BImSchG letztlich den identischen Gesetzesinhalt aufweisen; s. dazu: *Boeddinghaus,* Über die Schwierigkeiten, im Immissionsschutzrecht und im Bauplanungsrecht zu gemeinsamen Begriffen zu kommen,in: BauR 1994, 713; *Hagen,* Privates Immissionsschutzrecht und öffentliches Baurecht, in: NVwZ 1991, 817; *Johlen,* Die Beeinflussung privater Immissionsabwehransprüche durch das öffentliche Recht. Berlin 2001; *ders.*Weitere Annäherung von privatem und öffentlich-rechtlichem Immissionsschutz, in: BauR 2001, 1848; für die frühere Rechtsaufsplitterung s. ausführlich: *Lorentz,* Das Verhältnis des BImSchG und privatem Nachbarrecht, Diss. Mainz 1980; *Seibel,* Die Harmonisierung von öffentlichem und privatem Nachbarrecht, in: BauR 2005, 1409; *Stühler,* Harmoniert das öffentliche mit dem privaten Immissionsschutzrecht? In: BauR 2004, 614.

661 Immissionsschutzrechtliche Bewertung der Zumutbarkeit von Baulärm, in: NVwZ 2014, 1333 (1338).

Diese aber garantiert geradezu eine generelle bauliche Grundstücksnutzung[662], die bei entsprechendem behördlichen oder gerichtlichem Vorgehen auf der Basis der *AVV Baulärm*, gleich ob durch Anordnungen, Auflagen oder im Wege z.B. einer Einstweiligen Verfügung, erschwert oder ganz verhindert werden könnte. So etwa, wenn dadurch Mehrkosten im Zusammenhang mit Lärmschutzauflagen (z.B. Lärmschutzwände, Absorptionsdächer, Einhausungen von Maschinen) oder auch große zeitliche Verzögerungen entstehen. Die Baupraxis zeigt, dass dadurch manche Bauprojekte nicht mehr wirtschaftlich rentabel bzw. vertragsgetreu gegenüber künftigen Mietern fertig gestellt werden können. Handelt es sich dabei um einen sog. Anker-Mieter, der Garant für die Finanzierungszusage einer Bank war, und springt dieser ab, dann scheitert oft ein Bauvorhaben mangels weiterer Mietinteressenten komplett[663]. Ist dann eine Insolvenz nicht mehr zu vermeiden, dann wird buchstäblich „Eigentum zerstört", zumal, wenn eine Bauruine im Sinne einer nicht mehr möglichen Baufertigstellung auf dem Grundstück verbleibt. Erfolgt mithin ein, durch Baulärm ausgelöster, Eingriff in den Bauablauf, so liegt die Annahme einer Grundrechtsverletzung nicht fern. Denn zumindest stellen die durch die AVV Baulärm vorgegebenen Immissionsbegrenzungen im Zuge von Baumaßnahmen eine Erschwerung der Ausübung des Eigentumsrechts und damit einen Eingriff in die Rechte des Bauherren dar[664]. Dabei ist jedenfalls berücksichtigt, dass immissionsschutzrechtliche Bestimmungen durchaus auch eine Einschränkung des Rechts nach Art. 14 GG in Form von Inhalts- und Schrankenregelungen sein können[665]. Damit können Vorgaben der Baubehörden gem. § 24 BImSchG zur Begrenzung von schädlichen Umwelteinwirkungen durch Baulärm zwar auch zulässig sein, zumal ein Bauherr aus Art.14 GG kein Recht auf Erzielung eines größtmöglichen Gewinns herleiten kann[666]. Die Grenze der Auflagen findet sich jedoch da, wo durch hoheitliche Eingriffe eine Grundstücksnutzung praktisch verhindert wird. Denn dem Privateigentum dürfen, wie *Thiele / Strohbusch*[667] dezidiert herausgearbeitet haben,

662 *Papier*, in: *Maunz/Dürig/Herzog*, Kommentar zum GG, EL 2013, Art. 14, Rn. 57.

663 Fall aus der Praxis der Verf., als durch einen längeren Baustillstand aufgrund von Lärmschutzauflagen ein Investor ein großes Kaufhausprojekt nicht rechtzeitig fertig stellen und so den Anker-Mieter nicht mehr halten konnte, der an einen anderen, benachbarten Standort zog. Die Folge war eine Insolvenz. Nähere Angaben zu dem Fall sind aus standesrechtlichen Gründen nicht möglich.

664 *Axer*, in: *Epping / Hillgruber*, BeckOK GG, Stand 2013, Art.14, Rn. 69; *Jarass/Pieroth*, GG-Kommentar, 2012, Art.14, Rn. 40 mit zahlreichen Nachweisen und der Quintessenz: Wird die bauliche Nutzungsmöglichkeit entzogen, so kann dies als ein besonders schwerer Eingriff in das Eigentumsrecht angesehen werden.

665 *Jarass/Pieroth*, GG-Kommentar, 2012, Art.14, Rn. 61.

666 *Jarass/Pieroth*, wie vor, Rn.40.

667 Immissionsschutzrechtliche Bewertung der Zumutbarkeit von Baulärm, in: NVwZ 2014, 1333,(1338).

„keine Sachbereiche entzogen werden, die zum elementaren Bestand grundrechtlich geschützter Betätigung im vermögensrechtlichen Bereich gehören und den durch Art. 14 GG gesicherten Freiheitsbereich aufheben oder wesentlich schmälern[668]*".*

Thiele / Strohbusch kommen so zum Ergebnis, dass eine durch die Anwendung der AVV Baulärm bedingte Aufhebung oder wesentliche Einschränkung der Baufreiheit einen grundrechtswidrigen Eingriff in das Eigentumsrecht darstellen kann, zumal *„zu berücksichtigen* [ist], *dass insbesondere bei Grundstücken in städtischen Lagen die Bebauung oft die einzige sinnvolle wirtschaftliche Nutzung darstellt*[669]*".* Aufgrund dieser Überlegungen gelangen die soeben genannten Autoren zu der Schlussfolgerung, dass deshalb ein Ausgleich der unterschiedlichen Interessen (Eigentumsnutzung durch Bautätigkeit einerseits und Lärm-Schutzbedürfnis der Anwohner andererseits) *„verfassungsrechtlich geboten"* sei und deshalb eine Abweichung von Immissionsrichtwerten *„nach oben"* gerechtfertigt bzw. *„normative Vorkehrungen durch den Gesetz- oder Verordnungsgeber geboten sind"*[670].

Dieser Ruf nach dem Gesetz- oder Verordnungsgeber zur Regelung der Baulärmproblematik ist nicht neu und entspricht der Realität der diametralen Interessensgegensätze. Diese können nur durch eine abwägende Beurteilung aller wechselseitigen Rechte und Obliegenheiten, aber auch der volkswirtschaftlichen Gesamtbetrachtung im Sinne der Herbeiführung eines Mehrheits-Konsenses auf einen Nenner gebracht werden. Im Hinblick auf die Prüfung der Bauherren-Interessenslage dürfen dabei auch die verfassungsrechtlichen Normen der Art.12 GG – Freiheit der Berufsausübung, z.B. für Bauträger – und das allgemeine Freiheitsrecht des Art. 2 GG (*vice versa*) nicht außer Acht gelassen werden. Insoweit ist eine vertiefende Untersuchung jedoch deshalb nicht erforderlich[671], weil das stärkste Recht im Rahmen der Abwägung wechselseitiger Argumente die in Art.14 GG enthaltene Eigentumsregelung darstellt.

---

668 Unter Berufung auf BVerfGE 58, S. 300, Rn. 148 = NJW 1982, 745 = NVwZ 1982, 242 (Ls.).

669 Immissionsschutzrechtliche Bewertung der Zumutbarkeit von Baulärm, in: NVwZ 2014, 1333,(1338). Dabei berufen sich die Autoren insb. auf *Papier*, in: *Maunz/Dürig/Herzog*, GG, wie vor, Art.14, Rn.64.

670 Wie vor. Dabei beziehen sich *Thiele / Strohbusch* sowohl auf eine Entscheidung des VG Augsburg, Beschluss vom 19.06.2009 – Az: Au 4 E 09.713 = BeckRS 2009, 4779 als auch auf *Kloepfer*, Umweltschutzrecht, 2011, S. 35 und auf die grundlegende Entscheidung des BVerfGE 80, 137 = NJW 1989, 2525 = NVwZ 1989, 1052 (Ls.), wonach es die Aufgabe des Gesetzgebers ist, in gerechter Weise konkurrierende Nutzungsansprüche zu ordnen.

671 Dazu ausführlich: *Couzinet*, Die Zulässigkeit von Immissionen im anlagenbezogenen Immissionsschutzrecht, insb. S. 282 ff. Dort wird u.a. begründet, dass Beeinträchtigungen durch Immissionen den Schutzbereich des allgemeinen Persönlichkeitsrechts nicht eröffnen (S. 288).

14.1.2 Verfassungsrechte der Baulärm-Betroffenen

Betroffen von Baulärm sind im Regelfall Mieter, Pächter bzw. (Wohnungs-)(Mit-) Eigentümer bei Bauarbeiten innerhalb eines Gebäudes. Werden geräuschverursachende Bauarbeiten in der Nachbarschaft ausgeführt, so sind die „Anwohner", d.h. wiederum Mieter, Pächter, Nießbraucher, Erbbauberechtigte und im Umfeld einer Baumaßnahme wohnende Grundstückseigentümer dadurch belastet. Insoweit spricht man von der betroffenen Nachbarschaft[672]. Unter verfassungsrechtlichen Gesichtspunkten kann dadurch ein Eingriff in die körperliche und psychische Integrität vorliegen, gegen den grundsätzlich Art. 2 GG schützt.

Zudem sind die Art. 14 GG (Eigentumsgarantie) und Art.12 GG (Berufsausübungsfreiheit) auch im Hinblick auf die „Betroffenen" von Bedeutung: Wenn ein Grundstückseigentümer aufgrund von Baulärm-Immissionen seinen Garten nicht mehr als „Ruhehort", sondern als „Lärm-Hölle" empfindet oder ein Restaurantbesitzer tagsüber eine verwaiste Gaststube infolge von Bauaktivitäten eines Nachbarn zu beklagen hat, dann können Eigentums- bzw. Berufsausübungseingriffe nicht von der Hand gewiesen werden[673].

Hier gilt es zunächst zu relativieren: In der gesamten und kaum noch überschaubaren „Lärm-Diskussion" – längst europaweit[674] – werden die Gesundheitsgefahren im Zusammenhang mit Lärmbelastungen und – belästigungen zwar deutlich herausgehoben. Aber: Dies betrifft praktisch nie den Bausektor! Dazu führt *Mitschang* zutreffend aus:

> *„Für die meisten Menschen stellen Lärmbelastungen die stärkste Umweltbeeinträchtigung dar. Dies ist zumindest das Ergebnis einer im Jahr 2006 durchgeführten Bevölkerungsumfrage bei etwa 2000 Erwachsenen. Nicht nur dies hat sich bestätigt, sondern es hat sich auch herausgestellt, dass der Anteil der Bevölkerung, der sich von Lärm stark belästigt fühlt, ansteigt, allerdings nur insoweit als es sich um den Lärm von Straßen- und Flugverkehr*

---

672 Zum weiten Begriff des „Nachbarn" bzw. der „Nachbarschaft" s. näher oben 5.2.1.

673 Insoweit wird auf die umfangreiche Untersuchung von *Couzinet,* Die Zulässigkeit von Immissionen im anlagenbezogenen Immissionsschutzrecht. Verfassungsrechtliche Vorgaben an das vom Einzelnen hinzunehmende Immissionsmaß und einfach-rechtliche Ausgestaltung im Bundes-Immissionsschutzgesetz, Diss. Tübingen 2007, hingewiesen. Auch er befasst sich im Zusammenhang mit Lärmeinwirkungen mit der Sozialadäquanz als empirisch-faktischer Tatbestand, S. 358 ff.

674 Vgl. dazu: *Richtlinie 2000/14/EG des Europäischen Parlaments und des Rates vom 8. Mai 2000 zur Angleichung der Rechtsvorschriften der Mitgliedstaaten über umweltbelastende Geräuschemissionen von zur Verwendung im Freien vorgesehenen Geräten und Maschinen (ABl. EG Nr. L 162 S. 1, Nr. L 311 S. 50), geändert durch die Richtlinie 2005/88/EG des Europäischen Parlaments und des Rates vom 14. Dezember 2005 (ABl. EU Nr. L 344 S. 44).*

sowie aus Industrie- und Gewerbenutzungen handelt. Dabei ist der Straßenverkehr schon seit vielen Jahren die dominierende Lärmquelle"[675]

Dementsprechend sind auch nur wenige Gerichtsentscheidungen bekannt, die sich mit einer behaupteten, aber letztlich nicht bestätigten Gesundheitsgefährdung von Bau-Nachbarn überhaupt nur befassen. Denn Ausgangspunkt nahezu aller zugänglicher Baulärm-Entscheidungen ist stets der offensichtlich werdende Ärger über die „Belästigung" durch die von einer Baustelle ausgehenden Geräusche, verstärkt meist durch Ärger über Staub und Schmutz sowie Erschütterungen. Dies kann aus vielen der untersuchten Gerichtsurteile heraus festgestellt werden. Denn oftmals werden „Lärm, Staub und Erschütterung" mehr oder weniger „in einem Atemzug" in den Entscheidungen angeführt. Eine Belästigung kann jedoch nicht mit einer Gesundheitsgefährdung bzw. Gesundheitsschädigung gleichgesetzt werden. Zu einer solchen führt sowohl das BVerwG[676] als auch der BGH[677] – wie *Paetow*[678] zusammenfasst – aus:

„Ist die Schwelle zur Gesundheitsgefährdung überschritten, muss die Belastung durch Umplanung, Schutzmaßnahmen, Betriebsbeschränkungen, Übernahme des Grundstücks oder notfalls durch Verzicht auf das Vorhaben gemindert bzw. beseitigt werden. Diese Schwelle wird vom BVerwG wie vom BGH etwa bei einem Dauerschallpegel von 70 dB(A) tags und 60 dB(A) nachts angesetzt, eine zweifellos etwas „gegriffene", der Handhabbarkeit für die Planungspraxis geschuldete Annahme (vgl. die entsprechenden Werte in § 1 II der 16. BImSchV)".

Mehr noch: Ob eine (erhebliche) Belästigung vorliegt, wie in § 22 BImSchG normiert, kann immer nur anhand der konkreten (Lärm-)Situation unter Würdigung aller Belange festgestellt werden – und auch dies nur subjektiv wertend. Dabei ist die Vorgabe des BVerfG von elementarer Bedeutung. Das oberste Verfassungsgericht hat nämlich schon sehr früh darauf hingewiesen, dass das Menschenbild des Grundgesetzes nicht das eines *„isolierten Individuums"* ist, sondern vielmehr der Einzelne im Sinne der Gemeinschaftsbezogenheit und -gebundenheit sich diejenigen Schranken seiner Handlungsfreiheit gefallen lassen muss, die der Gesetzgeber zur Pflege und Förderung des sozialen Zusammenlebens in den Grenzen des allgemein Zumutbaren zieht.[679] Daran ändern auch die Schutzpflichten des Staates nichts: Diese hängen

---

675 *Mitschang*, Die Berücksichtigung von Belangen des Lärmschutzes bei der städtebaulichen Entwicklung, in: ZfBR 2009, 538. S. dazu auch: *Kloepfer* (Hrsg.), Leben mit Lärm?, S. 45 ff.; aktuelle Daten: *http://www.umweltbundesamt-umwelt-deutschland.de/umweltdaten/public/Theme.do?nodeIdent=2451,* Aufruf 23.01.2015.

676 Z.B. BVerwGE 127,95 = NVwZ 2007, 445, Rdnr. 122; BVerwG, in. NVwZ 2009, 1498 = DVBl 2009, 1309.

677 Z.B. BGHZ 122, 76 (81) = NJW 1993, 1700 = NVwZ 1993,811 Ls.; BGHZ 129, 124 (127)) = NJW 1995, 1823.

678 NVwZ 2010, 1184 (1187).

679 BVerfGE 4, 7 (15 f.).

insbesondere von der Intensität der Beeinträchtigung grundrechtlicher Schutzgüter ab. Deshalb bestehen bei Belästigungen, die keine Gesundheitsschädigung mit sich bringen, keine Bedenken, wenn das BImSchG einerseits den Schutz vor Belästigungen gewährleistet und damit über das verfassungsrechtlich gebotene Mindestmaß hinausgeht, andererseits aber Bundes- und Landesregierungen ermächtigt, eine eher politische Bewertung des notwendigen Interessenausgleichs zu treffen[680]. Damit aber kommt auch hier wieder die auch vom BVerfG[681] ausdrücklich angeführte *„Sozialadäquanz"* als gegebenenfalls verfassungsrechtlich gebotene Einschränkung eines (bußgeldbewehrtem) Lärm-Verbots zum Tragen.

Couzinet bestätigt indirekt die Tatsache, dass Baulärm als Integritäts-Beeinträchtigung keine Gesundheitsgefahr, sondern allenfalls ein Lästigkeitsproblem darstellt, in dem er in seinen äußerst umfangreichen[682] Untersuchungen zur Zulässigkeit von Immissionen nicht einmal diese Lärmart thematisiert und selbst die *AVV Baulärm – Geräuschimmissionen* – an keiner Stelle erwähnt[683].

14.2 Prüfungsmaßstab § 906 BGB

> *„Da bundesweit auf Grund der bestehenden Wohnungsknappheit und zur Vermeidung weiteren Flächenverbrauchs eine Nachverdichtung des innerstädtischen Bereichs durch Schaffung neuen Wohnraums geplant ist, werden Konflikte zwischen Bauherren mit ihrem Recht auf Bauen und Anwohnern mit ihren Ruheschutzinteressen häufiger auftreten."*[684]

Diese Feststellung bezieht sich insbesondere auf die im Zusammenhang mit Bauarbeiten entstehenden Immissionen wie Geräusche, Erschütterungen und Staub, die sämtlich im Rahmen des § 906 BGB eine Regelung erfahren[685].

14.2.1 Ortsüblichkeit von Bau- und Rückbauarbeiten?

Die Prüfung der Ortsüblichkeit von Geräuschen hat im Rahmen der nachbarrechtlichen Begrenzung des Eigentumsrechts gem. § 906 BGB – mithin kein Verbietungs-

680 *Hoppe/Beckmann/Kauch*, Umweltrecht, 2. Aufl. 2002, § 4 Rn. 78–81.

681 Beschluss vom 17.11.2009 – Az: 1 BvR 2717/08 – *juris.*

682 Die Arbeit umfasst 568 Seiten.

683 *Couzinet,* Die Zulässigkeit von Immissionen im anlagenbezogenen Immissionsschutzrecht.

684 *Thiele/Strohbusch*, Immissionsschutzrechtliche Bewertung der Zumutbarkeit von Baulärm, in: NVwZ 2014, 1333.

685 S. dazu schon: *Barbling*, Die Immissionen iS des § 906 BGB und der gegen sie gegebene zivilrechtliche Schutz, Diss. Göttingen 1929, S. 5 ff.; s. auch: *Fritz,* Das Verhältnis von privatem und öffentlichem Immissionsschutzrecht nach der Ergänzung von § 906 I BGB in: NJW 1996, 573; s. dazu auch: OLG München, Urteil vom 18.09.2008 – Az: 23 U 2648/08 = NZM 2008, 821: *„Allerdings indiziert eine gültige öffentlich-rechtliche Genehmigung die Ortsüblichkeit der Nutzung".*

recht hinsichtlich einer Baulärmerzeugung – eine besondere Bedeutung[686]. Dies deshalb, weil der Gesetzgeber bei der Einführung der grundsätzlichen Duldungspflicht betroffener Nachbarn das Gleichnutzungsprinzip in Anwendung bringt: Werden benachbarte Grundstücke in etwa in gleicher Weise genutzt, dann sind die durch eine solche Nutzung hervorgerufenen Immissionen grundsätzlich als zumutbar zu dulden. Abzustellen ist dabei auf eine Mehrheit von Grundstücken derselben örtlichen Lage[687]. Insoweit ist zu klären, inwieweit Baulärm als „ortsüblich" angesehen werden kann.

Korbion / Scherer[688] gelangen, ausgehend von der Definition der *„Üblichkeit"* als *„öfter vorkommend"*, zu einem differenzierten Ergebnis. Sie wenden die Grundsätze zur Bejahung einer Ortsüblichkeit auch auf die Einwirkungen durch die Bauarbeiten auf Nachbarn an und stellen dazu fest:

> *„Nur ist dabei zu beachten, daß die Frage, ob eine mit Lärm verbundene Bauausführung ortsüblich ist, im Grunde falsch gestellt ist, weil in jeder Stadt und in jedem Dorf gebaut wird, die Bauausführungen mit Baulärm damit in der Regel zur gewöhnlichen Benutzung eines Grundstücks gehört."*[689] Die Vorreiter des Bau(nachbar)rechts im 20. Jahrhundert gaben im Weiteren die Richtung vor: *„Entscheidend für die Frage der ortsüblichen Benutzung des Grundstücks ist hier vielmehr, wieweit die mit der Bauausführung verbundenen Geräusche nach ihrer Art und Stärke gedämpft und in ihrer zeitlichen Ausdehnung eingeschränkt werden können und müssen, um ortsüblich zu sein. Denn nur die Benutzung ist ortsüblich, die in dem betreffenden Gebiet keine stärker störenden Geräusche abgibt, als eben dort im Allgemeinen bei der Bauausführung üblich ist."*[690]

Mit dieser „Gebrauchsanweisung" zur Feststellung einer Ortsüblichkeit von Baumaßnahmen und des damit einhergehenden Baulärms können Gerichte jedoch keine Hilfe für die Urteilsfindung erhalten. Denn letztlich handelt es sich um eine Art von Zirkelschluss: Baulärm ist ortsüblich, wenn er im Vergleichsgebiet ortsüblich ist! Die Feststellung der *„eben dort im allgemeinen"* anzunehmenden „Üblichkeit des Baulärms" ist deshalb nicht möglich. Im Ergebnis korrigieren sich *Korbion / Scherer* letztlich auch. Denn sie stellen fest, dass der Begriff der Ortsüblichkeit wandelbar entsprechend den Erfordernissen der wirtschaftlichen Entwicklung ist. Dazu beziehen sich diese Autoren[691] auf eine Entscheidung des BGH, wonach die Ortsüblichkeit für jeden einzelnen Fall anhand der Fortschritte des Verkehrs und der Technik sowie der Anschauungen der beteiligten Bevölkerungskreise festzustellen ist[692]. In dieser Entscheidung aus dem Jahr 1958 klingt bereits die Relevanz einer

---

686 S. insb.: *Fehn / Laschet,* Die Bestimmung der Ortsüblichkeit im Sinne des § 906 BGB, in: UPR 1998, 7.
687 BGH Urteil vom 30.10.1970 – Az: V ZR 150/67 = BGHZ 54, 384 = NJW 1971, 94 ff.
688 Gesetzliches Bauhaftungsrecht. Bauliches Nachbarrecht, S. 197 ff. (J 40 ff.).
689 Korbion / Scherer, wie vor, S. 197, J 44.
690 Wie vor.
691 *Korbion / Scherer,* wie vor, S. 198, J 45.
692 BGH NJW 1958, 1393.

sozialen Adäquanz an. Die Berücksichtigung einer solchen war jedoch vor rund 55 Jahren, um 1960, noch nicht erkennbar. So führen *Korbion / Scherer* im damals wesentlichen „Nachbarrechtsbuch"[693] offensichtlich sehr restriktive Maßnahmen an, um Baulärm-Belastungen zu mindern. So etwa eine Verteilung von lärmenden Arbeiten auf mehrere Tage und mit mehrfachem Zeitaufwand. In der Begründung dazu werden emotionale Elemente, die dem Recht fremd sind, mit angeführt:

> *„Die hier vertretene Auffassung mag von einzelnen als „Rückschritt" bezeichnet werden. Sie bedeutet aber nur eine in unserer Zeit leider wenig übliche Berücksichtigung der Interessen der „Mitmenschen" und der Erfordernisse eines geordneten nachbarlichen Zusammenlebens vor der Durchsetzung materieller wirtschaftlicher Interessen und vor der Anerkennung menschlicher Trägheit und Rücksichtslosigkeit."*

Dazu zitieren *Korbion / Scherer* u.a. ein Urteil des LG Freiburg[694], wonach es einem Kaufhausunternehmen „richtigerweise" durch gerichtliche Verfügung verboten worden sei, einen Stahlbetonbau unter Einsatz von Kompressoren und Preßlufthämmern während der Geschäftszeit eines Nachbarn abreißen zu lassen. Die entscheidende Frage wurde weder gestellt noch beantwortet: Wann und wie sonst?

14.2.1.1 Die Auffassung der Rechtsprechung

Die frühere Rechtsprechung des BGH trug mit ihrer komplizierten Betrachtungsweise eines eigentlich einfachen Vorgangs („Bauen") zunächst nicht zur Klarstellung des im Gesetz enthaltenen Begriffs der „Ortsüblichkeit" im Zusammenhang mit Baulärm-Immissionen bei. So finden sich verschiedene Begründungen, wie etwa im Jahre 1962:

> *„Der durch Abbrucharbeiten in einer Großstadt infolge Einsatzes von Preßlufthämmern und Räumbaggern verursachte Lärm ist innerhalb beschränkter Zeiträume, nämlich während der notwendigen Dauer der Arbeiten, „ortsüblich" i. S. von § 906 BGB. Dies gilt jedoch nur insoweit, als die Abbrucharbeiten unter Beachtung wirtschaftlich zumutbarer, den Interessen der Nachbarn dienender Einschränkungen und Lärmbekämpfungsmaßnahmen ausgeführt werden."*[695]

Acht Jahre später unterschied der BGH im bekannten „Schieferrücken-Fall"[696] zwischen einer Ortsüblichkeit von Straßenverkehrslärm – die bejaht wurde – und der

> *„Ortsüblichkeit der Ausschachtungsarbeiten (Beseitigung eines unter dem oberen Erdreich gelegenen Schieferrückens durch schwerste Baumaschinen, wie Räumbagger und Raupenfahrzeuge)"* – die in Frage gestellt wurde: *„Entscheidend ist vielmehr, ob die Stärke und Art der Lärm- und Staubentwicklung bei dem Durchbruch durch den Schieferrücken*

693 Gesetzliches Bauhaftungsrecht. Bauliches Nachbarrecht, S. 199 (J 46).
694 Wie vor, S. 202, J 61 mit Bezug auf LG Freiburg vom 12.05.1960 – Az: 1 Q 10/60.
695 BGH Urteil v. 30. 05.1962 – Az: V ZR 121/60 = NJW 1962, 1342 = VersR 1962, 784.
696 BGH Urteil v. 30.10.1970 – Az: V ZR 150/67 = NJW 1971, 94 ff. = BGHZ 54, 384.

und bei der Dauer dieser Einwirkungen sich nicht wesentlich von den Einwirkungen, die beim Bau von Autostraßen normalerweise vom Nachbarn hingenommen werden müssen, unterschieden haben. Wäre dies der Fall, so läge keine ortsübliche Benutzung des Straßengrundstücks vor ...."[697]

Dazu merkte *G.Wagner*[698] an, dass durch diese Entscheidung Begehrlichkeiten geweckt worden seien, die eine Prozeßlawine[699] befürchten liesen, jedoch durch ein weiteres Urteil des BGH im Jahre 1970[700] noch *„rechtzeitig gebremst"* worden sei.

Eine im Ergebnis klare, in der Begründung jedoch sehr vage Stellungnahme gab das *Bayerische Oberste Landesgericht*[701] im Rahmen eines Rechtsentscheids im Jahre 1987 zur Frage eines Mietminderungsrechts trotz Nichtmöglichkeit des Vermieters, beim Bauherren Regress zu nehmen zur Feststellung der Ortsüblichkeit ab:

„In diesem Rahmen muß dem Vermieter einer Wohnung als bestimmungsgemäßer Ertrag die Miete auch dann erhalten bleiben, wenn ein Grundstücksnachbar vorübergehend Baulärm verursacht, um sein Grundstück zu bebauen. Ob diese Benutzung als ortsüblich i.S.d. § 906 Abs. 2 Satz 1 BGB anzusehen ist, stellt im Einzelfall eine Tatfrage dar, dürfte bei Baulärm in der Regel aber schon aus der öffentlich-rechtlichen Ausweisung als Baugrundstück im Wohngebiet zu bejahen sein"[702].

Das OLG Karlsruhe[703] hat vertiefend klargestellt, dass Geräusch- und Staubemissionen einer Großbaustelle auf einem innerstädtischen Grundstück grundsätzlich eine ortsübliche Benutzung darstellen, die der Nachbar nicht verbieten kann, wenn sie nicht durch wirtschaftlich zumutbare Maßnahmen verhindert werden können. Dem hat sich auch das LG Stuttgart[704] im „Stadion-Fall" angeschlossen: Danach stellt sowohl der Teilabriss als auch der Neubau eines Stadions eine ortsübliche Benutzung des Stadiongrundstücks dar.

Das LG Berlin[705] schließlich sieht – wie schon das BayObLG – im Vorliegen einer Baugenehmigung ein Indiz für die Annahme einer Ortsüblichkeit[706]. Dieser

---

697 BGH, wie vor.

698 Ortsüblichkeit bei Immissionen, insbesondere bei Bauarbeiten, in: NJW 1971, 595 (linke Spalte).

699 Unter Bezugnahme auf *Hubmann*, JZ 1968, 271.

700 BGH Urteil v. 30.10.1970 – Az: V ZR 150/67 = NJW 1971, 94 ff. = BGHZ 54, 384.

701 Die sog. „kleine Revisionsinstanz" in Bayern wurde zum 30.Juni 2006 vom Bayer. Gesetzgeber aufgelöst.

702 BayObLG, Rechtsentscheid vom 04.02.1987 – Az: RE-Miet 2/86 – *juris.*

703 Urteil vom 19.10.2000 – Az: 19 U 24/00 – *juris.*

704 Urteil vom 22.06.2010 – Az: 24 O 119/10 – *juris.*

705 LG Berlin, Urteil vom 27.09.2011 – Az: 63 S 641/10 = IMR 2012, 1062.

706 Ähnlich: LG Hamburg, Urteil vom 03.12.1998 – Az: 327 S 97/98 = NJW-RR 1999, 378: *„Ortsüblichkeit der Bauarbeiten ergibt sich zwangslos daraus, daß das Grundstück der Bekl. unstreitig öffentlichrechtlich als Baugrundstück ausgewiesen worden war und der Bekl. eine entspr. Baugenehmigung erteilt worden ist."*

Annahme widerspricht jedoch *Vieweg*[707] : Eine Baugenehmigung besage grundsätzlich nichts zur Ortsüblichkeit, sondern regele lediglich die Vereinbarkeit des Bauvorhabens mit öffentlich-rechtlichen Vorschriften.

14.2.1.2 Die Auffassung der Literatur

Im Anschluss an die BGH-Entscheidung[708] zu Straßenbaulärm befasste sich *G. Wagner*[709] schon im Jahre 1971 mit der „Problem-Frage" der Ortsüblichkeit von Bauarbeiten bzw. des damit einhergehenden und unvermeidbaren Baulärms. Er stellt einleitend fest: *„Wieder einmal zeigt sich, daß in der Handhabung des Begriffes der „Ortsüblichkeit" i.S. von § 906 BGB Unsicherheit besteht."*[710] Unter Anführung einer Kernaussage des BGH im Urteil vom 30.05.1962[711] (*„Wollte man Abbrucharbeiten wegen des notwendigerweise damit verbundenen Lärms schlechthin unterbinden, so würde dadurch ein wirtschaftlich vertretbarer Wiederaufbau kriegszerstörter Städte unmöglich gemacht")* gelangt *Wagner* dann zu dem Ergebnis:

> *„...daß Bauarbeiten immer dann eine „ortsübliche" Benutzung des Grundstücks darstellen, wenn die bestimmungsgemäße Verwendung des zu errichtenden Bauobjekts nach Fertigstellung als „ortsüblich" anzusehen sein würde. Nur auf diesem Weg sehe ich eine Möglichkeit sicherzustellen, daß der Nachbar nicht eine zulässige Grundstücksnutzung dadurch verhindert, daß er bereits die Schaffung der Voraussetzungen blockiert."*[712]

Wagner verweist weiter darauf, dass bei Verneinung einer Ortsüblichkeit im Einzelfall durch örtliche Bedingungen vorliegende besonders schwierige und damit überdurchschnittlich störende Baumaßnahmen vom Nachbarn verhindert werden, obgleich die Nutzung nach der Fertigstellung unbedenklich wäre[713].

Einen anderen Weg schlägt *Johlen*[714] ein, der für das Zivilrecht auf das Gepräge abstellt, das sich aus der Betrachtung des jeweils aktuellen, tatsächlichen Zustandes des Vergleichsgebietes ergibt, nicht dagegen auf die Zweckbestimmung des Gebietes in Plänen der Verwaltungsbehörden für künftige bauliche oder sonstige Nutzungen. *Kerst*[715] hingegen geht davon aus, dass jeglicher Lärm im Zuge von Bauarbeiten,

---

707 jurisPK-BGB/*Vieweg*, § 906 Rn.84.

708 NJW 1971, 94 = WM 70, 1486.

709 *Wagner, Günter,* Ortsüblichkeit bei Immissionen, insbesondere bei Bauarbeiten, in: NJW 1971, 595.

710 Wie vor, S. 595, lSp.

711 BGH Urteil v. 30. 05. 62 – Az: V ZR 121/60 = NJW 1962, 1342 = VersR 1962, 784.

712 *G. Wagner,* Ortsüblichkeit bei Immissionen, insbesondere bei Bauarbeiten, in: NJW 1971, 595 (596 rSp).

713 Wie vor, S. 597 linke Sp.

714 Weitere Annäherung von privatem und öffentlich-rechtlichem Immissionsschutz, in: BauR 2001, 1848 (1851).

715 Welche Rechte bestehen bei Störungen und Belästigungen durch Baumaßnahmen?, in: NJW 1964, 181.

so etwa beim Einsatz von Preßlufthämmern, während der notwendigen Dauer der Bauarbeiten „ortsüblich“, aber nur dann zu dulden ist, wenn die Arbeiten unter Beachtung wirtschaftlich zumutbarer Einschränkungen und Lärmbekämpfungsmaßnahmen[716] zum Schutze der Nachbarn ausgeführt werden. *Vieweg*[717] hingegen tritt für eine generelle Trennung im Verhältnis *Bürger – Bürger* und *Staat – Bürger* ein. Damit könne die Ortsüblichkeit nicht an der Baugenehmigung festgemacht werden:

> *„Möglich ist daher, dass die Gemeinde unter legitimer Berücksichtigung öffentlicher Belange die Schutzinteressen der Betroffenen hintanstellen darf, um ein Gebiet fortzuentwickeln oder andere, für vorrangig gehaltene Ziele zu verfolgen. Ein Hinüberwirken ist somit ausgeschlossen, da die Abwägung primär anderen Zielen dient und daher keine Verbindlichkeit für das Verhältnis Bürger – Bürger beanspruchen kann“.*

Damit lässt *Vieweg*, der vorgängig die unterschiedlichen Literaturmeinungen zur Frage einer Ortsüblichkeit anführt, keinen Zweifel daran, dass aus seiner Sicht das Zivilrecht im Hinblick auf eine Lärmschutzbetrachtung nicht vom Verwaltungsrecht beeinflusst werden darf. Eine Antwort darauf, dass ein (zivilrechtliches) „Bau-Verbot“ eine (öffentlich-rechtliche) Baugenehmigung konterkarieren würde, bleibt dieser Autor schuldig: Wo sonst könnte ein Bauwerk rechtssicherer errichtet werden, als auf einem Grundstück, dessen Bebauung den Regeln des öffentlichen Baurechts entspricht[718]? *Vieweg* übersieht dabei auch die vom BGH und dem BVerwG schon mehrfach zum Ausdruck gebrachte Identität von Immissionsschutz nach dem BGB und dem BImSchG[719].

Eine klare Aussage treffen *Meisner / Ring / Ring / Götz*[720]:

> *„Der Einsatz von Preßlufthämmern und Räumbaggern und der dadurch verursachte Lärm ist in einer Großstadt innerhalb eines beschränkten Zeitraums zulässig und gemäß § 906 BGB ortsüblich“.*

Der unbestimmte Begriff des „beschränkten Zeitraums“ wirft zwar im Streitfall ebenso Fragen auf, diese können jedoch im Zusammenhang mit der Frage, was „ortsüblich“ ist, unbeantwortet bleiben.

14.2.1.3 Eigene Wertung: Bauen ist immer ortsüblich

Die gesamte Diskussion zur Frage, unter welchen Voraussetzungen das Bauen als ortsüblich eingestuft werden kann, ist letztlich ohne Relevanz. Denn schon aus der Wortbedeutung heraus ergibt sich von selbst, dass das, was an einem bestimmten

716 S. dazu: *Klindt*, Die behördliche Anordnung lärmmindernder Baumaßnahmen und ihre Behandlung als Preisfaktor nach VOB/B, in: BauR 1998, 1185 ff.

717 jurisPK-BGB/*Vieweg*, § 906, Rn.88.

718 So auch: *Palandt-Bassenge*, BGB, § 906, Rn.20.

719 Vgl. dazu die Entscheidungen BGHZ 111, 63 (65 f.) und BVerwG, NJW 1988, 2396 (2397).

720 Nachbarrecht in Bayern, § 13, Rn.49 (S. 216).

Ort *„üblich"* ist, auch *„ortsüblich"* sein muss. Wenn also im Umfeld von bereits bestehenden Gebäuden, gleich ob als Wohn-, Büro- oder Gewerbeimmobilie genutzt, ein (weiteres) Gebäude neu errichtet oder saniert wird, dann ist diese Bautätigkeit in diesem Bereich *„üblich"*. Denn es wurde ersichtlich schon vorher dort *„gebaut"* – und zwar ebenso unvermeidlich unter Geräuschentwicklung. Nachdem Bauarbeiten im Regelfall einer Baugenehmigung bedürfen (bei Neubauten oder wesentlichen Änderungen am Altbestand) bzw. bei bestehenden Gebäuden eine rechtliche Grundlage für das Vorhandensein gegeben sein muss (z.B. aufgrund eines Bebauungsplans oder gem. § 34 BauGB iVm einer Baugenehmigung), sind alle Bauarbeiten, gleich ob für Neubauten oder Sanierungsarbeiten, im zulässigen Baubereich *„üblich"*, mithin auch *„ortsüblich"*. Es wäre auch nicht nachvollziehbar, wenn ein Bau-Nachbar, der nur deshalb, weil er selbst (irgendwann) bauen durfte, überhaupt *„belästigt"* werden könnte, eine fehlende Ortsüblichkeit reklamieren dürfte. Hier wäre zudem auch Art. 3 GG mit dem Gleichheitsgrundsatz zu beachten: Die Priorität einer Bauerrichtung kann nicht zu dem Recht verhelfen, nachfolgende Bauarbeiten zu verhindern oder zu erschweren. Denn dieser Zeitvorsprung ist letztlich jedem Bauvorhaben immanent, da, wie oben aufgezeigt[721], immer „Bauen" dem „Bauen" folgt.

Deshalb sind alle Bauarbeiten, solange und soweit sie bauplanungs- und bauordnungsrechtlich mit dem Gesetz übereinstimmen, auch ortsüblich.

14.2.2 Zumutbarkeit und Unzumutbarkeit von Baulärm

Die Zumutbarkeit von Baulärm lässt sich weder messen noch prüfen. Denn es kann keine exakten Werte dafür geben, wann eine Belästigung im Hinblick auf die dadurch Betroffenen noch zumutbar oder schon unzumutbar ist. Grenzwerte dazu sind praktisch nicht ermittelbar[722]. Das BVerwG[723] hat dazu festgestellt, dass die Zumutbarkeit in jedem Einzelfall nur situationsbedingt und damit bewertend einzustufen ist. Denn die Belästigung von Lärmbetroffenen hängt von einer Reihe an Faktoren ab, die – wie *Roeser*[724] ausdrücklich unter Hinweis auf das vorstehend zitierte BVerwG hervorhebt –

> *„vielfach nur unvollkommen in einem einheitlichen Messwert aggregierend erfasst werden können. Zu nennen sind etwa die Stärke, die Häufigkeit, die Tageszeit des Auftretens, die Frequenzzusammensetzung, die Auffälligkeit (Lärmart nebst Impulshaftigkeit), die Informationshaltigkeit, die Tonhaltigkeit, die (allgemeine) Ortsüblichkeit, die individuelle Gewöhnung, die subjektive Befindlichkeit des Betroffenen nach physischen und*

721 13.4.

722 *Roeser*, in: *König / Roeser* / Stock, Baunutzungsverordnung, § 15 Rn. 32 weist auf die schwierige Problematik einer Ermittlung von Zumutbarkeitsgrenzen ebenso hin.

723 Urteil vom 20.10.1989 – Az: 4 C 12/87 = NJW 1990, 925 (928) = DVBl 1990, 419 (422).

724 *Roeser*, in: *König / Roeser* / Stock, Baunutzungsverordnung, § 15 Rn. 32.

psychischen Merkmalen, seine Tätigkeit, die Art und Betriebsweise der Geräuschquelle, die subjektiv angenommene Vermeidbarkeit des Geräuschs und der soziale Sympathiewert der Geräuschquelle"[725].

Damit zeigt auch dieser unbestimmte Rechtsbegriff der Zumutbarkeit eine Unschärfe und Unbestimmbarkeit, die jeglicher Vorhersehbarkeit von „Recht" und „Unrecht" entgegensteht. Damit aber wird auch unter diesem Aspekt die Rechtssicherheit ausgeschlossen.

14.3 Mietminderungsrecht wegen Baulärm-Betroffenheit?

Die zahlreichen Gerichtsverfahren wegen Mietminderungen, die durch eine (vermeintliche oder tatsächliche) Baulärmbetroffenheit von Mietern vorgenommen werden, belasten die Justiz, insbesondere die Amtsgerichte, in erheblichem Maße. Meist stehen dabei relativ geringe Summen zur Diskussion. Denn Vermieter fordern im Regelfall schon bald nach der ersten Mietminderung den restlichen Teil der Miete ein. Die Argumente der beiden Mietvertragsparteien sind dabei stereotyp immer gleich: Der Mieter macht geltend, durch *„unerträglichen"* Lärm, der durch eine Baumaßnahme erzeugt werde, in seinem Wohngebrauch *„unzumutbar"* gestört zu werden (selbst wenn er tagsüber sich nicht in der Wohnung aufhalten sollte[726]). Dabei wird nicht zwischen Baulärm, der etwa durch Renovierungsarbeiten im Mietgebäude entsteht und solchem, der von benachbarten Baustellen ausgeht, unterschieden. Wegen dieses Mietmangels werde der Mietanspruch gem. § 536 BGB kraft Gesetzes gemindert. Zur Quote der Minderung entscheiden die Gerichte dabei in der Bandbreite zwischen 5 – 100 % – wenn dem Grunde nach überhaupt ein Mietmangel durch Baulärm bejaht wird. Dabei reichen die Begründungen von einer Zeile bis zu vielen Seiten, wobei einige Gerichte hier die „Eigenerfahrung", aber auch ersichtlich Emotionen und Präferenzen für die eine oder andere Prozesspartei – zumindest im Unterbewusstsein – in die Entscheidungen einfließen lassen und so ihrer Pflicht zur Begründung ihres *„tatrichterlichen Ermessens"* nachkommen wollen.

Die Vermieterseite, meist als Kläger hinsichtlich rückständiger Mietbeträge auftretend, verneint im Regelfall das Vorliegen eines Mietminderungsgrundes durch Baulärm. Bestritten wird die Lärmbelastung nach Lautstärke, Zeitdauer, Belästigungsgrad und dergleichen mehr. Zudem erfolgt in praktisch allen derartigen Fällen der Hinweis darauf, dass „gleiches Recht für Alle" gelten müsse: Wenn der Vermieter als Grundstückseigentümer vom Bauherrn wegen des, von dessen Baumaßnahmen ausgehenden, Baulärms keine Entschädigung gem. § 906 BGB mangels Vorliegens der dazu notwendigen Voraussetzungen verlangen könne, dann müsse dies ebenso im Verhältnis zwischen Vermieter und Mieter gelten. Denn andernfalls müsste der

---

725 Wie vor.

726 Vgl. Urteil des AG Regensburg vom 16.04.1991 – Az: 4 C 275/91 – *juris,* wonach die Abwesenheit des Mieters, z.B. während seiner Berufsausübung, keinen Einfluss auf ein Minderungsrecht habe.

Vermieter eine Mieteinbuße ohne Ausgleichsmöglichkeit gegenüber dem eigentlichen Verursacher – letztlich der Bauherr – hinnehmen.

Diese Streitsituation, meist noch durch Streitverkündungen verschärft, hat unterschiedlichste Lösungen durch die Gerichte ausgelöst, wie oben[727] anhand zahlreicher Beispiele aufgezeigt wurde.

Der BGH[728] hat nunmehr dazu in der richtungweisenden Entscheidung „Bolzplatz" einen Wegweiser aufgestellt, der für mehr Klarheit im Hinblick auf die mietrechtliche Situation sorgen kann. Er führt aus:

> *„Gemäß § 536 Abs. 1 BGB ist die vereinbarte Miete kraft Gesetzes gemindert, wenn die Mietsache zur Zeit der Überlassung an den Mieter einen Mangel aufweist, der ihre Tauglichkeit zum vertragsgemäßen Gebrauch aufhebt oder (erheblich) mindert, oder ein solcher Mangel während der Mietzeit entsteht. Ein derartiger Mangel ist dann gegeben, wenn der tatsächliche Zustand der Mietsache vom vertraglich vorausgesetzten Zustand abweicht. Der vertraglich geschuldete Zustand bestimmt sich in erster Linie nach den Beschaffenheitsvereinbarungen der Mietvertragsparteien, die auch durch schlüssiges Verhalten (konkludent) getroffen werden können. Gegenstand einer Beschaffenheitsvereinbarung können dabei auch Umstände sein, die von außen auf die Mietsache unmittelbar einwirken (sog. Umweltfehler), wie etwa Immissionen, denen die Mietsache ausgesetzt ist. Soweit allerdings Parteiabreden zur Beschaffenheit der Mietsache fehlen, wird der zum vertragsgemäßen Gebrauch geeignete Zustand unter Berücksichtigung des vereinbarten Nutzungszwecks und des Grundsatzes von Treu und Glauben (§ 242 BGB) nach der Verkehrsanschauung bestimmt."*[729]

Im Folgenden erläutert der BGH sodann ausführlich, dass es nicht selbstverständlich sei, eine Einstandspflicht des Vermieters für eine störungsfreie Wohn-Umwelt anzunehmen. Dazu führt der VIII. Senat u.a. aus wie folgt:

> *„Soweit es um Lärmimmissionen geht, die von öffentlichen Straßen oder – wie hier – von einem Nachbargrundstück auf die Mietsache einwirken, ist im Übrigen der offensichtliche und beiden Parteien bekannte Umstand zu berücksichtigen, wonach der Vermieter regelmässig keinen Einfluss darauf hat, dass die zu Mietbeginn bestehenden Verhältnisse während der gesamten Dauer des Mietvertrages unverändert fortbestehen. Der Mieter kann daher im Allgemeinen nicht erwarten, dass der Vermieter die vertragliche Haftung für den Fortbestand derartiger „Umweltbedingungen" übernehmen will. ...... Soweit .... konkrete Parteiabreden zur Beschaffenheit der Mietsache fehlen, beantwortet sich die Frage, was im Einzelnen zu dem zum vertragsgemäßen Gebrauch geeigneten Zustand der in Rede stehenden Wohnung gehört, den der Vermieter gemäß § 535 Abs. 1 Satz 2 BGB während der Mietzeit zu erhalten hat, nach den gesamten Umständen des Mietverhältnisses und den daraus in – gegebenenfalls ergänzender – Auslegung abzuleitenden Standards, insbesondere*

727 S. oben Kap.11.

728 Urteil vom 29.04.2015 – Az: VIII 197/14 – *juris.*

729 Dazu verweist der BGH auf sein Urteil vom 19.12.2012 – Az: VIII ZR 152/12 = NJW 2013, 680.

nach der Mietsache und deren beabsichtigter Nutzung sowie der Verkehrsanschauung unter Beachtung des in § 242 BGB normierten Grundsatzes von Treu und Glauben (.....)."[730]

Der BGH leitet daraus die Regel her, dass die einseitige Risikozuweisung auf den Vermieter hinsichtlich einer lärmintensiven Nutzung auf einem Nachbargrundstück nicht zulässig sei. Vielmehr komme es darauf an, welche Regelung die Mietvertragsparteien bei sachgerechter Abwägung der beiderseitigen Interessen nach Treu und Glauben unter Berücksichtigung der Verkehrssitte als redliche Vertragspartner getroffen hätten, wenn ihnen bei Vertragsschluss die von ihnen nicht bedachte Entwicklung sowie die dadurch verursachte Lärmbelastung bewusst gewesen wäre[731].

Der BGH hat mit dieser neuesten Entscheidung zur Frage, wann ein Vermieter für Lärmimmissionen unter dem Gesichtspunkt eines Mietmangels einzustehen hat, ein deutliches Zeichen gegen die von vielen Gerichten, aber auch im Schrifttum[732], als selbstverständlich unterstellte Mangelhaftigkeit einer Mietsache (auch) bei Baulärm-Belästigungen gesetzt.

Die so im Rahmen der Entscheidung zur Beeinträchtigung des Wohngebrauchs durch einen Bolzplatz ausführlich vom BGH begründete neue Sicht im Hinblick auf die Verantwortlichkeit von Vermietern für Lärmimmissionen gilt ebenso für die Beurteilung von Baulärm:

Zum Einen ist grundsätzlich „*Lärm gleich Lärm*" im Sinne mindestens einer Belästigung von (sensiblen) Betroffenen. Und dabei kann es keine Rolle spielen, ob das manchmal schrill kreischende Anfeuerungsgebrüll von ballspielenden Kindern oder das Stakkato von Presslufthämmern die Nachmittagsruhe im Garten oder auf dem Balkon des Nachbarn stört. Maßgeblich ist vielmehr nach der Entscheidung des BGH, ob ein verständiger Mietinteressent die Anmietung einer Wohnung bei Bedenken in dieser Richtung dann unterlassen bzw. für den Fall von (irgendwann vielleicht einmal) auftretendem Baulärm eine vorsorgliche Mietminderungsvereinbarung gefordert und der Vermieter diesem Ansinnen auch zugestimmt hätte. Bei praxisbezogener Betrachtung muss dies wohl verneint werden: Weder würde ein Vermieter im vorauseilenden Gehorsam einer Mietminderung für den Fall einer noch völlig unbestimmten Baulärm-Belästigung im Vertrag zustimmen. Noch

730 BGH, Urteil vom 29.04.2015 – Az: VIII 197/14 – *juris*.

731 BGH, wie vor.

732 *Blank* in: *Blank/Börstinghaus*, Miete. Das gesamte Mietrecht, § 536 Rn. 14 f; *Eisenschmid* in: *Schmidt-Futterer*, Mietrecht, 12. Aufl., § 536 Rn. 121 und 124 („*Langwierige, mit erheblichen Eingriffen in die vorhandene Infrastruktur verbundene Straßenbaumaßnahmen und Großbaustellen in der Nähe der Wohnung sind ebenfalls nicht mehr vertragsgemäß*"; „*Das Abstellen auf die Erkennbarkeit ist höchst problematisch, weil sie dem Mieter im Rahmen der Wohnungssuche die Pflicht aufbürdet, bei der Besichtigung der Wohnung auch eingehend das Wohnumfeld zu studieren und daraus die richtigen Schlüsse zu ziehen*"); *Deppen/Heilmann*, Prozesse in Mietsachen, § 3 Rn. 46; unentschieden: *Kraemer* in: *Bub/Treier*, Handbuch der Geschäfts- und Wohnraummiete, III.B Rn. 1344 f.; abwägend: *Sternel*, Mietrecht aktuell, 4. Aufl., VIII Rdnr. 391, 393).

wäre im Regelfall davon auszugehen, dass ein Mietinteressent eine ihm zusagende Wohnung (unabhängig von der Problematik des angespannten Mietmarktes gerade in Großstädten) deshalb nicht anmieten würde, weil möglicherweise zu einem späteren Zeitpunkt eine weder nach Zeitdauer noch Intensität vorherbestimmbare Baulärm-Belastung auftreten könnte. Dass zudem eine Mietminderung ohnedies von der Rechtsprechung[733] grundsätzlich verneint wird, wenn bereits zum Zeitpunkt des Mietvertragsabschlusses eine Baulärm-Belästigung „hörbar", in einigen Fällen sogar durch die Prägung des Mietumfeldes bzw. entsprechend wahrzunehmende Hinweise wie Bauschilder[734] etc. nur „wahrscheinlich" ist, bestätigt das Ergebnis des BGH-Urteils: Eine Belästigung durch (Bau-)Lärm führt nicht *per se* zu einem Mietmangel, der eine Mietminderung rechtfertigt. Hier müssen einige der aktuellen Mietrechts-Kommentierungen angepasst werden.

---

733 S. dazu insb. die Entscheidungen OLG München, Urteil v. 26.03.1993 – Az: 21 U 6002/92 – *juris*; KG Berlin, Urteil v. 03.06.2002 – Az: 8 U 74/01 – *juris*; LG Berlin, Urteil v. 28.08.2006 – Az: 62 S 73/06 – *juris*; LG Berlin, Urteil v. 17.03.2009 – Az: 63 S 397/08 – *juris*; LG Bonn, Urteil v. 25.03.1985 – Az: 6 S 2/85 – *juris;* LG Leipzig, Urteil v. 08.06.2005 – Az: 3 O 4016/04 – *juris*; AG Pankow-Weißensee, Urteil v. 21.04.2009 – Az: 102 C 11/09 – *juris.*

734 Vgl. etwa: LG Lüneburg, Beschluss nach § 522 ZPO vom 20.01.2003 – Az: 6 S 114/02 – *juris.*

15. Exkurs: Baulärm-Regelungen im Ausland

Der „*Blick über den Gartenzaun*" hilft auch im Recht, Wegweiser zur Lösung von Problemen zu finden oder zumindest gefundene Ergebnisse einer Überprüfung auf Stimmigkeit und Umsetzbarkeit zu unterziehen. Dabei geht es nicht darum, möglichst viele Erkenntnisse zum Umgang mit – auch in anderen Ländern ebenso relevanten – Baulärm-Fragen zusammen zu tragen. Vielmehr dienen diese Untersuchungen nur dazu, die eigenen Feststellungen, aber auch Wertungen zusätzlich im internationalen Vergleich zu reflektieren. Damit kann dann das Bild vervollständigt werden, das letztlich Anlass zu gesetzgeberischer Tätigkeit sein könnte, wie dies auch von *Böhm / Strachotta / Irmer* für die Anpassung der Geräuschemissionskennwerte an den fortschreitenden Stand der Technik gewünscht wird[735].

15.1 Schweiz

In der Schweiz wird die Baulärm-Problematik mit Hilfe einer sehr praxisorientierten „*Baulärmrichtlinie*"[736] zu lösen versucht[737]. Diese gibt den Vollzugsbehörden Vorgaben zur Beurteilung und entsprechenden Anordnung bzw. Ergreifung von Maßnahmen in Abhängigkeit vom Abstand zwischen dem Emissionsort an der Baustelle und dem nächstliegenden Immissionsbereich, der schützenswert ist. Weiter muss berücksichtigt werden, welche Lärmempfindlichkeit gegeben ist und schließlich ist auch die Dauer der „lärmigen" Bauphase zu berücksichtigen[738]. Dabei werden drei Maßnahmenstufen (A, B und C) unterschieden: So bestehen bei Abständen von mehr als 300 m zum Nachbarbereich keinerlei Einschränkungen hinsichtlich der Wahl der Baumaschinen und Geräte sowie der Bauarbeits-Geräusche (Stufe A). Werden bei einem geringeren Abstand als 300 m sehr lärmempfindliche Anwohner oder Einrichtungen (z. B. Schulen, Krankenhäuser, Alten- und Pflegeheime) vom Baulärm betroffen, so dürfen die Arbeiten nur tagsüber[739] und nur mit Baumaschinen und -geräten ausgeführt werden, die dem neuesten Stand der Technik entsprechen (Stufe C).

---

735 Baulärm, in: Taschenbuch der technischen Akustik, S. 639, linke Spalte unten.

736 *BAFU 2006: Richtlinie über bauliche und betriebliche Maßnahmen zur Begrenzung des Baulärms gemäß Artikel 6 der Lärmschutzverordnung vom 15. Dezember 1986*, herausgegeben vom Bundesamt für Umwelt, Wald und Landschaft, 1999, in Kraft seit 02. Februar 2000 (Stand 2011). Diese Lärmschutz-Verordnung stützt sich auf Art. 38 Abs. 2 des *Umweltschutzgesetzes* vom 7.Oktober 1983 (*USG*) der Schweiz.

737 S. dazu die umfassende Arbeit von: *Tschudi*, Mietrechtliche Probleme bei Immissionen als Folge von Umgebungsveränderungen, Diss. Freiburg / Schweiz, 2005.

738 *Baulärmrichtlinie*, Ziffer 2.2 (S. 13).

739 Dies bedeutet nach Ziffer 2.2 der Baulärmrichtlinie (S. 14): Werktags 07.00 Uhr bis 12.00 Uhr sowie 13.00 Uhr bis 19.00 Uhr. Müssen technisch bedingt Bauarbeiten auch in der Zeit von 12 – 13 Uhr sowie zwischen 19 Uhr und 7 Uhr in der Nacht

Liegt keine sehr lärmempfindliche Nachbarschaft vor, so müssen die Maschinen und Geräte dem anerkannten Stand der Technik entsprechen (Stufe B)[740].

Die Schweiz verwendet deshalb keine Dezibel-Werte zur Beurteilung von Lärmimmissionen, sondern – vereinfacht ausgedrückt – „Meterstab und Maschinen-/Geräte-Datenblatt" zur Feststellung von Abstand und technischer Zuordnung („*neuester Stand*" oder „*anerkannter Stand*" der Technik[741]). Die Begründung findet sich in den „Abstracts" der *Baulärm-Richtlinie* (Stand 2011): „*Die große Komplexität des Baulärms erlaubt keine Anwendung von Grenzwerten.*"[742] Darüber hinaus hängen die zu treffenden Maßnahmen auch davon ab, welchem Lärmbereich Bautätigkeiten zuzuordnen sind. Dabei unterscheidet man zwischen „*Bauarbeiten*", „*lärmintensive Bauarbeiten*" und „*Bautransporte*"[743]. Dazu führt Ziffer 2.3 der *Baulärm-Richtlinie* aus: „*Massnahmen gegen den Lärm von Bautransporten sind nur für Fahrten auf dem Strassennetz zu treffen. Die Massnahmenstufe A ist die Minimalanforderung*". In Ziffer 3 führt die *Baulärm-Richtlinie* sodann einen sehr dezidierten und fein abgestuften „*Massnahmenkatalog*" auf. Dieser reicht vom „*frühen Kontakt mit den zuständigen Behörden für Baulärmfragen*" (Ziffer 3.1.1.1) über die „*Orientierung der Baulärmbetroffenen*" (Ziffer 3.2.1.3) bis hin zur „*Schulung der Mitarbeiter und Mitarbeiterinnen über Entstehung, Ausbreitung, Wirkung und Minderung von Lärm*" (Ziffer 3.3.2.1). Dazu gibt die Baulärm-Richtlinie auch eine umfassende Checkliste vor, die, der Bauabwicklung folgend, für jede Tätigkeit eine Einstufung in die drei Stufen A, B

---

ausgeführt werden, so greifen die verschärften Maßnahmen der Stufe C. Gleiches gilt für Sonn- und Feiertage.

740 Näher zu dieser insgesamt sehr komplexen Regelung s. *Baulärm-Richtlinie* der Schweiz. S. auch die Übersicht bei *Böhm / Strachotta / Irmer*, Baulärm, in: Taschenbuch der Akustik, S. 642 – 643 (mit Tabelle); s. auch: *Romailler, Gabriel* in: *Cercle Bruit Schweiz / Amt für Umweltschutz, Luzern*, Lärm, S. 89 *(„Ruhe! Hier wird gebaut).*

741 Die Baulärm-Richtlinie definiert in den Fußnoten 10 und 11 zu Ziffer 2.1 (S. 12) diese beiden Begriffe wie folgt: „*Der anerkannte Stand der Technik orientiert sich an den Umweltkriterien aktueller EU-Richtlinien.... Die maßgebenden Grenzwerte der Richtlinie 2000/14/EU für Outdoorgeräte sind in der Maschinenlärmverordnung MaI.V.Anhang 1, übernommen.*"; „*Der neueste Stand der Technik entspricht grundsätzlich den Vergabegrundlagen der Jury Umweltzeichen (im Zusammenwirken mit dem Deutschen Umweltbundesamt und dem Deutschen Institut für Gütesicherung und Kennzeichnung) namentlich dem Umweltzeichen 53 für lärmarme Baumaschinen. (RAL-ZU 53, Information: www.blauer-engel.de)*".

742 Baulärm-Richtlinie, Stand 2011, Abstracts, 2. Absatz, S. 5. Dort finden sich auch die englische, französische und italienische Übersetzung, die zusätzlich zum Verständnis beitragen, dass Baulärm nicht generalisierend beurteilt werden kann: „*The complexity of the noise phenomenon excludes the use of threshold values.*"; „*La complexité du phénomène de bruit de chantier ne permet pas une application systématique de valeurs limites.*"; „*L'elevata complessità del rumore di cantiere non consente l'applicazione di valori limite*".

743 *Baulärm-Richtlinie*, Ziffer 2.1. Die einzelnen Definitionen finden sich dort als Fußnoten Nr. 7 und 8.

oder C verlangt[744]. Insgesamt ist der Versuch, das Baulärm-Problem ohne Dezibel-Mess-Vorgänge auf mehr oder weniger praktischer Grundlage durch Anwendung von Erfahrungswerten, aber auch ständiger Aufklärung der Bauverantwortlichen und Information möglicher Immissions-Betroffener, ein offenbar gangbarer Weg, Baulärm-Streitigkeiten zu vermeiden. Hinzu kommt, dass während der Lärmpause über Mittag sämtliche und nicht nur lärmintensive Bauarbeiten untersagt sind, wenn eine entsprechende Lärmschutzverordnung in einem Kanton besteht[745]. Dies zeigt die geringe Anzahl bekannt gewordener Baulärm-Gerichtsverfahren in der Schweiz[746].

15.2 Österreich

Die Republik Österreich kennt keine einheitliche Baulärm-Regelung. Vielmehr finden sich in einigen der neun Bundesländer „Baulärmgesetze", allerdings mit unterschiedlichen Vorgaben. So erließ das Land Wien schon im Jahr 1973 ein prägnant kurz gefasstes *„Gesetz zum Schutz gegen Baulärm"*[747], das in § 1 Abs. 1 eine Definition des Begriffes „Baulärm" enthält *(„Baulärm im Sinne dieses Gesetzes ist jedes die öffentliche Ordnung störende Geräusch, das im Zuge von Bauarbeiten erzeugt wird")* und als wesentlichste Pflicht dem „Bauführer" gem. § 2 Abs. 1 auferlegt dafür zu sorgen, *„dass jeder unnötige Baulärm auf der Baustelle vermieden wird".* Zudem definiert das Gesetz auch den Aufwand, bis zu dem keine Unzumutbarkeit von Lärmschutzmaßnahmen anzunehmen ist: Gem. § 2 Abs. 4 Baulärm-Gesetz sind dies bis zu 5 % der Gesamtbaukosten, die näher beschrieben werden. Auch der Begriff „Lärm" wird in Österreich in der ÖNORM S 5004 definiert: *„Lärm ist unerwünschter, störender oder belästigender Schall".* Schließlich spricht § 4 Abs. 1 des Gesetzes zum Schutz gegen Baulärm auch ein deutliches Verbot aus: *„Während der Nachtstunden, das ist*

744 *Baulärm-Richtlinie,* Ziffer 3.1 (S. 18 – 22).

745 Vgl. dazu Entscheidung Appellationsgericht des Kantons Basel-Stadt; Urteil vom 23. Juni 2006 = Appell.Ger.BS 23.06.2006, näher dazu und zu Baulärm-Urteilen in der Schweiz: http://www.laerm.ch/dokumente/rechtsprechung (Aufruf: 21.08.20015).

746 S. z. B. die Urteile des Bundesgerichts, die im Ergebnis eine Duldung von Baulärm durch Bau-Nachbarn konstatieren und nur dann zu einem Entschädigungsanspruch nach richterlichem Ermessen gelangen, wenn Baulärm „übermäßig" ist und eine „beträchtliche Schädigung" verursacht (s. die Entscheidungen BGE 83 II 375; BGE 91 II 100; BGE 114 II 230; BGer. 5 C 117/2005). Im Allgemeinen gilt: Liegt übermäßiger Baulärm vor, dann hat der Vermieter das Recht, beim Bauherrn Schadensersatz in Höhe der Mietminderung zu verlangen, auch wenn die Bauarbeiten gesetzeskonform durchgeführt worden sind. Liegt der Entscheid eines Mietgerichts vor, so orientiert sich die Ersatzhöhe an der verhängten Mietreduktion (BGE 5C.117/2005).

747 LGBl 1973/16 (B 140–000-Baulärmgesetz) in der Fassung vom 12.10.2001 (LGBl 2001/78).

zwischen 20.00 Uhr abends und 6.00 Uhr früh ist grundsätzlich jede Baulärm erzeugende Bauarbeit (§ 1 Abs. 1) verboten". In der Folge stellt das Gesetz jedoch klar, dass unter bestimmten Voraussetzungen Ausnahmen möglich sein können. Die Ermächtigung zur Festlegung von Grenzwerten gem. § 3 Abs. 1 des Gesetzes zum Schutz gegen Baulärm wurde durch die *Wiener Baulärm-Emissionsgrenzwertverordnung*[748] ausgefüllt. Diese Verordnung bezieht sich auf die maximal zulässigen Emissionswerte von Baumaschinen und Baugeräten. Ebenso wie im Land Wien findet der Baulärm auch im Land Kärnten in einem eigenen und auch so benannten Gesetz eine Regelung: Gesetz vom 15. Dezember 1972 über Maßnahmen zum Schutz gegen den Baulärm (Baulärmgesetz)[749]. Daneben wird der Baulärm auch im Rahmen der Kärntner Bauordnung 1996 – K BO 1996 als *„§ 28 Baulärm"* berücksichtigt. Auch dieses Baulärmgesetz wird durch eine Emissionswertverordnung ergänzt[750]. Keine explizite Regelung des Baulärms findet sich in den weiteren Ländern Österreichs: Im Burgenland sowie in Niederösterreich, Oberösterreich, Salzburg, Steiermark, Tirol und Vorarlberg bestand offenbar bislang kein Baulärm-Problem, das eine Gesetzgebung herausgefordert hätte[751]. *Steiner*[752] kommt bei einer umfassenden Auswertung der Lärm-Regelungen, die in Österreich gelten, zu dem Ergebnis, dass praktisch stets ein Verweis auf die Erkenntnisse der Wissenschaften und dabei auch darauf erfolgt, dass die technischen Möglichkeiten, „Lärm" zu messen, insb. die rein dB(A)-bezogene Meßmethoden, nicht ausreichend sind, um gesicherte Aussagen treffen zu können. Eine Hilfestellung zur Messung von Baulärm findet sich alleine in einem bereits 1980 veröffentlichten Regelwerk, nämlich der ÖAL-Richtlinie Nr. 19 (Schalltechnische Grundlagen für die Beurteilung von Baulärm), herausgegeben vom Österreichischen Arbeitsring für Lärmbekämpfung. Dieser „Richtlinie" kommt jedoch keine rechtliche Bedeutung zu.

15.3 Dänemark und Schweden

In Dänemark besteht zwar keine ausdrückliche rechtliche Regelung zum Baulärm; bei Nachbarbeschwerden können die Behörden jedoch einschreiten, wenn die Grenzwerte für Industrie- und Gewerbeanlagen nicht eingehalten werden[753]. Schweden hingegen hat Immissionsrichtwerte festgelegt, die in der Nachbarschaft von Baustellen gelten. Allerdings können die dadurch vorgegebenen Werte bei

---

748 WBL-EGV (LGBL 2012/37; Inkraftgetreten am 29.06.2012).
749 LGBl Krnt 26/1973.
750 Verordnung der Landesregierung vom 25.September 1973 über die zulässigen Emissionswerte von Baumaschinen, Zl.-Verf. – 299/15/1973.
751 So auch *Böhm / Strachotta / Irmer*, Baulärm, in: Taschenbuch der technischen Akustik, S. 639 (642).
752 *Steiner*, Rechtliche Rahmenbedingungen in Österreich, in: *Kalivoda / Steiner*, Taschenbuch der Angewandten Psychoakustik, S. 11, Ziffer 1.2.5.
753 Wie vor, S. 643.

kurzer Bauzeit (bis zu einem Monat) um 10 dB(A) und bei einer limitierten Bauzeit bis zu 6 Monate um 5 dB(A) überschritten werden[754].

15.4 Vereinigtes Königreich Großbritannien

In Großbritannien existieren keine Immissionswerte zum Schutz vor Baulärm. Vielmehr bleibt es den Kommunen überlassen, Lärmprobleme im Zusammenhang mit der Abwicklung von Baustellen auf kurzem Weg vor Ort zu lösen: Die Behörden können selbständig entscheiden, welche Immissionswerte (noch) zuträglich und welche zu Maßnahmen führend sind. Dazu können die Bauherren und Bauunternehmer eine Vorab-Einverständniserklärung der Behörde zur vorgesehenen Baumaßnahme einschließlich der dabei einzusetzenden Baumaschinen und -geräte einholen. Maßgeblich ist insoweit die Norm BS 5228[755].

15.5 Niederlande

Die Niederlande kennt keine gesetzlichen Regelungen zum Thema Baulärm. Es gibt lediglich einen Runderlass der Regierung mit einer Soll-Vorgabe dahingehend, dass am Abend und in der Nacht keine Bauarbeiten ausgeführt werden und zwischen 7 Uhr und 19 Uhr ein Mittelungspegel von 60 dB(A) nicht überschritten wird[756].

754 Wie vor, S. 642 und Immissionsrichtwert-Tabelle S. 643, Tabelle 19.3.

755 *Noise and vibration control on construction and open sites.* Editions 1992–03–01, 1999–05–15 und 1997–11–15; s. dazu auch: *Böhm / Strachotta / Irmer*, Baulärm, in: Taschenbuch der technischen Akustik, S. 643.

756 Wie vor, S. 643.

16. Die „Unregelbarkeit“ des Baulärms

Die bisherigen Untersuchungen einschließlich der Auswertung zahlreicher gerichtlicher Entscheidungen haben mehr als deutlich aufgezeigt, dass die Baulärm-Problematik weder durch technische Normen noch durch rechtliche Regelungen oder Umsetzung gerichtlicher Entscheidungen beherrschbar wird: Die Störung durch Baulärm ist das Ergebnis eines sehr komplexen Wahrnehmungs- und Bewertungsvorgangs durch die Betroffenen und daher insgesamt nur individuell-subjektiv erfahrbar. Eine objektive und damit Rechtssicherheit und Gerechtigkeit gewährleistende Feststellung oder gar „Messung“ ist deshalb nicht möglich: Psychologische und physiologische Faktoren können allenfalls zu verstehen versucht werden, doch jedes Verständnis ist dabei zwangsläufig eine Interpretation aus dem eigenen Verstehen des Entscheiders heraus, seien es Richter(innen) oder Behördenvertreter. Dies wird offenbar, wenn die völlig unterschiedlichen Urteile, Beschlüsse und Bescheide, die im Zusammenhang mit Baulärm-Sachverhalten vorliegen, nachvollzogen werden: Es gibt keine Linie und damit auch keinen Wegweiser für Bauherren, Bauunternehmer, Anwohner und Mieter. Diese kann es auch nicht geben. Denn letztlich ist jeder Versuch der Feststellung, ob eine Baulärm-Begrenzung mit wirtschaftlichen Mitteln möglich ist, ebenso zum Scheitern verurteilt wie der einer rechtlichen Regelung zur Einhaltung von Grenzwerten (die dann wieder von einem Teil der Gerichte als nicht maßgeblich betrachtet werden[757]). Dies ist deshalb so, weil sich die Maschinentechnik und damit auch die Emissionswertbegrenzung permanent weiter entwickeln, aber auch die Frage, welche „Mittel“ wirtschaftlich, also im Regelfall in finanzieller Hinsicht, noch zumutbar sind, je nach Kenntnisstand, aber auch subjektiver Einschätzung eines Lärm-Sachverständigen, unterschiedlich beantwortet werden kann. Zudem ist es praktisch nicht möglich, eine verständliche, nachvollzieh- und damit akzeptierbare Regelung zu treffen.

Ein Beispiel hierfür ist der vorstehend oft zitierte[758] und auch kritisierte[759] Beschluss des VGH Baden-Württemberg vom 05.02.2015[760]. Mit dieser Entscheidung versuchte der VGH im Wege einer einstweiligen Anordnung eine Baubehörde zu verpflichten, „*geeignete Maßnahmen*“ zur Begrenzung des von einer Baustelle verursachten Lärms auf die Immissionsrichtwerte der *AVV Baulärm* zu treffen. Das „Entscheidungs-Ungetüm“ stellt ein Paradebeispiel dafür dar, dass es bei ständig wechselnden Geräuschkulissen, wie sie einer Baustelle eigen sind, im Ergebnis nicht möglich ist, eine vor Ort durch die Baubeteiligten verstehbare, aber auch durch die

757 S. dazu insb. die Entscheidungen der LG und AG, Kap.11.

758 S. dazu insb. 11.2.2.1.

759 *Gebhardt / Lang*, Verhältnismäßigkeit von Baustopps nach AVV Baulärm – zugleich Besprechung VGH Mannheim, Beschluss v. 05.02.2015 (-10 S 2471/14-), in: BauR 2015, 1426 ff.

760 Az: 10 S 2471/14 – *juris* = IBR 2015, 224.

Behörde „vollzieh- bzw. überprüfbare" Regelung zu treffen. Denn eine Baustelle ist dem stetigen Wandel an Bautätigkeiten und damit auch Lärmemissionen mit der Folge entsprechend ständig veränderter Immissionen unterworfen. Dass diese Tatsache nicht durch die nachstehende Anordnung berücksichtigt werden kann, erhellt aus dem Tenor des Beschlusses selbst:

„Dem Antragsgegner wird im Wege der einstweiligen Anordnung aufgegeben,

a) entweder die Beigeladenen zu 1 bis 3 zu verpflichten, an 14 (vierzehn) vom Landratsamt B. festzusetzenden Werktagen für die Dauer des Baubetriebs Lärmmessungen (Tagesmessungen) durch einen qualifizierten Sachverständigen durchführen zu lassen und das Messprotokoll dem Landratsamt B. jeweils unverzüglich zu übermitteln oder entsprechende eigene Messungen durchzuführen oder durchführen zu lassen; Messungen sind mit dem Landratsamt B. abzustimmen; das Messverfahren der Allgemeinen Verwaltungsvorschrift zum Schutz gegen Baulärm vom 19.08.1970 (AVV Baulärm) ist zu beachten.

b) die Beigeladenen zu 1 bis 3 vorläufig zu verpflichten, die Immissionsschutzbehörde ab sofort jeweils bis spätestens freitags für die Folgewoche über die Baumaßnahmen, die Dauer und die zu erwartenden Immissionsbeeinträchtigungen aus dem Baubetrieb umfassend zu informieren,

sowie

der Immissionsschutzbehörde eine Prognose über die zu erwartende Lärmbelastung und einen Maßnahmekatalog zur Reduzierung der Schallimmissionen auf die in der Verfügung des Landratsamt B. vom 19.03.2014 festgesetzten Immissionsrichtwerte unter Berücksichtigung von Nr. 4.1 AAV Baulärm i. V. m. Anlage 5 vorzulegen; Prognose und Maßnahmekatalog sind durch einen qualifizierten Sachverständigen zu erstellen; sind lärmintensive Bauarbeiten (Bauarbeiten, bei denen Überschreitungen der Richtwerte zu erwarten sind) geplant, ist dies der Antragstellerin mitzuteilen.

c) die Bauarbeiten auf den Grundstücken ...-Straße ..., ...-...-Straße ... und ... unverzüglich vorläufig einzustellen, sofern einzelne Tagesmessungen nach Buchstabe a) oder sonstige von der zuständigen Behörde angeordnete Lärmmessungen ergeben, dass hierdurch die Immissionsrichtwerte von 60 dB(A) tags (7 bis 20 Uhr) und 45 dB(A) nachts (20 Uhr bis 7 Uhr) um mehr als 5 dB(A) überschritten werden oder die Lärmprognose nach Buchstabe b) eine entsprechende Überschreitung erwarten lässt; die Baueinstellung ist aufzuheben, wenn die Beigeladenen zu 1 bis 3 nachweisen, dass sie geeignete Maßnahmen zur Lärmreduzierung auf die vorgeschriebenen Immissionsrichtwerte durchführen, oder nachweisen, dass eine Lärmreduzierung auf die maßgeblichen Immissionsrichtwerte nach dem Stand der Technik auch bei Ausschöpfung aller Maßnahmen nach Nr. 4.1 AVV Baulärm i. V. m. Anlage 5 nicht möglich ist (unvermeidbarer Baulärm).

Im Übrigen wird der Antrag abgelehnt."

Die „Keule“ der Baueinstellung bzw. das mit dieser Anordnung über der Baumaßnahme schwebende Damoklesschwert einer Bauablaufstörung fordert zwangsläufig kosten- und zeitaufwändige Baubegleitungsmaßnahmen durch Einschaltung eigener Sachverständiger, die zur Durchführung der 14 geforderten „Tagesmessungen“ nach Datums-Vorgabe durch das Landratsamt praktisch ganztägig auf der Baustelle anwesend sein müssen, heraus. Unabhängig davon, dass die „Baulärm-Aktivitäten“ an den von der Baubehörde vorgegebenen Tagen manipuliert werden könnten, bilden die darauf beruhenden „Messungen“ nicht im Ansatz den „Belästigungsgrad“ der Antragstellerseite ab. Denn „Lärm“ kann, wie oben[761] herausgearbeitet wurde, letztlich nicht gemessen[762], sondern nur subjektiv empfunden werden. Mehr noch: Der VGH gibt selbst den Ausweg aus der Baulärm-Begrenzung durch die AVV Baulärm vor, wenn er in die Anordnung aufnimmt, dass beim Anstehen von lärmintensiven, also die Richtwerte der AVV Baulärm überschreitenden, Bauarbeiten die Antragstellerin zu informieren ist (Buchstabe b) des Tenors): Was gilt dann? Die Antwort gibt der VGH wiederum – indirekt –, indem er bei Überschreitung der Immissionswerte der AVV Baulärm die sofortige Einstellung (!) der Bauarbeiten anordnet (Buchstabe c) des Tenors) – dies aber wieder zu revidieren ist, wenn nachgewiesen werden kann,

> *„dass eine Lärmreduzierung auf die maßgeblichen Immissionsrichtwerte nach dem Stand der Technik auch bei Ausschöpfung aller Maßnahmen nach Nr. 4.1 AVV Baulärm i. V. m. Anlage 5 nicht möglich ist (unvermeidbarer Baulärm)“.*

Ein solcher „Nachweis“ erfordert erneut die Einschaltung eines Sachverständigen und Zeit sowie Geld – und kann im Regelfall dadurch auch geführt werden, weil, wie auch in der Rechtsprechung und Lehre vielfach klargestellt, Bautätigkeit in bestimmtem Maße – außer durch Unterlassen von Bauarbeiten – unvermeidbar auch „Baulärm“ mit sich bringt, der deutlich über den rein schematisch, aber der Bauwirklichkeit nicht entsprechend festgelegten Dezibel-Werten der AVV Baulärm liegt. Am Beispiel: Große Betonfundamente, die im Zuge eines Rückbaus beseitigt werden müssen, um einem Neubau Platz zu machen, können nur mit Hilfe etwa von Betonsägen, Presslufthämmern oder Kleinsprengungen in Stücke zerlegt werden, die dann mit Hilfe von Hebezeugen geborgen und von der Baustelle entfernt werden. Das dabei entstehende Geräusch der Durchtrennung von Beton- und

761 S. oben Kap. 12.

762 S. dazu auch die Antwort der Bundesregierung durch Bundesminister *Hans-Dietrich Genscher* auf eine kleine Anfrage vom 08.11.1973 (Frage: *Dr. Hirsch*), Drucksache 7/1182, Fragen A 59 und 60: *„Es bereitet naturgemäß den zuständigen Landesbehörden gewisse Schwierigkeiten, die Einhaltung der zahlreichen, festgesetzten Emissionswerte auf der Baustelle zu kontrollieren. Um diese Aufgabe zu erleichtern und Messungen auf der Baustelle möglichst weitgehend zu vermeiden, hat die Bundesregierung Vorsorge getroffen, daß die Baumaschinentypen, die nachweislich dem Stand der Technik oder „erhöhten Schallschutzanforderungen“ entsprechen, in einer Datenbank erfaßt und den Überwachungsbehörden zur Kenntnis gebracht werden“.*

Stahlanteilen ist auch bei Verwendung geräuscharmer Geräte in seiner Lästigkeit und Lautheit nicht vermeidbar – und im Regelfall weit über den AVV-Werten gelegen. Eine Einhausung der jeweiligen „Trennstelle" wäre zwar möglich, bei einem umlaufenden Fundament jedoch aus arbeitsschutzrechtlichen, baupraktischen und wirtschaftlichen Gründen nicht zumutbar[763]. Auch die weitere „Anordnung" des VGH Baden-Württemberg geht an der Bauwirklichkeit vorbei: Wenn gefordert wird, dass der Bauherr bzw. das Bauunternehmen das Landratsamt

> *„spätestens freitags für die Folgewoche über die Baumaßnahmen, die Dauer und die zu erwartenden Immissionsbeeinträchtigungen aus dem Baubetrieb umfassend zu informieren [hat]"*,

dann werden *„hellseherische Fähigkeiten"*, wie sie z.B. auch das LG Frankfurt am Main[764] hinsichtlich der Vorausbestimmung von Baulärm-Werten für zukünftige Bauarbeiten verneint hat, verlangt: Die Abwicklung einer Baumaßnahme entspricht einem vielgestaltigen Organismus, der sich ständig neu orientieren und formieren muss, um allen Imponderabilien, angefangen vom Wetter über Lieferprobleme mit Baumaterialien bis hin zum Ausfall von Baumaschinen oder Planänderungen, gerecht werden zu können. Eine „Lärmprognose" mit Angabe sämtlicher Arbeiten der Folgewoche samt der zu erwartenden *„Dauer"* und der *„zu erwartenden Immissionsbeeinträchtigungen"* durch die Bauarbeiten entspräche hinsichtlich seines Informationsgehalts mehr einer ungesicherten Fiktion denn einer – vom VGH erwarteten – belastbaren Information. Wie auch soll es z.B. bei einer größeren Baumaßnahme möglich sein, alle „lärmenden" Bautätigkeiten an einem Freitag für die gesamte folgende Woche vorauszudenken, wenn – wie im Regelfall üblich – eine Vielzahl von Bau- und Handwerksunternehmen gleichzeitig an der Baustelle tätig ist, verbunden mit unterschiedlichem Baustellenverkehr, etwa zum An- oder Abtransport von Materialien bis hin zur Reinigung der Baustellen-Toilette? Stets ist damit in irgendeiner Form Lärm verbunden, der sich aus verschiedenen „Lärmquellen" summieren und kumulieren kann – alle diese Geräuschmöglichkeiten im Voraus zu eruieren und verifizieren ist schon technisch nicht möglich: Wann der Hammer des Spenglers den Nagel und ob gleichzeitig die Flexscheibe des Installateurs auf ein Wasserleitungsrohr trifft ist ebenso wenig vorherbestimmbar wie die Angabe der Fahrten eines Gabelstaplers zum Baustellen-Materialtransport oder der Einsatz des Kranes mit der Laufkatze. Dabei handelt es sich stets um rein situative Tätigkeiten, die im Regelfall nur *ad hoc* auszuführen sind – und dann zur „Lärm-Menge" beitragen.

Das Beispiel des Versuchs des VGH Baden-Württemberg[765], *„Baustellenlärm"* in Worte für eine Anordnung zu fassen, zeigt deutlich auf, dass – ebenso wie beim „Kinderlärm" – zwar ein „allgemeines Wissen" über die Laut- und Lästigkeit der

---

763 Beispiel aus der Praxis der Verf. bei einer Baustelle in Berlin.

764 Urteil vom 02.11.2011 – Az: 33 C 2424/11 = NZM 2012, 307 = NJW-RR 2012, 591 = IMR 2012, 105.

765 Urteil vom 05.02.2015 – Az: 10 S 2471/14 – *juris* = IBR 2015, 224.

unvermeidbaren Geräusche bei der Bauabwicklung vorliegt, konkret aber letztlich nur eine – aber wegen der Bedeutung des Bauens für die Menschen auszuschließende – Möglichkeit der Baulärmvermeidung bliebe: Keine Durchführung von Bauarbeiten, wenn sich Anwohner/Mieter belästigt fühlen (können).

17. Gesetzliche Normierung sozialadäquaten Baulärms?

Die vorhergehenden Untersuchungen zur gesamten Lärmproblematik, insbesondere aber der Baulärm-Situation, haben die Schwierigkeiten verdeutlicht, die im Zusammenhang mit den bei vielen Bauarbeiten unweigerlich und unabänderlich entstehenden Geräuschen entstehen. *Dziallas/Kullick*[766] fassen dies so zusammen: *„Dass zum Bauen auch Lärm gehört, darf als allgemeiner Erfahrungssatz gelten. Dass eben dieser störende Baulärm zu den von der Umwelt am intensivsten wahrgenommenen Geräuschen gehört und vor allem bei betroffenen Nachbarn für Unmut sorgt, ist ein ebenso bekannter Fakt".* Und in ihrem *„Fazit"* unterstreichen diese Autoren, dass *„eine Einhaltung der Grenzwerte der AVV Baulärm bei „normalem" Baustellenlärm, der durch bereits vorhandenen Umgebungslärm gesteigert wird, oftmals nur schwer möglich"*[767] ist. Mehr noch: *„Dies gilt verstärkt im innerstädtischen Bereich. Soweit die Gerichte derzeit die Schutzposition der Anwohner weiter stärken, wird dies auf Seiten der Bauherren absehbar zu erheblichen Mehrausgaben für Schallschutzmaßnahmen führen müssen, für die es rechtzeitig Rücklagen zu bilden gilt".*

Die Konsequenz liegt auf der Hand: Je mehr – temporäre – Lärmschutzauflagen während der (im Regelfall überschaubaren) Bauzeit das Finanzbudget des Bauherrn belasten, desto höher wird später – sofern keine Eigennutzung erfolgt – die Refinanzierung durch entsprechend hohe – permanent zu zahlende – Mieten. D.h., der Kreislauf *„teuer bauen, teuer vermieten"* wird zwangsläufig durch eine restriktive Baulärm-Rechtsprechung in Gang gesetzt. Dass dies volkswirtschaftlich nicht erstrebenswert ist, erklärt sich von selbst: Teure Mieten setzen entsprechende Einkommen voraus. Und diese führen wiederum zur Erhöhung der Einstandspreise. Diese sog. Lohn-Preis-Spirale mit dem bekannten Aufschaukelungseffekt wird auch im Bereich des Miet- und Pachtsektors relevant. Es gilt damit, die Neuherstellung, Sanierung, Renovierung und Änderung von Bauwerken aller Art, einschließlich der gesamten Infrastruktur, nach Möglichkeit von Kosten zu entlasten, die keinen Bezug zur Bauleistung, sondern ausschließlich zum Immissionsschutz haben und damit keine unmittelbare Wertschöpfung darstellen.

Diese Aufgabe also gilt es so zu lösen, dass unter Abwägung aller Interessen eine (praxis-)gerechte und nachlesbare, verständliche Regelung erfolgt. Dies könnte, wie einleitend dargelegt wurde, in einer gesetzlichen Normierung liegen, wonach Baulärm als sozialadäquat von Jedermann in der Regel entschädigungslos hinzunehmen ist.

766 Bauen ohne Lärm?, in: NZBau 2011, 544.
767 NZBau 2011, 544 (545 rSp.).

Denn dann:
- würden Mieter nicht mehr gem. § 536 BGB die Miete ganz oder teilweise mindern können.
- würden Mieter keine unnütz aufgewendeten Gerichts-, Anwalts- und Sachverständigenkosten, vielleicht sogar für 2 oder 3 Gerichtsinstanzen, tragen müssen, wenn der Vermieter rückständige Miete einfordert, weil er die Minderung nicht akzeptieren will, und er damit ganz oder teilweise obsiegt. Gleiches gilt umgekehrt für den Vermieter.
- würden Vermieter nicht mehr gegen Bauherren klagen müssen, wenn sie selbst wegen einer Baulärm-Beeinträchtigung ganz oder teilweise gem. § 536 BGB eine Mietminderung – meist aufgrund Gerichtsurteils – akzeptieren müssen.
- würden Nachbarn nicht mehr „Baulärm-Entschädigungsansprüche" gegenüber Bauherren erheben können, weil (vielleicht) eine unzumutbare, aber nicht abwendbare Beeinträchtigung i.S.d. § 906 BGB besteht.
- würden Streitverkündungen gegenüber Mietern in Vermieter/Bauherren-Prozessen bzw. gegenüber Architekten oder Bauleitern in Nachbarn/Bauherren-Prozessen vermieden.
- Mehr noch:

Könnte es die Möglichkeit einer gesetzlichen Normierung der Sozialadäquanz des Bauens und des damit nicht wegdenkbaren Baulärms entsprechend dem Vorbild des § 22 Abs. 1 a) BImSchG (Kinderlärm) geben, dann würden:

- Keine Baustillstände und Bauablaufstörungen zu Mehr-Zeit und Mehr-Kosten für die Auftraggeber- und Auftragnehmerseite (einschließlich der Planer und Bauüberwacher) führen, verbunden mit dem Verlust aus verspäteter Fertigstellung und Nutzung von Bauwerken.
- Keine aufwändigen temporären Lärmschutzmaßnahmen, die über Planfeststellungsvorgaben oder das unbedingt Notwendige im Einzelfall hinausgehen, auszuführen sein.
- keine Vielzahl von Gerichten[768] mit der immer wiederkehrenden, oft viele Seiten füllenden „*tatrichterlichen Würdigung*", nach der BGH-Vorgabe[769] auch mit einem Augenschein verbunden, befasst und damit ein Beitrag zur Gerichtsentlastung sowie volkswirtschaftlichen Kosteneinsparung geleistet werden.
- Keine völlig unterschiedlichen Gerichtsentscheidungen zu vergleichbaren Sachverhalten, wie etwa die Rückgriffsmöglichkeit des Vermieters gegenüber dem Bauherrn bei durch Baulärm ausgelöster Mietminderung, mehr ergehen.

---

768 Die Anzahl der „Baulärm-Urteile" ist nicht mehr überschaubar bzw. auch nicht konkret feststellbar, da die meisten Baulärm-Mietminderungsprozesse bei den Amtsgerichten durchgeführt werden und deren Urteile nur in Ausnahmefällen veröffentlicht werden; s. dazu die Übersicht der Urteile oben Kap.11.

769 BGHZ 121, 248 (255) (s. oben 11.3.1.6).

- Die wissenschaftlichen Erkenntnisse berücksichtigt werden, dass es unmöglich ist, eine objektive und richtige „Lärm-Messung" in Bezug auf eine sich ständig verändernde Baustelle vorzunehmen.
- Keine willkürlichen oder sehr subjektiv geprägten Urteile mehr Bauherren, Anwohner, Vermieter oder Mieter überraschen.
- Keine Kommunen durch selbstbestimmte, in „Baulärm-Verordnungen" geregelten, „Nicht-Lärm-Zeiten" – wie etwa in Kurgebieten[770] – das Bauen erschweren und verteuern.

Kurzum: Wenn es nach der Rechtsordnung der Bundesrepublik Deutschland möglich wäre, den mit Bauarbeiten aller Art zwangsläufig und unvermeidbar entstehenden Baulärm, obwohl in Einzelfällen *contra legem*, d.h. nicht (mehr) den Vorgaben der §§ 3; 22; 66 Abs. 2 BImSchG iVm der AVV Baulärm – Geräuschimmissionen – entsprechend, als sozialadäquat hinnehmbar zu normieren, dann könnte *„das Bauen"* als existentielle Grundvoraussetzung für ein kultiviertes Leben künftig ohne den Hemmschuh bzw. das Damoklesschwert einer Baulärm-Reglementierung, die bis zur (Androhung der) Einstellung der Bauarbeiten führen könnte, erfolgen. Dies umso mehr, als – wie schon *Kutscheidt*[771] ausführlich dargelegt hat – ein einheitliches Meß- und Beurteilungssystem, das eine gleichmäßige Bewertung der Lästigkeit von Lärm sicherstellen könnte, nicht gefunden werden kann. *Kutscheidt* begründet dies u.a. mit einem Hinweis auf die VDI-Richtlinie 2058. Diese gibt ausdrücklich vor: *„Allgemeingültige Grenzwerte für die Lärmeinwirkung auf die Nachbarschaft lassen sich .... nicht aufstellen"*. *Kutscheidt* – einst Präsident des VG Köln – bringt die gesamte *„Lärm-Misere"* in der Einleitung zu seiner Betrachtung über Rechtsprobleme bei der Bewertung von Geräuschimmissionen auch auf den Punkt:

> *„Wer Geräuschimmissionen zu bewerten hat, wird sich nach einem enttäuschenden Blick in die einschlägigen Gesetze rasch den technischen Regelwerken zuwenden, die die unbestimmten Gesetzesbegriffe konkretisieren sollen. Aber bald wird ihm der Kopf nur so schwirren von technischen Begriffen wie Schalldruckpegel und Schallleistungspegel, Maximalpegel und Mittelungspegel, äquivalenter Dauerschallpegel und Beurteilungspegel, Halbierungsparameter, Taktmaximalpegel und Impulsschallpegel. Und über allem schwebt das Dezibel, natürlich A-bewertet nach DIN IEC 651"*[772].

Den aus der Formulierung spürbaren Frust über die letztlich nicht geregelte und auch nicht greifbare Materie *„Lärm"* – die gleichermaßen auch für den Baulärm gilt – bringt *Kutscheidt* dann auf den Punkt:

770 S. dazu u.a.: *Busch*, Lärm und Ruhe in Kurorten, in: Schriftenreihe der Hessischen Landesanstalt für Umwelt, Nr. 14 / 1984, S. 3 ff.

771 Rechtsprobleme bei der Bewertung von Geräuschimmissionen, in: NVwZ 1989, 193.

772 Wie vor, S. 193.

„Die rechtliche Bewertung des Lärms ist offensichtlich weitgehend einer technischen gewichen, man könnte bei der Lektüre all dieser technischen Begriffe und Formeln den Eindruck gewinnen, als komme es bei der Bewertung von Geräuschen gar nicht mehr auf das menschliche Empfinden an, sondern lediglich darauf, ob meßtechnisch ermittelte Schallpegel bestimmte in technischen Normen festgelegte Kenngrößen überschreiten"[773].

Der Autor dieser Sätze befindet sodann:

„......und heute stehen wir ratlos vor einer unüberschaubaren Vielfalt von Richtlinien und Normen, die alle in unterschiedlicher Weise die Emissionen oder Immissionen von Geräuschen bewerten"[774].

Was hier im Hinblick auf die Gesamtheit der Lärmproblematik im Bereich von Verkehrs-, Schienen-, Nachbar-, Industrie-, Gewerbe- und auch Baulärm – um nur einige der wesentlichen Lärmarten anzuführen – angeprangert wird, gilt in ähnlicher Form für den Baulärm: Die Auswertung zahlloser „Baulärm-Urteile" aller Gerichtszweige oben hat ergeben, dass die „tatrichterliche Wertung" nichts anderes als eine Worthülse darstellt, deren Inhalt in unterschiedlichster Weise interpretiert und letztlich auch judiziert wird. Damit aber erfüllt das Recht die zu erfüllende Kernaufgabe, zu der an vorderster Stelle auch die Rechtssicherheit zählt, nicht. Es stellt sich deshalb die Frage nach einer Lösung, die „*maßgeschneidert*" den Belangen des Bauens als unverzichtbare menschliche Lebensgrundlage gerecht wird – und trotzdem auch die Anliegen der Baunachbarn, möglichst wenig belästigt zu werden, berücksichtigt.

17.1 Die Abwägung zwischen dem Bau- und Lärmschutzinteresse

Regelungen aller Art setzen – je nach Betroffenheit davon – Grenzen, eröffnen aber auch Möglichkeiten und beinhalten Nachteile. Die grundsätzliche Freiheit iSd. Art. 2 GG, letztlich tun oder lassen zu können, wie es dem Einzelnen beliebt, wird damit innerhalb des geregelten Sachverhalts, beschränkt. Dies hängt zwangsläufig davon ab, dass sich Interessen diametral gegenüberstehen können – wie dies bei Baunachbarn häufig der Fall ist: Der Ruheanspruch vieler Menschen, der einer Geräuschbelastung und damit auch Belästigung entgegen steht, wird durch den Baulärm konterkariert, Konflikte sind damit vorprogrammiert. Solche zu vermeiden oder jedenfalls zu lösen, ist das Recht berufen. Mit dessen Hilfe muss die Gratwanderung zwischen Bauen-Dürfen (und damit Lärmverursachung) und Gewährung von Ruhe (und damit die Abwehr von Lärm-Belästigungen) ermöglicht werden. Dabei muss zwangsläufig – wie auf jedem Grat – ein Mittelweg gesucht und dann gangbar

773 Wie vor, S. 193.
774 Wie vor, S. 193 a.E.

gemacht werden. Die Basis hierfür aber kann nur aus gesicherten Argumenten, nicht aber aus subjektiven Wertungen hergeleitet werden. Dazu ist festzuhalten:

17.1.1 Gesicherte Argumente

Sicher ist etwas dann, wenn die Erfahrung den Schluss auf die Richtigkeit einer Annahme bestätigt. Insoweit kann nach den vorstehenden Untersuchungen hinsichtlich eines Baulärm-Betroffenseins einerseits und dem „Bauen" in seiner Gesamtheit andererseits festgestellt werden, dass es eine Reihe von (über-)prüfbaren Tatsachen gibt, die das Fundament für eine tragfähige Lösung des Baulärm-Problems bilden können. Im Einzelnen:

17.1.1.1 Baulärm-Betroffenheit: Anwesenheit und Zeitraum

Die Betroffenheit durch Baulärm ergibt sich für den *„vernünftigen Durchschnittsmenschen"*, wie ihn der BGH[775] als maßgeblichen Akzeptor von Immissionen bezeichnet, nicht schon aus der Tatsache, dass überhaupt in seinem Kenntnisnahmebereich gebaut wird. Vielmehr ist eine echte Belastung die Voraussetzung für eine Betroffenheitsannahme. Dazu ist jedoch zunächst die körperliche Anwesenheit erste Voraussetzung: Wer nichts hören kann, weil er abwesend ist, kann auch nicht belästigt werden. Insoweit ist die Rechtsprechung des AG Regensburg[776], die unabhängig von der Örtlichkeit, an dem sich ein Mieter aufhält, eine Mietminderung für gerechtfertigt hält, nicht nachvollziehbar. Entscheidend für eine Bejahung der (möglichen) Betroffenheit ist damit die Anwesenheit. Dies wird durch § 3 Abs. 2 BImSchG unterstrichen: Hier findet sich die Definition für eine „Immission" mit dem Inhalt, dass eine solche nur vorliegt, wenn – hier nur interessierend – *„Geräusche" „auf Menschen" „einwirken"*. Eine solche *„Einwirkung"* setzt denknotwendig die Anwesenheit voraus! Deshalb kann auch ein Urteil des AG Hamburg-Blankenese mit der folgenden Begründung nicht nachvollzogen werden:

> *„Ebenfalls ist zu berücksichtigen, dass trotz ungleichmäßiger Belastung eine Beeinträchtigung des Mieters in seiner Wohnqualität auch in den Zeiten gegeben ist, in denen besonders starke Lärm- oder Geräusch- oder Staubentwicklungen nicht stattfinden. Dies ergibt sich schon daraus, dass der Mieter nie sicher sein kann, dass er für einen bestimmten voraussehbaren Zeitraum von solchen Beeinträchtigungen verschont bleibt."*[777]

In der Konsequenz würde dies bedeuten, dass praktisch durch jede Baustelle in der BRD ein Mietmangel provoziert wird, denn in jedem Fall, also denknotwendig und erfahrungsgestützt, treten bei Bauarbeiten zu unterschiedlichen Zeiten

775 S. dazu oben Kap.11.

776 Urteil vom 16.04.1991 – Az: 4 C 275/91 – *juris*.

777 AG Hamburg-Blankenese, Urteil vom 26.02.2003 – Az: 517 C 175/02 = ZMR 2003, 746.

verschiedenartige – und zwar nach Ursprung und Intensität – „Lärme“ auf – und damit auch „Lärm-Pausen“.

Besteht Anwesenheit, so ist nach der Tageszeit ebenso zu fragen wie nach dem Wochentag: Es ist nachvollziehbar, dass eine Lärmbeeinträchtigung am frühen Morgen, in der Mittagszeit oder am Feierabend, d.h. in den Abendstunden, als ärgerlicher empfunden wird, als während der normalen Arbeitszeit von ca. 07:00 Uhr bis 12:00 Uhr und 13:00 Uhr bis 18:00 Uhr. Innerhalb dieser „Zeitfenster“ ist grundsätzlich eine Akzeptanz bzw. Toleranz gegenüber von Baulärm feststellbar. Gesellschaftlich nicht mehr akzeptabel ist Baulärm hingegen in der Nachtzeit, die für Bauarbeiten bereits um 20:00 Uhr beginnt, und an allen Sonn- und Feiertagen. Diese Zeitregelung – ausgenommen eine Mittagspause – gibt schon die *AVV Baulärm – Geräuschimmissionen* – vor.

Sie erscheint auch als grundsätzlich vernünftig. Denn damit steht eine Stunde mehr als die Hälfte eines jeden Werktages, nämlich ein zusammenhängender Zeitraum von 13 Stunden, für die Ausführung von Bauleistungen zur Verfügung. In Interessenssphären ausgedrückt: Die Ruhezeit des Baunachbarn und die Bauzeit des Bauherrn sind mit 13:11 Stunden nahezu gerecht verteilt. Hinzu kommen die „baulärmfreien“ Sonn- und Feiertage, die rund 1/6-tel des Jahres ausmachen und dem „Ruhekonto“ der Baunachbarn zugutekommen. Insoweit bedarf es keines weiteren „Ausgleichs“ durch die Festlegung (auch) einer Mittagsruhephase. Dies auch deshalb nicht, weil der Arbeitstag im Rahmen von Bauarbeiten flexibel gestaltet werden muss, um die unterschiedlichen Gewerke fachgerecht herstellen zu können: Wer mit der Herstellung einer Betondecke beschäftigt ist, kann nicht einfach für eine Stunde am Mittag unterbrechen, *„Beton muss fließen“*, lautet ein bekannter Satz am Bau. Zudem sind die sog. Mittagszeiten ohnehin fließend geworden. Der früher bekannte Satz, wonach „um 12 Uhr“ gegessen wird, existiert im Zeitalter von Gleit- und Teilzeitarbeit nicht mehr, zumal ein Großteil der arbeitenden Bevölkerung – zumindest in den Großstädten – die Mittagspause nicht in der eigenen Wohnung oder im Familienhaus verbringt, aber auch z.B. Schulen, Kindergärten, etc. oft bis in den frühen Nachmittag hinein geöffnet haben. Das „Mittags-Ruhe-Denken“ ist damit allenfalls noch im Bereich von Kliniken oder Senioren- bzw. Pflegeeinrichtungen angezeigt.

Im Ergebnis besteht damit in zeitlicher Hinsicht bei Übernahme der Bau-Zeiten nach der *AVV Baulärm – Geräuschimmissionen* – eine gerechte und unter Berücksichtigung der tarifvertraglichen Arbeitszeiten[778], die für Bauarbeiter gelten, auch völlig ausreichende tägliche und wöchentliche Arbeitsstundenzahl. Denn § 3

---

778 Für die Arbeiter des Baugewerbes gilt der allgemeinverbindliche Bundesrahmentarifvertrag (BRTV-Bau) idF vom 17.12.2012. vom 4. Juli 2002 in der Fassung vom 17. Dezember 2003, 14. Dezember 2004, 29. Juli 2005, 19. Mai 2006, 20. August 2007, 31. Mai 2012, 17. Dezember 2012, 5. Juni 2014 und 10. Dezember 2014. Dieser regelt die Arbeitsbedingungen wie Arbeitszeit, Eingruppierung, Urlaub, Fahrtkostenersatz etc. der in Betrieben des Baugewerbes iSv § 1 BRTV-Bau beschäftigten Arbeitnehmer.

Abschnitt 1.2 des Tarifvertrages gibt – unterschieden nach Winter- bzw. Sommerzeit – Folgendes vor:

> *„Tarifliche Arbeitszeit*
> *In den Monaten Januar bis März und Dezember beträgt die regelmäßige werktägliche Arbeitszeit ausschließlich der Ruhepausen montags bis donnerstags 8 Stunden und freitags 6 Stunden, die wöchentliche Arbeitszeit 38 Stunden (Winterarbeitszeit). In den Monaten April bis November beträgt die regelmäßige werktägliche Arbeitszeit ausschließlich der Ruhepausen montags bis donnerstags 8,5 Stunden und freitags 7 Stunden, die wöchentliche Arbeitszeit 41 Stunden (Sommerarbeitszeit)".*

Damit ist bereits jegliche Diskussion zu anderen Arbeits-Tageszeiten obsolet: Bereits die durch eine tarifvertragliche Festlegung erfolgte Bestimmung von Stunden geben den Tages-Rahmen vor. Zudem entspricht diese Stundenzahl in entsprechender Weise auch der „Baulärm-Betroffenheit" der Baubeteiligten vor Ort – wobei es für diese „Arbeitslärm" ist. Da der Arbeitsschutz gesetzlich jedoch sehr stark ausgeprägt ist, kann insoweit in zeitlicher Hinsicht keine Divergenz zwischen der „Baulärmbetroffenheit" und der „Arbeitslärmbelastung" der Bauarbeiter festgestellt werden. Dies gilt mit Blick auf die Zeitbegrenzung der *AVV Baulärm* auch für einen 2-Schicht-Betrieb.

17.1.1.2 Keine gesundheitlichen Auswirkungen von Baulärm

Zahlreiche Abhandlungen über Lärm befassen sich mit der möglichen Gesundheitsgefahr bzw. tatsächlich durch Lärm hervorgerufenen Erkrankungen wie Gehörschaden, Schlaflosigkeit, Herzbeschwerden, Unwohlsein, Angstgefühle, Magen-Darmveränderungen, Erhöhung des Muskeltonus, Herz-Kreislaufwirkungen, Veränderung der Atemfrequenz, Stoffwechselveränderungen und Vieles mehr[779]. Diese zunächst nachdenklich stimmende Aufzählung möglicher gesundheitlicher Folgen durch Lärm, die gerade in der Literatur[780] häufig – ohne den Ansatz einer

---

779 S. dazu näher: *Lercher*, Medizinisch-hygienische Grundlagen der Lärmbewertung, in: *Kalivoda / Steiner*, Taschenbuch der Angewandten Psychoakustik, S. 45 mwN.; s. auch: *Nawroth*, Stresswirkungen von Lärm in Kombination mit Magnesiummangel, Coffein und Nikotin, Diss. Freie Universität Berlin 1985.

780 *Fleischer*, Argumente für die Berücksichtigung der Ruhe in der Lärmbekämpfung, in: Kampf dem Lärm 1978, 69; *ders.*, Vorschlag für die Bewertung von Lärm und Ruhe, in: Kampf dem Lärm, 1979, 129; *Gaisbauer*, Lärmstörungen und Wohnruhe, in: ZMR 1994, 248; *Graul*, Lärm – Nebenprodukt der Zivilisation, in: Deutsches Ärzteblatt, Jg. 71, 1974, S. 1077 ff. *Kary*, Baulärm muss man ertragen, in: „Die Presse", Wien, Print-Ausgabe 22.08.2013; *Koch*, Aktuelle Probleme des Lärmschutzes, in: NVwZ 2000,490; *ders. (Hrsg.)*,Schutz vor Lärm. Baden-Baden 1990; *ders.*, Das deutsche Lärmschutzrecht im Überblick, in: UmweltmedForschPrax 10 (2), 2005, S. 112 ff.; *Pfeifer*, Lärmstörungen: Gutachten und Lärm-Lexikon, 1999, S. 4 ff.; *Reetz*, Der Schutz vor negativen Immissionen als Regelungs-Aufgabe des zivilrechtlichen und des öffentlich-rechtlichen Nachbarschutzes. Diss. Würzburg 1993;

Reflexion – auch mit Baulärm in Verbindung gebracht wird, beeinflusst zumindest im Unterbewusstsein die Wertungen und Empfindungen von Gerichten im Hinblick auf die Schilderungen von Bau-Nachbarn: Oft ist hier von *„unerträglichem Lärm"* die Rede, womit suggeriert wird, dass damit auch eine Gesundheitsschädigung einhergeht. Die Trennung zwischen „gefühlter" und „tatsächlicher" Belästigung – also im Hinblick auf gesundheitsrelevante Folgen objektiviert – wird im Regelfall nicht vorgenommen. Dazu aber besteht schon deshalb in jedem Fall Anlass, weil die medizinische Wissenschaft nur bei chronischen Lärmbelastungen überhaupt die Möglichkeit gesundheitlicher Beeinträchtigung bejaht[781] – von Ausnahmefällen wie etwa einem äußerst lauten Knall oder auch Explosions- bzw. Sprenglärm in unmittelbarer Gehör-Nähe abgesehen. Voraussetzung für eine Gesundheitsgefahr wäre damit eine dauernde Konfrontation mit Lärm, wie dies etwa in Stahlfabriken oder Steinbrüchen, aber auch durch ununterbrochenen Verkehrs- bzw. Fluglärm der Fall sein kann. Da Baustellen jedoch im Regelfall in einem überschaubaren Zeitraum abgewickelt werden, mithin allenfalls eine temporäre Lärmbelastung erfolgen kann, scheidet eine Gesundheitsgefahr aufgrund der medizinischen Erkenntnisse aus. Dieses Ergebnis wird dadurch unterstrichen, dass es ersichtlich keine Strafurteile gibt, die ihre Grundlage in § 325a StGB, d.h. Erzeugen von gesundheitsgefährdendem oder gar schädigendem Baulärm, haben[782]. Dazu führt *Michalke*[783] aus:

> *„Das Merkmal «Eignung zur Gesundheitsschädigung« bedeutet, dass die Schwelle zur Strafbarkeit auch hier bereits weit im Vorfeld eines Gesundheitsschadens .... erreicht wird. Was den Nachweis der „Eignung" anbelangt, kann sich das Strafrecht allerdings nicht*

Schexnayder / Ernzen, Mitigation of night-time construction noise, vibrations and other nuisances. National Research Council, Washington, DC (USA) 1999, Page 13 ff.; *Spreng*, Kriterien für schädliche Umwelteinwirkungen durch Lärm. Beeinträchtigung der Kommunikation durch Lärm. Forschungsbericht Nr. 10501213/06. Berlin, Umweltbundesamt 1994; *Walden*, Lärm und Ruhe in ihrer Bedeutung für Wohnqualität, in: Zeitschrift für Lärmbekämpfung, Jg. 1995, S. 159 ff.; *Wahl*, Der Nachbarschutz im Baurecht, in: JuS 1984, 577 ff.

781 Näher dazu: *Lercher*, Medizinisch-hygienische Grundlagen der Lärmbeurteilung, in: *Kalivoda / Steiner*, Taschenbuch der Angewandten Psychoakustik, S. 45 und S. 71: *„Hörschäden sind durch Umweltlärm in der Regel nicht zu erwarten"*; *Maschke / Widmann*, Schallwirkungen beim Menschen, in: *Müller / Möser (Hrsg.)*, Taschenbuch der Technischen Akustik, S. 81 ff. (91).

782 *Moench*, Lärm als kriminelle Umweltgefährdung, Diss. Lübeck 1980; s. auch die Kommentare, die zu § 325a StGB keine Baulärm-Urteile zitieren: *Lackner / Kühl*, StGB Kommentar, 28. Auflage, 2014; *Leipziger Kommentar*, Strafgesetzbuch. 11. Aufl., Bd.2, 2003; *Schönke / Schröder (Hrsg.)*, Strafgesetzbuch. Kommentar, 28. Aufl., 2010; *Tröndle / Fischer*, Strafgesetzbuch und Nebengesetze, 54. Aufl., 2007; s. auch: *Greeve / Leipold*, Handbuch des Baustrafrechts, 2004, in dem ebenso keine Baulärm-Urteile angeführt werden, obwohl das Werk sehr fachspezifisch ist.

783 *Brauchen wir ein neues Strafrecht? Ordnungsfaktor Wirtschaftsstrafrecht – am Beispiel des Umweltstrafrechts, Vortrag Strafverteidigertag 2007*, S. 10.

auf bloße Vermutungen und vage Einschätzungen stützen. .... Schon bei der Anhörung im Rechtsausschuss des Bundestages zu § 325a StGB wurde von Sachverständigen darauf hingewiesen, dass zwar Lärm generell als ein Risikofaktor für die Gesundheit des Menschen einzuschätzen sei. Es habe aber, so die Mediziner, bislang nur bei Dauerschallpegeln von 80 dB und mehr eine medizinisch begründbare Ursächlichkeit für eine entstehende Schwerhörigkeit festgestellt werden können. Angesichtes eines naturwissenschaftlich derartig ungesicherten Kausalverlaufs kann nicht verwundern, dass die Statistik der vergangenen Jahre für § 325a StGB entweder keine oder nur eine einzige Verurteilung pro Jahr aufweist".

Allerdings kennt die medizinische Wissenschaft auch negative Folgen, wenn sich Menschen (nur) „belästigt" fühlen. Dabei handelt es sich im Regelfall um besonders lärmempfindliche Männer und Frauen, die einen Anteil von etwa 10 – 15 % der Bevölkerung bilden[784]. Für diese Betroffenen stellt Baulärm nicht nur die Einwirkung eines physikalischen Reizes dar, sondern ein negatives Erlebnis. Dieses kann sich nachhaltig in das Gedächtnis einprägen. Die Medizin bezeichnet deshalb mit *„Belästigung"* den Ausdruck negativ bewerteter Emotionen auf bestimmte Einwirkungen aus dem äußeren und inneren Milieu des Menschen. Dies kann sich dann durch Unwohlsein, Angst, Bedrohung, Ärger, Ungewissheit oder auch Erregbarkeit ausdrücken[785].

Zu berücksichtigen ist dabei aber, dass die subjektiv empfundene Belästigung im Regelfall für einen *„vernünftigen Durchschnittsmenschen"*, wie ihn die Rechtsprechung *unisono* voraussetzt[786], schon deshalb akzeptabel und damit nicht wesentlich beeinträchtigend ist, weil im Regelfall nur eine Kurzzeit-Belästigung mit absehbarem Ende sowie auch einer Ausweichmöglichkeit (z. B. Schließen von Fenstern; Raumwechsel; etc.) besteht. Dies ist auch ein maßgeblicher Unterschied zu anderen Lärm-Arten: Weder dem Straßen- noch dem Fluglärm kann man sich auf Dauer entziehen, während der Baulärm vorhersehbare „Pausen" (20 Uhr bis 7 Uhr jeden Arbeitstag und schon aus tarifvertraglichen Gründen weder an Samstagen sowie Sonn- und Feiertagen) bei ohnehin zeitlich überschaubarem Ende macht. Hinzu kommt, dass – wie einleitend ausgeführt[787] – nicht ständig mit gleicher Lärm-Intensität Bauarbeiten ausgeführt werden und zudem auch die Schallausbreitung von häufig wechselnden Emissionsstellen aus erfolgt. So, wenn beim Aushub der Bagger sich weiter weg vom Immissionsort bewegt oder auch Baucontainer die Schallwellen brechen.

Eine ausführliche Studie führte auch zu einer Aussage von *Ising / Kruppa*, die das hier gefundene Ergebnis unterstreicht:

784 *Maschke / Widmann*, Schallwirkungen beim Menschen, in: *Müller / Möser (Hrsg.)*, Taschenbuch der Technischen Akustik, S. 81 ff. (97 lSp, Ziffer 4.3.3).

785 *Maschke / Widmann*, wie vor, S. 96, Ziffer 4.3.3.

786 S. dazu nur: BGHZ 120, 239 (255) = NJW 1993, 925 (929).

787 S. oben zu den sog. Bauphasen mit unterschiedlicher Lärm-Entwicklung Kap. 2.

„Trotz intensiver Forschung wurde unterhalb der Grenze für Gehörschäden keine lärmspezifische Gesundheitsbeeinträchtigung gefunden[788]*.“*

Dementsprechend richtig ist die Entscheidung des AG München vom 12.07.2006[789], mit der geltend gemachte Schmerzensgeldansprüche wegen baulärmbedingter Kopfschmerzen und Schlaflosigkeit eines Rechtsanwalts als unbegründet zurückgewiesen worden sind. Das Gericht führte dazu u.a. aus:

„Selbst wenn man hier eine Pflichtwidrigkeit erkennen könnte durch die intensiven Umbaumaßnahmen ohne ausreichende Lärmschutzmaßnahmen (was gemäß Beweisangebot der Klagepartei und Sachvortrag allerdings insoweit gar nicht möglich wäre), so fehlt es doch an der Rechtswidrigkeit der Maßnahmen, da das Verhalten der Beklagtenpartei sozial adäquat war und ist. Die Beklagtenpartei handelte nämlich im Rahmen der Sozialordnung des zwischenmenschlich üblichen Verkehrs und der städtischen Üblichkeiten. Modernisierungsmaßnahmen sind dem Vermieter grundsätzlich möglich. Das bedeutet, erhebliche Lärmentwicklungen, die, soweit sie nicht schikanös sind, sind zu dulden. Die Rechtsordnung nimmt dabei in Kauf, dass diese eigentlich zu missbilligende Erhöhung eines Risikos des Eintritts einer Gesundheitsverletzung in geringem Maße aufgrund des Erfordernisses sozialer gegenseitiger Rücksichtnahme zu ertragen ist.“[790]

Zusammenfassend kann damit eine Gesundheitsgefährdung durch Baulärm – auch wegen der grundsätzlichen Zumutbarkeit, diesem Lärm aus eigenem Interesse *„aus dem Weg zu gehen“* – verneint und die Annahme einer Belästigung im Sinne einer medizinischen Bedeutung auf einen kleinen Anteil übersensibler Menschen beschränkt werden. Letztere aber haben ebenso die grundsätzliche Möglichkeit, der empfundenen Belastung auszuweichen.

17.1.1.3 Keine exakte Messbarkeit von Baulärm möglich

In der Wissenschaft ist anerkannt – und dies wird zumindest von einigen Gerichten auch entsprechend nachvollzogen[791] – , dass insb. *„Baulärm“* im Sinne einer Gesamt- und nicht nur „Dezibel-Betrachtung“ nicht – und insbesondere nicht exakt – messbar ist. Denn „Lärm“ hängt nicht nur von physikalisch feststellbaren Parametern

---

788 Zum gegenwärtigen Erkenntnisstand der Lärmwirkungsforschung: Notwendigkeit eines Paradigmenwechsels, in: Umweltmed Forsch Prax 6 (4) 2001, S. 1 ff.

789 Az: 172 C 41295/04 = IMR 2007, 280.

790 AG München, Urteil vom 12.07.2006 – Az: 172 C 41295/04 = IMR 2007, 280.

791 S. dazu insb. BGHZ 46, 35 (38): *„Der Tatrichter muss sich der Grenzen der Meßtechnik, die je nach den Verhältnissen und der Aufgabenstellung weiter oder enger sein können, bei der Verwendung von DIN-phon-Werten bewußt sein“*; allerdings „ersetzen“ auch manche Gerichte von Anfang an jegliche Dezibel-Messung durch ihre eigene *„tatrichterliche Wertung“* der Wesentlichkeit bzw. Erheblichkeit einer Baulärm-Belästigung, wie zahlreiche Urteile (s. oben Kap.11) belegen.

ab, sondern *„von mehr“*, wie dies *Kalivoda*[792] ausdrückt. Dies macht es nach diesem Autor auch so schwer, Methoden und Berechnungsverfahren zur objektivierten Beschreibung der Störwirkung von Geräuschen herzuleiten – wodurch auch die Schwierigkeiten der Lärmbekämpfung und der Diskrepanzen, welche oft zwischen den Lärmkennwerten und einer empfundenen Belästigung bestehen, verständlich seien.

Genuit[793] verdichtet diese Erkenntnisse dahingehend, dass die Geräuschqualität eines wahrgenommenen Geräuschereignisses nicht zwangsläufig objektiv zu bestimmen ist.

17.1.1.4 Dezibelwerte der AVV Baulärm nicht realistisch

Die von den Gerichten im Regelfall als maßgebliche Verwaltungsvorschrift zur Bestimmung von Immissionsrichtwerten bei Bauarbeiten herangezogene *AVV Baulärm – Geräuschimmissionen* – enthält in Ziffer 3.1 Tages- und Nachtwerte, die nach dem jeweiligen Gebietscharakter gestaffelt sind. Nachdem in der Baupraxis schon im Hinblick auf den Tarifvertrag im Normalfall bei Einschicht-Betrieb nur am Tage gebaut wird und Nachtarbeit ohnedies einer Ausnahmegenehmigung mit entsprechend vorlaufender Prüfung der Notwendigkeit durch die zuständige Behörde bedürfte, werden vorliegend nur die sog. Tageswerte betrachtet. Dabei ergibt sich: Als höchster Wert findet sich 70 dB(A) für Industrie- und Gewerbegebiete[794], 65 dB(A) für reine Gewerbegebiete[795], 60 dB(A) bei Gemischtnutzung Gewerbe/Wohnungen[796], 55 dB(A) für Gebiete, in denen sich vorwiegend Wohnungen befinden[797], 50 dB(A) für reine Wohngebiete[798] und schließlich 45 dB(A) für Kurgebiete, Krankenhäuser und Pflegeanstalten[799].

Diese Dezibel-Vorgaben, die aus dem Jahre 1970 stammen, sind unter Berücksichtigung der Dezibel-Bau-Realität nicht nachvollziehbar und dementsprechend auch in der Praxis kaum einhaltbar. Denn der Beurteilungspegel ist für das auf den Immissionsort einwirkende Geräusch zu ermitteln – und dies mit kaum nachvollziehbaren Vorgaben wie etwa *„0,5 m vor dem geöffneten, von dem Geräusch am stärksten betroffenen Fenster“*[800] (ohne Berücksichtigung der Jahreszeit).

---

792 Akustische Grundlagen, in: *Kalivoda / Steiner*, Taschenbuch der Angewandten Psychoakustik, S. 103, Ziffer 4.1.3, letzter Absatz.

793 Gehörgerechte Schallmeßtechnik, in: *Kalivoda / Steiner*, Taschenbuch der Angewandten Psychoakustik, S. 152, Ziff. 6.2.2.

794 AVV Baulärm – Geräuschimmissionen – Ziffer 3.1.1 a).

795 AVV Baulärm – Geräuschimmissionen – Ziffer 3.1.1 b).

796 AVV Baulärm – Geräuschimmissionen – Ziffer 3.1.1 c).

797 AVV Baulärm – Geräuschimmissionen – Ziffer 3.1.1 d).

798 AVV Baulärm – Geräuschimmissionen – Ziffer 3.1.1 e).

799 AVV Baulärm – Geräuschimmissionen – Ziffer 3.1.1 f).

800 AVV Baulärm – Geräuschimmissionen – Ziffer 6.3.

Bleibt schon offen, aus welchen Gründen diese sehr niedrigen und der Baurealität gerade in innerstädtischen Gebieten nicht entsprechenden und damit häufig nicht einhaltbaren[801] Immissionsrichtwerte – die einen Toleranzrahmen von 5 dB(A) haben[802] – eingeführt worden sind, so zeigt sich die Diskrepanz zu realen Dezibel-Werten für alltägliche Geräusch-Erzeugung in besonderer Weise beim Vergleich mit diesen Zahlen, die *Lercher*[803] mit Nachweisen unterlegt:

Eine „ruhige Sprechweise" erzeugt einen Schallpegel von 50 – 55 dB(A), eine mittlere von 55 – 65 dB(A), eine laute von 65 – 70/75 dB(A) und eine sehr laute Sprechweise sogar von über 70/75 dB(A).

Auch die Zahlen von *Jäcker-Cüppers* lassen im Hinblick auf die Baulärm-Werte Fragezeichen entstehen. Er berichtet über Versuche und Untersuchungen, wonach hohe Lärm-Belastungen *„über 65 dB(A) tags zum größten Teil an innerstädtischen Hauptverkehrs- und Verkehrsstraßen auftreten"*[804]. Weiter führt er aus, dass nächtliche Belastungen an Schienenwegen über 75 dB(A) keine Seltenheit sind.

Dezibel-Messgeräte zum täglichen Gebrauch geben ebenso wie die Fachliteratur sog. Dezibel-Erläuterungen vor. Zusammengefasst ergibt sich dabei die nachstehende Tabelle:

Dezibel-Zahl dB(A)	**Geräusch-Ursprung**	**AVV Baulärm Vergleich**
0	Hörschwelle	
10	Atmung; Blätterrascheln	
20	Armbanduhrticken	
30	Flüstern, Schlafzimmer	
40	Leise Musik	
45	Wohnungsgeräusche	Kurgebiet, Krankenhaus, etc.
50	Kühlschrank, Regen	Reines Wohngebiet
55	Normales Gespräch	Vorwiegend Wohngebiet
60	Gruppengespräch; Nähgerät	Gewerbegebiet / Wohnen
65	Kantinengeräusche	Reines Gewerbegebiet
70	Fernseher, Rasenmäher, Büro	Industrie- u. Gewerbegebiet
75	Normaler Verkehrslärm	

801 S. nur: *Böhm / Strachotta / Irmer*, Baulärm, in: *Müller / Möser (Hrsg.)*, Taschenbuch der Technischen Akustik, S. 639 (642 Ziff.19.2.2.1).

802 AVV Baulärm – Geräuschimmissionen – Ziffer 4.1.

803 Medizinisch-hygienische Grundlagen der Lärmbeurteilung, in: *Kalivoda / Steiner*, Taschenbuch der Angewandten Psychoakustik, S. 71, Ziffer 3.5.2.

804 *Jäcker-Cüppers* Städtebaulicher Schallschutz, in: *Müller / Möser (Hrsg.)*, Taschenbuch der Technischen Akustik, S. 661.

Dezibel-Zahl dB(A)	Geräusch-Ursprung	AVV Baulärm Vergleich
80	Telefon	
90	Lastwagen	
100	Laubbläser	
110	Disko, Hupe, Motorsäge	
120	Kettensäge, Donner, Pressluft	
130	Düsenjäger, Formel 1	

Vorstehende Zahlen samt Zuordnung[805] zeigen die Diskrepanz der für Bauarbeiten geltenden Werte im Hinblick auf die im Regelfall mit Dezibel-Wertangaben verbundene Bewertung von Baulärm als „unerträglich", „unzumutbar" und dgl. mehr: Was für jeden normal sensiblen Menschen im täglichen Leben überhaupt keine Belästigungs- oder gar Gefährdungsfrage aufwirft, nämlich eine Kantine zu besuchen oder eine laute Diskussion zu führen (um nur zwei Beispiele herauszugreifen), wird im Zusammenhang mit Bauarbeiten plötzlich bei gleicher Dezibelstärke zur Belästigung?

Diese unterschiedliche Betrachtungsweise, die in der *AVV Baulärm – Geräuschimmissionen* – ihren Niederschlag gefunden hat, zeigt auf, dass Handlungsbedarf besteht. Dies auch deshalb, weil die gesamte Unterteilung in Ziffer 3.1 der *AVV Baulärm – Geräuschimmissionen* – nicht der Baurealität entspricht: Bauarbeiten in Industrie- und Gewerbegebieten werden im Regelfall nicht wegen des damit einhergehenden Baulärms zum Streitpunkt, da oft bereits eine Lärmvorbelastung besteht und zudem in diesen Bereichen eine unzumutbare Belästigung durch eine Bautätigkeit kaum vorstellbar ist. Gleiches gilt für Gewerbegebiete. Damit können die Bereiche 70 dB(A) und 65 dB(A) letztlich außer Betracht bleiben. Es verbleiben damit die allein kritischen Gebiete „Gewerbe/Wohnen", „Wohnen" und „Sondergebiete" (Kurgebiet, Kliniken, Pflegeheime) für die Werte zwischen 60 und 45 dB(A) tagsüber zur Beurteilung anstehen. Diese entsprechen dem Niveau von Sprache und normalen Wohnungsgeräuschen – wie sie etwa von den gleichen „Betroffenen", die sich durch Baulärm belästigt fühlen, in Form der Nutzung eines Staubsaugers, einer Saftpresse, eines Mixers oder auch des Fernsehers täglich selbst erzeugt werden.

Dass hier mit zweierlei Maß gemessen wird zeigt auch eine Entscheidung des VGH München zur Vorbelastung eines Gebiets, für das eine Planfeststellung erfolgt ist. Das Gericht führt dabei u.a. aus,

> *„dass die Verkehrsgeräusche im Untersuchungsgebiet sich von Tag zu Tag nur gering unterscheiden und dass Maximalpegel von 80 dB(A) dort so häufig sind, dass sie als „typische*

805 Siehe zu nahezu ähnlichen Aufstellungen auch: *Sellner / Reidt / Ohms*, Immissionsschutzrecht und Industrieanlagen, S. 30, Rn.80. Dort wird für die Bereiche 50 bis 60 dB(A) „schwaches Geräusch (normale Unterhaltung)" und von 65 bis 75 dB(A) „mäßiges Geräusch (laute Unterhaltung)" angegeben.

Alltagsgeräusche" anzusehen sind, und selbst Maximalpegel über 90 dB(A) an allen Tagen regelmäßig auftreten."[806]

Wenn aber 80 dB(A) für den Alltag „typisch" ist, so fragt es sich, aus welchen Gründen immer noch die im Jahre 1970 auf der Basis völlig anderer Lärm-Begleitumstände durch nicht ausreichend schallgedämmte Maschinen und Geräte in die AVV Baulärm – Geräuschimmissionen – aufgenommenen Richtwerte Geltung beanspruchen können.

Im Ergebnis ist insoweit deshalb festzuhalten, dass es praktisch nicht möglich ist, die in der *AVV Baulärm – Geräuschimmissionen* – vorgegebenen Dezibel-Immissionsrichtwerte einzuhalten. Diese Erkenntnis ist in der Fachwelt auch vorhanden[807].

17.1.2 Zwischenergebnis

Die Untersuchungen zur Baulärm-Problematik haben ergeben, dass im Hinblick auf die im Regelfall überschaubare Bauzeit und die auch vom Tarifvertragsrecht vorgegebene tägliche und wöchentliche Stundenzahl mit Lärm-Verursachungsmöglichkeit eine übermäßige Belastung von Anwohnern nicht gegeben ist – zumal diese zum Teil während des Tages nicht anwesend sind. Weiter wurde festgestellt, dass eine Gesundheitsbeeinträchtigung durch Baulärm, der zu keiner chronischen Belastung führt, auszuschließen und eine Belästigung allenfalls bei sehr sensiblen Menschen zu bejahen ist. Schließlich zeigt die Diskrepanz der Dezibel-Richtwerte selbst mit dem Toleranzzuschlag von 5 dB(A) gegenüber „normalen Alltagsgeräuschen" die Notwendigkeit mindestens einer Anpassung an die Bau-Realität – sofern sich nicht die Möglichkeit entsprechend der Regelung zu Kinderlärm ergibt, jegliche Richt- oder Grenzwerte im Zusammenhang mit Bauarbeiten für obsolet zu erklären.

Dies ist im letzten Schritt abzuklären.

17.2 Notwendigkeit zur Normierung?

Im Prinzip ist eine gesetzliche Normierung stets die Festschreibung des Mehrheitskonsenses des Souveräns, nämlich des Volkes. Dieses wird in einer repräsentativen Demokratie, wie sie in der Bundesrepublik Deutschland vorherrscht, durch den Bundestag und den Bundesrat vertreten. Einer solchen Fixierung des Mehrheitswillens bedarf es immer dann, wenn die Rechtssicherheit und Rechtsklarheit dies verlangt, damit unnötige Rechtsstreitigkeiten vermieden werden können. Dies gilt vor allen Dingen, wenn – wie die Befassung mit der völlig unterschiedlichen und konträren Rechtsprechung zum Baulärm zeigt[808] – kein gefestigtes Richter-Recht oder keine überwiegend im Volksbewußtsein verankerte Meinungsbildung („*Wer*

---

806 VGH München, Beschluss vom 13.08.2013 – Az: 22 AS 12.40064 = IBRRS 2013, 3530.

807 Siehe oben Kap.12.

808 S. oben Kap.11.

baut, ist laut – und darf es in Grenzen auch sein!") vorliegen, wodurch ein Gesetz obsolet wäre, da es Selbstverständliches regeln würde. Sofern mithin eine Regelung der Baulärm-Problematik abweichend von der bislang geltenden AVV Baulärm iVm § 66 Abs. 2 BImSchG sowie ein Ausschluss einer Mietminderung wegen des sog. Umweltmangels „Baulärmbeeinträchtigung" nach Abwägung des Für und Wider geboten erscheint, erweist sich aus den vorgenannten Gründen nur eine ausdrückliche gesetzliche Regelung als sinnvoll. *„Denn was man schwarz auf weiß besitzt, kann man getrost nach Hause tragen"*[809] – oder anders ausgedrückt: Nur was nachlesbar und mit Gesetzeskraft versehen ist, wird im Rahmen eines auch in Zukunft anhaltenden Interessenwiderstreits (Ruheanspruch *vs.* Bautätigkeit) akzeptiert, wie dies seit der Einführung der „Kinderlärm-Regelung" des § 22 Abs. 1a) BImSchG im Jahr 2011 festzustellen ist.

17.3 Erforderlichkeit einer Baulärm-Sozialadäquanz-Regelung?

Die Frage nach der Erforderlichkeit einer Baulärm-Sozialadäquanz-Regelung ist zunächst mit einer Gegenfrage zu beantworten: Reicht das vorliegende Konglomerat an verschiedenen Gesetzen sowie die umfangreiche – allerdings nicht einheitliche – Rechtsprechung nicht aus, um alle im Zusammenhang mit Baulärm entstehenden Probleme und Streitfragen einer (gerichtlichen, insb. gerechten) Lösung zuführen zu können? Einer Lösung also, die von der Allgemeinheit als „richtig" und „nachvollziehbar" akzeptiert werden kann? Zur Antwortfindung hierauf sind zwei Teilbereiche zu betrachten: Einmal das sog. „Allgemeine Lebensrisiko", zum anderen die Gesetzeslage als solche.

17.3.1 Baulärm-Duldung wegen Verwirklichung des „Allgemeinen Lebensrisikos"?

Die Rechtsprechung des BGH[810] hat schon früh die Tragung eines *„Allgemeinen Lebensrisikos"* durch unverschuldet Betroffene bei bestimmten Sachverhalten bejaht, ohne diesen unbestimmten Rechtsbegriff selbst anzuführen. Dies wurde in der Folge von Rechtsprechung und Lehre jedoch aufgegriffen und umfassend behandelt. Unterschieden wird dabei zwischen Gefährdungen, die als solche eine bestimmte Verhaltensweise von dem Geschädigten herausfordern, die vom haftungsbegründenden Ereignis verursacht werden und zum anderen die Möglichkeit, rechtlich relevante Nachteile ertragen zu müssen, die allgemein im Leben auftreten und die praktisch

809 *Goethe*, Faust, 1.Teil, Studierzimmer 2; näher: *Bernhardt*: Faust Teil I.
810 Urteil vom 22.04.1958 – Az: VI ZR 65/57 = NJW 1958, 1041.

nicht verhindert werden können[811]. Nach *Grunsky*[812] sind unter dem *„Allgemeinen Lebensrisiko"* als unbestimmtem Rechtsbegriff Gefahren zu verstehen, die nicht über das hinausgehen, was im täglichen Leben ohnehin unter Billigung der bestehenden Rechtsordnung in Kauf genommen werden muss. Dem fügt *Möllers*[813] eine weitere Komponente hinzu: Das allgemeine Lebensrisiko beruhe danach auf einem Zustand oder einer Handlung, die nicht dem Schädiger, sondern dem Geschädigten obliege. Im Ergebnis trage deshalb nicht der Schädiger, sondern der Geschädigte trotz Kausalität und gefahrverursachender Handlung des Schädigers den Schaden, weil die Abwehr der Gefahr oder deren Duldung letztlich – so der BGH[814] – der *„Selbstvorsorge"* des Geschädigten zugewiesen sei.

Übertragen auf die Baulärm-Problematik bedeutet dies: Auf den ersten Blick könnte die Duldung von Baulärm unter dem Stichwort „Verwirklichung des allgemeinen Lebensrisikos" bejaht werden. Denn jeder Baulärm-Betroffene könnte sich letztlich dieser Betroffenheit dadurch entziehen, dass er dem Lärm ausweicht: Durch das Aufsuchen anderer, lärmabgewandter Räume, durch Nichtbenutzung während der täglichen Bauzeiten oder anderer Maßnahmen. Damit könnte dieser unbestimmte Rechtsbegriff des „Allgemeinen Lebensrisikos" als eigenständiges Haftungsbegrenzungselement[815] die Duldung von Baulärm unter bestimmten Voraussetzungen ermöglichen.

Dem steht jedoch die normierte Rechtswirklichkeit entgegen: Nach den §§ 3; 22; 66 Abs. 2 BImSchG iVm der *AVV Baulärm* sowie § 906 BGB dürfen bestimmte Baulärm-Immissionswerte gerade nicht überschritten werden – auch wenn diese mit der Bau-Realität nicht immer in Einklang zu bringen sind. Hier schließt sich der Kreis zur Unterscheidung von *„Allgemeinem Lebensrisiko"* und *„Sozialer Adäquanz"*, den schon *Grunsky*[816] herausgearbeitet hat: Sozialadäquat ist, was ohnehin unter Billigung der Rechtsordnung hingenommen werden muss. Ein allgemeines Lebensrisiko verwirklicht sich hingegen, wenn der Einzelne nicht genügend *„Selbstvorsorge"* trifft

---

811 *Mädrich*, Das allgemeine Lebensrisiko, S. 26; insb. 38 – 40; s. auch: *Möllers*, Rechtsgüterschutz im Umwelt- und Haftungsrecht, S. 79 ff.; *Deutsch*, Das „allgemeine Lebensrisiko" als negativer Zurechnungsgrund, VersR 1993, 1041 (1043).

812 MüKo BGB, vor § 249, Rn. 72.

813 Rechtsgüterschutz im Umwelt- und Haftungsrecht, S. 79.

814 BGHZ 104, 323 (328).

815 So auch: *Mädrich*, Das allgemeine Lebensrisiko, S. 96.

816 MüKo BGB, vor § 249 BGB, Rn. 72.

oder aber – wie es das LG Berlin[817] unter Hinweis auf das AG Fürth[818] festgestellt hat – wenn sich ein unabwendbares Risiko, wie dies bei hoheitlichen und im allgemeinen Interesse liegenden Straßenbauarbeiten der Fall ist, verwirklicht. Das LG Berlin führt dazu unter ausführlicher Wiedergabe des AG Fürth u.a. aus:

> *„Die Umleitung von Verkehrsströmen aufgrund von Baustellen wird demgegenüber bisweilen dem allgemeinen Lebensrisiko (des Mieters) zugeschlagen und eine Minderung der Miete insoweit abgelehnt. Umfangreich ausgeführt hat dies das Amtsgericht Fürth in seinem Urteil vom 17.Oktober 2006 .... «Unabhängig von der zwischen den Parteien umstrittenen Frage der Intensität der Lärmimmissionen, ist jedoch ein Minderungsrecht der Kläger im vorliegenden Fall im Hinblick auf Risikozurechnungskriterien abzulehnen. Zwar handelt es sich bei dem Minderungsrecht um ein verschuldensunabhängiges Recht, d.h. Minderung erfolgt unabhängig davon, ob der Vermieter den Mangel zu vertreten hat ..... Eine zu weitgehende Haftung des Vermieters ist jedoch unter dem Gesichtspunkt der Risikoverteilung zu beschränken. Der Vermieter darf nicht mit einer zu weitgehenden Garantiehaftung auf das positive Interesse belastet werden. .... Dabei ist eben nicht nur der Mieter, sondern auch der Vermieter schutzbedürftig. Es wäre mit Treu und Glauben schlechterdings unvereinbar, wenn der Mieter die Rechtsfolgen der Lärmbeeinträchtigung risikolos auf den Vermieter abwälzen könnte. ...... So wie er die Chancen nutzen kann, die sich aus der Lage der Straße bieten, so muss er auch die damit unweigerlich verbundenen Beeinträchtigungen tragen. Dies gilt sowohl für den Eigentümer als auch den Mieter.... Die Sanierungsarbeiten stellen damit letztlich ein allgemeines Lebensrisiko dar, das beim Mieter verbleibt und nicht auf den Vermieter übergeht. Eine Abwälzung dieses Risikos auf den Vermieter durch Ausübung des Mietminderungsrechtes scheint weder sach- noch interessengerecht«..... So wie das AG Fürth hat auch das AG Frankfurt/Oder[819] entschieden... Das AG Frankfurt/Oder stellt auf den Aspekt der Sozialadäquanz ab, womit es offenbar letztlich das allgemeine Lebensrisiko meint“*[820].

Diese Feststellung des LG Berlin zeigt die Vermengung der „*Sozialadäquanz*“ mit dem „*Allgemeinen Lebensrisiko*“. Eine solche ist jedoch bereits *per definitionem* nicht möglich: Sozial adäquates Handeln beschreibt ein aktives Tun, das eigentlich den Normvorstellungen zum Immissionsschutz zuwider läuft, weil mit diesem Tun eine „schädliche Umwelteinwirkung“ iSd §§ 3; 22 BImSchG verbunden ist. Jedoch wird dieses Tun von verständigen Durchschnittsmenschen als unbedingt erforderlich

---

817 Urteil vom 17.04.2012 – Az: 65 S 181/11 = BeckRS 2013, 02277. S. dazu auch das Revisions-Urteil des BGH vom 19.12.2012 – Az: VIII ZR 152/12 – *juris*. Dort findet sich in den Entscheidungsgründen zwar eine Wiedergabe der Ausführungen des LG zum „*Allgemeinen Lebensrisiko*“, jedoch geht der BGH weiter auf diesen Lösungsweg zur Verneinung einer Mietminderung nicht ein, sondern verneint einen Mangel schon deshalb, weil Anwohner „*redlicherweise*“ gem. § 242 BGB mittelbare Belastungen durch Straßenbaumaßnahmen in einer Stadt hinzunehmen haben.

818 Urteil vom 17.10.2006 – Az: 310 C 1727/06 = WuM 2007, 317.

819 Urteil vom 19.11.2002 – Az: 2.7 C 568/02 = ZMR 2003, 268.

820 LG Berlin Urteil vom 17.04.2012 – Az: 65 S 181/11 = BeckRS 2013, 02277.

und von seinen Auswirkungen als unvermeidbar sowie (noch) akzeptabel betrachtet. Demgegenüber bezeichnet das „Allgemeine Lebensrisiko“ die letztlich unabwendbare, schicksalhafte Gefahr, dass „im Leben etwas schief geht“, ohne dass es dabei auf eine Akzeptanz durch den Betroffenen ankommt. Mit anderen Worten: *„Sozialadäquanz“* setzt Erkenntnis und Verständnis voraus, die dem Wandel der Zeit und Anschauungen unterliegen. Das *„Allgemeine Lebensrisiko“* hingegen ist reine Schicksalsfrage, ohne jegliche Eingriffs- oder Abwehrmöglichkeit und keinem Wandel unterliegend.

Deshalb kann eine generelle Duldungspflicht von Baulärm seitens davon Betroffener nicht mit der Begründung konstatiert werden, dass es eben das „Allgemeine Lebensrisiko“ des Einzelnen sei, wenn in seinem Lebensumfeld Bauarbeiten mit entsprechender Lärmentwicklung durchgeführt werden[821]. Denn diesem „Lärmbelastungs-Risiko“ stehen gerade die vom Gesetzgeber zur Abwehr desselben erlassenen Gesetze und Verordnungen wie die §§ 3; 22; 66 Abs. 2 BImSchG iVm der AVV Baulärm – Geräuschimmissionen sowie der 32.BImSchV, letztlich auch § 117 OWiG und § 325a StGB entgegen.

17.3.2 Lösung der Problematik über die Rechtsfigur des „Seltenen Ereignisses“?

Die Rechtsprechung hat im Zusammenhang mit Volks-, Stadt- und sonstigen Festen[822], aber auch landwirtschaftlichen Arbeiten[823] eine Rechtsfigur *„Seltenes Ereignis“* entwickelt, die nicht nur für den Anwendungsbereich der TA Lärm gilt. Ausgangspunkt dazu ist Nr. 7.2 TA Lärm. Dort findet sich eine „Kurzzeit-Regelung“ für lärmverursachende Tätigkeiten wie folgt:

> *„Ist wegen voraussehbarer Besonderheiten beim Betrieb einer Anlage zu erwarten, dass in seltenen Fällen oder über eine begrenzte Zeitdauer, aber an nicht mehr als zehn Tagen oder Nächten eines Kalenderjahres und nicht an mehr als an jeweils zwei aufeinander folgenden Wochenenden, die Immissionsrichtwerte nach den Nummern 6.1 und 6.2 auch bei Einhaltung des Standes der Technik zur Lärmminderung nicht eingehalten werden können, kann eine Überschreitung im Rahmen des Genehmigungsverfahrens für genehmigungsbedürftige Anlagen zugelassen werden. Bei bestehenden genehmigungsbedürftigen oder nicht genehmigungsbedürftigen Anlagen kann unter den genannten Voraussetzungen von einer Anordnung abgesehen werden.*
> *Dabei ist im Einzelfall unter Berücksichtigung der Dauer und der Zeiten der Überschreitungen, der Häufigkeit der Überschreitungen durch verschiedene Betreiber insgesamt sowie*

821 *Blank* in: *Blank / Börstinghaus*, Miete, § 536 BGB, Rn. 26 verneint ebenso die Bejahung eines Allgemeinen Lebensrisikos, weil ein solches *„im Gesetz keine Stütze findet“.*

822 Vgl. nur Bayer.VGH München, Beschluss vom 17.09.2014 – Az: 22 CS 14.2013 (Freiluftgaststätte) – *juris.* = GewArch 2014, 485 f.

823 Niedersächs. OVG, Beschluss vom 29.07.2004 – Az: 1 MN 142/04 = ZfBR 2004, 807.

von Minderungsmöglichkeiten durch organisatorische und betriebliche Maßnahmen zu prüfen, ob und in welchem Umfang der Nachbarschaft eine höhere als die nach den Nummern 6.1 und 6.2 zulässige Belastung zugemutet werden kann. Die in Nummer 6.3 genannten Werte dürfen nicht überschritten werden. In der Regel sind jedoch unzumutbare Geräuschbelästigungen anzunehmen, wenn auch durch seltene Ereignisse bei anderen Anlagen Überschreitungen der Immissionsrichtwerte nach den Nummern 6.1 und 6.2 verursacht werden können und am selben Einwirkungsort Überschreitungen an insgesamt mehr als 14 Kalendertagen eines Jahres auftreten."

Die Rechtsprechung wendet vereinzelt diese Regelung auch auf andere, nicht der TA Lärm unterfallende Lärm-Sachverhalte entsprechend an[824].

Allerdings sind diese Regelungen der TA Lärm nicht auf den Baubereich übertragbar. Denn im Regelfall handelt es sich bei Bauarbeiten um Einwirkungen auf die Umgebung, die jedenfalls wesentlich länger als 14 Kalendertage beanspruchen. Eine Übertragung der Grundsätze für „*seltene Ereignisse*" auf den Bausektor scheidet damit aus.

17.3.3 Baulärm-Duldung aufgrund der Gesetze?

Wie oben aufgezeigt, versuchen die Gerichte seit Beginn der Befassung mit Baulärm-Verfahren diese durch Anwendung der §§ 906; 1004 BGB, der Grundsätze des nachbarrechtlichen Gemeinschaftsverhältnisses, auch in Verbindung mit dem Grundsatz von Treu und Glauben, § 242 BGB, der §§ 3; 22 und 66 Abs. 2 BImSchG i.V.m. der *AVV Baulärm – Geräuschimmissionen* – sowie auch der 32. BImSchV[825] zu lösen. Nachdem diese Regelungen sämtlich unbestimmte Rechtsbegriffe beinhalten, die einer Auslegung und insb. einer „tatrichterlichen Würdigung" bedürfen, handelt es sich letztlich bei jeder Entscheidung um eine subjektiv geprägte und letztlich einer Verifizierung von „richtig", „teilrichtig" oder „falsch" nicht zugänglichen und damit auch nur in engen Grenzen revisionsrechtlich nachprüfbare „Meinung" des jeweiligen Gerichts, gleich ob ein Amts- oder Einzelrichter, eine Kammer oder ein Senat entscheidet. Dies liegt in erster Linie – wie oben aufgezeigt – daran, dass „Lärm" (und das davon abhängige individuelle Empfinden der Baulärm-Betroffenen)

---

824 S. auch: *Sellner / Reidt / Ohms*, Immissionsschutzrecht und Industrieanlagen, S. 33, Rn.87.

825 *Geräte- und Maschinenlärmschutzverordnung* vom 29.August 2002 (BGBl. I S. 3478), die zuletzt durch Artikel 9 des Gesetzes vom 8.November 2011 (BGBl. I S. 2178) geändert worden ist; arbeitsschutzrechtliche Regelungen bleiben auch hier unberücksichtigt, da sich die Pflichten der Arbeitgeber aus den berufsgenossenschaftlichen und gewerberechtlichen Regelungen ebenso ergeben wie aus dem ArbSchG sowie einer Vielzahl spezieller Vorschriften; s. dazu auch: *Liedtke / Ponto / Christ / Sickert,* Lärm- und Vibrations-Arbeitsschutzverordnung, Medium Taschenbuch, S. 13 ff.; s. auch: *Scheidler,* Die Voraussetzungen der immissionsschutzrechtlichen Genehmigung, in: BauR 2008, 941 (949) mit Darstellung der Belange des Arbeitsschutzes im Zusammenhang mit Immissionen.

als solcher technisch nicht mess- und damit auch nicht nachweisbar ist. So führt u.a. das VG München zur Anwendbarkeit der *AVV Baulärm* aus, dass deren Anforderungen *„schwer verständlich“*[826] sind bzw. sich eine Anwendung dieser Verwaltungsvorschrift möglicherweise schon wegen der neuen 32.BImSchVO verbiete[827]. *Dietrich* konstatiert insoweit: *„In der verwaltungsrechtlichen Praxis bereitet die Beurteilung des Baustellenlärms seit mehreren Jahren Probleme“*[828]. Er fordert deshalb eine gesetzeskonforme Anwendung der *AVV Baulärm* mit den dort enthaltenen Lärm-Minderungs-Hinweisen in den Anlagen. Denn die *AVV Baulärm* regle weder die bei der Abwicklung von Baustellen praktisch immer auftretenden Geräusch-Summationen noch die besonders störenden sog. Geräuschspitzen. Vielmehr werde durch den *„Mittelungspegel“* letztlich eine Nivellierung des Baustellenlärms vorgenommen, die der tatsächlichen Belästigung nicht gerecht werden könne[829].

Es spricht demnach sehr viel für eine völlige Neuregelung der Baulärm-Problematik. Diese müsste unter Berücksichtigung des Sozialadäquanz-Gedankens, aber auch der Interessen von Lärm-Betroffenen gefunden werden. Dazu ist weiter zu untersuchen, ob die bereits bestehende partielle Erlaubtheit von Baulärm gem. § 906 Abs. 1 BGB sowie § 536 Abs. 1 a) BGB bzw. – im Umkehrschluss aus der Formulierung der §§ 3 Abs. 1; 22 Abs. 1 BImSchG zu folgern – nicht erhebliche Belästigung oder Nachteilszufügung einer generellen Ausnahme des Verbotskanons des BImSchG und damit zwangsläufig auch der Entschädigungsregelung des § 906 Abs. 2 Satz 2 BGB zugeführt werden kann.

17.3.3.1 Grundsatz: Erlaubtheit von Baulärm

Im Vorwort zur *Baulärm-Richtlinie* der Schweiz[830] wird von *Urs Jörg*[831] anschaulich formuliert, welche Einstellung der *„verständige Durchschnittsmensch“*, den der BGH als Maßstab für Toleranz zum Thema Bauen und Baulärm nimmt, hat:

> *„Dort wo sich Menschen niedergelassen haben, sind immer wieder Bauarbeiten notwendig, sei es an Infrastrukturen wie Strassen- Wasser- oder Abwasserleitungen usw. oder an Hochbauen. Besonders in Siedlungsgebieten gehört eine gewisse Bautätigkeit zur Normalität. Bauen heisst aber auch das vorhandene Bauterrain vorbereiten wie beispielsweise durch Erdbewegungen oder Aushubarbeiten, Bestehendes niederreissen, das neu zu Bauende mit den unterschiedlichsten Verfahren zu errichten. Diese Tätigkeiten, die letzten Endes*

826 VG München, Urteil vom 07.1.2005 – Az: M 8 K 05.1908 – *juris.*

827 VG München, Beschluss vom 24.02.2005 – Az: M 2 E 05.715 – *juris.*

828 Die immissionsschutzrechtliche Beurteilung von Baustellenlärm, in: NVwZ 2009, 144.

829 Wie vor, S. 146.

830 *BAFU 2006: Richtlinie über bauliche und betriebliche Maßnahmen zur Begrenzung des Baulärms gemäß Artikel 6 der Lärmschutzverordnung vom 15. Dezember 1986,* herausgegeben vom Bundesamt für Umwelt, Wald und Landschaft, 1999, in Kraft seit 02. Februar 2000 (Stand 2011), S. 7.

831 Chef der Abteilung Lärmbekämpfung im Bundesamt für Umwelt der Schweiz.

mit mechanischen Methoden ausgeführt werden müssen, erzeugen immer auch Lärm. Um in möglichst kurzer Zeit das Bauvorhaben realisieren zu können, kommen auf den Baustellen auch Maschinen und Geräte zum Einsatz, die mit ihrer Motorenleistung ein Vielfaches der menschlichen Körper-Leistungsfähigkeit zu bewältigen vermögen. Zudem ist der finanzielle Druck gross, Bauverfahren zu wählen, die die Bauzeit möglichst kurz werden lassen. Die dadurch erzielte Steigerung des Bautempos muss mit dem Nachteil wesentlich erhöhter Lärmemissionen erkauft werden".

Diese Aussage unterstreicht die Sinnhaftigkeit und Notwendigkeit von Bauarbeiten als Grundlage kultivierten menschlichen Lebens, aber auch die Bedeutung wirtschaftlichen Denkens und Verständnisses: Wenn durch Maßnahmen zur Baulärm-Minderung letztlich Bauleistungen nicht mehr bezahlbar und damit auch nicht umsetzbar wären, würden Infrastrukturanlagen nicht saniert oder den sich wandelnden (Umwelt-)Anforderungen entsprechend ausgebaut, Wohnraum nicht mehr geschaffen oder erhalten sowie Büro-, Hotel- und Geschäftsgebäude nicht renoviert, erweitert oder neu gebaut werden. Bauen mitsamt dem damit einhergehenden unvermeidbaren Baulärm muss demnach grundsätzlich ohne wesentliche Behinderungen oder Einschränkungen unter einfach nachvollzieh- und umsetzbaren Voraussetzungen erlaubt sein. Das *Umweltbundesamt*[832] schlägt dazu unter der Überschrift *„Baulärm, was tun?"* folgende Maßnahmen vor[833]:

- *Frühzeitige Zusammenarbeit aller am Bau Beteiligten in Fragen der Baulärmbekämpfung*
- *Berücksichtigung von Lärmschutzauflagen in Ausschreibung und Angebot*
- *Einsatz von fortschrittlichen lärmarmen Bauverfahren und – maschinen*
- *Berücksichtigung des Immissionsrichtwertes für das betroffene Gebiet bei der Gestaltung des Bauablaufes*
- *Zusammenlegen lärmintensiver Arbeiten mit anschließenden ausreichend langen Lärmpausen*
- *Information der Nachbarschaft und der Aufsichtsbehörden über unvermeidbaren, ungewöhnlich hohen Lärm*
- *Einsatz von lärmarmen Baumaschinen in besonders schutzbedürftigen Gebieten und bei nächtlichem Betrieb.*

Alle diese Maßnahmen sind geeignet, die Akzeptanz von Baulärm durch davon Betroffene zu fördern. Ausgenommen davon müssen nur die letztlich nicht nachprüfbaren und auch nicht immer einhaltbaren Immissionsrichtwerte werden. Denn

832 *http://www.umweltbundesamt.de/themen/verkehr-laerm/nachbarschaftslaerm-laerm-von-anlagen/ baulaerm.*

833 Zu den Möglichkeiten, eine lärmarme Baustelle vorzubereiten und abzuwickeln s.: *Neuhofer*, Lärmarme Baustelle – Planung, Beratung und Begleitung am Beispiel des Umweltbundesamt-Neubaues in Dessau: Abschlussbericht, Forschungs- und Entwicklungsvorhaben, Berlin 2005; sehr informativ dazu auch: *Olschewski*, Baulärm bei der Herstellung von Wohnbauten. Baubetrieb und Baumaschinen, Diss. Berlin 1983.

gerade diese „Werte“ sind es, die zu Streit führen und diesen fördern. Dies ist auch der Grund, weshalb der Gesetzgeber im Rahmen der Privilegierung von Kinderlärm in § 22 Abs. 1a) BImSchG ausdrücklich die Anwendbarkeit von Richt- und Grenzwerten verneint hat. Entsprechendes gilt für Baulärm: Es ist weder technisch noch tatsächlich möglich, im Voraus die ständig wechselnden Geräusche, die durch Bauarbeiten entstehen und deren „Belästigungs-Intensität“ von vielen Imponderabilien – wie etwa auch die Schall-Absorptions-Situation vor Ort – abhängt, im Rahmen einer Baulärm-Prognose vorherzubestimmen. Ebenso ist es nicht machbar, exakte „Belästigungs-Werte“ während der Durchführung von Bauleistungen festzuhalten: Die Praxis zeigt, dass dann, wenn ein *„Schallgutachter“* oder *„Lärm-Sachverständiger“* auf die Baustelle kommt, ein völlig anderes *„Lärm-Verhalten“* der Baubeteiligten an den Tag gelegt wird. Dies ist (selbst-)verständlich, da allen Verantwortlichen bewusst ist, welche Konsequenzen „überhöhte“ Lärmwerte haben können. Damit bietet sich zur Beurteilung des ständig wechselnden, nicht andauernden und auch nicht gleichförmigen Baulärms alleine eine *„wertende Güterabwägung“*, wie dies das BVerwG[834] schon im Rahmen der jahrzehntelangen Diskussion zur umweltrechtlichen Behandlung von Kinderlärm vorgegeben hat, an. Diese Abwägungsnotwendigkeit wurde vom BVerwG deshalb erkannt, weil sich Kinderlärm im Hinblick auf die Vielfalt von Lärmauswirkungen, die im Zusammenhang mit der kindlichen Entwicklung stehen, einer typisierenden Betrachtung durch Grenz- oder Richtwerte praktisch entzieht. Gleiches gilt für Baulärm: Keine Baustelle ist wie die andere und keine Geräuscheinwirkung ist vergleichbar – trotz gleicher Bauarbeit und Baugerät. Denn in die „tatrichterliche Wertung“ müssen die Baustellen-Umgebungsbedingungen ebenso einfließen wie es notwendig ist, die Mikro-Situation zu betrachten: Eine Kreissäge, deren grelles Singen durch einen Büro-Container abgeschirmt wird, erzeugt eine andere tatsächliche Belästigung wie das gleiche Gerät bei gleicher Sägearbeit ohne Schall-Hemmung. Deshalb ist eine Güterabwägung nur im Einzelfall möglich – und mit allen subjektiven Unsicherheiten behaftet, die gerade durch die Berücksichtigung der Herkömmlichkeit sowie der sozialen und allgemeinen Adäquanz ausgeschlossen werden sollen[835].

Dennoch gibt es einige Grundvoraussetzungen für die Akzeptanz-Zumutbarkeit von Baulärm, die dem Gedanken einer Sozialadäquanz immanent sind:

17.3.3.1.1 Voraussetzung: Einhaltung der Ruhezeiten / Erläuterung von Ausnahmen

Dass den meisten Menschen „ihre Ruhe“ „heilig“ ist, mithin gerade diese „Ruhezeiträume“ besondere Berücksichtigung finden müssen, entspricht der Lebenserfahrung. Dementsprechend finden sich in allen „Lärm-Regelungen“ – wenn auch

834 Urteil vom 12.12.1991 – 4 C 5.88 = NJW 1992, 1779.

835 Vgl. dazu entsprechend für Kinderlärm: *Rojahn*, Kinderlärm zwischen Immissionsschutz und Sozialadäquanz, in: ZfBR 2010, 752 (755).

zum Teil unterschiedlich – Zeitvorgaben[836] für „Nacht", „Tag", „Mittagspause" oder „Abend". Der „Tag" erstreckt sich nach der AVV Baulärm von 07:00 – 20:00 Uhr. Diese (werk-)tägliche Zeitspanne von 13 Stunden wird, soweit ersichtlich, weder von Bauherren-, noch von Bauunternehmer- bzw. Bauhandwerkerseite angegriffen. Auch sonst ist eine Diskussion insoweit nicht feststellbar, zumal es vernünftig erscheint, die überwiegend helle Tagesphase für Bauarbeiten auszunützen. Ist damit zwar mehr als die Hälfte der Tages-Stunden das Bauen grundsätzlich möglich, so erscheint eine solche Aufteilung unter Berücksichtigung der arbeitsschutzrechtlich einzuhaltenden Arbeitspausen auch adäquat zu sein und die Interessen von Bauherren- wie von Betroffenheitsseite gleichermaßen zu berücksichtigen. Dass in diesem Zeitrahmen keine weiteren „Pausen-Abschnitte", etwa für die „Mittagsruhe", Platz finden können, ergibt sich schon aus der Erwägung heraus, dass eine bestimmte Flexibilität der Bau-Ausführenden erforderlich ist und von diesen ohnehin eine (arbeitsrechtlich erforderliche) Pause eingelegt werden muss.

Ist aus zwingenden technischen Gründen eine Ausnahme hinsichtlich der Tages-Bauzeiten erforderlich und auch von der zuständigen Behörde genehmigt, so ist insoweit eine verständliche Begründung den Betroffenen mitzuteilen.

17.3.3.1.2 Voraussetzung: Einhaltung berufsgenossenschaftlicher Regelungen

Auch wenn die Einhaltung der Vorgaben (auch) zum Lärmschutz für die Mitarbeiter der bauausführenden Unternehmen seitens der zuständigen BGBau[837] eine Selbstverständlichkeit bedeutet, die ohnehin im Regelfall nicht nur bei größeren Firmen vom Betriebsrat, dem Sicherheitsingenieur, der Gewerkschaft, dem Gewerbeaufsichtsamt und den Vertretern der Berufsgenossenschaft überprüft wird, so ist deren Anführung im Kontext mit der Akzeptanz der Annahme einer Sozialadäquanz erforderlich. Denn wenn diejenigen Menschen, die unmittelbar am Emissionsort tätig bzw. die Verursacher von Baulärm sind, den durch (oder bei) ihre(r) Arbeit „erzeugten" Lärm aushalten (müssen und können), dann spricht schon der zwangsläufig durch die weitere Entfernung des Immissionsortes vom Emissionsort verminderte „Lärm-Wert" dafür, dass die Immission, die beim Bau-Nachbarn einwirkt nicht höher sein kann, als diejenige, durch welche der Bauarbeiter oder –handwerker betroffen wird. Da diese Betroffenheit jedoch grundsätzlich überprüft wird und als (noch) zulässig anzusehen ist, wenn keine arbeitsschutzrechtlichen Bestimmungen verletzt werden, kann im Umkehrschluss festgestellt werden: Ein vernünftiger Durchschnittsmensch hat das Einsehen, dass Geräusche, die anderen Menschen

---

836 Näher dazu oben 4.5.

837 Die Berufsgenossenschaft für das Bauwesen ist eine rechtsfähige, bundesunmittelbare Körperschaft mit Selbstverwaltung (§ 1 Abs. 2 Fusionssatzung 2005 – *www.bgbau.de*) mit der primären Aufgabe gem. § 2 Abs. 1 Fusionssatzung 2005: *„Die Berufsgenossenschaft sorgt mit allen geeigneten Mitteln für die Verhütung von Arbeitsunfällen, Berufskrankheiten und arbeitsbedingten Gesundheitsgefahren sowie für eine wirksame Erste Hilfe (§§ 1 Nr. 1; 14 Abs. 1 SGB VII)".*

zumutbar sind, zwar lästig sein können, jedoch im Regelfall nicht zu erheblichen Belästigungen oder sogar Gesundheitsgefahren führen können.

17.3.3.1.3 Voraussetzung: Einhaltung Informations- und Kommunikationspflichten

Eine in der Praxis erprobte und von Anwohnern auch erwartete Hilfe zum Verständnis für entstehenden Baulärm ist die rechtzeitige vorlaufende und baubegleitende Information und Kommunikation zu bevorstehenden „Lärm-Tätigkeiten"[838]. So hat es sich in der Praxis der Verfasserin bewährt, dass Bauherren- und Bauunternehmerseite gemeinsam vor Beginn einer Baumaßnahme ein Informationsblatt an alle möglicherweise von lärmigen Arbeiten betroffenen Anwohner verteilen – dies können sehr viele sein – und folgende Informationen geben:

- Beginn und voraussichtliches Ende der Bauarbeiten.
- Örtlichkeit der Baustelle.
- Beschreibung der Baumaßnahme, unterlegt mit z. B. Fotos, Skizzen.
- Erläuterung der Notwendigkeit der Baumaßnahme.
- Hinweise zu voraussichtlich etwas lauteren Bauarbeiten und dafür vorgesehene Zeiträume.
- Bitte um Verständnis und Einladung zu einer Informationsveranstaltung.
- Benennung eines Mitarbeiters als Ansprechpartner für „Beschwerden" mit Telefon.

Neben dieser Erst-Maßnahme erweist sich auch die laufende weitere Unterrichtung als hilfreich, um Aggressionen vorzubeugen oder solche abzubauen. Dies kann – bei länger andauernden Baumaßnahmen – in regelmäßigen Informationsabenden, die z. B. einem nahe gelegenen Restaurant abgehalten und die Anwohner dazu eingeladen werden, erfolgen. Oder durch „Bekanntmachungen" an einer Bautafel. Entscheidend ist letztlich alleine, dass die Anwohner nicht „alleine gelassen" bzw. durch morgendlichen Baulärm aufgeschreckt oder in den Feierabendstunden weiterhin mit überraschenden Presslufthammer-Geräuschen konfrontiert werden. Eine solche, an und für sich selbstverständliche Informations- und Kommunikationspflicht muss deshalb als weiterer Ausgleich der Interessen im Rahmen der Sozialadäquanz festgeschrieben werden. Zum Nutzen aller Beteiligten. Diese Informations- und Kommunikations-Nützlichkeit zur vorbeugenden Streitvermeidung hat bereits im Bericht der Bundesregierung über die Erfahrungen beim Vollzug des Gesetzes zum Schutz gegen Baulärm vom 9. September 1965 und über den Stand der Technik der Baulärmbekämpfung so zum Ausdruck gebracht:

> *„Im übrigen hat es sich als richtig erwiesen, bei Bauvorhaben, von denen eine erhebliche Lärmbelästigung zu erwarten ist, die betroffene Bevölkerung schon vor Beginn der*

---

838 S. dazu schon: *Ortscheid,* Weniger Belästigung durch geeignete Information der Betroffenen, Lärmkontor, S. 45.

Arbeiten über deren Notwendigkeit, Art und Dauer genau zu unterrichten und so um ihr Verständnis zu werben".[839]

17.3.3.1.4 Voraussetzung: Verwendung von „Stand der Technik"-Maschinen / Geräte

Im Hinblick auf die Entwicklung von immer besseren, leiseren und effizienteren Baumaschinen und Baugeräten erscheint die schon in der AVV Baulärm bzw. der 32. BImSchV enthaltene Forderung nach dem Einsatz von bestmöglicher Ausrüstung ebenso als adäquat. Somit ist auch diese Voraussetzung zur Akzeptanz von Baulärm nachvollziehbar. Denn für jede geräuscherzeugende Maschine und jedes entsprechende Gerät müssen Datenblätter vorhanden sein, deren Inhalt diesen „Stand der Technik" dokumentiert.[840]

17.3.3.1.5 Voraussetzung: Einräumung von Kontroll-Rechten für Behörden

Nach dem Grundsatz: *„Vertrauen ist gut, Kontrolle ist besser!"* muss eine weitere Voraussetzung für die generelle Zulässigkeit von Baulärm die Einräumung von Kontroll-Rechten für Behörden sein: Diese können nur unmittelbar an der Baustelle durch Vergleich der Datenblätter mit den eingesetzten Maschinen und Geräten feststellen, ob tatsächlich ein „neuartiges", mithin dem „Stand der Technik" entsprechendes Hilfsmittel zur Bauerrichtung Verwendung findet. Deshalb ist ein jederzeit zu gewährendes Zutritts- und Auskunftsrecht der zuständigen Fachbehörden – entsprechend dem Recht der BGBau zur *ad-hoc*-Kontrolle – nachvollziehbar und deshalb ein weiteres Instrument zum Interessenausgleich: Wer als Baulärm-Betroffener eine „Anzeige-Möglichkeit" beim Verdacht des Einsatzes nicht ausreichend schallgedämmter Baumaschinen etc. hat, kann sich damit effizient gegen vermeidbaren Baulärm zur Wehr setzen. Dabei ist die Abgleichung der Angaben im Datenblatt mit der konkret im Einsatz befindlichen Maschine ebenso schnell wie objektiv möglich.

17.3.3.2 Ausnahme: Einschränkung der Baulärm-Erzeugung

Ausnahmen bestätigen oft die Regel. Lässt man deshalb Baulärm unter bestimmten Voraussetzungen sanktionslos zu, so muss es doch auch für besondere Fälle die Möglichkeit geben, die Zulässigkeit einzuschränken. Dabei handelt es sich aber, wie schon das Wort besagt, um „Ausnahmen". Solche finden sich in der AVV Baulärm bzw. in anderen Lärm-Regelwerken unter den Begriffen „Krankenhaus", „Klinik", „Altenheim", „Pflegeheim", „Seniorenheim", „Kuranstalt" oder „Schule" bzw. „Kindergarten". Dass bei Betroffenheit derartiger Sonder-Einrichtungen eine

---

839 Drucksache VI / 2066, Sachgebiet 2129, U II 7 – 410 – 03 – 1/71 vom 01.April 1971.

840 In dem vorstehenden Bericht der Bundesregierung (vorige Fußnote) ist auch die Feststellung enthalten: *„Gute Erfahrungen sind damit gemacht worden, daß in staatlichen und kommunalen Bauausschreibungen lärmarme Maschinen verlangt werden".*

Abstimmung zu besonderen Schutz- oder Ruhezeiten (etwa: Operations-Tage) zwischen der Bauherren und Betroffenenseite schon im Vorfeld stattfinden und dann auch eine maßvolle Rücksichtnahme durch z. B. Vorgabe bestimmter „Lärm-Frei-Zeiten" im Bauvertrag erfolgen kann, bedarf mit Blick auf die Schutzgüter und insoweit einer singulären Abwägung keiner längeren Begründung. In der Praxis kommen zwar derartige Sonderfälle immer wieder, jedoch ebenfalls nur als Ausnahme vor, so dass insoweit keine generelle Argumentation gegen die Zulässigkeit von Baulärm generiert werden darf.

17.3.3.3 Ausnahme: Verbot von Baulärm

Ob Baulärm und damit die Errichtung / Durchführung eines Bauvorhabens bzw. die Sanierung oder Modernisierung von Bauwerken mit Blick auf die verfassungsmäßige „Baufreiheit" im Rahmen der Baugesetze überhaupt verboten werden darf, bedarf grundsätzlich keiner Erörterung. Zu diskutieren ist jedoch ein faktisches Bauverbot. Ein solches kann entstehen, wenn Lärmschutzauflagen den finanziellen Rahmen eines Bauherrn übersteigen und deshalb die Durchführung des geplanten und genehmigten Bauvorhabens unmöglich wird. Hier dreht sich jedoch das Rad. Denn genau diese Situation soll durch die Zulässigkeit aus Gründen der Sozialadäquanz verhindert werden.

17.4 Zwischenergebnis: Neuregelung des Baulärm-Rechts erforderlich

Unter Berücksichtigung der Notwendigkeit von Bauarbeiten sowie der damit zwangsläufig einhergehenden Geräuscherzeugung ist im Hinblick auf die in keiner Weise stringente Rechtsprechung, aber auch völlig unübersichtliche und „vermischte" Gesetzeslage (§§ 3; 22 BImSchG; § 906 BGB; § 325 a StGB; § 117 OWiG) auf der Basis nicht objektiv verifizierbarer Lärmbelastung eine gesetzliche Neuregelung des Baulärm-Rechts erforderlich. Dabei sind zum Interessenausgleich verschiedene Voraussetzungen zu berücksichtigen. Zudem ist auch im Rahmen des Mietrechts eine Klarstellung notwendig, dass Baulärm bei Beachtung des neuen Baulärm-Rechts keinen Umweltmangel der Mietsache begründet.

18. Entwicklung von Gesetzes-Vorschlägen

Die vorstehenden Untersuchungen haben aufgezeigt, dass das Baulärm-Recht der BRD weder dem verfassungsmäßigen Grundsatz der Rechtssicherheit entspricht, noch nachvollziehbar angewendet werden kann. So bleiben beim Studium entsprechender Baulärm-Urteile der Gerichte immer Fragezeichen, die wegen der vielen „Wertungs-Kriterien", deren Aufstellung und Subsumtion stets eine gewisse Beliebigkeit offenbaren, nicht gelöst werden können. Im Interesse der Allgemeinheit, aber auch der Volkswirtschaft und nicht zuletzt einer erkennbaren Gerichts-Entlastung muss deshalb eine verständliche und überprüfbare Baulärm-Regelung gefunden werden, die den Bedürfnissen der (Rechts-)Praxis gerecht wird.

Dazu sind vier Schritte durchzuführen:

Das BImSchG muss die Sozialadäquanz des Bauens durch eine Privilegierung des damit zwangsläufig verbundenen Baulärms festschreiben (Schritt 1). Dazu sind die Voraussetzungen, dem Regelungssystem des BImSchG entsprechend, gem. § 48 BImSchG in einer neuen AVV Baulärm niederzulegen (Schritt 2). Gleichzeitig ist das Rumpf-Gesetz § 66 Abs. 2 BImSchG mitsamt der *AVV Baulärm – Geräuschimmissionen* – als obsolet geworden aufzuheben (Schritt 3). Und schließlich ist zur Klarstellung das Mietrecht hinsichtlich der Mietmangel-Regelung des § 536 BGB in Bezug auf Baulärm anzupassen (Schritt 4). Im Einzelnen:

18.1 Privilegierung des Baulärms durch Einfügung eines § 22 Abs. 1 b) BImSchG

Wie zu Beginn der vorliegenden Untersuchungen in Kapitel 1 ausgeführt, ist dem Umweltrecht eine Ausnahme von den strengen Geräuschvorgaben nicht fremd. Denn gem. § 22 Abs. 1 a) BImSchG – der sich letztlich alleine von der Sozialadäquanz her begründen lässt[841] – sind Geräuscheinwirkungen, die von Kindertageseinrichtungen, Kinderspielplätzen und ähnlichen Einrichtungen wie beispielsweise Ballspielplätzen durch Kinder hervorgerufen werden, im Regelfall „kraft Gesetzes" keine „*schädliche Umwelteinwirkung*". Und zur Beurteilung der Geräuscheinwirkungen dürfen ausdrücklich auch keine Immissionsgrenz- und -richtwerte herangezogen werden. Der Weg bis zum Erlass dieser Regelung (erst) im Jahr 2011 war weit und von vielen Diskussionen auf politischer Ebene begleitet. Am Ende aber stand die Erkenntnis, dass „Kinderlärm" als sozialadäquate, da für die Entwicklung von Kindern unverzichtbare, Lebensäußerung aus dem Regelungsbereich des Umweltrechts „in der Regel" auszuklammern ist. Gleiches gilt, wie die vorstehenden Untersuchungen gezeigt haben, auch für die Geräuscheinwirkungen von Bauarbeiten. Es bietet sich deshalb an – zumal an der Gesetz-gebungskompetenz der Bundesrepublik

841 S. dazu ausführlich oben Kap.1 und 13.1.2.2.1.

Deutschland gem. Art. 74 Abs. 1, Nr. 24 GG („*Lärmbe-kämpfung*") ebenso wie bei der Ausnahmebestimmung des § 22 Abs. 1 a) BImSchG kein Zweifel besteht – § 22 BImSchG um einen Abs. 1 b) zu ergänzen. Die Formulierung könnte dabei nahezu gleichlautend wie bei Abs. 1 a) sein:

> *„Geräuscheinwirkungen, die von Bauarbeiten einschließlich von Rückbauarbeiten, beispielsweise von Baumaschinen, Geräten oder bauüblichen Verrichtungen ausgehen, sind im Regelfall keine schädliche Umwelteinwirkung. Bei der Beurteilung der Geräuscheinwirkungen dürfen Immissionsgrenz- und -richtwerte nicht herangezogen werden."*

Mit einer solchen präzisen Regelung wird – entsprechend der „Kinderlärm-Kodifizierung" – jede Diskussion zu Dezibel, Abständen, Messmethoden, Berechnungsarten, subjektiven Wertungen und individuellen Befindlichkeiten ausgeschlossen. Gleichzeitig wird damit aber auch im Kontext mit § 906 Abs. 1, Satz 2 BGB („*Eine unwesentliche Beeinträchtigung liegt in der Regel vor, wenn die in Gesetzen oder Rechtsverordnungen festgelegten Grenz- oder Richtwerte von den nach diesen Vorschriften ermittelten und bewerteten Einwirkungen nicht überschritten werden. Gleiches gilt für Werte in allgemeinen Verwaltungsvorschriften, die nach § 48 des Bundes-Immissionsschutzgesetzes erlassen worden sind und den Stand der Technik wiedergeben*") durch den Ausschluss der Anwendung von Grenz- oder Richtwerten sowie die Feststellung, dass Baulärm in der Regel keine schädliche Umwelteinwirkung darstellt, die Unwesentlichkeit und damit grundsätzliche Erlaubtheit von Baulärm gem. § 906 Abs. 1, Satz 1 BGB zum Gesetzesinhalt.

18.2 Konkretisierung der Privilegierung durch eine AVV gem. § 48 BImSchG

Gem. § 48 Abs. 1 BImSchG gilt:

> *„Die Bundesregierung erlässt nach Anhörung der beteiligten Kreise (§ 51) mit Zustimmung des Bundesrates zur Durchführung dieses Gesetzes und der auf Grund dieses Gesetzes erlassenen Rechtsverordnungen des Bundes allgemeine Verwaltungsvorschriften, insbesondere über ....".*

Die damit normierte Möglichkeit, *„allgemeine Verwaltungsvorschriften" „zur Durchführung dieses Gesetzes"* zu erlassen, eröffnet den Weg zur nachlesbaren konkreten Vorgabe hinsichtlich der Voraussetzungen für die in *§ 22 Abs. 1 b) BImSchG (Entwurf)* aufgenommenen Baulärm-Privilegierung. Dazu kann in wesentlichen Teilen auf die Systematik und den Inhalt der (noch) bestehenden *AVV Baulärm – Geräuschimmissionen* – aus dem Jahre 1970 zurückgegriffen werden. Unter Berücksichtigung der vorliegenden Untersuchung könnte die Formulierung einer neuen AVV Baulärm wie folgt vorgenommen werden – wobei der wesentliche Unterschied in der Nichtberücksichtigung von Dezibel-Richtwerten besteht:

Nach Artikel 84 Abs. 2; 74 Abs. 1, Nr. 24 des Grundgesetzes und §§ 22 Abs. 1 b); 48 Abs. 1 BImSchG in der Fassung der Bekanntmachung vom 17.Mai 2013 (BGBl. I S. 1274), das zuletzt durch Artikel x des Gesetzes vom xxxx (BGBl.I S. xxx) geändert worden ist, erläßt die Bundesregierung mit Zustimmung des Bundesrates die nachstehende allgemeine Verwaltungsvorschrift:

1. Sachlicher Geltungsbereich

Diese Vorschrift gilt für den Betrieb von Baustellen einschließlich von Rückbaumaßnahmen aller Art. Sie enthält Bestimmungen für die Fälle der Nichteinhaltung von in dieser Verwaltungsvorschrift enthaltenen Voraussetzungen.

2. Begriffe

2.1. Baustelle

Baustelle im Sinne des Gesetzes ist der Bereich, in dem Bau- bzw. Rückbauarbeiten durchgeführt werden einschließlich der Lager-, Büro- und Abstellplätze sowie der Zuwegung zu diesen Plätzen und der Baustelle.

2.2. Baumaschinen und Geräte

Zu den Baumaschinen und Geräten, die auf der Baustelle eingesetzt werden, gehören auch die auf der Baustelle betriebenen Kraftfahrzeuge.

2.3. Bauarbeiten

Bauarbeiten im Sinne des Gesetzes sind Arbeiten zur Errichtung, Änderung oder Unterhaltung von baulichen Anlagen sowie Rückbauarbeiten. Bauarbeiten sind nicht Arbeiten im Rahmen der Aufsuchung, Gewinnung oder Aufbereitung von Bodenschätzen, auch solcher Bodenschätze, die als Baustoffe bei der Herstellung baulicher Anlagen Verwendung finden (Steine, Sand, Kies usw.).

3. Maßnahmen zur Minderung des Baulärms

3.1. Grundsatz

Bauarbeiten jeder Art sind nach Möglichkeit so auszuführen, dass unnötige Geräusche vermieden und nicht vermeidbare Geräusche auf ein Mindestmaß beschränkt werden.

Dazu kommen insbesondere in Betracht:

a) Maßnahmen bei der Einrichtung der Baustelle,
b) Maßnahmen an den Baumaschinen,
c) die Verwendung geräuscharmer Baumaschinen,
d) die Anwendung geräuscharmer Bauverfahren,
e) die Beschränkung der Betriebszeit lautstarker Baumaschinen.

Von Maßnahmen zur Lärmminderung kann abgesehen werden, soweit durch die Baustelle einschließlich den dazu notwendigen Plätzen und Zuwegungen infolge nicht nur gelegentlich einwirkender Fremdgeräusche keine zusätzlichen Gefahren, Nachteile oder Belästigungen eintreten.

3.2. Einzelne Maßnahmen

Die Privilegierung von Geräuscheinwirkungen gem. § 22 Abs. 1 b) BImSchG erfolgt nur, wenn die nachstehenden Voraussetzungen nachgewiesen und eingehalten werden:

3.2.1. Es dürfen nur Maschinen und Geräte verwendet werden, die den Vorgaben der 32.BImSchV (Geräte- und Maschinenlärmschutzverordnung vom 29.August 2002 (BGBl. I S. 3478) in der jeweils neuesten Fassung entsprechen.
3.2.2 Auf der Baustelle und für die Vertreter von Bau- oder Polizeibehörden jederzeit einsehbar sind die Datenblätter der zur Verwendung gelangenden Maschinen und Geräte vorzuhalten. Aus diesen muss sich die EG-Konformität und Übereinstimmung mit der 32.BImSchV sowie die Zugehörigkeit zu den konkret bezeichneten Maschinen und Geräten ergeben.
3.2.3 Sämtliche unmittelbar der Baustelle benachbarten Anwohner sind vor Beginn der Baumaßnahme schriftlich über den Beginn, die voraussichtliche Dauer und das Ende sowie den Zweck der Baumaßnahme zu informieren. Die Information muss auch die voraussichtlichen Zeiten besonders geräuschintensiver Arbeiten (wie etwa die notwendige Verwendung von Presslufthämmern, Sandstrahlarbeiten, etc.) enthalten. Ist dies zu Beginn der Baumaßnahme noch nicht möglich, so hat eine solche Information mit einem Vorlauf von 2 Tagen vor Beginn derartiger geräuschintensiver Arbeiten zu erfolgen. Dauert eine Baumaßnahme länger als 6 Monate an, so ist spätestens zwei Wochen vor Ablauf dieser Zeit eine weitere Information zum Bauablauf und Bau-Ende erforderlich sowie die Einladung der von Geräuschen betroffenen Anwohner zu einer Informationsveranstaltung.
3.2.4 Bauarbeiten aller Art dürfen nicht vor 07:00 Uhr am Morgen und nach 20:00 Uhr am Abend ausgeführt werden. Ist eine Ausführung außerhalb dieses Zeitraums aus zwingenden technischen Gründen (z.B. Betonierarbeiten) erforderlich, so hat der Bauherr eine Ausnahmegenehmigung durch die zuständige Baubehörde beizubringen und diese unverzüglich, jedenfalls aber mehr als 2 Tage vor Beginn der Nachtarbeiten, allen betroffenen Anwohnern zur Kenntnis zu bringen.
3.2.5 Auf Verlangen der Baubehörde hat der Bauunternehmer eine Bestätigung der Berufsgenossenschaft Bau beizubringen, wonach eine Gesundheitsgefährdung der ausführenden Personen im Hinblick auf die Art der Arbeiten und die eingesetzten Maschinen und Geräte nicht besteht.

4. Konsequenzen

4.1.Grundsatz

Die Ausführung von Bauarbeiten ist grundsätzlich zulässig und unterliegt wegen der nur temporären Geräuschentwicklung keinen Grenz- oder Richtwerten, § 22 Abs. 1 b) BImSchG. Voraussetzung für die Zulässigkeit ist die Einhaltung der in dieser AVV Baulärm enthaltenen Vorgaben.

4.2 Maßnahmen

Kommt der Bauherr oder Bauunternehmen den Vorgaben der AVV Baulärm nicht nach, so erfolgt durch die zuständige Baubehörde eine schriftliche Abmahnung. Wird diese nicht befolgt, kann die Baubehörde die Stilllegung der Baustelle oder auch von Teilen davon anordnen, um die Allgemeinheit vor Gefahren, erheblichen Nachteilen oder erheblichen Belästigungen durch Baulärm zu schützen.

4.2.1.Die Stillegung der Baustelle oder eines Teiles davon soll nur angeordnet werden, wenn
1. weniger einschneidende Maßnahmen nicht ausreichen, um eine Durchsetzung der Vorgaben zu erreichen,

2. die Stillegung im Einzelfall zum Schutz der Allgemeinheit, jedoch unter Berücksichtigung des Bauvorhabens, dringend erforderlich ist.

4.2.2.Von der Stillegung der Baustelle kann trotz Nichtbefolgung der Vorgaben gem. der AVV Baulärm abgesehen werden, wenn die Bauarbeiten

1. zur Verhütung oder Beseitigung eines Notstandes oder zur Abwehr sonstiger Gefahren für die öffentliche Sicherheit oder Ordnung oder

2. im öffentlichen Interesse dringend erforderlich sind und die Bauarbeiten nicht oder nicht rechtzeitig durchgeführt werden können.

Mit einer derart kurz, aber verständlich gefassten AVV Baulärm (neu) könnten die Kernprobleme der Baulärm-Belästigung, insbesondere das im Regelfall bestehende Informations-Defizit der Anwohner, einfach gelöst werden.

18.3 Aufhebung des § 66 Abs. 2 BImSchG sowie der AVV Baulärm von 1970

Nachdem § 66 Abs. 2 BImSchG ohnehin nur noch eine Rest-Regelung[842] darstellt, die der Fortgeltung einer AVV dient, deren ursprüngliche Rechtsgrundlage – das Baulärm-Schutzgesetz von 1965 – bereits seit dem Jahr 1974 aufgehoben ist, stehen einer ersatzlosen Aufhebung bei entsprechender Neufassung des § 22 Abs. 1 b) BImSchG keine Gründe entgegen. Zwangsläufig wird damit auch die bestehende, teilweise auf nicht mehr existierende Paragraphen des Baulärm-Schutzgesetzes verweisende *AVV Baulärm – Geräuschimmissionen* – obsolet.

18.4 Neufassung des § 536 BGB: Baulärm stellt keinen Mietmangel dar

Die Konsequenz aus einer Privilegierung des Baulärms wäre denknotwendig auch eine Korrektur des § 536 Abs. 1 a) BGB. Die hier enthaltene Regelung *„Für die Dauer von drei Monaten bleibt eine Minderung der Tauglichkeit außer Betracht, soweit diese auf Grund einer Maßnahme eintritt, die einer energetischen Modernisierung nach § 555b Nummer 1 dient“* würde bei Fortbestand die Privilegierung konterkarieren. Sie ist demnach mit dem § 22 Abs. 1 b) BImSchG gleichzuschalten wie folgt:

„Geräuscheinwirkungen infolge von Bauarbeiten, die der Modernisierung, Sanierung, dem Ausbau oder Rückbau sowie Infrastrukturmaßnahmen aller Art – auch auf benachbarten Grundstücken – dienen, führen nicht zu einer Minderung der Tauglichkeit, wenn die Voraussetzungen der AVV Baulärm (neu) eingehalten werden.“

---

842 Nach *Büge* in Beck'scher Online-Kommentar Umweltrecht, hrsg. von Giesberts/Reinhardt, § 66, Rn.1, hat sich ohnehin *„die praktische Bedeutung der Vorschrift inzwischen ... weitestgehend erledigt“* (Stand 01.04.2015).

Damit ist der Vermieter bei von ihm veranlassten Baumaßnahmen ebenso zur Einhaltung der Informations- und EU-Konformitätsvorgaben verpflichtet wie er bei Nachbarbaustellen diese Pflichtenerfüllung im Interesse seiner Mieter einfordern kann.

19. Zusammenfassung: Realität und Revolution

Bauen war und ist und wird immer mit einer mehr oder weniger lauten Geräuschentwicklung verbunden sein, die mit wirtschaftlichen Mitteln und Methoden im Regelfall nicht zu verhindern ist, soll eine Bautätigkeit nicht völlig unterbunden werden. Dies gilt jedenfalls, um nur einige Baubereiche anzusprechen, für alle Tief-, Spezialtief-, Straßen-, Kanal-, Schienen-, Beton-, Pflaster-, Landschafts-, Dach-, Spengler-, Zimmerer- und Rohbauarbeiten. Denn stets sind mit diesen Bauleistungen nicht nur zwangsläufig Transporte von Material und (oft sehr großen und schweren) Maschinen und Geräten, häufig auf Schwerlastwägen, verbunden. Viel mehr noch werden durch das Auftreffen von Stahl auf Stein, von Hämmern auf Nägeln, von Sägen auf Holz, von Bohrern auf Beton oder Boden, von Schleifern auf Fassadenplatten, von Hochdruckstrahlern auf Mauerscheiben oder – um nur ein weiteres Beispiel anzuführen – von Rüttelplatten auf Kalkschotter unangenehme und meist sehr laute Geräusche erzeugt, die zu individuellem Unwohlsein, einer Belästigung und damit auch Aggressionen auslösend führen können. Gleiches gilt bei Rückbau- und Abbrucharbeiten. Derartig von Bauarbeiten aller Art Betroffene, wie etwa Anlieger, Mieter oder Nachbarn, reagieren insoweit häufig negativ: Sie fühlen sich durch diesen subjektiv so empfundenen „*Baulärm*" in ihrer Ruhe, ihrer „Freizeit" und ihrem Wohnwert gestört. Deshalb ist die Befassung von Gerichten mit der Frage des „Dürfens" bzw. „So-laut-Dürfens" ebenso häufig wie die Antworten hierauf sehr differenziert und kaum vorhersehbar ausfallen. Damit aber wird volkswirtschaftlich betrachtet das Bauen zu einem Vabanque-Spiel, dessen zeitlicher und damit zusammenhängend auch finanzieller Ausgang ebenso ungewiss ist wie die juristische Beurteilung:

Der oft hinsichtlich der Unvorhersehbarkeit richterlicher Entscheidungen kolportierte Satz, wonach der Rechtssuchende bei Gericht und auf hoher See in Gottes Hand ist, bewahrheitet sich dann ebenso. Dies konnte anhand der oben näher dargelegten „tatrichterlichen" Beurteilungen, denen alleine das Empfinden des jeweiligen Richters, nicht aber eine verifizierbare Tatsachenfeststellung zugrunde lag, ebenso aufgezeigt werden wie durch die Darstellung der „technischen Seite" von Lärm-Messungen, die ebenso fragwürdige Ergebnisse liefern.

Hinzu kommt, dass sich das Recht zur Beurteilung, ob (schon) relevanter Baulärm vorliegt, auf – im Regelfall – zwangsläufig kurze „Lärm-Ausschnitte" des jeweiligen „Lebens-Sachverhalts Baustelle X" stützt, obgleich nachvollziehbar mit dem Baufortschritt sich nicht nur die zum Einsatz kommenden Baumaschinen, – methoden und – materialien ändern, sondern auch die Intensität sowie Dauer der Geräuscherzeugung.

Zudem ist die Vorgabe einer Dezibel-Grenze mit Ausnahmemöglichkeit bei einer immer nur temporär virulenten Baustelle als Momentaufnahme nicht im Ansatz geeignet, die Wirklichkeit abzubilden.

Dies stellt die Realität dar. Damit aber erweist sich der „Ist-Zustand" der Baulärm-Behandlung in der Gesetzgebung ebenso wie in der Rechtsprechung als nicht nachvollzieh- und damit auch nicht akzeptierbar. Dennoch befasste sich, soweit ersichtlich, noch kein Gesetzgeber und kein Gericht, aber auch keiner der zahlreichen Autoren, die sich in einem Zeitraum von rund 60 Jahren nach etwa 1950 intensiv mit der Baulärm-Problematik auseinandergesetzt haben, auch nur mit dem Gedanken, hier etwas zu ändern. Vielmehr findet sich eine Auseinandersetzung mit dieser komplexen und komplizierten Rechtsmaterie nur auf der Ebene der grundsätzlichen Akzeptanz von Baulärm – da unvermeidbar – , gepaart jedoch mit oft teuren Restriktionen sowie Entschädigungs- und Mietminderungsansprüchen, wie ausführlich aufgezeigt[843].

Es muss deshalb, in der Rechtsgeschichte nicht neu (und für die Baulärm-Situation gerade wegen der ständig verbesserten Maschinen- und Schallschutztechnik nachvollziehbar), ein Korrektiv hinsichtlich der starren und eingefahrenen Denkweise ein-, mithin eine Revolution im positiven Sinne herbeigeführt werden. Diese kann mit Hilfe der Sozialadäquanz des Bauens und damit auch des damit verbundenen Baulärms – entsprechend der Werte-Entscheidung des Gesetzgebers (und vorlaufend schon der Gerichte) für die „Lärm-Freiheit" von Kindern gem. § 22 Abs. 1 a) BImSchG sowie für die sanktionslose energetische Modernisierung bei Mietverhältnissen gem. § 536 Abs. 1a) BGB – zum Erfolg geführt werden.

Denn man gelangt mit Hilfe einer Anwendung des dem gesamten Recht immanenten Sozialadäquanz-Gedankens gerade im Zusammenhang mit Baumaßnahmen aller Art zu dem Ergebnis:

Bauen zählt zum Inbegriff sozialadäquaten Verhaltens von Menschen: Ohne Baumaßnahmen aller Art wäre die Menschheit *in toto* jedenfalls nicht auf dem Stand des 21. Jahrhunderts, sondern immer noch in Felshöhlen und Lehmhütten hausend. Es könnten keine Flugzeuge starten und landen, keine Züge fahren und keine Lastkraftwagen lebensnotwendige, aber auch sonst nützliche Güter transportieren. Mehr noch: Es gäbe keine Schulen, Krankenhäuser, Pflege- und Seniorenheime. Die Menschheit würde sich damit weiterhin in der Steinzeit[844] befinden.

Hinzu kommt die umgekehrte Sicht: Jeder Mensch, gleich ob Nachbar, Mieter, Büronutzer oder Geschäftsinhaber, „verdankt" seine Wohnung, seine Büro- oder Fabrikations- und Ladenräume unzweifelhaft der Tatsache, dass insoweit auch – wenn auch Jahre oder Jahrzehnte davor – einmal Bauarbeiten stattgefunden hatten. Diese aber verursachten, wie bei jeder Baumaßnahme, ebenso in diesem Zusammenhang Geräusche, also Baulärm. Insoweit kann ein Postulat des Bauprimats

843 S. insb. die Urteils-Exzerpte oben Kap. 11.

844 Vor ca. 2,6 Millionen Jahren begann die Menschheitsgeschichte, vgl. *Müller-Beck*, Die Steinzeit, 2004.

nach dem Motto, dass, wer zuerst kommt, die weitergehenden Rechte für sich beanspruchen dürfte, nicht Platz greifen. Denn gerade im Bereich des Bauens gilt auch der Satz: Nach der Fertigstellung ist vor der Renovierung, dem Um-, An- oder Erweiterungsbau – oder auch, nach entsprechender Nutzungsdauer, dem Neubau. Und so wechseln sich, wenn auch im Regelfall nur langsam im Zwei- oder Drei-Generationen-Schritt bei einer durchschnittlichen 50 – 100 jährigen „Lebensdauer" von Gebäuden, die Zeiten des „Lärm-Machens" und „Lärm-Ertragens" zwangsläufig ab. Hinzu kommt, dass die Praxis gerade in der Beurteilung bzw. Prognose von *„Lärm"* keine einheitliche Feststellung durch Sachverständige kennt. Dazu führt *Paetow*[845] aus:

> *„....... gewinnen bei schwierigen lärmfachlichen Fragen die gutachtlichen Äußerungen von Sachverständigen große Bedeutung. Deren Auffassungen gehen nicht selten auseinander. Dann wird von den Verfahrensbeteiligten darüber gestritten, inwieweit von der bisher „herrschenden Meinung" abweichende Ansichten von Fachleuten zu berücksichtigen sind. Das BVerwG hat hierzu die Formel entwickelt, dass neue wissenschaftliche Erkenntnisse in der Regel erst dann zu Grunde zu legen sind, wenn sie sich in der wissenschaftlichen Diskussion durchgesetzt haben und allgemeine Anerkennung – nicht notwendig einhellige Zustimmung – gefunden haben. Ein neuer Stand der Wissenschaft ist nicht erreicht, solange bisher anerkannte wissenschaftliche Aussagen kritisch hinterfragt und kontrovers diskutiert werden, ohne dass sich in der Forschung ein neuer Grundkonsens abzeichnet. Fehlende verlässliche Erkenntnisse müssen nicht durch einen Bonus zu Gunsten der Lärmbetroffenen ausgeglichen werden."*

Auch diese Aussage eines ehemaligen Vorsitzenden Richters beim Bundesverwaltungsgericht zeigt letztlich die Aussichtslosigkeit, in Baulärm-Fragen zu rechtssicheren und damit auch nachvollziehbaren Entscheidungen zu gelangen, mehr als deutlich auf: Die Sachverständigen kommen häufig zu unterschiedlichen Ergebnissen und die Feststellung, was aktuell *„Stand der Wissenschaft"* ist, gleicht, weil eine Verifizierung der *„kritischen Hinterfragung"* von *„wissenschaftlichen Aussagen"* bei der großen Bandbreite auch und vor allen Dingen subjektiv-emotionaler Parameter letztlich nicht möglich ist, eher dem Lesen einer Glaskugel als einer belastbaren Ergebnisfindung.

Deshalb ist es mehr als gerechtfertigt, im Zusammenhang mit der Zumutbarkeit von Baulärm auf die Sozialadäquanz abzustellen. Diese bildet nicht nur die grundsätzliche gesellschaftliche Akzeptanz des Bauens, sondern auch des *„Laut-Bauens"* als unvermeidbare Begleiterscheinung von vielen bauhandwerklichen Tätigkeiten ab. Voraussetzung dafür ist jedoch auch, dass das Gebot der Rücksichtnahme durch entsprechende Einhaltung – jederzeit überprüfbarer – „Tages-Bauzeiten" und ebenso nachprüfbarer Kommunikation mit Informationen zu lärmintensiven Arbeiten beachtet wird. Denn dies ermöglicht es den Betroffenen – und ist auch

845 NVwZ 2010, 1184 (1190).

im Regelfall zumutbar –, temporär auszuweichen[846] – während das mit Grund und Boden fest verbundene Bauwerk im wahrsten Sinne des Wortes unbeweglich und deshalb seine Herstellung nur nach Zeit, nicht aber im Raum variabel ist. Hinzu kommt die unbedingte Verpflichtung für den Bauherrn dafür Sorge zu tragen, dass vor Beginn der Maßnahmen ein Baulärm-Minderungsplan erstellt und von einem Experten auf seine Umsetzungsfähigkeit geprüft wird. Dazu zählt auch der Einsatz entsprechender Baumaschinen und -geräte, die dem Stand der Technik hinsichtlich der Schalldämmung entsprechen[847].

Dies alles kann mit einem entsprechenden Gesetz, das durch eine neu gefasste AVV Baulärm konkretisiert wird, wie im vorstehenden Kapitel 18 vorgeschlagen, verfassungskonform realisiert werden.

Mit einem solchen Gesetz würde Klarheit für alle Baubeteiligten und Bau(lärm) betroffenen geschaffen. Auch könnten Streitigkeiten und Gerichtsverfahren vermieden, Kosten gespart und die Weiterentwicklung der Gesellschaft durch immer bessere Infrastrukturen und Wohn- sowie Arbeitsbedingungen gefördert werden.

Bei allen Überlegungen dazu kann auch der abgewandelte Satz von *Böhm*[848] berücksichtigt werden:

Auch wenn Baulärm manchmal lästig sein kann, mehr Sorgen sollten wir uns machen, wenn keine Baugeräusche mehr zu hören sind: Denn dann wird der Stillstand zum Rückschritt für die Menschheit.

Schließlich gilt die von *Paetow* auf Flug-, Schienen- und Straßenverkehr abgestellte Feststellung in jeder Hinsicht auch für die Geräusche, die unvermeidbar bei der Bauausführung – jedoch immer nur für einen begrenzten Zeitraum – entstehen:

> *„Seit Jahrzehnten sind die Konflikte, die durch die Lärmauswirkungen öffentlicher und privater Vorhaben hervorgerufen werden, ein Dauerthema in der verwaltungsgerichtlichen Entscheidungspraxis. Eine Abnahme oder gar ein Ende der Anträge Lärmbetroffener auf Gewährung gerichtlichen Rechtsschutzes gegen derartige Immissionen ist in unserem dicht besiedelten Land angesichts der auf der Hand liegenden Interessengegensätze nicht zu erwarten. Daran wird auch der durch den Gesetz- bzw. Verordnungsgeber und die Rechtsprechung vorangetriebene Versuch, die rechtlichen und fachlichen Grundlagen des*

846 Wie es z.B. auch der VGH München, Urteil vom 17.02.2011 – Az: 22 A 09.40060 = BeckRS 2011,30702 für zumutbar erachtet: *„Der diesbezügliche Einwand der Kläger, eine Stoßbelüftung sei wegen der dann unzumutbar hohen Lärmbelastung nicht möglich, greift nicht, weil nicht ersichtlich ist, dass eine Lüftung nicht während sowieso nötiger Arbeitspausen – verbunden mit einem Verlassen der Räume – erfolgen könnte".*

847 S. dazu sehr informativ: *Haltenorth / Weber / Leistner*, Neuartige Maßnahmen zur Minderung von Baulärm – Systeme, Methoden, Wirkungen, Fraunhofer-Institut, Stuttgart, 2007; das Bestreben einer Reduzierung von Lärm verfolgten auch bereits *Hamann / Garbotz,* Verminderung von Baulärm, 1967.

848 *„Auch wenn Kinderlärm manchmal lästig sein kann, mehr Sorgen sollten wir uns machen, wenn wir keine Kinder mehr hören"* (in: LKRZ 2007, 409, 413).

Lärmschutzes weiter zu präzisieren und dadurch möglichst viel an Rechtssicherheit zu schaffen, wenig ändern. Dazu ist das Geflecht zwischen den Erwartungen der Gesellschaft an eine Verbesserung der öffentlichen Verkehrsinfrastruktur sowie dem Interesse an der Errichtung und dem Betrieb lärmverursachender gewerblicher oder sonstiger Anlagen einerseits und dem berechtigten Schutzanliegen der Lärmbetroffenen, denen situationsbedingt oft ein „Sonderopfer" abverlangt wird, andererseits zu komplex als dass es in „wasserdichte" Regelungen gefasst werden könnte. Dabei etwaige Defizite aufzuspüren und einen von möglichst vielen akzeptierten ausgewogenen Mittelweg zu finden, bleibt eine Daueraufgabe der Verwaltungsgerichte."[849]

Ähnlich sehen dies auch – ganz aktuell im August 2015 – *Gebhardt / Lang*:

„Die Durchführung von Bauvorhaben gerade im innerstädtischen Bereich und die durch sie erzeugten Lärmimmissionen stehen in einem Spannungsverhältnis zu den Interessen von Anwohnern an ruhigem Wohnen. Der hierdurch entstehende Konflikt ist kein neuer – bereits das Luftreinhaltegesetz von 1959 diente der Beschränkung von Baulärm. Vielleicht aufgrund der zunehmenden Verdichtung der Innenstädte und ihrer wieder steigenden Attraktivität für die Wohnnutzung scheinen die Konflikte um Baulärm zuzunehmen, zumindest beschäftigen sie die Obergerichte vermehrt. Die lange im Schatten stehende Allgemeine Verwaltungsvorschrift Baulärm – AVV Baulärm – ist in das Fadenkreuz des Nachbarstreits geraten."[850]

Diese, durch die vorliegenden Untersuchungen nur zu unterstreichende, Feststellung der ansteigenden Virulenz der Baulärm-Problematik verdeutlicht die Brisanz und damit auch die Notwendigkeit zum Handeln durch den Gesetzgeber: Die Aufgabe muss gelöst werden, um Verwaltungsgerichte wie Zivilgerichte[851] von Entscheidungen zu Problemen von Mietminderungen oder Entschädigungsansprüchen im Zusammenhang mit einer Baulärm-Betroffenheit nach Möglichkeit zu entlasten. Dies haben die vorstehenden Untersuchungen ebenso gezeigt wie es das BVerwG in einer der Kernentscheidungen zur Baulärmproblematik schon für öffentliche Bauvorhaben mehr als deutlich hervorgehoben hat:

„Zwar mag es Planbetroffenen als Ausdruck der Sozialbindung zumutbar sein, mehr an Baulärm hinzunehmen, wenn ein Vorhaben dem allgemeinen Verkehr gewidmet ist und insofern dem Wohl der Allgemeinheit dient. Dies mit bindender Wirkung entsprechend zu regeln, muss aber dem Normgeber vorbehalten bleiben."[852]

Diese Sätze müssen generell Geltung für alle Bauarbeiten und den damit unvermeidbar verbundenen Baulärm haben. Denn „Bauen" ist als untrennbarer und

849 NVwZ 2010, 1184 (1190).

850 *Gebhardt / Lang*, Verhältnismäßigkeit von Baustopps nach AVV Baulärm – zugleich Besprechung VGH Mannheim, Beschluss v. 05.02.2015 (-10 S 2471/14-), in: BauR 2015, 1426.

851 Das Straf- und Bußgeldrecht ist im Rahmen von Baulärm-Fällen, wie oben aufgezeigt, praktisch bedeutungslos, s. oben 17.1.1.2.

852 Urteil vom 10.7.2012 – Az: 7 A 11/11 = NVwZ 2012, 1393.

wesentlicher Teil menschlicher Kultur nicht nur zum Wohl jedes Einzelnen, sondern auch der Allgemeinheit unverzichtbar, mithin im Hinblick auf umweltrechtliche Vorgaben privilegiert. Insoweit besteht keine differenzierende Betrachtungsweise, da „die Allgemeinheit" nichts anderes als die Summe aller (Staats-)Individuen sein kann. Deshalb ist Bauen auch sozialadäquat – und dies muss durch den Gesetzgeber wegen der unterschiedlichen Sichtweise von Gerichten zur Frage einer Sozialadäquanz im Interesse der Rechtssicherheit und Vorhersehbarkeit von Rechtsfolgen im Zusammenhang mit der Ausführung von Bauarbeiten und der damit einhergehenden „Belästigung" von Baunachbarn nachlesbar geregelt werden. Dass dabei aber auch das Ziel, möglichst Baulärm zu vermeiden[853], nicht vergessen werden darf, versteht sich unter dem Regime einer Sozialadäquanz als letztlich faire und gerechte Lösungshilfe von selbst. Dadurch würden

- Rechtssicherheit und Rechtsklarheit gefördert,
- die Rechtsanwendung erleichtert,
- die Gerichte entlastet,
- die Notwendigkeit des Bauens unterstrichen,
- Kosten gespart und
- Streit zwischen Bauherren und Nachbarn bzw.
- Vermietern und Mietern verhindert.

Eine Nicht-Achtung der berechtigten Belange von Baulärm-Betroffenen auf Ruhe wäre damit auch nicht verbunden, wenn die Vorgaben einer neuen AVV Baulärm Beachtung finden. Zudem ist das Schutzgut „Gesundheit" ohnehin nicht mit einer „Entschädigung" oder „Mietminderung" aufzuwiegen. Dies ist aber nach allen hier vorgenommenen Untersuchungen schon deshalb nicht relevant, weil zwischen einer „erheblichen Belästigung" und einer „Gesundheitsgefahr" im Zusammenhang mit Baulärm Welten liegen und Ersteres gerade aus dem Gedanken der Sozialadäquanz heraus für die „Bau-Zeit" hinnehmbar ist.

Der dazu erarbeitete Gesetzes-Vorschlag[854] mit einer – dem Regelungs-Regime des BImSchG entsprechender – neuen AVV[855] könnte dazu einen Beitrag leisten. Dies war das Ziel der Arbeit.

Andernfalls müsste mit *Shakespeare*[856] festgestellt werden: *Viel Lärm um nichts*!

Und das ist bei der Baulärm-Problematik, wie in der vorliegenden Arbeit dargestellt, mit Sicherheit nicht der Fall.

853 Wie schon von *Theiner*, Weniger Lärm am Bau, in: Umweltmagazin, Jahrgang 1990, S. 80 ff., umfassend gefordert.

854 Oben Kap. 18.

855 Oben Kap. 19.

856 *Shakespeare William,* Much Ado About Nothing – Viel Lärm um nichts. Reclam, 1993.

Literaturverzeichnis

Althaus, Stefan / Heindl, Christian: Der öffentliche Bauauftrag. Vergabe und Ausführung von Bauleistungen nach VOB Teile A, B und C. 2. Aufl. 2013, Verlag C.H. Beck.

Balchin, Jon: Quantensprünge. 100 große Wissenschaftler und ihre Ideen. (Deutsch:*Hans Kothe*).Gondrom, 2005.

Bamberger / Roth: Kommentar zum Bürgerlichen Gesetzbuch C.H. Beck, 3. Aufl. 2012.

Barbling: Die Immissionen iS des § 906 BGB und der gegen sie gegebene zivilrechtliche Schutz. Diss. Göttingen 1929.

Barthelmess, Jochen: Theorie und Praxis des Miet- und Wohnungseigentumsrechts. In:Festschrift für Hubert Blank zum 65.Geburtstag Verlag C.H.Beck, 2006, S. 23 – 55.

Becher: Lärmstörungen im Alltag. In: DWW 1994, 130.

Berkemann, Jörg: Der schwierige § 15 BauNVO: Anleitung zu einer strukturierten Prüfung. In: Juris JM 05 / 2014, S. 209 ff.

—: Sport und Freizeitaktivitäten in der gerichtlichen Auseinandersetzung. In: NuR 1998, 565.

Berlin.Umwelt.Senatsverwaltung für Stadtentwicklung: Baulärm. Rechts- und Verwaltungsvorschriften. Berlin 2006.

Berndt, Michael /Födisch, Jörg-Thomas: Rennfahrertod – 50 tragische Helden im Portrait. Heel Verlag, Königswinter 2012.

Bernhardt, Rüdiger: Faust, Teil I.(= Königs Erläuterungen. Band 21). 10. Auflage. Bange Verlag, Hollfeld 2010.

Bernhardt, Horst / Jeiter, Wolfram: Unfallverhütungsvorschrift„Lärm“. Erläuterungen,Durchführungsregeln, Anmerkungen. Erich Schmidt Verlag, Berlin 1975.

Bethge / Meurers: TA Lärm. 4. Aufl. Köln-München, 1985.

Beutenmüller: Der rechtliche Schutz des Gehörs, Karlsruhe 1908.

Bieber, Hans-Jürgen: Ausschluss der Minderung wegen Kenntnis zukünftigen Baulärms? In: AnwZert MietR 6/2009, Anm.2.

Bier: Immissionsschutzrechtlicher Nachbarschutz. In: ZfBR 1992, 15.

Bischopink, Olaf: Immissionsschutz in der Bauleitplanung. In: BauR 2006, 1070 ff.

Bitzer, Peter: Die Bedeutung der Grenz- und Richtwerte im privaten Immissionsschutzrecht. In: BauR 2002, 1019.

—: Grenz- und Richtwerte im Anwendungsbereich des § 906 BGB, Verlag Peter Lang, 2001.

Blank, Hubert: Der Ausschluss der Minderung bei Gebrauchs-störungen durch Bauarbeiten in der Nachbarschaft. In: WuM 2012, 175.

Blank / Börstinghaus: Miete. Das gesamte BGB-Mietrecht. Kommentar. 4. Aufl. 2014, C.H.Beck.

Bodanowitz: Rechtliche Grundlagen des Baulärmschutzes. In: NJW 1997, 2351.

Boeddinghaus: Über die Schwierigkeiten, im Immissionsschutzrecht und im Bauplanungsrecht zu gemeinsamen Begriffen zu kommen. In: BauR 1994, 713.

Böhm, A. / Strachotta O.T. / Irmer, V.: Baulärm. In: Müller / Möser (Hrsg.), Taschenbuch der Technischen Akustik (s. dort), S. 639 ff.

Böhm, Monika: Schutz vor Kinderlärm? In: LKRZ Zeitschrift für Landes- und Kommunalrecht Hessen / Rheinland-Pfalz / Saarland, 2007, 409.

Börstinghaus, Cathrin: Mietminderungstabelle. 3. Aufl. 2013, C.H. Beck.

Boisserée, Alexander / Fuchs, Bastian: Handbuch Baunachbarrecht. Werner-Verlag, Neuwied 2006.

Brendle, Ulrich: Lärm als körperliche Einwirkung – Gewaltbegriff und Einheit der Rechtsordnung. In: NJW 1983, 727.

Brox: Zur Lösung nachbarlicher Interessenkollissionen. In: JA 1984, 182.

Bub/Treier: Handbuch der Geschäfts- und Wohnraummiete. 4. Auflage, C.H.Beck, München 2014.

Bub, Wolf-Rüdiger / von der Osten,C.: Mietrecht aktuell und kompakt. C.H.Beck, München 2012.

Bundesamt für Umwelt BAFU (Schweiz): Baulärm-Richtlinie. Richtlinie über bauliche Massnahmen zur Begrenzung des Baulärms gemäss Artikel 6 der Lärmschutz-Verordnung vom 15.Dezember 1986, aktualisierte Ausgabe vom 24.März 2006, Bern 2006.

Bundesinstitut für Bau-, Stadt- und Raumforschung im Bundesamt für Bauwesen und Raumforschung (Hrsg.): Bericht zur Lage und Perspektive der Bauwirtschaft 2014. Bonn, 2014.

Busch, Heinrich: Lärm und Ruhe in Kurorten. Studie im Auftrag der Hessischen Landesanstalt für Umwelt und des Hessischen Ministers für Arbeit, Umwelt und Soziales. Umweltplanung und Umweltschutz. Schriftenreihe der Hessischen Landesanstalt für Umwelt, Nr. 14 / 1984.

BWI-Bau (Hrsg.): Ökonomie des Baumarktes. Grundlagen und Handlungsoptionen: Zwischen Leistungsversprecher und Produktanbieter. Springer, Wiesbaden 2013.

Classen, Kai-Dieter: Erheblichkeit und Zumutbarkeit bei schädlichen Umwelteinwirkungen. In: JZ 1993, 1045.

Cercle Bruit Schweiz / Amt für Umweltschutz des Kantons Luzern: Lärm. Luzern 1998.

Clemm, Christina: Anspruch des Auftragnehmers auf zusätzliche Vergütung bei kostenverursachenden lärmmindernden Baumaßnahmen. In: BauR 1989, 125.

Couzinet, Daniel: Die Zulässigkeit von Immissionen im anlagenbezogenen Immissionsschutzrecht. Verfassungs-rechtliche Vorgaben an das vom Einzelnen hinzunehmende Immissionsmaß und einfach-rechtliche Ausgestaltung im Bundes-Immissionsschutzgesetz. Duncker & Humblot, Berlin 2007, zugleich Diss.Tübingen, 2007.

de Witt, Siegfried: Zivilrechtlicher Entschädigungsanspruch wegen Lärms oder Rechtsbehelfe des Planfeststellungsverfahrens? Das Verfahren City Tunnel Leipzig. In: NZM 2010, 428.

Decker, Heinrich: Ratgeber für den Tiefbau. 5.Aufl., Werner-Verlag Düsseldorf, 1998.

Deppen, Michael / Heilmann, Beate: Prozesse in Mietsachen. 1. Aufl. 2008, Verlag Nomos.

Deutsch, Erwin: Finalität, Sozialadäquanz und Schuldtheorie als zivilrechtliche Strukturbegriffe. In: *Stratenwerth*, Festschrift für Hans Wetzel, S. 227 ff. (s. *Stratenwerth*).

Deutsch, Erwin: Das „allgemeine Lebensrisiko" als negativer Zurechnungsgrund. In: VersR 1993, 1041.

Detlefsen,J. / Siart, U.: Grundlagen der Hochfrequenztechnik. 4. Auflage, München, Oldenbourg, 2012.

Deutsche UNESCO-Kommission: UNESCO-Konferenzberichte, Nr. 5, S. 121. München: K. G. Saur 1983.

Dietrich, Jan-Hendrik: Die immissionschutzrechtliche Beurteilung von Baustellenlärm. In: NVwZ 2009, 147.

Dietrich / Kahle: Immissionsschutzrechtliche Beurteilung von Kindergartenlärm und Lärm von Kinderspielplätzen. In: DVBl 2007, 18.

Dirnberger, Franz: Lärmschutz in der Bauleitplanung. In: Bayerischer Gemeindetag 2007, 6.

Dobmann: Entschädigungsansprüche der Anlieger wegen Beeinträchtigungen während des Baus planfestgestellter Anlagen, In: NVwZ 2011, 9.

Dolde, Klaus-Peter: Rechtliche Aspekte einer Gesamtlärmbetrachtung. In: Tagungsband „Lärmkongress 2000" vom 25.9.2000 Landesamt für Umweltschutz Baden-Württemberg;.

Duden: Die deutsche Rechtschreibung. 26. Aufl., Verlag Duden, 2013.

Duden: Das Synonymwörterbuch. 5. Aufl., Verlag Duden, 2010.

Dury: Zur Anwendbarkeit der Sportanlagen-Lärmschutzverordnung im zivilrechtlichen Nachbarstreit. In: NJW 1994, 302.

Dziallas, Olaf / Kullick, Christian: Bauen ohne Lärm? In: NZBau 2011, 544.

Eisler, Rudolf: Wörterbuch der philosophischen Begriffe. Berlin 1904.

Elshorst, David: Ersatzansprüche benachbarter Grundstücksbesitzer gegen Bauherren bei Beeinträchtigungen durch Baumaßnahmen. In: NJW 2001, 3222.

Englert, Klaus: „Baubehelf", „Bauhilfsgewerk" und „Hilfsbauwerk": Abgrenzung und Rechtsprobleme. In: BauR, 2004, S. 233.

Englert, Klaus / Grauvogl, Josef / Maurer, Michael (Hrsg.): Handbuch des Baugrund- und Tiefbaurechts. Werner-Verlag, Neuwied. 4.Aufl. 2011.

Englert, Klaus / Katzenbach, Rolf / Motzke, Gerd (Hrsg.): Beck'scher VOB-Kommentar. Teil C. 3. Aufl.,Verlage C.H.Beck/Beuth, München 2014.

Epping / Hillgruber: BeckOK GG, Stand 2013.

Erman – Autor: BGB. Kommentar in 2 Bänden. 14.Aufl., Otto Schmidt Verlag, 2014.

Eser, Albin: „Sozialadäquanz": eine überflüssige oder unverzichtbare Rechtsfigur? In: Schünemann u.a., Festschrift für Claus Roxin (s. dort), 2001.

Fehn / Laschet: Die Bestimmung der Ortsüblichkeit im Sinne des § 906 BGB. In: UPR 1998, 7.

Feldhaus, Gerhard: Bundesimmissionsschutzrecht, Kommentar Loseblattsammlung, Grundwerk mit Ergänzung 2. Aufl., 172. Lieferung , C.F. Müller 2013.

—: Überlegungen zu einer Novellierung der TA Lärm. In: *Koch*, Schutz vor Lärm. Forum Umweltrecht. Schriftenreihe der Forschungsstelle Umweltrecht der Universität Hamburg, Band 1, 1990, S. 153 ff.

—: Umweltschutz, Luftreinhaltung, Lärmbekämpf-ung. Köln, 1971.

—: Die Schwierigkeiten mit der Immissions-Summenbewertung nach der TA Lärm. In: *Breuer / Klöpfer / Marburger / Schröder* (Hrsg.), Jahrbuch des Umwelt- und Technikrechts 1993, Heidelberg 1994, S. 29 ff.

Feldhaus, Gerhard / Tegeder, Klaus: Technische Anleitung zum Schutz gegen Lärm (TA Lärm) – Kommentar – , Sonderdruck aus: Feldhaus, Bundesimmissionsschutzrecht – Kommentar (s.dort), c.f.müller, 2014.

Fellberg: Kommentar zur Unfallverhütungsvorschrift „Lärm". In:Württ. Bau-BG Mitteilungen 1992, 34;.

Festschrift für Karl Larenz: s. Paulus / Diederichsen / Canaris.

Festschrift für Claus Roxin: s. *Schünemann / Achenbach* u.a.

Festschrift für Hans Wetzel: s. Stratenwerth.

Fickert / Fieseler: Baunutzungsverordnung. Kommentar unter besonderer Berücksichtigung des deutschen und gemeinschaftlichen Umweltschutzes. 12. Aufl., Kohlhammer, Stuttgart, 2014.

Fischer, Werner: Geräuschemission von Baustellenkreissägemaschinen. Forschungsbericht 80–105–03 503 UBA-FA 81–024. Umweltbundesamt 1981.

Flatow, Beate: Mängelrechte des Mieters bei Baulärm. In: AnwZert MietR 15/2012 Anm.1.

Fleischer, Gerald: Lärm – der tägliche Terror. Verstehen – Bewerten – Bekämpfen. Trias, Stuttgart 1994.

—: Argumente für die Berücksichtigung der Ruhe in der Lärmbekämpfung. In:Kampf dem Lärm 1978, 69.

—: Vorschlag für die Bewertung von Lärm und Ruhe. In: Kampf dem Lärm, 1979, 129.

Fritz, Klaus: Das Verhältnis von privatem und öffentlichem Immissionsschutzrecht nach der Ergänzung von § 906 I BGB. In: NJW 1996, 573.

Fuchs, Bastian: Die Zulässigkeit der Inanspruchnahme von Nachbargrundstücken bei der Ausführung von Tiefbauarbeiten. Baurechtliche Schriften, hrsgg. v. Korbion/Locher, Band 59 Werner-Verlag Düsseldorf, 2001.

Gaisbauer, Georg: Lärmstörungen und Wohnruhe. In: ZMR 1994, 248.

—: Tierlärm in der Wohnnachbarschaft. Ein Rechtsprechungsspiegel. In: NZM 1999, 982.

Gebhardt, Anna / Lang, Dieter: Verhältnismäßigkeit von Baustopps nach AVV Baulärm – zugleich Besprechung VGH Mannheim, Beschluss v. 05.02.2015 (-10 S 2471/14-). In: BauR 2015, 1426.

Gelzer: Die Klage des Nachbarn wegen störender Bauvorhaben im öffentlichen Recht. In: NJW 1958, 325.

Glöckner, Jochen / von Berg, Henning: Fachanwaltskommentar Bau- und Architektenrecht. Werner Verlag, Neuwied, 2. Aufl. 2015.

Göhler, Erich: Gesetz über Ordnungswidrigkeiten. 16. Aufl., C.H. Beck, München 2012.

Gossrau, Eberhard / Stephany, Hans/Conrad, Willi / Dürre, Wilhelm: Handbuch des Lärmschutzes und der Luftreinhaltung. Loseblattsammlung, Stand Sept. 1998, Berlin 1998.

Gossrau, Eberhard: Lärmprobleme und Legislative. In: Lärmbekämpfung als gesundheitspolitische Aufgabe, hrsgg. vom Bundesministerium für Gesundheitswesen, Bonn, 1966, S. 11.

Gramlich, Bernhard: Mietrecht. 13. Aufl. 2015, C.H. Beck:.

Graul, Emil Heinz: Lärm – Nebenprodukt der Zivilisation. In: Deutsches Ärzteblatt, Jg. 71, 1974, S. 1077 ff.

Greeve, Gina / Leipold, Klaus: Handbuch des Baustrafrechts. C.H. Beck, München 2004.

Guski, Rainer: Lärm. Wirkungen unerwünschter Geräusche. Bern, Huber Verlag 1987.

—: Der Begriff „Lärm“ in der Lärmforschung. In: Zeitschrift für Lärmbekämpfung 1991, 61.

Haaß: Rechtsschutz gegen Profangeläut. In: Jura 1993, 302.

Häberle, Manfred / Schmid, Dieter: Am Lärm stört der Informationsgehalt. In: Umwelt, Düsseldorf 1979, S. 42 ff.

Hagen: Privates Immissionsschutzrecht und öffentliches Baurecht. In: NVwZ 1991, 817.

—: Harmonisierung des Lärmschutzes gegenüber Sport und Spiel. In: Festschrift für Volker Röhricht, Verlag O.Schmidt, Köln, 2005, S. 1175–1189.

Hahn, Volker / Rürup, Bernd /u.a.: Bauen ist Lebensgrundlage – der Wegfall der Investitionen ist der falsche Weg. Stiftung Bauwesen, Stuttgart 2005.

Halfmann, Christoph: Nachbarrechtliche Konflikte bei Planung, Bau und Betrieb von Sportanlagen. Academia-Verlag, 1991.

Haltenorth / Mehra / Leistner / Weber: Maßnahmen zur Minderung von Baulärm auf dem Ausbreitungsweg, Fraunhofer-Institut, Stuttgart 2006.

Haltenorth / Weber / Leistner: Neuartige Maßnahmen zur Minderung von Baulärm – Systeme, Methoden, Wirkungen. Fraunhofer-Institut, Stuttgart, 2007.

Hamann, Walther / Garbotz, G.: Verminderung von Baulärm. Vulkan-Verlag, Essen 1967.

Hansmann, Klaus: Rechtsprobleme bei der Bewertung von Lärm. In: Natur und Recht: Zeitschrift für das gesamte Recht zum Schutze der natürlichen Lebensgrundlagen und der Umwelt, 19 (1997), S. 53 ff.

Haupt: Die Körperverletzung des Gegners im Kampfsport und die strafrechtliche Einwilligungsproblematik. Diss. Bremen, 2005.

Heiermann / Riedl / Rusam (Hrsg.): Handkommentar zur VOB. Teile A und B Vergabe und Vertragsordnung für Bauleistungen mit Rechtsschutz im Vergabeverfahren. 11. Aufl. 2008, Verlag Vieweg + Teubner.

Heinz: Ökonomische Bewertung der Wirkung von Lärm. Köln, Berlin, Bonn, München 1995.

Herr, Mathias J.: Sportanlagen in Wohnnachbarschaft: Schutz der Wohnnachbarschaft gegen Geräuschimmissionen beim Betrieb von Sportanlagen nach den Vorschriften des öffentlichen Bundesimmissionsschutzrechts. Bayreuth, 1998.

Hoppe, W. / Beckmann, M. / Kauch: Umweltrecht. Juristisches Kurzlehrbuch für Studium und Praxis, C.H.Beck, 2. Aufl., München, 2002.

Ingenstau / Korbion (Begründer): VOB Kommentar. Teile A und B. Hrsg.: *Leupertz, Stefan* und *von Wietersheim, Mark* , 19. Aufl., Werner Verlag, Neuwied 2015.

Institut für Städtebau, Wohnungswirtschaft und Bausparwesen: Steigende Zuwanderung und Flüchtlingszahl verlangen zusätzlichen Wohnraum für 420.000 Menschen im Jahr. Hausbau-Informationen Folge 4/2015, Berlin.

Institut für Städtebau, Wohnungswirt- schaft und Bausparwesen: Föderalismusreform – die neue Verantwortung der für die soziale Wohnraumförderung. In: Band 75 der Schriftenreihe des Instituts, 45. Königsteiner Gespräch, Berlin, 29./30. April 2010.

Ising, Hartmut: Gesundheitsschutz Lärmwirkungen: Gehör, Gesundheit, Leistung. Bundesanstalt für Arbeitsschutz und Arbeitsmedizin, 11. Auflage, Berlin 2004.

Ising, Hartmut / Kruppa, Barbara: Zum gegenwärtigen Erkenntnisstand der Lärmwirkungsforschung: Notwendigkeit eines Paradigmenwechsels. In: Umweltmed Forsch Prax 6 (4) 2001, S. 1.

Jacob / Ring / Wolf (Hrsg.): Freiberger Handbuch zum Baurecht. 3. Aufl., Fraunhofer IRB Verlag, Stuttgart 2008.

Jansen / Schwarze / Notbohm: Lärmbedingte Gesundheitsbeeinträchtigungen unter besonderer Berücksichtigung der physiologischen Lärmempfindlichkeit. In: Zeitschrift für Lärmbekämpfung 1996, 31.

Jarass, Hans D.: BImSchG Bundes-Immissionsschutzgesetz. 10. Aufl., C.H.Beck, München 2013.

—: Gaststättenlärm und Sperrzeit. In: NJW 1981, 721.

—: Zum Kampf um Kirchturmuhren und nächtens betriebene Tankstellen. In: JZ 1993, 601.

Jarass, Hans.D./Pieroth, Bodo: Grundgesetz für die Bundesrepublik Deutschland Kommentar. Verlag C.H. Beck, 13. Auflage, 2014.

Jellentrup, Ulrich: Individualrechtsschutz gegen Beeinträchtigungen durch kommunale Sportanlagen.

Juristische Schriftenreihe, Band 13; Münster 1990.

Johlen, M.: Die Beeinflussung privater Immissionsabwehransprüche durch das öffentliche Recht. Berlin 2001.

—: Weitere Annäherung von privatem und öffentlich- rechtlichem Immissionsschutz. In: BauR 2001, 1848.

Johnke, Bernt: Wichtige Regeln zur Baulärmbekämpfung. In: StädteT 1981, 355 – 359.

Kalivoda, Manfred / Steiner, Johannes: Taschenbuch der Angewandten Psychoakustik. Springer-Verlag Wien, 1998.

Kallrath, Helmut: Lärm als polizei- und ordnungsrechtliches Problem. Eine Untersuchung über die öffentlich-rechtliche Lärmbekämpfung unter besonderer Berücksichtigung des verwaltungsgerichtlichen Rechtsschutzes gegenüber behördlicher Untätigkeit. Diss. Köln 1959.

Kalusche, Wolfdietrich: Technische Lebensdauer von Bauteilen und wirtschaftliche Nutzungsdauer eines Gebäudes. In: *Axhausen, Kay W. / Held, Hans*: Bauen, Bewirtschaften, Erneuern: Gedanken zur Gestaltung der Infrastruktur (Festschrift zum 60. Geburtstag von Prof. Dr. Hans-Rudolf Schalcher), vdf Zürich, 2004.

Karkaj: Die Gesamtlärmbewertung im Immissionsschutzrecht. 2008.

Kary, Christine: Baulärm muss man ertragen. In: „Die Presse“, Wien, Print-Ausgabe 22.08.2013.

Katzenbach,Rolf / Leppla,Steffen (Hrsg): Handbuch des Spezialtiefbaus, Geräte und Verfahren. 3. Auflage 2015, Bundesanzeiger Verlag.

Kerst: Welche Rechte bestehen bei Störungen und Belästigungen durch Baumaßnahmen? In: NJW 1964, 181.

Kiefer, Günther: Musik oder Lärm bei Volksfesten: Normative Regelung eines Interessenausgleichs. In: LKRZ 2008, 410.

Kinne, Harald: Minderung bei Verkehrs- oder Baulärm. Ein unlösbares Problem? In: Grundeigentum 2013, 593.

Kleinert, Hubert: Abstieg der Parteiendemokratie. In: Aus Politik und Zeitgeschichte (APuZ), 35–36/2007 vom 27.8.2007, S. 3 ff.;.

Klindt, Thomas: Die Bekämpfung des Baustellenlärms. Produkt – und Anlagenbezogener Immissionsschutz. Universitätsschriften Recht, Band 266; Nomos-Verlag, Diss. Münster 1997.

—: Die behördliche Anordnung lärmmindernder Baumaßnahmen und ihre Behandlung als Preisfaktor nach VOB/B. In: BauR 1998, 1185 ff.

—: Die Umweltzeichen „Blauer Engel" und „Europäische Blume" zwischen produktbezogenem Umweltschutz und Wettbewerbsrecht. In: BB 1998, 545.

Kloepfer, Michael: Umweltschutzrecht. 2. Aufl. , C.H. Beck, 2011.

Kloepfer, M./Gussone, P./ Griefahn.B./ Kaniowski,A.M./Klepper, G./Hecht, M./ Lingner,S./Rumberg, M./Steinebach,G./: Leben mit Lärm? Risikobeurteilung und Regulation des Umgebungslärms im Verkehrsbereich. Schriftenreihe der Europ. Akademie zur Erforschung von Folgen wissenschaftlich-technischer Entwicklungen, Wissenschaftsethik und Technikfolgenbeurteilung, Band 28, Berelin-Heidelberg,Verlag Springer Science, 2006.

Kluge, Friedrich: Etymologisches Wörterbuch der deutschen Sprache. 21. Auflage, W.de Gruyter, Berlin 1975.

Kniffka, Rolf / Koeble, Wolfgang: Kompendium des Baurechts – Privates Baurecht und Bauprozess. 4. Aufl., C.H. Beck, München 2014.

Koch, Hans-Joachim: Aktuelle Probleme des Lärmschutzes. In: NVwZ 2000,490.

— *(Hrsg.)*: Schutz vor Lärm. Baden-Baden 1990.

—: Das deutsche Lärmschutzrecht im Überblick. In: UmweltmedForschPrax 10 (2), 2005, S. 112 ff.

—: Die rechtliche Beurteilung der Lärmsummation nach BImSchG und TA Lärm 1998, in: *Czaijka* u.a. (Hrsg.), Immissionsschutzrecht in der Bewährung, Festschrift für Gerhard Feldhaus 1999, S. 215.

Koch, Hans-Joachim. / Maaß, Christian: Die rechtlichen Grundlagen zur Bewältigung von Freizeitlärmkonflikten. In: NuR 2000, 69.

König / Roeser / Stock: Baunutzungsverordnung. 3. Auflage, C.H. Beck 2014.

Korbion, Hermann / Scherer, Emil: Gesetzliches Bauhaftungsrecht. Bauliches Nachbarrecht. Kommentar zum außervertraglichen Baurecht. Werner-Verlag, Düsseldorf 1964.

Krumb, Joachim: „Kinderlärm“ als Gegenstand rechtlicher Auseinandersetzungen. Nachbarliche Abwehransprüche vor dem Hintergrund der aktuellen Änderung des § 22 BImSchG und der geplanten Änderung des § 3 Abs. 2 BauNVO. In: BauR 2011, 1251.

Kuffer, Johann / Wirth, Axel (Hrsg.): Handbuch des Fachanwalts Bau- und Architektenrecht. 4. Aufl., Werner-Verlag Neuwied 2013.

Kutscheit, Ernst: Rechtsprobleme bei der Bewertung von Geräuschimmissionen. In: NVwZ 1989, 193.

Lackner / Kühl: Strafgesetzbuch: StGB Kommentar. 28. Auflage, C.H. Beck, 2014.

Landesanstalt für Umweltschutz BW: Lärm bekämpfen – Ruhe schützen. Eine Information zum Thema Lärm. 2. Aufl., Stuttgart 2004.

Landmann / Rohmer: Umweltrecht. Kommentar. Band I. 75. Auflage, C.H.Beck, 2015.

Langen, Werner / Schiffers, Konrad: Bauplanung und Bauausführung. Werner-Verlag, 2005.

Lassally, Oswald: Deutsches Lärmbekämpfungsrecht. 2. Aufl., Gilde-Verlag, München 1961.

Laubinger: Nachbarschutz gegen kirchliches Glockengeläut. In: VerwA 83 (1992).

Laufer, Klaus: Baulärm. Beurteilung und Minderung der Geräusch-Emission auf Betonbaustellen. Beton-Verlag, Düsseldorf 1978.

Lechelt: ParaBel – Lärm für Juristen von Juristen und Lärmexperten. In: UPR 1994, 53.

Leipziger Kommentar-Autor: Strafgesetzbuch. 11. Aufl., Bd.2, Berlin 2003.

Lehmann-Richter, Arnold: Minderungsaussschluss bei Baulärm und anderen: Emissionen aus der Nachbarschaft. In: NZM 2012, 849.

Lernau, Friedrich: Die Belästigung des Nachbarn durch störende Geräusche. Diss. Breslau 1917.

Liedtke / Ponto / Christ / Sickert: Lärm- und Vibrations-Arbeitsschutzverordnung. Medium Taschenbuch. 2007.

Lorentz: Das Verhältnis des BImSchG und privatem Nachbarrecht. Diss. Mainz 1980.

Maaß, Frank: Nachbarrechtliche Probleme bei der Baudurchführung. In: BauR 2007, 1650.

Mädrich, Matthias: Das allgemeine Lebensrisiko. Ein Beitrag zur Lehre von der Haftungsbegrenzung im Schadensersatzrecht. (Schriften zum Bürgerlichen Recht, Band 59) Verlag Dunker & Humblot, Berlin, 1980.

Mampel, Dietmar: Nachbarschutz im öffentlichen Baurecht. Materielles Recht. Verlag für die Rechts- und Anwaltspraxis, Herne 1994.

Mann, Charles: Die Geburt der Zivilisation. In: National Geographic, 2011, S. 38 ff.;.

Marks, Stephan: Es ist zu laut! Ein Sachbuch über Lärm und Stille. Verlag Fischer, Frankfurt am Main 2003.

Martens, Joachim: Der verwaltungsrechtliche Nachbarschutz – eine unendliche Geschichte? In: NJW 1985, 2302.

Matz, Thomas: Geräuschimmissionen durch Tennisanlagen: Zivilrechtlicher Unterlassungsanspruch der Nachbarn aus § 1004 BGB. Europ. Hochschulschriften / 2, Kiel 1990, S. 1030.

Maue, Jürgen H. 0 Dezibel plus 0 Dezibel = 3 Dezibel: Einführung in die Grundbegriffe und die quantitative Erfassung des Lärms. Begr. von H. Hoffmann und A.v. Lüpke. Hrsg.: Berufsgenossenschaftliches Institut für Arbeitssicherheit – BIA, Sankt Augustin, 9. aktualisierte und erw. Auflage. Erich Schmidt Verlag, Berlin 2009.

— Besondere Gehörgefährdung durch Impulslärm? In: Neufassung der Unfallverhütungsvorschrift „Lärm" – Einheitliche Umsetzung in der Praxis. BIA-Report 1/92, Berufsgenossenschaftliches Institut für Arbeitssicherheit, Sankt Augustin 1992, S. 43 bis 59.

—: Bestimmen der Lärmexposition an Arbeitsplätzen – Messstrategien und Messunsicherheit. In: Sicherheitsingenieur 5/2006, S. 12 bis 17.

Maunz / Dürig / Herzog: Kommentar zum Grundgesetz. Loseblattsammlung seit 1958. Verlag C.H.Beck, München, Stand 2014 u. 2013.

Meins, W. / Pahlitzsch, G.: Möglichkeiten der Lärmbekämpfung an Kreissägemaschinen für die Holzbearbeitung. Lärmbekämpfung Heft 2/3 – 1965, 41.

Meisner / Ring / Ring / Götz: Nachbarrecht in Bayern. Eine Gesamtdarstellung des privaten und des öffentlichen Rechts. J. Schweitzer Verlag, München, 1986.

Messerschmidt / Voit: Privates Baurecht. Kommentar zu §§ 631 ff.BGB. 2. Auflage, C.H. Beck, München 2012.

Meurers, Hans-H.: Lärm, mögliche und notwendige Wertung des Nichtmeßbaren und Grenzen des Zumutbaren, Urbar 1995 (Eigenverlag).

Meyer, Dieter: Juristische Fremdwörter, Fachausdrücke und Abkürzungen. 13. Aufl., C.H. Beck, 2012.

Michalke, Regina: Brauchen wir ein neues Strafrecht? Ordnungsfaktor Wirtschaftsstrafrecht – am Beispiel des Umweltstrafrechts. Vortrag Strafverteidigertag 2007, Rostock (Manuskript).

Michler, Hans-Peter: Lärmsummationen. In: VBlBW 2004, 361.

—: Die Berücksichtigung von Baustellenimmissionen in der Planfeststellung. In: UPR 2012, 335.

Ministerium für Stadtentwicklung, Wohnen und Verkehr des Landes Brandenburg: Städtebauliche Lärmfibel. Hinweise für die Bauleitplanung. Potsdam 2001.

Mitschang, Stephan: Die Berücksichtigung von Belangen des Lärmschutzes in der städtebaulichen Entwicklung. In: ZfBR 2009, 538.

Moench, Cornelia: Lärm als kriminelle Umweltgefährdung. Strafrechtliche Probleme eines in der Entstehung Begriffenen Umweltdelikts auf dem Hintergrunde der kriminologisch-kriminalistischen Situation und der Strafrechtsvergleichung Kriminalwissenschaftliche Abhandlungen, Band 13, Lübeck 1980.

Möller, Dietrich-A. / Kalusche, W.: Bauen und Ökonomie. Verlag Oldenburg, München, 2006.

Möllers, Thomas: Rechtsgüterschutz im Umwelt- und Haftungsrecht.Verlag Mohr-Siebeck, 1996.

Mörder, Heinz: Die soziale Adäquanz im Strafrecht. Diss. Saarbrücken 1960.

Motzke / Bauer / Seewald: Prozesse in Bausachen. 2.Aufl. 2014, C.H.Beck.

Müller, Christopher: Die TA-Lärm als Rechtsproblem. Schriften zum Umweltrecht, Band 109. Diss. Würzburg 2000.

Müller, Gerhard/Möser, Michael (Hrg.): Taschenbuch der Technischen Akustik. 3. Aufl., Verlag Springer, Berlin 2001.

Müller-Beck, Hansjürgen: Die Steinzeit. C. H. Beck, München 2004.

Müller-Neuhof, Jost / Peters, Jana: Bußgeld wegen Hausmusik war unzulässig. In: Der Tagesspiegel vom 11.12.2009 (Berlin), S. 9.

Müller / Zabel / Jansen: Baulärm im Zivil- und Öffentlichem Recht. In: ZfIR 2011, 862.

Münchener Kommentar zum Bürgerlichen Gesetzbuch: Band 4, Recht der Schuldverhältnisse. 6. Aufl., C.H. Beck, München 2012 (MüKoBGB- *Bearbeiter*).

Münchener Kommentar zum Bürgerlichen Gesetzbuch: Band 6, Sachenrecht. §§ 854 – 1296 BGB. 6. Aufl., C.H. Beck, München 2013 (MüKoBGB- *Bearbeiter*).

Münchener Kommentar zum Strafgesetzbuch: STGB. 2. Aufl. C.H. Beck, München 2014.

Nawroth, Herbert: Stresswirkungen von Lärm in Kombination mit Magnesiummangel, Coffein und Nikotin. Diss. Freie Universität Berlin 1985.

Neth, Mattias Oliver: Grenzüberschreitender Fluglärmschutz. Diss. Tübingen, 2010.

Neuhofer, Richard: Lärmarme Baustelle – Planung, Beratung und Begleitung am Beispiel des Umweltbundesamt-Neubaues in Dessau: Abschlussbericht, Forschungs- und Entwicklungsvorhaben, Berlin 2005.

Nicklisch, Fritz / Weick, Günther: VOB Verdingungsordnung für Bauleistungen. Teil B. 3. Aufl. 2001, Verlag C.H. Beck.

Nipperdey, H.C.: Rechtswidrigkeit, Sozialadäquanz, Fahrlässigkeit, Schuld im Zivilrecht. In: NJW 1957, 1777 ff.

Oepen: s. BWI-Bau (Hrsg.).

Olschewski, H.-J.: Baulärm bei der Herstellung von Wohnbauten. Baubetrieb und Baumaschinen. Mitteilung Heft 5. Technische Universität Berlin 1983; Diss.Berlin 1983.

Ortscheid, Jens: Weniger Belästigung durch geeignete Information der Betroffenen. In: Lärmkontor (Hrsg.), *baulärmtage* 96, S. 45.

Ortscheid, Jens / Wende, Heidemarie: Lärmwirkungen und Lärmsummation. Lärmwirkungen bei mehreren und verschiedenartigen Quellen. In: Tagungsband „Lärmkongress 2000" vom 25.9.2000 Landesamt für Umweltschutz Baden-Württemberg;.

Otto: Duldung und Abwehr von nachbarschaftlichen Immissionen. In: Recht der Landwirtschaft 1995, 32.

Paetow, Stefan: Lärmschutz in der aktuellen höchstrichterliche Rechtsprechung. In: NVwZ 2010, 1184.

Palandt – Autor*:* Bürgerliches Gesetzbuch: BGB. 74. Aufl., C.H. Beck, München 2015.

Pangert, Roland / Streit, Wilhelm: Lärm- und Vibrations – Arbeitsschutzverordnung. Erläuterungen für die Praxis. München, ecomed Sicherheit, 2010.

Partsch, Susanne: Wie die Häuser in den Himmel wuchsen: Die Geschichte des Bauens. Hanser Verlag 1999.

Paschke, Regine: Lärmbelastung in der Großstadt. In: Grundeigentum 2014, 368.

Payer, Peter: Vom Geräusch zum Lärm. Zur Geschichte des Hörens im 19. und frühen 20. Jahrhundert. In: Aichinger / Eder / Leitner (Hrsg.): Sinne und Erfahrung in der Geschichte. Innsbruck 2003, S. 173 ff.

Paulus, G. / Diederichsen, U. / Canaris: Festschrift für Karl Larenz zum 70. Geburtstag C.H. Beck, München 1973.

Peter, Norbert: Lexikon der Bautechnik. 10.000 Begriffsbestimmungen, Erläuterungen und Abkürzungen. C.F. Müller Verlag, Heidelberg, 2001.

Peters, Karl: Sozialadäquanz und Legalitätsprinzip. In: *Stratenwerth*, Festschrift für Hans Welzel (s. *Stratenwerth*), S. 415 ff.

Pfeifer, Frank-Georg: Lärmabwehr auch ohne objektive Kriterien. In: DWW 1990, 264.

Pfeifer, Frank-Georg: Lärmstörungen: Gutachten und Lärm-Lexikon. Zentralverband der Deutschen Haus-, Wohnungs- und Grundeigentümer (Hrsg.), Düsseldorf 1999.

Pflugmacher, Ingo: Rechtsprobleme bei der Novellierung der TA Lärm. Anwendungsbereich, Immissionsbewertung, Vorsorge. Diss. Bonn 2001.

Pietzonka: Der Nachbar im Baurecht. In: NJW 1954, 1181.

Pikart, Heinz / Gelzer, Konrad/ Papier, Hans-Jürgen: Umwelteinwirkungen durch Sportanlagen: Rechtsgutachten Werner-Verlag, Düsseldorf, 1984:.

Rahe, Dirk: Die Sozialadäquanzklausel des § 86 Abs. 3 StGB und ihre Bedeutung für das politische Kommunikationsstrafrecht. Strafrecht in Forschung und Praxis, Band 11, Verlag Dr.Kovac, Hamburg, 2002.

Rathke, Martina / Petermann Jan: Baulärm stresst Wale. Beim Bau von Windparks verstören Druckwellen die empfindlichen Tiere. In: Donaukurier vom 3. April 2010 („*Der Sonntag*").

Rebentisch,E. / Lange-Asschenfeldt, H. Gesundheitsgefahren durch Lärm. Kenntnisstand der Wirkungen von Arbeitslärm, Umweltlärm und lauter Musik. BGA-Schriften 1/94, MMW-Medizin Verlag, München, 1994.

Reetz: Der Schutz vor negativen Immissionen als Regelungs-Aufgabe des zivilrechtlichen und des öffentlich-rechtlichen Nachbarschutzes. Diss. Würzburg 1993.

Ritter, Frank: Lebensdauer von Bauteilen und Bauelementen. Modellbildung und praxisnahe Prognose. Diss. Darmstadt 2011, Heft 22 Dissertation Institut für Massivbau, Technische Universität Darmstadt 2011.

Rodegra, Kay P.: Viel Lärm um nichts?! – Geräuschimmissionen am Urlaubsort als Reisemangel. In: NJW 2014, 661.

Röll, Iris: Die Sehnsucht nach Stille. In: FOCUS 50/2014, S. 94 f.

Rönnau, Thomas: Grundwissen – Strafrecht: Sozialadäquanz. In: JuS 2011, 311.

von Rohland, Jörg: Wohnraum immer knapper. In: Bayernkurier Nr. 18 vom 02.05.2015, S. 11.

Rojahn, Ondolf: Kinderlärm zwischen Immissionsschutz und Sozialadäquanz, in: ZfBR 2010, 752.

Roxin, Claus: Strafrecht, Allgemeiner Teil. Band 1. 3. Aufl. München, C.H. Beck, 1997.

—: Bemerkungen zur sozialen Adäquanz im Strafrecht. In: FS für Ulrich Klug zum 70. Geburtstag. Bd. 2, Köln 1983, S. 303 ff.

Rummel, Peter: Ersatzansprüche bei summierten Immissionen. Verlag Manz, Wien 1969.

Sarnighausen, Hans-Cord: Zur Schutzwürdigkeit im Baunachbarrecht. In: NVwZ 1996, 110.

Schafer, Murray: Klang und Krach. Eine Kulturgeschichte des Hörens. Frankfurt am Main 1988.

Schaffner, Hans-Jürgen: Der Lärm und seine Bekämpfung im Arbeitsrecht. Diss. Köln 1961.

Scheidler, Alfred: Die Voraussetzungen der immissionsschutz-rechtlichen Genehmigung. In: BauR 2008, 941.

—: Anlagen zur Kinderbetreuung in reinen Wohngebieten gemäß dem neuen § 3 II Nr. 2 BauNVO. In: KommJur 2014, 241.

—: Privilegierung von Kinderlärm. In: Immissionsschutz 2014, 22.

Schelinski, Tobias: Ausgleichsansprüche des Vermieters gegen den störenden Bauherrn nach § 906 BGB. In: NZM 2005, 211.

Scherer, Emil: Gesetz zum Schutz gegen Baulärm vom 9. September 1965. Werner-Verlag Düsseldorf 1965.

Schexnayder, Cliff J. / Ernzen, James: Mitigation of nighttime construction noise, vibrations and other nuisances. National Research Council, Washington, DC (USA) 1999.

Schmidt, Carolin: Der Rückgriff des Vermieters gegen den bauenden Nachbarn wegen berechtigter Mietzinsminderung des Mieters. In: NJW 1991, 153.

Schmidt, Jörg / Freiherr von und zu Franckenstein, Georg: Wörterbuch zum Baurecht.: Werner-Verlag, Neuwied 2004.

Schmidt-Futterer: Mietrecht. Großkommentar des Wohn- und Gewerberaummietrechts. 12. Aufl., C.H. Beck, München 2015.

Schönke, Adolf / Schröder, Horst (Hrsg.): Strafgesetzbuch. Kommentar. 28. Aufl., C.H. Beck, München 2010.

Schreiber, L.: Grundlagen der Lärmbewertung. ParaBel – Lärm für Juristen – von Juristen und Lärmexperten. In: Tagungsband 30.9. und 1.10.1993, S. 5, Lärmkontor, Hamburg, 1993.

Schünemann / Achenbach / Bottke / Haffke / Rudolphi (Hrsg.): Festschrift für Claus Roxin zum 70.Geburtstag am 15.Mai 2001.W.de Gruyter, Berlin-New York 2001.

Schulte: Nachbarschutz gegen Immissionen. In: NJW 1954, 495.

Seibel, Mark: Die Harmonisierung von öffentlichem und privatem Nachbarrecht. In: BauR 2005, 1409.

—: Das Rücksichtnahmegebot im öffentlichen Baurecht. In: BauR 2011, 1831.

Sellner, Dieter / Reidt, Olaf / Ohms, Martin: Immissionsschutzrecht und Industrieanlagen. 3. Aufl., C.H. Beck, München 2006.

Senatsverwaltung für Stadtentwicklung, Umweltschutz und Technologie, Berlin: Baulärm – Umweltschutz am Bau. Rechts- und Verwaltungsvorschriften. Berlin. Stand August 1996.

Senatsverwaltung für Stadtentwicklung und Umwelt, Berlin: Baulärm. Informationen. Berlin. Stand Dezember 2012.

Shakespeare William: Much Ado About Nothing – Viel Lärm um nichts. Reclam, Ditzingen 1993.

Soergel (begr.v.Theodor Soergel): Bürgerliches Gesetzbuch mit Einführungsgesetz und Nebengesetzen: BGB. Gesamtwerk in 32 Bänden, Band 14, 13. Aufl. Verlag Kohlhammer, 2000 ff.

Speiser: Mietzinsminderung bei Wohnbeeinträchtigung durch Straßenlärm. In: NJW 1978, 19.

Spreng, M. Kriterien für schädliche Umwelteinwirkungen durch Lärm. Beeinträchtigung der Kommunikation durch Lärm. Forschungsbericht Nr. 10501213/06. Berlin, Umweltbundesamt 1994.

Staats, Cornelia: Die Entstehung des Bundes-Immissionsschutzgesetzes vom 15. März 1974, Rechtshistorische Reihe, Band 388, Verlag Peter Lang; zugleich Diss. Köln 2009;.

Stallmann, Stephanie E.: Verdammter Lärm. In Deutschland ist Lärm Streitthema Nummer Eins. In: Focus Nr. 31/13 Vom 29.Juli 2013, S. 78 ff.

Staudinger, Julius, von: Kommentar zum Bürgerlichen Gesetzbuch mit Einführungsgesetz und Nebengesetzen. begr. 1898.: 96 Bände, davon: §§ 905–924 BGB, Ausgabe 2009, Selier – de Gruyter, Berlin.

Stern, Klaus: Das Staatsrecht der Bundesrepublik Deutschland Band I, C.H. Beck, 1984, § 20 III.

Sternel, Friedemann: Mietrecht aktuell. 4. Auflage, Verlag Otto Schmidt, Köln 2009.

—: Erleichterung bei energetischen Modernisierungen. In: NZM 2010, 721.

Stölzel, Katharina: Zusammenhang zwischen Umweltlärmbelästigung und Lärmempfindlichkeit – epidemiologische Untersuchung im Rahmen der Berliner Lärmstudie. Diss. Humboldt-Universität zu Berlin 2004.

Stollenwerk, Dietrich: Kinderlärm im Miet-, Wohnungseigentums- und Nachbarrecht. In: NZM 2004, 289.

Storm, Peter-Christoph: Umweltrecht. Einführung. 4. Aufl., Erich-Schmidt Verlag, Berlin 1991.

Stratenwerth, Günter: Festschrift für Hans Welzel zum 70. Geburtstag am 25. März 1974, Walter de Gruyter, 1974.

Stüer, Bernhard / Middelbeck, Jens: Sportlärm bei Planung und Vorhabenzulassung, http://www.aba-fachverband.org/fileadmin/user_upload_2008/recht/Betrieb_von_Sportanlagen.pdf. (Aufruf: 13.04.2015).

Stühler: Harmoniert das öffentliche mit dem privaten Immissionsschutzrecht? In: BauR 2004, 614.

Theiner, Josef: Weniger Lärm am Bau. In: Umweltmagazin, Jahrgang 1990, S. 80 ff.

Thiele, Karin / Strohbusch, Axel: Immissionsschutzrechtliche Bewertung von Baulärm. In: NVwZ 2014, 1333.

Thomsen, Dirk: Die summierte Immission. Diss. Kiel 1965.

Tietz, Jürgen: Geschichte der Architektur des 20. Jahrhunderts. Verlag Könemann, 1998.

Tröndle, Herbert / Fischer, Thomas: Strafgesetzbuch und Nebengesetze. 54. Aufl., C.H. Beck, München, 2007.

Troidl, Thomas: Zwischen Kirchturm und Minarett: der Lärm Gottes – dürfen Glocken lauter läuten als Muezzine rufen können? In: DVBl 2012, 925.

Tschersich, Herbert: Kinderlärm als Immission. Bochumer juristische Studien, Band 2. Bochum 1975.

Tschudi, Matthias: Mietrechtliche Probleme bei Immissionen als Folge von Umgebungsveränderungen. Diss. Freiburg / Schweiz, 2005.

Tucholsky, Kurt: Zwei Lärme. In: Die Weltbühne, Ausgabe 28.7.1925, S. 129.

Umweltbundesamt Berlin: Standardleistungsbuch für das Bauwesen: Regional-Leistungsbereich 898 Schutz gegen Baulärm und Erschütterungen, Berlin 1996.

Umweltbundesamt Berlin: Auswertung der Online-Lärmumfrage des Umweltbundesamts. Information vom 14.4.2011, Fachgebiet I 3.4, Dessau.

Valerius, Brian: Zur Sozialadäquanz im Strafrecht. In: JA 2014, 561.

Vieweg, Klaus / Röthel, Anne: Konvergenz oder Divergenz öffentlich-rechtlichen und privatrechtlichen Immissions-schutzes? In: DVBl 1996, 1171.

—: Der verständige Durchschnittsmensch im privaten Nachbarrecht. Zur Wesentlichkeit iS des § 906 BGB. In: NJW 1999, 969.

*Vitruv (*Übersetzung:*Reber, Franz)*: Zehn Bücher über Architektur: De architectura libri decem. 2. Aufl. , Verlag marix, 2012.

Wagner, Gerhard: Wesentlichkeit gleich Erheblichkeit? In: NJW 1991, 3247.

Wagner, Günter: Ortsüblichkeit bei Immissionen, insbesondere bei Bauarbeiten. In: NJW 1971, 595.

Wahl, Rainer: Der Nachbarschutz im Baurecht. In: JUS 1984, 577 ff.

Walden, Rotraut: Lärm und Ruhe in ihrer Bedeutung für Wohnqualität. In: Zeitschrift für Lärmbekämpfung, Jg. 1995, S. 159 ff.

Weireter, A.: Die Sozialadäquanz und ihre Bedeutung im Arbeits-Kampfrecht, Diss. Freiburg im Breisgau, 1965.

Welzel, Hans: Studien zum System des Strafrechts. In: ZStW 1939, 491–566.

Welzel, Hans: Das Deutsche Strafrecht. 2. Aufl., Berlin 1949; 9.Aufl. Berlin 1965.

Werner, Ulrich / Pastor, Walter: Der Bauprozess. Prozessuale und materielle Probleme des zivilen Bauprozesses. 14. Aufl., Werner Verlag 2013.

Wetekamp, Axel: Mietsachen. Handbuch zur Wohnraummiete. 4. Aufl. 2007, C.H. Beck.

Wiese, Thorsten: Wenn es laut und dreckig wird. Ab wann darf die Miete gemindert werden? Streit um Lärm von der Baustelle. In: Donaukurier vom 09.04.2014, S. 16.

Wiethaupt, Hans: Grundzüge des Gesetzes zum Schutz gegen Baulärm. In: Juristenzeitung, Jg. 21, 1966, S. 261 ff.

—: Die Lärmbekämpfung in der Bundesrepublik Deutschland. 2. Aufl., Carl Heymanns Verlag, Köln, 1984.

—: Kritische Gedanken zur Allgemeinen Verwaltungsvorschrift zum Schutz gegen Baulärm vom 19.8.1970. In: ZS für Miet- und Raumrecht. Jg. 24, 1971, S. 235 f.

Wolff, Fritz: Das Nachbarrecht nach dem Bürgerlichen Gesetzbuch und den Landesausführungsgesetzen. Diss. Heidelberg 1909.

Wussow: Zur Lehre von der Sozialadäquanz. In: NJW 1958, 891.

Ziekow, Jan: Zum Begriff des Nachbarn im baurechtlichen Drittschutz. In: NVwZ 1989, 231.

Zimmermann, K.: Die Sozialadäquanz im Zivilrecht. Diss. München 1961.

Schriften zum Deutschen und Internationalen Bau-, Umwelt- und Energierecht

Herausgegeben von Axel Wirth

Band 1 Sebastian Ulbrich: Leistungsbestimmungsrechte in einem künftigen deutschen Bauvertragsrecht vor dem Hintergrund, der Funktion und der Grenzen von §§ 1 Nr. 3 und Nr. 4 VOB / B. 2007.

Band 2 Alice Müller: Nachhaltigkeit im öffentlichen Baurecht unter besonderer Berücksichtigung energieeffizienten Bauens und des Einsatzes erneuerbarer Energien. 2008.

Band 3 Petra Christiansen-Geiss: Voraussetzungen und Folgen des Koppelungsverbotes Art. 10 § 3 MRVG. 2009.

Band 4 Johannes Kuffer: Heilung unwirksamer Bauvertragsklauseln. 2009.

Band 5 Stefan Schifferdecker: Bindungswirkung städtebaulicher Wettbewerbe. Rechtliche und soziale Bindungen im Abwägungsprozess. 2009.

Band 6 Christian Felix Fischer: Die zweifelhafte Abnahmefiktion des § 640 Abs. 1 S. 3 BGB. Eine Untersuchung der Voraussetzungen und Rechtsfolgen, ihres Sinn und Zwecks sowie der Folgen für die Praxis. 2010.

Band 7 Jan-Bertram A. Hillig: Die Mängelhaftung des Bauunternehmers im deutschen und englischen Recht. 2010.

Band 8 Hajo Willner: Zahlungsansprüche von Bauunternehmern bei Störungen des Bauablaufs. Eine Untersuchung in Bezug auf VOB / B-Verträge. 2010.

Band 9 Kathrin Susanne Jansen: Die Mangelrechte des Bestellers im BGB-Werkvertrag vor Abnahme. 2010.

Band 10 Franz Weinberger: *Alliancing Contracts* im deutschen Rechtssystem. 2010.

Band 11 Mathias Schäfer: Leistungspakete im Eigenheimbau. Ein Rechtsvergleich USA – Deutschland. 2011.

Band 12 Andreas Schmidt: Abschlagszahlungen nach gesetzlichem Werkvertragsrecht. Analyse und Reformvorschlag unter besonderer Berücksichtigung des Bauvertrags. 2011.

Band 13 Robert Bach: Die Abwägung gemäß § 1 Abs. 7 BauGB nach Erlass des EAG Bau. 2012.

Band 14 Axel Wirth (Hrsg.): Fragen zum Öffentlichen und Privaten Baurecht im Internationalen Ländervergleich. Seminar zum Internationalen Baurecht. 2013.

Band 15 Stephanie Englert-Dougherty: Baulärm und Sozialadäquanz. 2016.

www.peterlang.de

www.ingramcontent.com/pod-product-compliance
Ingram Content Group UK Ltd.
Pitfield, Milton Keynes, MK11 3LW, UK
UKHW021837290926
8980IPUK00004B/511

9 783631 673423